GOLDMANN

Buch

Dieses Buch erspart dem Leser nichts. Alles kommt zur Sprache; die abstoßende Aufmachung, die Hackordnung des Mobs, das Ekelhafte, Grölende, Widerliche, Grausame; der Alkohol, der die dumpfe Aggression schürt; die Massengewalt, die wie eine Droge wirkt, und dann die Eskalation bis zu dem Punkt, an dem die Grenze überschritten wird, von dem an es kein Halten mehr gibt. Gewalt, hochgepeitscht durch die Gruppe, übt eine Faszination auf Fußball-Hooligans aus.
Buford kam zufällig mit Hooligans in Berührung und konnte sich bei einer Gruppe einschleusen, die er auf ihrer extremen Tour quer durch England, nach Deutschland und Italien begleitete. Buford – Intellektueller und Herausgeber der wichtigsten englischen Literaturzeitschrift – hat eine brillante Reportage über seine Erfahrungen als Schlachtenbummler unter Hooligans geschrieben. Er schildert eine Welt, die sich neben der »normalen«, gesitteten Welt etabliert hat und auf diese übergreift, und räumt auf mit der Vorstellung, der Fußball-Hooliganismus sei ausschließlich Sache der Unterschicht. Buford enthüllt in diesem Buch mehr über das Phänomen kollektiver Gewalt als jede soziologische Analyse.

Autor

Bill Buford, 1954 in Louisiana geboren, studierte an den amerikanischen Universitäten Berkeley und Cambridge. Seit 1979 ist er Herausgeber des in London erscheinenden renommierten Literaturmagazins »Granta«.

BILL BUFORD

Unter Hooligans

Geil auf Gewalt

Aus dem Englischen von
Wolfgang Krege

GOLDMANN VERLAG

Die Originalausgabe erschien unter dem Titel
»Among the Thugs« bei Secker & Warburg in London

Umwelthinweis:
Alle bedruckten Materialien dieses Taschenbuches
sind chlorfrei und umweltschonend

Der Goldmann Verlag
ist ein Unternehmen der Verlagsgruppe Bertelsmann

Vollständige Taschenbuchausgabe Juni 1994
Wilhelm Goldmann Verlag, München

Umschlaggestaltung: Design Team München
Umschlagfoto: Guido Pretzl, München
Druck: Presse-Druck Augsburg
Verlagsnummer: 12564-2
SS · Herstellung: Sebastian Strohmaier
Made in Germany
ISBN 3-442-12564-2

1 3 5 7 9 10 8 6 4 2

Für Stephen Booth

INHALT

Teil eins

Teil zwei

Teil drei

Teil eins

EIN BAHNHOF BEI CARDIFF

Einer der Gründe für den Niedergang Roms war die Tatsache, daß Menschen, weil sie vom Staat ernährt wurden ... jede Verantwortlichkeit für sich oder ihre Kinder von sich wiesen und eine Nation von Tagedieben wurden. Sie besuchten den Circus, wo bezahlte Schausteller vor ihnen in der Arena auftraten, ähnlich wie wir heute die Menge sich drängen sehen, um dem Spiel bezahlter Fußballer zuzuschauen ... Tausende von Knaben und jungen Männern, bleiche, schmalbrüstige, erbärmliche Zeitgenossen mit krummem Rücken, eine Zigarette nach der anderen rauchend, vielfach Wetten eingehend, allesamt auf dem besten Weg, hysterisch zu werden, wenn sie in panischem Einklang mit ihren Nachbarn stöhnen oder brüllen – wobei am schlimmsten noch das hysterisch gellende Lachen klingt, mit dem ein kleiner Fehltritt oder der Sturz eines Spielers begrüßt wird. Man fragt sich, ob dies noch dasselbe Volk ist, das den Ruf trockener, pfeiferauchender Männlichkeit genoß, das sich weder durch Schrecken noch durch Aufregung erschüttern ließ und auf das man selbst in den heikelsten Lagen zählen konnte. Bringen wir die Burschen ab von ihrem jetzigen Gebaren – lehren wir sie, mannhaft zu sein.

R. Baden-Powell
Scouting for Boys (1908)

Vor einiger Zeit fuhr ich von Wales mit dem Zug nach Hause, von einem kleinen Bahnhof in der Umgebung von Cardiff. Ich war zu früh dran und besorgte mir eine Tasse Tee. Es war ein kalter Samstag abend, und auf dem Bahnsteig standen nur drei oder vier Fahrgäste. Ein Mann las Zeitung und wiegte sich im Stehen hin und her. Wir warteten. Über den Lautsprecher wurde ein außerplanmäßiger Zug angekündigt. Etwas später kam noch eine Ansage: der außerplanmäßige Zug würde gleich einfahren, und wir wurden aufgefordert, zehn Fuß vom Rand des Bahnsteigs zurückzutreten. Eine ungewöhnliche Aufforderung, und der Mann mit der Zeitung zog eine Augenbraue hoch. Vielleicht irgendein Militärzug, dachte ich. Ein paar Minuten später tauchten Polizisten auf, kamen die Treppe herunter.

Der Zug war ein Fußball-Sonderzug, und er war besetzt von Fans. Sie waren aus Liverpool, und sie waren zu Hunderten – ich hatte noch nie einen so vollen Zug gesehen. Einstimmig skandierten sie: »Liverpool, la-la-la, Liverpool, la-la-la« – ein Text, der sich jetzt blöd ausnimmt, damals aber nicht so klang. Eine Minute zuvor war es nahezu still gewesen: ein nebliger, verschlafener Winterabend in Wales. Und nun dieser immer wilder stampfende Chor, der von den Wänden des Bahnhofsgebäudes widerhallte. Ein Schaffner war verletzt worden und wurde eilends weggebracht, sobald der Zug stand; er hielt sich die Hände vors Gesicht. Von innen versuchte jemand, mit einem Tischbein ein Fenster zu zertrümmern, aber die Scheibe wollte nicht bersten. Aus einem der Wagen kam ein dicker Mann mit rotem Gesicht gestolpert, und sechs Polizisten rannten hin, warfen ihn zu Boden und drehten ihm unsanft den Arm auf den Rücken. Es war eine

Überreaktion – der Zug war so gestopft voll, daß der Dicke durch eine offene Tür hinausgedrückt worden war –, aber die Polizisten waren nervös. Und nicht nur die Polizisten, ich auch (ich weiß noch, wie dumm ich dastand, die Arme vor der Brust gefaltet) und die anderen Leute auf dem Bahnsteig ebenso. Es war schon merkwürdig: Hier stand ich auf einem Bahnsteig, wo alle ringsum Walisisch sprachen; ich wollte meinen Zug kriegen, und dann plötzlich dieses Spektakel. Ich dachte, das Ganze richtete sich vielleicht an uns, und mit diesem brüllenden Chor wollte man uns zu verstehen geben, daß sie, die Fans, zu allem fähig seien.

Der Zug fuhr ab. Es war wieder still.

Ich kam nachts um halb zwei nach Hause, und das ganze Land schien ein einziger langer Polizeikordon. Im Bahnhof Paddington warteten zweihundert Beamte, um jedermann vom Bahnsteig zur U-Bahn zu eskortieren. Ich mußte viermal umsteigen, und drei von den vier Zügen waren mit Fans besetzt. Einen hatten sie auseinandergenommen: die Sitzpolster waren herausgerissen, die Bar, die schon vorher zugemacht hatte, war aufgebrochen, der metallene Rolladen in Stücke gerissen, die Getränke an die Leute verteilt, die gerade vorbeikamen. Ich wußte nicht, was mich mehr wunderte: die grundlose, unerbittliche Zerstörungswut oder die Tatsache, daß offenbar niemand etwas dagegen tun konnte, denn trotz der vielen Polizisten ging alles einfach so weiter. Um Ärger zu vermeiden, setzte ich mich in ein Erster-Klasse-Abteil ganz vorne. Mir gegenüber saß ein Mann, der offenbar für die erste Klasse bezahlt hatte, ein schlanker, eleganter Herr mit dünnem Schnurrbart, in wollenem Anzug und mit teuren, blitzblanken Schuhen: ein gesitteter Zeitgenosse mit einer gesitteten Reiselektüre, nämlich einem Roman in festem Einband und Schutzumschlag. Ein Fan starrte ihn beharrlich an. Der Fan war betrunken. Ab und zu entzündete er ein Streichholz und warf damit nach den blanken Schuhen des feinen Herrn, als ob er ihm die Hosenbeine in Brand stecken wollte. Der feine Herr ignorierte ihn, aber der Fan, ein aufgedunsener

Bursche mit blutunterlaufenen Augen, machte weiter. Es war ein vielsagendes Bild: Ein Entrechteter verhöhnte die Regeln gesitteten Betragens und versuchte ganz beiläufig, den Angehörigen einer privilegierteren Klasse in Flammen aufgehen zu lassen.

Augenscheinlich war die Gewalttätigkeit eine Art Protest. So gäbe es Sinn: Fußballspiele dienten als Ventil für heftige Frustrationen. So viele junge Leute waren arbeitslos geworden oder hatten überhaupt noch nie Arbeit gefunden. Folglich war die Gewalt eine Art Rebellion – soziale Rebellion, Klassenrebellion, irgend so was. Ich wollte mehr darüber wissen. Ich hatte über diese Krawalle gelesen, und soweit ich mir überhaupt darüber Gedanken gemacht hatte, hielt ich sie für ein isoliertes, mysteriöses Phänomen, insofern Gewalttätigkeiten von Menschenmassen allgemein als mysteriös, spontan und unvorhersehbar gelten. Meine Erlebnisse auf der Heimfahrt von Wales sprachen dafür, daß sie gezielter, absichtsvoller sein könnten. Jedenfalls bekam ich ein anderes Bild vom englischen Samstag, den ich bisher nur für einen großen Einkaufstag gehalten hatte: ich hatte nicht gewußt, daß man in den großen und kleinen Städten Hundertschaften Polizei begegnen konnte, einer mehr oder weniger militärisch organisierten Truppe, darauf gedrillt, junge männliche Fußballfans im Zaum zu halten, die nach dem Besuch einer Veranstaltung entschlossen waren, alles, was ihnen in den Weg kam, zu beschädigen oder zu zerstören. Es war kaum zu glauben.

Ich erzählte Freunden von meinen Erlebnissen auf dieser Bahnfahrt, war aber erstaunt, wie wenig erstaunt sie waren. Manche gaben sich angewidert, andere belustigt, aber niemand schien etwas Besonderes daran zu finden. Das sei eben etwas, womit man leben müsse: daß einem junge Burschen jeden Samstag die Bahnabteile verwüsteten, die Kneipenfenster zerschmissen, den Wagen demolierten und die Innenstadt verheerten. Ich kaufte ihnen das nicht ab, aber so schien es tatsächlich zu sein. Erstaunt, so merkte ich, waren sie eigentlich nur über eines: daß ich zwar einen Fußball-Mob, aber, wie ich ihnen verriet, noch nie ein englisches Fußballmatch gesehen hatte. Das fanden meine Freunde offensichtlich schockierend.

Und darum erklärte ich es ihnen: Ich war zwar schon 1977 als Student nach England gekommen und lebte seither dort, aber ein Fußballspiel hatte ich erst ein einziges Mal gesehen, und zwar Jahre zuvor, bei einem Aufenthalt in Mexico City. Die mexikanische Nationalmannschaft, die nicht besonders gut war, hatte dort gegen die Mannschaft der USA, meines Heimatlandes, gespielt, und die war ganz miserabel. Zuschauer waren vielleicht zweihundert gekommen. Mexiko gewann acht zu null. In den Vororten von Los Angeles, wo ich aufgewachsen bin, war »Soccer«, wie wir das Spiel nannten, kein Zeitvertreib für junge Männer.

Meinen Freunden machte das keinen Eindruck. Was, ich war noch nie bei einem Match gewesen? Es war nicht zu glauben. Offenbar meinten sie, das sei der Grund, warum ich das Gebaren der Fans so bizarr und schwer begreiflich fand.

Ich erinnere mich nicht mehr an viele Einzelheiten meines Besuchs im Stadion der Tottenham Hotspurs an der White Hart Lane, wohin mich zwei Freunde gegen Ende der Saison von 1983 mitnahmen. Dort sah ich mein erstes englisches Fußballmatch. Ich weiß nicht mehr, ob Tore fielen, auch nicht, wer die andere Mannschaft war. Ich weiß nur noch, daß wir etwas spät kamen und zwanzig Minuten lang schieben, zerren, quetschen, stöhnen, drängeln und stoßen mußten, bis wir endlich unseren Platz erreicht hatten, ein winziges Fleckchen auf einer kalten Betonstufe, wo wir zwischen einer Anzahl »Jungs« – wie soll ich sie sonst nennen? – eingezwängt standen, die zehn Jahre jünger waren als ich und zumeist um die dreißig Pfund schwerer und deren Liebe zum Wort nur selten weiter reichte als bis zu der schlichten, aber wuchtig direkten (und oft wiederholten) Anrede: »Du alter Scheißer.« Ich weiß noch, wieviel Heiterkeit der Anblick eines unterhalb von uns sitzenden Mannes erregte, der bemerkt hatte, daß ihm etwas in den Nacken lief, und, als er hinter sich griff, feststellen mußte, daß jemand von weiter oben auf ihn pinkelte. Und ich weiß noch, wie mulmig mir wurde, als ich sah, daß die zwei jungen Männer neben mir das Abzeichen der National Front trugen – von meinen beiden Freunden war der eine Inder, der andere ein dunkelhäutiger Lateinamerikaner. Die beiden jungen Männer stimmten mit ihren Freunden einen Sprechchor an: »Kanaken raus!«, der mit zunehmender Lautstärke wiederholt und dann von einer Schlägerei unterbrochen wurde. Die wiederum wurde von den Polizisten unterbrochen, deren Vordringen zum Tatort mit Schieben, Zerren, Quetschen, Stöhnen, Drängeln, Stoßen und Knüppeln vonstatten ging und behindert wurde, als man ihnen die Helme herunterriß und in den Innenraum warf.

Für meine Freunde war es eine ganz normale Veranstaltung – einigermaßen amüsant, als die Polizisten ihre Helme verloren, aber im übrigen nichts Besonderes. Klar, anderswo, etwa im Theater, mußte man nicht darauf gefaßt sein, daß jemand die Leute im Publikum anpinkelte, aber gehen solche Jungs vielleicht ins Theater? Nein, solche Jungs gehen samstags zum Fußball.

Ich dachte, ich müßte mal allein hingehen. Ich wußte nicht, daß man so was nicht macht: Jungs gehen mit andern Jungs hin oder mit ihren Dads. Aber ich wußte ja so vieles nicht – und das mußte anders werden. Ich wollte herausfinden, was ich alles nicht wußte; ich wollte einen von »denen« kennenlernen und wußte nicht, wie ich es sonst hätte anstellen sollen.

Also fuhr ich zu Beginn der neuen Saison zum Stadion von Chelsea an der Stanford Bridge. Ich wußte Bescheid über Chelsea, über den Ruf, in dem seine Fans standen und der »Schuppen«, die überdachten Stehplatz-Ränge auf der Seite für die Anhänger der Heimmannschaft. Diesmal war ich früh dran. Schon in der U-Bahn sah ich viel Polizei, auf allen Bahnsteigen, aber als ich zum Fulham Broadway kam, waren Polizisten überall, wo ich hinsah. Sie standen mit Hunden oben an der Treppe zur U-Bahn, und draußen waren Berittene mit vier Fuß langen Knüppeln. Auf dem Weg zum Stadion sah ich Männer mit Sprechfunkgeräten; fast an jeder Ecke stand einer. Über der Straße kreiste ein Hubschrauber, und Mannschaftswagen fuhren langsam an den Kneipen vorbei und durch die Nebenstraßen wieder zurück. Und dann passierte etwas, was ich mir so nicht vorgestellt hätte. Ich hörte das Getrappel von Pferdehufen, Gejohle, das Splittern von Glas und gebrüllte Beschimpfungen. Die Straße entlang kamen eine Eskorte, die aus zehn Berittenen und einer Polizeikette bestand, und in der Mitte eine kompakte, aber große Schar von Menschen, etwa tausend: die Anhänger der Gastmannschaft.

Daß ich überrascht war, kommt mir heute komisch vor, weil ich ähnliche Umzüge seither so viele Male gesehen habe, aber damals wunderte ich mich. Die Schar bestand aus ganz normalen Menschen, eifrigen Anhängern einer Fußballmannschaft, viele davon schon mittleren Alters. Mit ihren Söhnen, Frauen oder Kollegen hatten sie diesen Samstagsausflug organisiert, sich im voraus Eintrittskarten gekauft und einen Bus für die Rückfahrt gemietet; und doch war die Gefahr, daß sie physisch angegriffen wurden, so groß, daß sie von einem Bataillon Polizisten mit Pferden und Hunden beschützt und von oben mit einem Hubschrauber begleitet werden mußten.

Am Eingang zum Stadion wurde ich gefilzt und mußte einen Kamm hergeben, weil er lange Zähne hatte. Als ich aus dem Kassendurchgang kam, sah ich überall Menschen: sie hockten auf den Stufen, auf Zäunen und Pfählen, hingen an Gebäudevorsprüngen. Nur durch eine enge Gasse von Menschen kam man noch durch, und ich folgte dem Haufen, der sich auf der Suche nach einem guten Platz hineinzwängte.

Nur gab es keinen solchen Platz. Es gab nur ein einziges Gedränge. Nachdem ich einmal drinnen war, hatte ich keine Möglichkeit mehr, es mir anders zu überlegen und etwa auf das Spiel zu verzichten und nach Hause zu gehen, denn ich konnte weder nach links noch rechts, geschweige denn zurück auf dem Weg, den ich gekommen war. Es gab nur noch eine

Richtung: vorwärts. Aus irgendeinem Grund war es ein Vorteil, um den es sich zu kämpfen lohnte, immer einen Schritt weiter als dort zu sein, wo man gerade war. Und dorthin strebte alles.

Es gab bestimmte Taktiken, dieses Ziel zu erreichen. Die häufigste war der *einfache Drücker*: man hebt den an den Leib gepreßten Arm und schiebt ihn zwischen die zwei Körper vor einem, und wenn man sich dann so verrenkt, daß der eigene Körper dem Arm naturgemäß folgt, kann man dem geheimnisvollen Punkt direkt vor einem um ein paar Zentimeter näher kommen. Der einfache Drücker war allgemein gebräuchlich. Vermutlich hatten die meisten diese Technik in den Londoner Pubs gelernt, wo man sie anwenden muß, um zur Theke durchzukommen. Alle bewegten sich auf diese Weise vorwärts, solange sie nicht durch den *Schub* gestört wurden.

Der Schub funktionierte folgendermaßen: Jemand irgendwo hinter einem gab auf, frustriert, weil er den angestrebten Punkt nicht erreichte, und warf sich mit seinem ganzen Gewicht gegen den Vordermann; und dann, unter Geschimpf auf den »alten Scheißer«, taumelten alle vorwärts. Niemand fiel hin, schon deshalb nicht, weil jeder so fest gegen seinen Vordermann gepreßt wurde, der seinerseits völlig eingekeilt war, daß niemand in *echter* Gefahr schwebte. Ich fragte mich nur, was aus dem Allervordersten würde, und kam zu der Überzeugung, daß er die Hosen gestrichen voll haben mußte bei der immer wahrscheinlicher werdenden Aussicht, gegen eine Mauer gedrückt zu werden – denn irgendwann mußte ja eine Mauer kommen. Und dieser Vorderste, der langsam erstickte und dem schon fast die Rippen eingedrückt wurden, rief dann in seiner Angst und Panik den *Gegenschub* hervor. Es war dies eine Bewegung von tierischer Stärke, die immer einzusetzen schien kurz nachdem man den einfachen Drükker aufgegeben und sich, weil man nicht mehr anders konnte als haltlos vorwärts taumeln, damit abgefunden hatte, der Richtung des Schubs zu folgen: dann plötzlich, unerklärlicherweise, kam eine Gegenbewegung und schob einen unwiderstehlich rückwärts.

Dieses Hin und Her hörte nie auf.

Ich hatte immer geglaubt, eine Sportveranstaltung sei, ähnlich wie ein Kinobesuch, eine Unterhaltung, für die man bezahlt, ein Austausch, bei dem man einen kleinen Teil seiner Einkünfte hergibt und dafür mit einer bestimmten Zeitspanne (ein, zwei Stunden) Vergnügen belohnt wird, wobei oft noch Umstände hinzukommen (genießbares Essen, funktionierende Toiletten, geordnete Verhältnisse in der Menge, ein Parkplatz für den Wagen), die einen dazu bewegen, in der nächsten Woche wiederzukommen. Das hielt ich für normal. Jetzt erkannte ich, daß ich mich geirrt hatte. Welchem Prinzip gehorcht eine Sportveranstaltung in England? Anscheinend war der Gegenwert von ein paar Pfund, daß man eindreiviertel Stunden lang bei schlimmstmöglichem Wetter der größtmöglichen Anzahl Menschen auf dem kleinstmöglichen Raum und unter der größtmöglichen Anzahl von Behinderungen so massiv wie möglich ausgesetzt war: unzuverlässige Verkehrsmittel, keine Parkplätze, ein gefährliches Gedränge um den einzigen Ausgang, ein wahrer Seuchenherd von einem Pissoir, in letzter Minute veränderte Anfangszeiten – alles Dinge, die einen von jedem weiteren Besuch eines Spiels abhalten mußten.

Und doch waren sie alle da, wie jeden Samstag.

Ja, alle waren sie da, aber ich, nachdem ich das unspektakuläre Problem, allein zu einem Match zu gehen, einmal bewältigt hatte, was sollte ich nun weiter tun? Wie sollte ich es anstellen, daß ich einen von »denen« kennenlernte? Ein richtiger Fußball-Rabauke müßte es sein – allerdings sahen für mein ungeschultes Auge ringsum alle so aus, als wären sie das. Ich entdeckte einen geeigneten Kandidaten, der besonders rabaukenmäßig aussah – insofern er größer war als die anderen und energischer: er brüllte und sang auf eine Weise, die einen epileptischen Anfall anzukündigen schien –, aber die Polizei entdeckte ihn ebenfalls. Vor Spielbeginn wurde er hinausgeschafft, ohne anderen erkennbaren Grund als den, daß er so aussah, als *könnte* er etwas anstellen. Was nun? Ich konnte ja nicht gut zu einem sagen: He, du da, du siehst wie ein ganz übler Schläger aus, kann ich dir ein Bier spendieren? Mit einem unbehaglichen Gefühl stand ich schwankend in dem Gedränge, versuchte Blickkontakt aufzunehmen oder ein Gespräch anzufangen – zum Plaudern war es nicht der richtige Ort –, bis ich nach einer Weile den Eindruck gewann, daß ich damit allmählich bei den andern ebenfalls ein unbehagliches Gefühl hervorrief: Was für ein komischer, schleimiger kleiner Trottel, dachten sie vielleicht, der sollte machen, daß er verschwindet, oder: ein abartiger Schwuler, der eigentlich eine Abreibung verdiente. »Glotz mich nicht so an«, sagte einer, und ich gab es auf und versuchte etwas von dem Spiel zu sehen, aber es gab nichts zu sehen, weil zu viele Leute im Weg waren, und darum gab ich auch das auf. Und stand einfach schwankend im Gedränge.

Mein erstes selbständiges Unternehmen dieser Art konnte ich nicht als gelungen betrachten.

Dann ging ich zu weiteren Spielen.

Ich fuhr mit der U-Bahn in die Niederungen von Ost-London, um West Ham United zu sehen. Davon ist mir kaum eine Erinnerung geblieben als die an das Schild, das ich beim Verlassen des Stadions sah: »Denkt an Ibrox, bitte langsam hinausgehen!« »Ibrox« ist das Ibrox-Park-Stadion in Glasgow, wo 1971 sechsundsechzig Personen in dem Gedränge am Ausgang erdrückt worden waren; darum fuhr ich auch nach Glasgow. Ich besuchte ein Match in der mit Recht so genannten »Plough Lane«, der »Ackerstraße«, dem wackeligen hölzernen Stadion von Wimbledon, einer im Dreck und Gestank der Umgebung schmorenden Architektensünde. Zum erstenmal in meinem Zuschauerdasein befürchtete ich, von den unter meinem Sitz aufsteigenden Gerüchen betäubt zu werden, so durch und durch verfault waren die Tribünen, auf denen der Sitz befestigt war. Ich ging ins Millwall südlich der Themse, das für gewalttätige Massentumulte berühmt war.

Kein Stadion, so erfuhr ich, war so oft wegen der von den Vereinsanhängern veranstalteten Krawalle gesperrt worden. Aber ich fand keine gewalttätigen Massen. Ich war froh, wenigstens das Stadion gefunden zu haben, denn es liegt versteckt – sogar die Flutlichtmasten scheinen unter der Erde zu stehen – am Ende schmaler viktorianischer Sträßchen und dunkler Tunnels, zwischen Bahngleisen und Haufen von Ziegeln und Kacheln, die wohl noch aus der Zeit der Bombenangriffe stammen. Und da war es plötzlich, das Stadion an der Cold Blow Lane, gegenüber der Isle of Dogs, dem man den passenden Namen »die Höhle« gegeben hat.

Ich machte noch andere Ausflüge: zum Roker Park in Sunderland, ins Hampden in Glasgow, zum angeblich so prächtigen Hillsborough-Stadion in Sheffield, und obwohl ich mich noch nicht rühmen konnte, schon eine Beziehung mit einem von »denen« angeknüpft zu haben, merkte ich immerhin, daß ich allmählich Geschmack an den Veranstaltungen fand. Ich hatte herausbekommen, wie man es machen muß, um auf die Ränge zu gelangen und dem Spiel zuzuschauen – immerhin auch schon eine Leistung. Allmählich gefiel es mir sogar, wie es auf den Rängen zuging. Ich gebe zu, das wunderte mich. Man sollte meinen, es wäre weder natürlich noch logisch. Heute, bei näherer Überlegung, erscheint es mir nicht unähnlich der Gewöhnung an Alkohol oder Tabak: zuerst widerwärtig; dann, mit einiger Anstrengung, genußvoll; mit der Zeit wird es zur Sucht. Und am Ende bekommt es vielleicht sogar etwas Selbstzerstörerisches.

MANCHESTER

Was machen wir mit den »Hooligans«? Wer oder was ist schuld daran, daß es immer mehr werden? Jede Woche zeigt irgendein Vorfall, daß manche Teile von London für den friedlichen Reisenden gefährlicher sind als entlegene Gegenden in Kalabrien, Sizilien oder Griechenland, wo sich einst die klassischen Schlupfwinkel von Räubern befanden. Jeden Tag werden vor dem einen oder anderen Polizeigericht Einzelheiten über brutale Mißhandlungen berichtet, die ganz unbeteiligte Männer und Frauen erleiden mußten. Solange nur der eine »Hooligan« den andern malträtierte – solange wir in der Hauptsache von Angriffen und Gegenangriffen zwischen Banden hörten, auch wenn dabei manchmal tödliche Waffen gebraucht wurden –, war die Angelegenheit bei weitem nicht so ernst, wie sie mittlerweile geworden ist ... Die sich häufenden Gewalttaten von Rohlingen jedoch, die systematischen Gesetzesübertretungen von Gruppen junger Burschen und Männer, die ihre jeweilige Umgebung terrorisieren, kann man nicht mehr mit Gelassenheit hinnehmen.

Mit unseren »Hooligans« wird es immer schlimmer. Sie sind ein übler Auswuchs des Gemeinwesens, und am schlimmsten ist, daß sie sich vermehren und daß Schulbehörden und Gefängnisse, Polizeirichter und Philanthropen sie anscheinend nicht auf den Pfad der Tugend bringen können. Andere Großstädte mögen Elemente hervorbringen, die dem Staat gefährlicher werden können. Dennoch ist der »Hooligan« ein abscheulicher Auswurf unserer Zivilisation.

The Times, 30. Oktober 1890

Im Frühjahr 1984 erreichte Manchester United das Halbfinale im Europapokal der Pokalsieger, und nun mußte man gegen Juventus Turin spielen. Das Hinspiel sollte in Manchester stattfinden, das Rückspiel zwei Wochen später in Turin. Auf Manchester United war ich schon seit einiger Zeit neugierig. Bis zum Mai 1985 war noch nie eine englische Mannschaft von den Wettbewerben auf dem Kontinent ausgeschlossen worden; die Anhänger von Manchester United dagegen waren ausgeschlossen worden, und zwar vom Verein selbst. Ich wollte herausfinden, was das für Leute waren. Daß eine Vereinsführung die eigenen Fans von den Spielen fernhielt, war ungewöhnlich.

Das erste Match fand an einem Mittwoch abend statt, und ich nahm etwa um drei Uhr nachmittags einen Zug von London nach Manchester. Drinnen bot sich der gewohnte Anblick: Sitzplätze, Fußboden und Gepäckablagen voller Menschen, die Karten spielten, würfelten, unvorstellbare Mengen Alkohol in sich hineingossen und nach und nach in eine stumpfe Betäubung versanken.

Auf der Suche nach »einem von denen« ging ich von einem Waggon zum nächsten. Ich stieß auf einen, der wirklich etwas hermachte und zu dieser besonderen Kategorie von Artgenossen zu gehören schien – eines der scheußlichsten Exemplare. Er hatte ein feistes, plattes Bulldoggengesicht und war ungeheuer fett. Sein T-Shirt hatte sich am Bauch hochgeschoben und war von etwas Feuchtdunklem verfärbt. Der Bauch selbst war eine Art Faß, worin, wie ich bald bemerken sollte, literweise Lagerbier schäumte, mit halbzerkauten Bratkartoffelstückchen und feuchten, unverdauten Kugeln von Kohlehydraten darin. Die Arme, wabblig-teigig, waren mit Tätowierungen besudelt. Auf dem rechten Bizeps hatte er die Roten Teufel, das Logo von Manchester United, auf dem Unterarm einen Union Jack.

Ich traf ihn, als er gerade eine leere Bierdose in die Gepäckablage über den Sitzplätzen geworfen hatte – zu etlichen anderen, die schon dort lagen – und eine Flasche Tescos Wodka öffnete.

Ich machte mich mit ihm bekannt. Ich schriebe grade über Fußballfans. Ob er was dagegen habe, wenn ich ihm ein paar Fragen stellte?

Er schaute mich an. Dann sagte er: »Alle Amerikaner sind Wichser.« Pause. »Alle Journalisten«, fügte er hinzu, vielleicht um zu demonstrieren, daß er keine chauvinistischen Scheuklappen trug, »sind Fotzen.«

Der Kontakt war geknüpft.

Er hieß Mick, und gleich nach der Ankunft in Manchester stürmte er mit mir über die Straße in eine Kneipe, wo er mit erstaunlicher Geschwindigkeit drei Halbe trank. Zusammen gingen wir dann auch zum Match, und er führte mich zum Stretford End, dem Stehplatzbezirk des Old Trafford, der eingezäunt und so gerammelt voll war, daß die Sprechchöre, die von einer imponierenden Geschichtskenntnis und Wortgewandtheit zeugten – *»Where were you in World War Two?«* (»Wo wart ihr im Zweiten Weltkrieg?«) *»Va fanculo!«* (»Verpiß dich« auf italienisch) –, eine solche Lautstärke gewannen, daß mir Stunden danach noch die Ohren dröhnten: als ich in dieser Nacht zu Bett ging, merkte ich, daß ich mir unablässig den nicht besonders einschläfernden Spruch vorsagte: »Mussolini war ein Wichser.« Zur Halbzeit rannte Mick noch mal los, um Erfrischungen zu besorgen, die diesmal aus vier Fleischpasteten bestanden, zwei Cheeseburgern und zwei Plastikbechern mit einer Flüssigkeit, die nach Micks Behauptung Lagerbier war, mir aber, nach Temperatur und Konsistenz zu urteilen, eher wie Gemüsesuppe vorkam. Weil ich das Gebräu nicht anrühren mochte, trank Mick, um nichts umkommen zu lassen, ohne sich zu zieren auch noch meine Becher aus. Nach dem Spiel zog er mich am Ärmel durch die Menge, steuerte mich die Warwick Road North entlang – mit einem kurzen Halt zum Verzehr von zwei Portionen Fish'n'chips, von denen das Fett durch das Zeitungspapier tropfte, so daß Micks T-Shirt nun vollends in ein Kunstwerk verwandelt war – und dann über die Straße ins Pub, wo Mick nach drei schnellen Runden an der Theke noch zwei Halbe mitnahm, bevor er sich mit mir an einen Tisch setzte. Derjenige, der vorgeschlagen hatte, daß wir uns hinsetzten, war ich. Ich war allmählich am Platzen.

Mit Mick, so schien mir, hatte ich nun endlich »einen von denen« kennengelernt. Aber zugleich kamen mir Zweifel, ob er der Beste von »denen« wäre, die mir hätten begegnen können. Da sah ich Probleme. Zunächst einmal paßte er nicht gut zu meiner These: er war weder arbeitslos noch sonst, soweit feststellbar, in irgendeiner Weise benachteiligt. Vielmehr schien er mit seinem Los vollkommen zufrieden zu sein. Er war gelernter Elektriker, stammte aus Blackpool und war seit kurzem in London als Mitglied eines Trupps, der in einem Wohnblock neue Leitungen legte. Außerdem steckte ein dickes Bündel Zwanzigpfundnoten in seiner Hosentasche: ich sah es, weil er immer wieder eine neue Runde Bier holen ging, und das Bündel schien dabei überhaupt nicht kleiner zu werden.

Er mußte schon deshalb eine ganze Menge Geld haben, weil er seit vier Jahren noch kein Spiel verpaßt hatte. Nicht ein einziges! Er sagte, er könne sich auch für die Zukunft nicht vorstellen, daß er je eines verpassen sollte. Die Zukunft, gab ich zu bedenken, sei aber eine ganz schön lange Zeit, und Mick wollte das auch nicht bestreiten, aber trotzdem – »Man United« verpassen, das war keine Aussicht, die ohne weiteres in seinen Kopf hineinging. Ich wußte nicht, wie er es angestellt hatte, daß er seine Arbeitsstelle früh genug hatte verlassen dürfen, um den Zug nach Manchester zu erwischen, aber ich wußte, daß er vorhatte, morgen früh wieder an Ort und Stelle zu sein. Irgendwann später in der Nacht, nach Kneipenschluß, wollte er nach Manchester Piccadilly laufen und dort, mit den Manteltaschen voller Büchsen Lagerbier, den ersten Zug nehmen, der ihn rechtzeitig zur Arbeit nach London brachte. Inzwischen habe ich mich manchmal gefragt, wie es wohl wäre, von Mick neue Leitungen ins Haus gelegt zu bekommen: Die Kinder sind gerade mit dem Frühstück fertig, man hat es eilig, sie auf den Schulweg zu schicken, und in dem Moment klingelt es, und da, vor der ganzen neugierig an der Tür versammelten Familie, steht Mick, eben dem Frühzug entstiegen, noch ein wenig schwankend, mit einem Stromkabel in der Hand.

Nun war ich dran, eine Runde auszugeben, und als ich von der Theke zurückkam, erklärte mir Mick, wie es in der »Firma« zuging. Er erwähnte einige Typen, deren Spitznamen schon ziemlich viel über sie aussagten: Knochenkopf, Paraffin-Pete, Speedie, Bernie der Bekloppte, Billy das Einauge, Red (der Kommunist) und Doofie Donald, ein Bursche von notorischer Beschränktheit, der gern mit Ketten Sachen kaputtschlug. Zur Zeit saß er. Übrigens hatte so gut wie jeder schon mal wenn nicht gesessen, so doch ein Strafverfahren laufen gehabt oder eins zu erwarten. Mick selbst, der nicht zur Gewalt neigte, war einmal festgenommen worden, aber das war die Ausnahme, versicherte er mir, und hatte nur wegen falschem Timing passieren können: die Polizisten kamen nämlich grade in dem Augenblick in die Kneipe, als Mick breitbeinig über einem Unglücklichen stand, den er schon fast bewußtlos geschlagen hatte, einen Barhocker hoch erhoben, um ihn mit maximaler Wucht und Wirkung niedersausen zu lassen. »Aber ich hätt's nicht wirklich gemacht«, sagte Mick. Ich hatte keine Zeit, darüber zu diskutieren, denn Mick war schon wieder auf den Beinen und strebte der Theke zu. »Dasselbe noch mal?« fragte er über die Schulter.

Dasselbe noch mal?

Ich wußte nicht, wie ich das bis zur Sperrstunde durchhalten sollte. Ich stand auf und ging zum Klo – das fünfte Mal schon – und mußte mich an einem Stuhl festhalten, als ich von drinnen ein fürchterliches Kotzgeräusch hörte. Micks Durst schien unstillbar zu sein, zumindest solange in seinem Bauch noch Platz war, und in seinem Bauch war sehr viel Platz. Als ich vom Klo zurück war, steuerte er schon wieder mit zwei Halben in der Hand auf unseren Tisch zu. Einen Augenblick sah ich die Szene doppelt, mit einem schemenhaften zweiten Mick und einer endlosen Reihe von Biergläsern in seinen vielen, vielen Händen. Es ging mir gar nicht gut. Ich atmete tief aus. Mein Magen rotierte. Und schon wieder stand ein neues Glas vor mir, randvoll. Und schon wieder der Schaum obendrauf. Abscheulich. Ich glotzte es an.

Mick nahm einen tiefen Zug.

Die meisten Fans, setzte er seine Erklärungen fort, denn auf ihn hatte der Alkohol keine erkennbare Wirkung, kamen entweder aus Manchester oder aus London. »Die aus London nennt man die Cockney Reds. Gurney ist ein Cockney Red. Er fährt nirgendwo hin, wenn es nicht on the jib ist.«

Mick wunderte sich, daß ich nicht wußte, was »on the jib« sein bedeutet. Ich wunderte mich, daß ich überhaupt noch die Worte aussprechen konnte.

»On the jib sein«, erklärte er mir, nachdem er nur noch einen Viertelliter in seinem Glas hatte, »heißt, kein Geld ausgeben. Darum geht's immer. Man wird doch nicht etwa für die U-Bahn, für den Zug oder die Eintrittskarten bezahlen. Wenn man ins Ausland fährt, kommt man sogar meistens noch im Plus zurück.«

»Im Plus?«

»Klar. Verstehst du, mit Geld.«

Die »Firma« von Manchester United nannte man die ICJ, die Intercity Jibbers, nach der Schnellzugverbindung der britischen Eisenbahnen, und Mick zählte mir nun die Sternstunden in der Geschichte der ICJ auf: in Valencia und Barcelona während der Weltmeisterschaft in Spanien, in Frankreich bei den Spielen für die Europameisterschaft. Oder in Luxemburg – von da war anscheinend Banana Bob mit einem Pelzmantel zurückgekommen und mit einem Diamantring an jedem Finger. Oder in Deutschland – da war er selber mit den Unterhosen voller »Deutschmarks« wieder in den Zug zurück nach London gestiegen. Roy Downes, das war noch so einer. Er war gerade in Bulgarien aus dem Gefängnis entlassen worden; man hatte ihn bei dem Versuch erwischt, das Hotelsafe zu knacken. Und Sammy. »Sammy ist ein Profi.«

»Ein Profi-Hooligan?«

»Nein, nein, ein Profi-Dieb.«

Sammy, Roy Downes und Banana Bob waren alles Anführer, Häuptlinge, jedenfalls nach dem, wie Mick sie beschrieb. Ich hatte keine Ahnung, daß es dabei Häuptlinge gab. Es hörte sich an, als ob es sich um so etwas wie einen Volksstamm handelte. Die mußte ich unbedingt kennenlernen. Das waren die Leute, an die man herankommen mußte. Ich verfolgte das Thema weiter.

Was denn eigentlich einen Anführer ausmachte, fragte ich harmlos.

»Daß er was tut«, sagte Mick und machte eine Pause, offenbar, um seinen Gedanken zu vertiefen: »Ja, daß er unter den richtigen Umständen im richtigen Moment das Richtige tut.«

Aha! »Das ist aber keine sehr ergiebige Definition«, wandte ich vorsichtig ein.

Ich fragte, ob es einen bestimmten Hauptanführer gebe bei United, und Mick sagte, nein, einen bestimmten gebe es nicht, und das sei ein Problem, sondern mehrere: »Sammy, Roy, Banana Bob, Robert der Taschendieb – letzten Endes stehen die alle in Konkurrenz zueinander. Und jeder hat seine eigene Firma, seine eigene Gefolgschaft, bis zu dreißig, vierzig Leuten. Die Anhänger sind meist fünfzehn-, sechzehnjährige Buben, die beweisen wollen, daß sie auch schon was drauf haben, und darum zu allem bereit sind. Die sind am gefährlichsten. Die sind es, die die meisten Schlägereien anfangen. Die sind sozusagen Unteroffiziere und hören auf niemand außer auf ihren Anführer. Die zuverlässigste Gefolgschaft hat wahrscheinlich Sammy.«

Und dann verstummte Mick plötzlich.

Ich dachte, meine Fragen gingen ihm auf die Nerven – Anführer? Unteroffiziere? Wie bei einer kleinen Armee? –, aber nein, Mick betrachtete nur mein Bierglas. Er hatte bemerkt, daß es noch voll war, obwohl ich es mehrfach an die Lippen gesetzt hatte, während er seines leer getrunken hatte. »Trinkst nicht gerade viel, was?«

Es war nun endlich elf Uhr, jemand rief zur letzten Bestellung auf (es klang wie Musik in meinen Ohren), und ich rechnete aus, daß ich außer einer Portion Fish'n'chips und einem völlig unverdaulichen Cheeseburger zwei Büchsen Lager und acht Halbe Bitter intus hatte. Allerhand, fand ich, ich hatte mich wacker gehalten. Und dazu sagte Mick, ich würde nicht gerade viel trinken! Von ihm konnte man das jedenfalls nicht behaupten. Er merkte sich nicht genau, was er alles schluckte, aber mir machte es so viel Eindruck, daß ich mitzählte. Außer einer Zeitungstüte voll Fish'n'chips, *zwei* Cheeseburgern, *zwei* Fleischpasteten, *vier* Beuteln Kartoffelchips mit Schinkengeschmack *und* dem indischen Mitnehm-Gericht, das er sich auf dem Weg zum Bahnhof noch besorgen wollte, waren es: vier Büchsen Harp-Lager, ein großer Teil von einer Flasche Tescos Wodka und *achtzehn* Halbe Bitter. Als die Kneipe zumachte, nahm Mick noch vier Büchsen Lager für die Heimfahrt mit.

Fußballfan zu sein war ein teurer Spaß, und mir leuchtete ein daß es für Mick wichtig sein mußte, am nächsten Morgen pünktlich zur Arbeit zu kommen. Denn auch wenn er vom »on the jib« sein gesprochen hatte, als sei es das Natürlichste von der Welt, hatte er doch, wie ich bemerkt hatte, eine Rückfahrkarte nach London dabei und war auch nicht ohne Eintrittskarte ins Stadion gekommen. Alles in allem hatte ihn der Abend etwa sechzig Pfund gekostet. Er erwähnte, daß er am vorigen Samstag auch etwa soviel ausgegeben habe. Und am Tag zuvor, sagte er, habe er 155 Pfund für eine Pauschalreise nach Turin bezahlt, zum Rückspiel gegen Juventus. Das hieß, von Samstag bis Mittwoch hatte Mick 275 Pfund für Fußball ausgegeben. Aller Wahrscheinlichkeit nach würde ihn der nächste Samstag noch mal fünfzig bis sechzig Pfund kosten – also 335 Pfund in einer Woche, vielleicht einer untypischen Woche, aber trotzdem mehr, als die meisten Einwohner Großbritanniens im Monat an Hypotheken für ihr Eigenheim bezahlen.

Die Pauschalreise nach Turin war noch aus einem anderen Grund von Interesse. Ich wußte, daß die Anhänger von Manchester United von den auf dem Kontinent ausgetragenen Spielen ausgeschlossen waren, und zwar deshalb, sagte mir Mick, weil es jedesmal Krawalle gab, wenn die Mannschaft im Ausland spielte; aber mit dieser Besuchssperre nahm man es offenbar nicht sehr genau: das Vereinsmanagement hatte einfach die sonst übliche Verteilung der Eintrittskarten an die Anhänger der Gastmannschaft abgelehnt. Aber was sollte die Fans daran hindern, auf eigene Faust hinzufahren und sich die Karten von einem Zwischenhändler zu beschaffen? Oder was sollte einen findigen Unternehmer daran hindern, einen Posten Karten direkt aus Italien zu beziehen und dann hier in England teuer weiterzuverkaufen?

Mick erklärte mir, daß die Pauschalreise den Flug, ein Hotel und die Eintrittskarte einschloß – und zwar Sitzplatz, wohlgemerkt: also mußten es gute Plätze sein. Er holte einen kleinen Zeitungsschnipsel hervor, zwei Zentimeter aus einer Spalte der *Manchester Evening News*. Alles wurde organisiert von einem Reiseveranstalter, den ich aus Gründen, die später noch deutlich werden, nicht bei seinem wirklichen Namen nennen kann. Sagen wir, er hieß Bobby Boss, und seine Firma war das Bobby-Boss-Reisebüro.

Mick ging hinaus ins nächtliche Manchester. Die Straßen um das Old Trafford waren nun verödet. Unterwegs zum zwei Meilen entfernten Bahnhof aß er ein zweites indisches Mitnehm-Gericht, und seine vollgestopften Manteltaschen schwangen bei jedem Schritt hin und her. Einen erfreulichen Anblick, soviel muß gesagt werden, bot er nicht, aber im Grunde war er kein übler Kerl. Trotz all seinen Geschichten von Gewalt und Randale schien er selbst sich doch an gewisse

Spielregeln zu halten. Das Ganze war einfach ein netter Ausflug, eine Club-Angelegenheit. Daß er darüber reden konnte, versetzte ihn in freudige Erregung, und je mehr er darüber redete, desto erregter wurde er. Er war offenherzig, großmütig und voll Vertrauen. Und darauf kam es an: er traute mir.

Bobby Boss fand ich in Soho, in einem Gebäude, wo es im Treppenhaus penetrant nach den Leuten roch, die letzte Nacht dort geschlafen hatten, in einem sehr großen Raum, der noch mehrere andere Büros beherbergte, deren jedes durch ein ausgeklügeltes, aber wackliges System von leicht entfernbaren Sperrholz-Trennwänden abgeteilt war. Das heißt, ich fand dort nicht Bobby Boss persönlich, sondern nur seine Firma, die von einer mustergültig liebenswürdigen Empfangsdame mit irgendeinem harmlosen, netten Namen wie Jackie, Nicky oder Tracy vertreten wurde, einer Frau jedenfalls, die meine Besorgnis wegen einer inoffiziellen Reise, die immerhin von der Vereinsleitung, vom Fanclub, vom britischen Fußballverband und der Vereinigung der europäischen Landesverbände (UEFA) untersagt worden war, überhaupt nicht zu teilen schien. Geschäft ist Geschäft. Ich gab ihr 155 Pfund, und sie gab mir einen Zettel, auf dem stand: »Mit Dank erhalten.« Die Eintrittskarten für das Spiel, versicherte sie mir, kämen später.

Die Reise begann in der Woche darauf, viele Stunden vor Sonnenaufgang, vor dem Cumberland Hotel am Marble Arch. Aus irgendeinem Grund war in der Nacht zuvor ein anderer Flughafen gewählt worden, und darum hatte man einen Minibus gemietet, der uns alle nach Manchester brachte. Niemand in der Gruppe fand etwas Besonderes dabei. Andererseits war auch nichts Besonderes an der Gruppe. Es war ein Junge dabei mit Brille und verstopfter Nase, der immer wieder sagte: »Es gibt keinen Ärger. Wir kommen bloß wegen dem Fußball.« Außerdem ein Rechtsanwalt und ein Haufen Halbwüchsiger. Was hatte ich hier verloren? Ich kannte niemanden. Mick, obwohl er doch auch aus London hätte kommen müssen, war nicht da. Ich nahm mir vor, nie wieder nach acht Halben Reisepläne zu machen.

Wie sich herausstellte, saß ich zwischen drei Leuten, die sich kannten: Steve, ein Elektriker, verheiratet, aus dem verschlafenen Ort St. Ives, vierzig Meilen nördlich von London, und ein Paar mit den unwahrscheinlichen Namen Ricky und Micky, zwei gutaussehende jungenhafte Typen in Jeans und Jackett. Ich fragte sie, was sie so machten, und sie antworteten ausweichend und mißtrauisch – was hatte denn auch ein Amerikaner hier in diesem Minibus zu suchen? »So dies und das«, sagte Ricky und vertiefte sich in seine Zeitung, die *Sun*, die auch alle andern lasen. Ging mich ja auch nichts an. Es war fünf Uhr früh. Ich konnte mir nicht vorstellen, daß Ricky und Micky – die mit ihrem wuscheligen dunklen Haar und ihren runden Kindergesichtern wie jugendliche Popstars aus den frühen sechziger Jahren aussahen – irgend etwas mit dem, was ich vorhatte, zu tun haben könnten. Aber ich mußte noch viel lernen.

Gegen neun Uhr kamen wir zum Flughafen von Manchester. Mick war nun auch da, grau im Gesicht und mit trüben Augen, offenbar nach einer Nacht mit einem echten Trinkgenossen. Er hatte sich zunehmend für die Aussicht begeistert, seinen Namen gedruckt zu sehen, und in der Hoffnung, daß ich vielleicht einen Fotografen mitbrächte, hatte er sich für den Anlaß passend gekleidet: ein T-Shirt mit dem Aufdruck »Mit Alkohol hab ich keine Probleme, solange es welchen gibt« und, unvorteilhafterweise, sehr enge Shorts. Er war mit Sonnenbrille und Instamatic-Kamera ausgerüstet und hatte es sehr eilig, in den Laden mit zollfreien Waren zu kommen. Ich fragte ihn, ob er mir jemand von den Leuten zeigen könne, von denen er neulich gesprochen hatte – Sammy, Banana Bob, Row Downes oder Robert den Taschendieb –, aber die flogen nicht mit unserer Maschine. Fußtruppen, so nannte man uns, wie ich noch erfahren sollte. Wir in der Maschine, wir waren nur die Soldaten. Die Generäle, wie zu erwarten, hatten ihre Reisevorkehrungen gesondert getroffen.

Bevor ich in England lebte, hatte ich immer angenommen, der häßliche Tourist – mit seinem Geld, seinem breiten Akzent und seiner Ignoranz – müsse Amerikaner sein. Aber der amerikanische Tourist – eingeschüchtert von der großen weiten Welt und immer baß erstaunt, wie alt sie schon ist – ist noch ein stiller, respektvoller Zeitgenosse, und wenn er auch manchmal ein bißchen bescheuert aussieht, häßlich ist er nicht. Ich war noch nie an der Costa del Sol gewesen. Ich kannte die englischen Lagerbier-Lümmel noch nicht. Ich kannte den Pauschaltouristen noch nicht. Den Pauschaltouristen erkennt man an der stets griffbereiten kleinen Kamera, an der eigentümlichen Art seiner Bekleidung, die gewöhnlich große Partien Fleisch entblößt, die er besser bedeckt lassen sollte, an dem unbezähmbaren Durst auf billigen Wein oder Lagerbier aus Zweiliterflaschen und, ohne Rücksicht auf Land oder Landessprache, an den großen, fettigen Tüten Fish'n'chips, eingewickelt in die *Mail-on-Sunday*. Pauschaltouristen sind unübersehbar. Aber Fußballfans sind noch etwas ganz anderes, sie sind schlimmer. Viel, viel schlimmer.

Zweihundertsiebenundfünfzig Fans von Manchester United kamen also dank der Bemühungen von Bobby Boss am Mittwoch morgen zusammen, um nach Turin zu einem Match zu fliegen, dessen Besuch man ihnen verbieten wollte. Die meisten im Flugzeug kannten sich: es war eine Art Vereinsausflug. Niemand wußte, wo wir übernachten würden; niemand hatte eine Eintrittskarte für das Spiel. Aber alle waren in Ferienlaune, alle waren stolz darauf, zu diesem Touristen-Mob zu gehören. So viele Bilder waren zu knipsen. Man knipste sich bei der Abfertigung für den Flug. Man knipste sich beim Betreten des zollfreien Ladens und beim Verlassen des Ladens. Man knipste sich beim Aufmachen der zollfrei gekauften Flasche und dann, als die Maschine ihre Flughöhe gewonnen hatte, knipste man dieselbe Flasche in halbleerem Zustand. Und wenn ich auch zugeben muß, daß es ein bißchen komisch war, so viele Leute um zehn Uhr vormittags vor halbleeren Literflaschen mit Wodka zu sehen, verlief unser

Flug nach Turin doch alles in allem ereignislos – geräuschvoll und feuchtfröhlich zwar, aber letztlich nicht anders, als ich mir jede andere englische Pauschalreise auch vorstellte. Die Gruppe kam mir insgesamt harmlos und unterhaltsam vor, und ich fand alles – die Unannehmlichkeit des frühen Aufstehens, die Busfahrt von London nach Manchester neben einem Jungen, der sich kein Taschentuch leisten konnte, den plötzlichen Kontakt mit so vielen eigenartigen Menschen – nach und nach nicht mehr so schlimm. Offen gesagt, es machte mir Spaß. Tatsache aber war, daß ein Touristen-Mob sich auf den Weg gemacht hatte, um das Land, das er besuchte, zu verheeren.

Denn nun landeten wir in Turin.

TURIN

Eine *Masse* ist ein seltsames Phänomen: sie ist eine Ansammlung heterogener Elemente, die einander unbekannt sind (obwohl in einigen wesentlichen Merkmalen wie Nationalität, Religion oder sozialer Klassenzugehörigkeit einander ähnlich); doch sobald aus einem von ihnen ein Funke der Leidenschaft aufblitzt und dieses Gemenge elektrisiert, findet eine Art plötzlicher Organisierung statt, die spontan erzeugt wird. Diese Inkohärenz gewinnt Zusammenhalt, dieser Lärm wird Stimme, und diese Tausende im Gedränge bilden bald nur noch ein einziges Lebewesen, ein wildes Tier, namenlos und ungeheuer, das mit unwiderstehlicher Entschlossenheit auf sein Ziel losgeht. Die Mehrzahl war wohl aus purer Neugier zugegen, aber das Fieber einiger weniger hat rasch auf die Herzen aller übergegriffen, und bei allen steigert es sich bis zum Delirium. Sogar wer herbeigelaufen war, um der Ermordung eines Unschuldigen zu wehren, wird als einer der ersten von der mörderischen Ansteckung befallen und kommt obendrein gar nicht auf die Idee, sich darüber zu wundern.

Gabriel Tarde
La philosophie pénale (1890)

Der erste, der die Gruppe in Turin, am Fuß der Gangway, begrüßte, war ein Mann namens Michael Wicks. Mr. Wicks war der stellvertretende britische Konsul. Er war etwa fünfzig – in Tweedjacke, mit Foreign-Office-Akzent, ein gebildeter, unerschütterlich freundlicher Mann. Mr. Wicks lächelte fast immer, und er lächelte auch noch, als er den ersten von uns sah, der aus dem Flugzeug stieg, einen unerhört dikken Burschen namens Clayton.

Clayton hatte eine ganze Anzahl Probleme, aber sein größtes Problem war seine Hose. Sehr wahrscheinlich wird Clayton sein Leben lang Probleme mit seiner Hose haben. Sein Bauch war so weich und weit – kein Adjektiv scheint seinem Umfang gerecht zu werden –, daß seine Hose, obgleich ebenfalls von eindrucksvollen Ausmaßen, doch nicht weit genug war, um sich so hoch hinaufziehen zu lassen, daß sie nicht wieder hinunterrutschte. Clayton kam aus der Maschine und watschelte die Treppe hinab, wobei er seine Gürtelschnalle festhielt, bemüht, irgendwo auf seinem mächtigen Wanst einen Halt für sie zu finden. »Wir sind stolz, daß wir Briten sind«, sang er vor sich hin. Seine Augen waren geschlossen, und sein Gesicht war rot, und er wiederholte seinen Refrain immer von neuem, obwohl niemand sonst mit einstimmte.

Mick folgte nicht weit hinter ihm. Er hatte seine Flasche Wodka geleert und trank nun eine Büchse Carlsberg Sonderbräu, die er sich vor dem Aussteigen noch vom Getränkewagen geschnappt hatte. Als er am Fuß der Treppe anlangte, begrüßte ihn Mr. Wicks. Das verwirrte Mick. Mr. Wicks sah nicht wie ein Italiener aus. Mick blieb stehen und begann etwas zu sagen, in der schleppenden, wohlbedachten Redeweise eines Mannes, der innerhalb von neunzig Minuten einen Liter

Schnaps konsumiert hat. Und dann rülpste er. Es war ein unüberhörbarer Rülpser, lang und gräßlich, ein brutales, langsames Platzen unzähliger Blasen giftiger Magengase. Es war ein Rülpser, der zu Spekulationen aufforderte: über die Getränke, die Art der Speisen und die Mengen, die dazu beigetragen haben mußten, diesen gewaltigen Sprühdunst zu erzeugen, der nun endlos aus den Tiefen des gequälten Leibes aufzusteigen schien. Aber Mr. Wicks war unbeirrbar. Er gab sich damit zufrieden, Mick nicht anders als jeden beliebigen Touristen zu behandeln, dem die Aufregung einer Flugreise ein bißchen zuviel geworden ist. Mr. Wicks, offenbar Diplomat vom Scheitel bis zur Sohle, nahm keinen Anstoß. Ich glaube nicht, daß es möglich war, bei Mr. Wicks Anstoß zu erregen. Er lächelte bloß.

Dann kamen auch die anderen, ebenfalls singend, einzeln oder Arm in Arm mit Freunden, und auch ihre Lieder handelten alle irgendwie davon, wie prima sie es fanden, daß sie Engländer waren. Mit der ganzen Gruppe war kurz nach der Landung etwas geschehen, eine deutliche Änderung war eingetreten. Als die Maschine auf ihren Standplatz zurollte, hatte jemand die Armee ausgemacht: sie erwartete uns, in Formation angetreten.

Die Armee!

Das würde kein normaler Durchgang durch die Paßkontrolle werden: Die Maschine sollte offenbar umzingelt werden, und zwar nicht von den Polizisten – man sah sie in Grüppchen bei der Laderampe –, sondern von einem Trupp italienischer Soldaten. Die Soldaten sähen komisch aus, meinte Mick, der neben mir saß – wie gottverdammte Schwuchteln, drückte er sich aus. Sie trugen fremdartige Uniformen und grellfarbige Mützen; es waren keine englischen Soldaten – darauf kam es an; es waren *ausländische* Soldaten.

Die Wirkung war durchschlagend: Dies waren nun nicht mehr die Fans von Manchester United, sie waren die Verteidiger der englischen Nation. Sie kamen nun nicht mehr aus Manchester; ihre Herkunft hatte sich wie auf Löschpapier von einem Punkt auf der Karte über die Karte des ganzen Landes ausgebreitet. Sie waren nun Engländer: Engländer *und* offensichtlich gefährlich. Sie standen auf, bevor das Flugzeug zum Stehen gekommen war, und begannen sich umzuziehen, trotz der Ermahnungen einer Stewardess, daß sie sich wieder hinsetzen sollten. Wie auf Kommando wurde die Alltagskleidung, in der sie gekommen waren, durch ein Kostüm ersetzt, dessen wichtigstes Merkmal die britische Flagge war. Ganz plötzlich begannen Köpfe und Gliedmaßen sich durch Union-Jack-T-Shirts und Union-Jack-Badehosen zu wühlen, in einem Fall durch Union-Jack-Boxershorts (die aparterweise um die Stirn getragen wurden). Sie schienen alle auf diesen Augenblick vorbereitet, es sah aus wie einstudiert. Unterdessen hatten alle »Rule Britannia« angestimmt – durchdringend laut und spontan –, und dann sangen sie es noch einmal, lauter und lauter, bis es schließlich, als die Maschine auf den Standplatz zurollte, nicht mehr gesungen, sondern gebrüllt wurde:

Rule, Britannia! Britannia, rule the waves!
Britons never, never, never shall be slaves.
When Britain first, at Heaven's command,
Arose from out the azure main,
When Britain first arose from out the azure main,
This was the charter, the charter of the land,
And heavenly angels sung the strain:
Rule, Britannia! Britannia, rule the waves!
Britons never, never, never shall be slaves!
Rule, Britannia! Britannia, rule the waves!
Britons never, never, never shall be slaves!

Auch die Identität der Italiener hatte sich geändert. Sie waren nun keine Italiener mehr, sondern »Itaker«.

Das also waren die Ankömmlinge, die Mr. Wicks begrüßte, ein Mann, dessen freundliches Verhältnis zur Realität ich erstaunlich fand. Immerhin stand er nun hier, nachdem er sich entschlossen hatte, diese Fußballfans am Flughafen zu empfangen, die von dem Match, das sie nun besuchen würden, ausgesperrt werden sollten und die sich anschickten, über die Stadt Turin herzufallen. Was hätte er tun können? Im nachhinein ist es leicht gesagt: Er hätte die zivilen Luftfahrtbehörden auffordern sollen, diesem Charterflugzeug die Landeerlaubnis zu verweigern und alle Insassen der Maschine nach England zurückzubringen. *Das* hätte er tun sollen. Aber unter welchem Vorwand wäre so etwas möglich gewesen? Mr. Wicks' Alternative – seine einzige – bestand darin, seinen Glauben an die Menschlichkeit dessen kundzutun, was da aus der Maschine hervorkam, auch wenn er dazu über etliches hinwegsehen mußte: über Clayton, über Mick, die Union-Jack-Boxershorts als stammesgemäße Kopfbedeckung, über den Ausdruck blanken Entsetzens in den Gesichtern der acht Personen vom Bordpersonal oder über die Tatsache, daß 257 Liter hochprozentiger Spirituosen, vor anderthalb Stunden eingekauft, jetzt um 11 Uhr 30 vormittags schon ausgetrunken waren. »Alle«, sagte Mr. Wicks, immer noch lächelnd, als alle die Laderampe entlanggetorkelt kamen, »alle wollen wir uns hier einen schönen Tag machen.«

Jawohl, alle wollten sich hier einen schönen Tag machen, darin waren sich alle einig. Aber wo war der Veranstalter? Mr. Wicks fragte nach Mr. Robert Boss vom Reisebüro Bobby Boss, aber niemand konnte ihm helfen. Niemand wußte, wo er steckte. Niemand wußte ja auch, wo wir übernachten oder wo wir die Eintrittskarten für das Match herbekommen sollten. Im Grunde waren die meisten Leute, auch ich, so dankbar, daß eine Maschine auf dem Flughafen von Manchester auf uns gewartet hatte, und so erstaunt, daß sie uns tatsächlich nach Italien befördert hatte, daß wir gar nicht mehr sehr scharf darauf waren, noch weitere Fragen zu stellen – aus Besorgnis, das, was wir immerhin erreicht hatten, könnte sich verflüchtigen, wenn man es allzugenau ansah. Besser war es – und nach soviel schnell hinuntergeschüttetem Schnaps auch leichter –, zu glauben, daß alles schon irgendwie klappen würde.

Dann kam von den hinteren Sitzen der Maschine eine hübsche, quirlige Person, so forsch-fröhlich wie ein amerikanischer Cheerleader. Sie stellte sich vor – »Hi, ich bin Jackie« –, sagte, daß sie die Dinge in die Hand nehmen würde und daß für alles gesorgt sei. Es stellte sich heraus, daß Jackie eine ehemalige Polizeischülerin war, die ihre Ausbildung abgebrochen hatte, weil sie lieber reisen und etwas von der Welt sehen wollte. Bobby Boss hatte sie auf einer Party kennengelernt. Er versprach ihr die Welt – und gab ihr diesen Job. Der Flug nach Turin mit einer Gesellschaft von 257 Fußballfans war ihre erste Auslandsreise. Jackie war zweiundzwanzig.

Mr. Wicks machte sich seine Gedanken.

Was würdest du tun, fragte ich mich, wenn dein Instinkt dir rät, alle Anwesenden auf der Stelle verhaften zu lassen, während das Rechtsempfinden dir sagt, daß so was nicht geht, und dein völlig verwirrter Verstand dir nur noch empfiehlt, unentwegt zu lächeln, und wenn du dann noch merkst, daß du statt der Person, die dich in diese Klemme gebracht hat, eine zweiundzwanzigjährige Aussteigerin aus der Polizeischule auf ihrer ersten Auslandsreise mit 257 betrunkenen jungen Männern vor dir hast?

Was würdest du da tun?

Was Mr. Wicks tat, war folgendes: Immer noch lächelnd, konfiszierte er sämtliche Pässe (daß auch ein amerikanischer darunter war, weckte für einen Augenblick, wie ich später erfuhr, die Befürchtung, daß die CIA ihre Hand im Spiel haben könnte). Offenbar dachte Mr. Wicks, er könnte vielleicht später kontrollieren wollen, wem die Abreise zu gestatten wäre. So kam es dann nicht – er wollte schlicht, daß restlos alle abreisten –, aber das war später. Im Augenblick versuchte er nur, die möglichen Folgen dessen zu begrenzen, wovon er zuinnerst gewußt haben muß, daß er es nicht verhindern konnte. Er hatte ein Informationsblatt mit nützlichen Telefonnummern vorbereitet, die mit einem ominösen Sinn für Prioritäten aufgelistet waren. Die Nummer des britischen Konsulats kam als erste, dann die der Polizei, des Krankenhauses, des Sanitätsdienstes und zuletzt die des Flughafens.

Ein zweites Blatt enthielt eine Anzahl schadensbegrenzender Sätze auf italienisch (»Würden Sie bitte schnell einen Arzt rufen?«) und endete mit dem optimistischen Wunsch, daß jedes Mitglied der Gruppe sich im fremden Land als ein Botschafter Britanniens betragen werde – etwas, wozu man die Claytons und Micks und alle andern gar nicht erst aufzufordern brauchte, denn ihr Britenstolz war unerschütterlich und grenzte ans Imperiale. Mr. Wicks brachte wie ein braver Schulmeister alle durch die Paßkontrolle und versammelte sie dann zu einer kurzen Predigt – alle sollten sie ihr bestmögliches Betragen an den Tag legen –, die mit der Mitteilung schloß, daß er eine Polizeieskorte bestellt hatte. Sie bestand aus vier Motorrädern und zwei Mannschaftswagen für jeden der vier Busse, die draußen auf uns warteten. All diese gescheiten und sorgfältigen Vorbereitungen verrieten einen Mann von großem Weitblick. Und doch sah man Mr. Wicks an den Augen an – als er in seiner Tweedjacke im Schatten der Markise vor dem Flughafen stand und uns artig zuwinkte, bis die Busse einer nach dem andern zu ihrer lärmenden Fahrt in die Innenstadt gestartet waren –, daß er versagt hatte. Etwas ganz Furchtbares stand bevor, und irgendwie würde er schuld sein. Er hatte wohl begriffen – aus seinem Gesicht schienen der Kummer und die Reue darüber zu sprechen –, daß er soeben einen Trupp ungewöhnlicher Lebewesen losgelassen hatte, Wesen, die man gewiß auf humane Weise behandeln sollte (liebevoll füttern, betrachten, würdigen), denen man aber um keinen Preis das Betreten der Innenstadt von Turin hätte gestatten dürfen. Nie und nimmer, nicht mal an der Leine oder in einem Käfig! Und trotzdem, als unverbesserlicher Optimist lächelte Mr. Wicks noch immer.

Es ist ein erhebendes Gefühl, von einer Polizeieskorte begleitet zu werden. Ich fand es erhebend. Ich war nicht direkt erfreut, daß es mir so ging, aber ich konnte nicht leugnen, daß ich die Empfindungen der Leute um mich herum bis zu einem gewissen Grad teilte, deren Gebrüll durch den betäubenden

Ton der Sirenen vorübergehend gedämpft wurde und die sich nun als etwas ganz Besonderes fühlten. Wer kriegt denn schon eine Polizeieskorte? Premierminister, Präsidenten, der Papst – *und* die britischen Fußballfans. Bis die Busse die Innenstadt erreichten – trotz des geringen Verkehrs hatte man die Sirenen gleich bei der Abfahrt vom Flughafen angestellt –, hatte sich der Status der Insassen unermeßlich erhöht. Jede Kreuzung, die wir passierten, war verstopft von Wagen und Zuschauern. In allen Straßen hatten sich Menschen versammelt, die wissen und mal nachsehen wollten, was all der Lärm zu bedeuten hatte; und ein paar Wohnblöcke weiter vorn gab es noch mehr Menschen, noch größere Ansammlungen, noch mehr Verstopfung. Der Ton von zwanzig Sirenen ist schwer zu überhören. Ganz Turin mußte begriffen haben, daß die Engländer gekommen waren.

Die Engländer selbst, durch die Aufmerksamkeit, die sie erregten, beflügelt, fingen an zu singen, und sie brachten es fertig, selbst die markerschütternden Sirenen, die ihr Erscheinen in der Stadt ankündigten, zu übertönen. Diese Lautstärke zu erreichen war keine geringe Leistung, auch wenn man den Lärm, der aus dem Bus hervorbrach, besser nicht als Gesang bezeichnet. Ein Lied hieß »England« – dieses Wort, immerzu wiederholt, bildete den gesamten Text. Ein anderes, das sprachlich anspruchsvoller war, beruhte auf der Melodie der »Battle Hymn of the Republic«. Der Text lautete:

Glory, glory, Man United
Glory, glory, Man United
Glory, glory, Man United
Your troops are marching on! on! on!

Jedes »on« wurde mit etwas mehr Nachdruck als das vorige herausgegrunzt, begleitet von der bekannten Siegesgeste mit den zwei hochgespreizten Fingern. Eine besonders schlichte Weise hieß »Fuck the Pope« – schlicht, weil die Worte »Fuck the Pope« wiederum der ganze Text waren. »Fuck the Pope« war besonders beliebt, und trotz der Sirenen und der Geschwindigkeit gelang es zumindest zwei Bussen (dem, in dem ich fuhr, und dem hinter uns), »Fuck the Pope« mit so etwas wie Einstimmigkeit zu singen.

Ich bemerkte Clayton, der einige Reihen vor mir saß. Irgendwie hatte Clayton sich wie ein schwer lenkbares Fahrzeug in eine Position gebracht, bei der das offene Fenster neben seinem Sitz von seinem plötzlich entblößten, sehr breiten Hintern ausgefüllt wurde: die Hose, diesmal vorsätzlich bis zu den Knien heruntergelassen, die beiden plötzlich entblößten, sehr breiten Arschbacken in je einer Hand und auseinandergespreizt. In der Sitzreihe gleich dahinter stand ein Bursche, der aus dem Fenster pinkelte. Leute stellten sich auf die Sitze, rissen die Fäuste in die Höhe und senkten sie wieder, brüllten den Fußgängern, den Polizisten, den Kindern draußen – allem, was italienisch war – Kraftworte zu.

Dann schmiß jemand mit einer Flasche.

Das mußte ja kommen! Flaschen rollten auf dem Boden herum oder wurden von einem zum andern weitergereicht, und es war unvermeidlich, nachdem man alles andere ausprobiert hatte – obszöne Sprechchöre, Beschimpfungen, Pinkeln –, daß jemand diesen einen nächsten Schritt tat, eine der leeren Flaschen aufhob und nach einem Italiener schleuderte. Trotzdem, Wurfgeschosse jeder Art bedeuteten eine erhebliche Eskalation, und zumindest anfänglich war man sich halbwegs darin einig, daß Flaschenwerfen »gegen die Spielregeln« war.

»Was soll das, Scheiße noch mal?« brüllte einer aufgebracht, aber nicht ohne einen Anflug von Humor. »Bist wohl ein Hooligan, was?«

Eine wichtige Schwelle war überschritten. Sekunden später hörte man eine zweite Flasche splittern. Und dann eine dritte, eine vierte, und schon flogen Flaschen aus den meisten Fenstern aller vier Busse.

Ich fragte mich: Wenn ich ein Bürger von Turin wäre, wie fände ich das alles?

Jedenfalls würde ich dann hier am Fuß der Alpen wohnen, in einer der nördlichsten Gegenden Italiens, zwischen prächtigen historischen Backsteinbauten, in einer Stadt voller Kirchen und Plätze, Arkaden und Cafés, einer zivilisierten Stadt, einer Stadt der Intellektuellen, Hochburg der Kommunistischen Partei, Heimatstadt Primo Levis und anderer Schriftsteller und Maler, und wenn ich, ein Juventus-Fan wie alle Leute hier, während der Mittagspause losgegangen wäre, um mir eine Karte für das Match am Abend zu besorgen, dann würde ich jetzt diesen durchdringenden Ton hören, das gleichmäßig auf- und abschwellende Geheul vieler Sirenen. Krankenwagen? Eine Katastrophe? Ringsum würden die Leute stehenbleiben und die Hälse lang machen, die Augen gegen die Sonne beschirmen, bis man endlich in der Ferne die oszillierende blau-weiße Ampel der Polizeiwagen ausmachen könnte. Und wenn sie vorüberfahren würden – ein, zwei, drei, vier Busse –, ob meine Reaktion sich dann darauf beschränken würde, fasziniert zu sein, wenn ich in den Fenstern jedes Busses Gesichter von solch furchtbarer Aggressivität sehen würde – von erstaunlicher, heftiger, unerklärlich bösartiger Aggressivität? Vielleicht bekäme ich Urinspritzer ins Gesicht. Vielleicht müßte ich beiseite springen, um einer Flasche auszuweichen, die jemand mir an den Kopf schmeißen will. Und vielleicht hätte ich schließlich genauso reagiert wie ein junger Italiener, der, plötzlich zum Ziel eines unvorhergesehenen Geschosses geworden, Gleiches mit Gleichem beantwortete: er schmiß einen Stein zurück.

Die Wirkung auf die Insassen des Busses trat sofort ein. Daß sie plötzlich zum Angriffsziel geworden waren, versetzte ihnen einen Schock. Die Entrüstung kannte keine Grenzen: »Diese Schweine«, rief einer, »die schmeißen Steine in die Fenster!«, und aus seinem Gesicht sprach ein so aufrichtiger Abscheu, daß man gar nicht mehr anders konnte als zugeben, daß ein steineschmeißender Italiener wirklich ein ganz übles Subjekt war. Die Vorstellung – schließlich hätte ja ein Fenster zu Bruch gehen und jemand verletzt werden können – war zutiefst empörend, und alle wurden sehr, sehr wütend. Ich schaute mich um und begriff, daß ich nun nicht mehr von erregten, hysterisch nationalistischen Normverletzern umgeben war, sondern von hysterisch nationalistischen Normverletzern im Zustand der *Raserei*. Sie tobten jetzt, und alles, was ihnen in die Hände kam – Flaschen, Büchsen mit Erdnüssen, Obst, Fruchtsafttüten, einfach alles –, wurde unbesehen durch die Fenster geworfen. »Diese Schweine!« sagte einer neben mir durch die zusammengebissenen Zähne und zielte mit einer ungeöffneten Bierdose nach einem Grüppchen älterer Männer in dunklen Jacketts. »Diese Schweine!«

Alle waren jetzt in heller Aufregung. Aber niemand war aufgeregter als unser Busfahrer. Nur wenige hatten in dem Durcheinander bemerkt, daß unser Busfahrer verrückt geworden war.

Ich hatte mir schon eine ganze Weile seinetwegen Sorgen gemacht. Seit wir in der Innenstadt waren, hatte er immer wieder versucht, seine Passagiere zur Ordnung zu rufen. In dem großen Rückspiegel über seinem Kopf konnte er sehen, was vorging. Zuerst hatte er es mit Diplomatie versucht: er hatte ja keinen Grund anzunehmen, daß diese Fahrgäste von anderen, die er schon befördert hatte, grundsätzlich verschieden seien. Aber sein Appell, Ruhe zu bewahren, wurde nicht beachtet. Und darum protestierte er nun. Er beschwor uns mit den Händen, mit dem Gesicht, mit dem ganzen Körper, als ob er sagen wollte: »Bitte, es gibt nun mal Gesetze, und wir müssen sie befolgen!« Diesmal wurde er beachtet, aber die Wirkung war nicht die gewünschte. Der ganze Bus, der etwas über die Falklandinseln, Britannia oder die Queen gesungen hatte, setzte nun im Sprechchor zu einem einstimmigen »Fuck yourself« an die Adresse des Fahrers an. Dann wechselten sie die Sprache und sagten ihm ungefähr dasselbe auf italienisch.

Das hielt ich nicht für eine gute Idee. Ich kann gar nicht sagen, wie mulmig mir wurde. Schließlich wollte der Fahrer doch nur tun, was sein Job war. Unser Leben lag in seinen Händen – ganz *buchstäblich*. Und mit denselben Händen äußerte er seinen Unmut.

Am liebsten hätte er vermutlich den Bus zum Stehen gebracht und alle Leute hinausgejagt. Er hatte die Nase voll. Aber halten konnte er nicht, weil noch drei andere Busse mit voller Geschwindigkeit hinterdreindonnerten. Noch schneller fahren konnte er auch nicht, denn vor sich hatte er zwei Polizisten auf Motorrädern. Weil also nach vorn und hinten nichts zu machen war, äußerte er seine Wut durch seitliche Manöver: er riß das Lenkrad heftig nach links herum, dann nach rechts und dann wieder zurück. Die Jungs, die auf den Sitzen gestanden hatten, standen plötzlich auf gar nichts mehr. Nur die wenigsten blieben verschont: so ruckhaft waren die Fahrbewegungen, daß die meisten der schlüpfrigen Vinylsitze leergeräumt wurden. Jackie, unsere zweiundzwanzigjährige Betreuerin, war aufgestanden und hatte sich umgedreht, um ihre ungebärdige Gefolgschaft wie eine gestrenge Lehrerin zu schelten, aber als sie den Mund aufmachte, kam nur ein seltsames, unverständliches Glucksen heraus, und der Boden rutschte ihr unter den Füßen weg – uns ging es nicht anders. Das Interessante an der Rage des Busfahrers war, daß sie, indem er sie entlud, sich noch zu steigern schien, als ob er, indem er sie zum Ausdruck brachte, selber erst merkte, *wie* wütend er war. Sein Gesicht begann sich zu verfärben – es war nun ganz dunkelrot –, als er das Lenkrad noch mal herumriß, so daß wir alle nach links kippten, dann in die andere Richtung, und wir taumelten nach rechts. Ich befürchtete, als ich das schreckliche Farbenspiel in seinen Gesichtszügen sah, daß irgend etwas zu platzen drohte. Ich befürchtete, sein Herz könnte aussetzen, und mitten im nächsten wilden Schlenker würde er vielleicht das Lenkrad loslassen, sich an die Brust greifen, und der Bus würde in den entgegenkommenden Verkehr hineintrudeln.

Und dann: ein Regenbogen. Die Straßen, die zuletzt immer enger geworden waren, öffneten sich endlich und mündeten auf einen Platz: die Piazza San Carlo. Licht, Luft, Himmel – und langsam, aber sicher kam der Bus zum Stehen. Wir waren da.

Oder richtiger: wir waren noch am Leben, *ich* war noch am

Leben. Wir hatten die Herfahrt vom Flughafen überstanden. Beim Aussteigen drehte der Bursche vor mir sich noch einmal um, kurz bevor er ins Freie trat, und brüllte den Fahrer an: Das sei vollkommen gegen die Spielregeln gewesen! Und dann zog er Schleim aus den tiefsten Hohlräumen seines Innern hoch, versuchte, dem Fahrer ins Gesicht zu spucken, traf nicht und hinterließ ein schlaffes, feuchtes elastisches Bällchen, das dem Mann von der Schulter trielte.

Und so kamen die vier Busse mit den Schlachtenbummlern an, die das Match sehen wollten, von dessen Besuch man sie ausgeschlossen hatte; aber sie mußten feststellen, daß viele Leute schon vor ihnen eingetroffen waren. Der Platz war gerammelt voll. Woher kamen die? Schon als der Bus einfuhr, winkte uns jemand, der die eine Hand wild überm Kopf schwenkte, während er, mit der andern seinen Penis haltend, in einen Brunnen pinkelte. An seiner Nationalität konnte kein Zweifel bestehen, ebensowenig wie an der aller andern, diesen hinlänglich bekannten aufgedunsenen Vertretern des Inselvolkes, die in der heißen italienischen Sonne ihre Hemden ausgezogen hatten – eine große, wabbelnde Kundgebung zur Geschichte der Kneipenöffnungszeiten, zum Verbleib von Gallonen und Abergallonen Lagerbier und unabsehbarer Mengen Kartoffelchips mit Schinkengeschmack. Sie sangen: »Manchester, la-la-la, Manchester, la-la-la.« Sie sahen aus, als ob sie schon seit vielen Tagen auf dem Platz gestanden, gesungen und getrunken und in den Brunnen gepinkelt hätten. Überall auf dem Pflaster lagen leere Flaschen herum.

Es herrschte einige Verwirrung darüber, wo wir unterkommen sollten. Vier Hotels waren gebucht worden, und als Jackie aus der Korrespondenz auf ihrem Klemmbrett in Erfahrung zu bringen versuchte, wer wohin sollte, wurde sie von einem entsetzlichen Geschrei unterbrochen.

Eine Frau in Schwarz kam auf die Straße gerannt und fing an zu jammern. Niemand konnte verstehen, was sie sagte, bis auf die Polizisten – die Polizisten waren überall –, und fünf von ihnen gingen mit der Frau zurück in das Hotel, aus dem sie gekommen war. Man hörte sie immer noch schreien, als sie drinnen die Treppe hinaufstieg. Jackie hatte aufgehört, in ihrer Korrespondenz zu blättern, und ihr Gesicht hatte eine unbestimmte Form angenommen. Es war flachgedrückt, als ob man ihr eine reingehauen hätte. Es war ein Gesicht, das eine Art von präverbalem Grauen durchlebte und herauszufinden versuchte, wie es sich ausdrücken könnte. Auch wenn sie nicht wußte, was als nächstes passieren würde, soviel stand fest: Sie würde gut daran tun, eine Reaktion parat zu haben.

Ich weiß nicht, wie das so schnell hatte geschehen können, aber gleich nach der Ankunft waren mehrere Schlachtenbummler in die Räume im zweiten Stock des Hotels eingebrochen. Binnen Minuten hatten sie acht Zimmer durchstöbert, die Türen aufgerissen, Schubladen auf den Boden entleert und Kleiderschränke ausgeräumt, auf der Suche nach Bargeld, Reiseschecks, Flugtickets und Schmuck. Nur einen hatte man erwischt, weil er der Versuchung, ein kostenloses Ferngespräch zu führen, nicht hatte widerstehen können, und als die Polizisten wieder herauskamen, den Übeltäter sicher im Griff, ging Jackie zu ihm hin. Vor ihr stand ein junger Mann, ganz offenkundig einer, für den sie zuständig war, dem zwei Polizisten die Arme auf den Rücken gedreht hatten. Daneben stand die Frau in Schwarz. Sie schrie nun nicht mehr, aber sie erkannte auch Jackies Buchung nicht mehr an. Und die ganze Zeit hatte Jackie ihr Klemmbrett vor sich, dicht bedeckt mit Papieren, die beharrlich die Auskunft darüber schuldig blieben, wo die Leute alle übernachten sollten – sogar dann, wenn die Frau in Schwarz sie nicht abgewiesen hätte. Und zu guter Letzt, was die Bedeutung des Klemmbretts und dessen, worüber es Aufschluß gab oder nicht, etwas verminderte, war so gut wie niemand mehr zu sehen. Ob sie nun Zimmer hatten oder nicht, die meisten Fans waren verschwunden. Das Spektakel auf dem Platz hatte sie unruhig gemacht.

Ich traf Mick, der, findig wie immer, den Laden entdeckt hatte, wo man billiges Bier am billigsten bekam, und, großzügig wie immer, drei Zweiliterflaschen Lagerbier anbrachte, eine davon für mich. Dann drängte er sich in die Mitte des Haufens, brüllte: »Auf geht's, Rote!« – rot wie die Roten Teufel von Manchester United – und verschwand ebenfalls. Nur seine in die Höhe gestreckte Zweiliterflasche blieb über den Köpfen noch sichtbar.

Die Menschenmenge selbst war sehenswert. Das Fleisch, das entblößt wurde, war das normale: englische Nieselwetterhaut wie vom Fließband, daher hellrosa und sonnenempfindlich. Nur eines war nicht normal: alle waren tätowiert. Und nicht an *einer* Stelle, sondern an vielen. Sie hatten Tätowierungen dort, wo man sie erwarten kann – etwa auf den Unterarmen oder dem Bizeps –, und auch überall sonst: auf der Stirn, hinter den Ohren oder auf dem Handrücken. Bei manchen war der Rücken tätowiert, in voller Länge von oben bis unten. Dies waren dann keine gewöhnlichen Tätowierungen; es waren Wandgemälde auf Fleisch. Ein Bursche war eine einzige Werbefläche für den Fußballclub Manchester United. Wenn man ihn anschaute, konnte man nur zu dem Schluß kommen, daß er darin auch für die Zukunft seine Lebensaufgabe sah, seine Karriere. Jeder Zentimeter seines Rückens war auf Variationen zu dem vom Namen des Teams vorgegebenen satanischen Thema verwendet worden. Im unteren Teil sah man zwei rote Teufel, sehr detailgetreu dargestellt, mit Schwänzen, Fangzähnen, gespaltenen Zungen und Mistgabeln. Über den Mistgabeln, das Rückgrat hinauf- und schräg darüber hinzüngelnd, loderte ein Flammenmeer. Über den Flammen, am oberen Rand der Schulterblätter, sah man berühmte Spieler aus anderen Mannschaften: offenbar stürzten sie vom Himmel (die Wolken reichten bis zum Hals hinauf) in die Hölle hinab. Es war eine Art erzählender Malerei, und man konnte nicht umhin, zu bewundern, mit welcher Geduld sie ausgeführt worden war.

Man konnte auch nicht umhin, sich zu fragen, was das für ein Mensch sein mußte, der bereit war, seinem Körper dies anzutun. Tätowiert werden ist eine schmerzhafte Angelegenheit: eine heiße Nadel wird durch die Hautoberfläche gebohrt und füllt die Zellen darunter mit Farbe. Der Schmerz – das Blut quillt hervor, die behandelten Stellen sind wund – vergeht; das Ergebnis bleibt, bis es im fortgeschrittenen mittleren Alter verblaßt oder operativ entfernt wird. Ringsum sah ich meterweise Haut, die mit diesen totemartigen Gelöbnissen der Vereinstreue befleckt war. Abgesehen von diesem einen Kolossalgemälde gab es auch einen tätowierten Hals, ganz umschlossen von den sauber proportionierten Buchstaben M-A-N-C-H-E-S-T-E-R U-N-I-T-E-D. Sogar ein Paar Brustwarzen waren tätowiert – sie stellten die Augen eines besonders dekorativen roten Teufels dar (der sich über Brust und Bauch erstreckte). Eine tätowierte Stirn trug den Namen »Bryan Robson«, zu Ehren des Mittelfeldspielers von Manchester United (und vielleicht in der Hoffnung, daß Robson ewig leben und nie an einen andern Club verkauft werde).

Ich bummelte um den Platz. Mir war nicht unbehaglich zumute, hauptsächlich deshalb, weil ich beschlossen hatte, es mir nicht zu gestatten. Hätte ich es mir gestattet, dann wäre die Folge gewesen, daß ich begonnen hätte, mir lächerlich vorzukommen und mich zu fragen: Warum bist du hier? Obwohl die Anreise nach Turin nun schon eine Weile hinter mir lag, hatte ich bisher nicht viel anderes getan als Glotzen und Trinken. Mick war verschwunden, obwohl ich sein Gebrüll aus dem Lärm ringsum immer noch herauszuhören meinte. Außer ihm kannte ich hier jedoch niemanden. Da stand ich nun, mit meinem kleinen schwarzen Notizblock in der Gesäßtasche, und hoffte, daß mir etwas dazu einfallen würde, wie ich mich bei einer Gruppe anbiedern konnte, die allem Anschein nach auf neue Mitglieder keinen Wert legte. Einen Augenblick sah ich mich so, wie ich den anderen vorgekommen sein muß – eine unangenehme Erfahrung: als Amerikaner, der eine lange Reise nach Italien gemacht hatte, eine Reise, die ihn nichts anging, bloß um sich allein zwischen mittlerweile mehrere hundert Manchester-United-Fans zu stellen, die sich alle untereinander kannten, wahrscheinlich schon seit Jahren, die gewohnt waren, viele Meilen weit zu reisen, um sich jede Woche einmal zu treffen, die mit dem gleichen stupiden Akzent sprachen, das gleiche stupide Bier tranken und oft auch die gleichen grotesken, billig gemusterten Sachen von Top Man trugen.

Was noch schlimmer war, es hatte sich herumgesprochen, daß ich in Turin war, um über die Fans zu schreiben – eine Neuigkeit, die den meisten nicht sonderlich gefiel. Zwei kamen zu mir und sagten, den *Express* (wieso den *Express*?) würden sie nie lesen, und wenn doch einmal, dann fänden sie darin nur Mist. Ich versuchte ihnen zu erklären, daß ich nicht für den *Express* schrieb, merkte aber, daß sie mir das nicht glaubten oder vielleicht dachten – was mir noch unangenehmer war –, dann müßte ich wohl für die *Sun* schreiben. Ein anderer, der mit gedämpfter Stimme sprach, wollte mir seine Story verkaufen (»Der *Star* hat mir schon tausend Pfund geboten«). In gewisser Hinsicht war das eine positive Entwicklung, nur daß bald wieder einer auftauchte, der gleich anfing, mich herzhaft vor die Brust zu stoßen: Du siehst mir nicht aus wie ein Reporter. Wo hatte ich mein Notizbuch? Wo war meine Kamera? Und überhaupt, was wollte denn ein Amerikaner hier?

Man hatte seine Erfahrungen mit Journalisten. In Valencia hatte ein spanisches Fernsehteam jedem Fan zehn Pfund versprochen, der bereit wäre, Steine zu schmeißen und dabei auf und nieder zu hopsen und Kraftworte zu brüllen. In Portsmouth war einer vom *Daily Mail* aufgetaucht, der »verdeckte Ermittlung« betreiben wollte, und zwar in Bomberjacke und mit Doc-Marten-Stiefeln, aber die Fans hatten ihn weggejagt, denn seit zehn Jahren lief außer einem versprengten Trüppchen umnachteter Chelsea-Fans niemand mehr mit Bomberjacke und Doc-Marten-Stiefeln herum. Und letztes Jahr in Barcelona war ein Journalist vom *Star* dagewesen. Was über ihn gesagt wurde, machte mir am meisten Eindruck. Die meisten in der Gruppe hatten ihn akzeptiert, aber dann fragte er sie immerzu nach den Gewalttätigkeiten. So ging's einfach nicht, sagte man mir. Wann geht es denn nun los? fragte er in einem fort. Geht es jetzt gleich los? Geht es heute abend los? Kein Zweifel, er hatte einen Termin, und zu Hause wartete der Feature-Redakteur auf seinen Text. Als es tatsächlich losging, rannte er weg, was ja auch nicht unvernünftig war: er hätte etwas abkriegen können. In den Augen der Fans aber hatte er sich unmöglich benommen; er hatte sich »in die Hosen gemacht«. Als er wiederkam, um seine Story zu vervollständigen, knöpften sie ihn sich vor. Aber man ging nicht mit Messern auf ihn los, und er trug auch keine bleibenden Entstellungen davon.

Die Geschichte war nicht eben beruhigend – Glück gehabt, er wurde nicht mit Messern attackiert –, und ich nahm mir ganz fest vor, mir unter allen Umständen auf keinen Fall in die Hosen zu machen. Trotzdem enthielt sie für mich eine wichtige Information.

Bisher hatten alle, die mit mir sprachen, sich die größte Mühe gegeben, klarzustellen, daß sie zwar wie Hooligans *aussehen* mochten, tatsächlich aber keine waren. Man war Fußballfan. Klar, wenn jemand es auf eine Schlägerei anlegte, würde man nicht wegrennen – man war ja schließlich Engländer, nicht? –, aber man würde den Streit auch nicht suchen. Alle waren sie doch nur hier wegen des Auslandstrips, um sich zu amüsieren und ein bißchen zu saufen und sich das Spiel anzusehen.

Ich wollte das nicht hören. Und wenn ich es hörte, wollte ich es nicht glauben. Aber ich mußte. Tatsache war, daß ich nach Italien gekommen war, um Zoff zu sehen. Es war teuer und zeitraubend, und dazu war ich hier. Ich stachelte nicht dazu an – ich war gar nicht in der Lage, das zu tun – und gestand meine Absicht niemandem ein, mit dem ich sprach. Vielleicht gestand ich sie nicht einmal mir selbst ein. Aber *das* war der Grund, warum ich hier war , bereit, mich allein zwischen fünfhundert Leute zu stellen, die mich anglotzten und sich wunderten, was ich hier wollte. Ich wartete darauf, daß sie Zoff machten. Ich wollte Gewalt sehen. Und die Tatsache, daß der Journalist vom *Star* einiges miterlebt hatte, daß es schließlich doch »losgegangen« war, sprach dafür, daß ich letzten Endes hier wohl am richtigen Ort war.

Gewalt hin oder her, moralisch gesehen war meine Position nicht sehr einnehmend. Aber bequem war sie, und sie setzte nur eines voraus: nicht denken. Als ich mich auf dieses Experiment einließ, machte ich mir zur Bedingung, daß ich mich jeglichen moralischen Urteils enthalten müßte, daß ich es ablegen müßte wie einen Mantel. Bei soviel Alkohol und unter der herrlichen Sonne Italiens würde ich es nicht brauchen. Ein- oder zweimal kam mir bei dem Spektakel auf dem Platz der Gedanke, daß ich eigentlich entsetzt sein müßte. Und vielleicht wäre ich entsetzt gewesen, wäre ich Engländer. Vielleicht hätte ich dann die Last dieser eigentümlichen nationalistischen Verpflichtung gespürt, die unterstellt, daß man für jeden verantwortlich ist, der aus demselben Land kommt wie man selbst (»Ich schämte mich, ein Engländer zu sein« – oder ein Franzose, Deutscher oder Amerikaner). Aber ich bin kein Engländer. Mick und seine Freunde waren nicht vom gleichen Schlag wie ich. Und wenn ich auch festgestellt haben mochte, daß ich eigentlich entsetzt sein sollte – in Wirklichkeit war ich es nicht. Ich war fasziniert.

Und ich nicht als einziger.

In der Nähe des Platzes hatte sich eine Gruppe Italiener versammelt. Es waren etwa hundert, die sich, auf einen gewissen Sicherheitsabstand bedacht, dicht zusammendrängten, guckten und mit den Fingern hier- oder dorthin zeigten. Ihre Gesichter trugen alle denselben Ausdruck ungläubigen Staunens. Noch nie hatten sie Menschen gesehen, die so auftraten. Es war undenkbar, daß ein Italiener, der eine Stadt im Ausland besuchte, stundenlang schwitzend auf einem ihrer größten Plätze herumstehen, saufen, pöbeln, pinkeln, brüllen und sich auf den nackten Bauch klatschen würde. Konnte man sich eine Busladung Mailänder vorstellen, die rund um den Trafalgar Square paradierten und ihre Tätowierungen vorzeigten? »Warum benehmt ihr Engländer euch so?« fragte mich ein Italiener, im Glauben, ich sei von der gleichen Nationalität.

»Hat es etwas damit zu tun, daß ihr ein Inselvolk seid? Kommt es daher, daß ihr euch nicht als Europäer fühlt?« Er sah verwirrt aus; er sah so aus, als ob er gern helfen würde. »Kommt es daher, daß ihr das Empire verloren habt?«

Ich wußte nicht, was ich dazu sagen sollte. Warum *benahmen* diese Leute sich so? Und für wen taten sie das? Die Annahme, es sei eine Darbietung zu Nutz und Frommen der zuschauenden Italiener – Kriegstanz der aus dem Norden eingefallenen Barbaren oder so ähnlich –, wäre an sich plausibel gewesen, aber mir schien, sie führten dies nur für sich selbst auf. Während der vergangenen Stunde hatte ich beobachten können, daß der Nachmittag nach einem streng geregelten Muster zu verlaufen begann.

Das sah ungefähr so aus: Sobald ein Schlachtenbummler ankam, streifte er umher, meist mit einem Freund, brüllte ab und zu etwas, stieß mit irgendwelchen Gegenständen zusammen oder sang ein Lied mit. Dann entdeckte er irgendwo einen Kumpel, und es kam zu einer Begrüßung. Sie bestand in einem Austausch lauter, unverständlicher Geräusche. Etwas später entdeckten sie noch einen Kumpel (neue Geräusche), dann noch einen (wieder neue Geräusche), bis sie endlich zahlreich genug waren – fünf, sechs, manchmal zehn –, um einen Kreis zu bilden. Dann, als sei ein Trinkspruch ausgebracht worden, tranken sie alle aus einer sehr großen Flasche mit sehr billigem Lagerbier oder aus einer sehr großen Flasche mit sehr billigem Rotwein. Dies geschah mit unerhörtem Tempo, und die Flüssigkeit lief ihnen übers Gesicht, den Hals hinunter und auf die Brust, die schon ganz klebrig und von Schweißperlen bedeckt in der Sonne glänzte. Dann wurde ein Lied gesungen. Von Zeit zu Zeit, während eines besonders wichtigen Refrains, ging jedes Mitglied des Kreises ein wenig in die Hocke und stemmte die Fäuste in die Hüften, als ob es in dieser sprungbereiten Haltung dem Refrain erst die erforderliche Emphase verleihen könne. Es sah ungefähr so aus, als würden sie in aller Öffentlichkeit einen Haufen hinsetzen. Und dann wurde wieder aus der sehr großen Flasche mit dem sehr billigen Inhalt getrunken.

Der Kreis löste sich auf, und derselbe Zyklus wiederholte sich. Und noch mal und noch mal. Überall auf dem Platz standen Grüppchen dicker, verschwitzter Männer, die sich anbrüllten.

Ganz in meiner Nähe stand einer, der ein Doppelgänger von Mick hätte sein können, ein Walroß von einem Kerl mit einem Schnurrbart wie Wild Bill Hickock. Mitten auf seiner Brust, breit wie eine Plakatwand, hing, wie ein Interpunktionszeichen, ein winziger schwarzer Gegenstand. Es war eine Kamera. Er torkelte ein wenig und hatte deshalb einige Mühe mit dem Fotografieren. Er konzentrierte sich ganz darauf. Ich konnte nicht sehen, was er aufnahm. Anscheinend die eigenen Füße. Ich versuchte, so etwas wie ein Gespräch anzuknüpfen.

Ich fragte ihn, warum er Fotos machte. Ich wollte herausfinden, warum diese Menschen diese weite, teure Reise gemacht hatten, um hier nun das zu tun, womit ich sie beschäftigt sah: große Mengen billiges Bier trinken, in einem fort englische Fußball-Gesänge grölen und die eigenen Füße fotografieren. Hätten sie das alles nicht auch zu Hause tun können? Das Match heute abend würde ja schließlich im Fernsehen übertragen.

Er sagte, er mache Fotos, damit er etwas habe, was ihm von der Reise in Erinnerung bliebe.

Is doch 'n Urlaub, nich? sagte er.

Ich fragte ihn, ob er mir sagen könne, wo wir uns befänden.

Italien, sagte er. Wir sind in Italien. Scheiß-Itaker, fügte er wie zur Klarstellung hinzu.

Klar, sagte ich, klar, in Italien, das wisse ich auch. Ob er mir aber sagen könne, wo in Italien?

Juventus, sagte er nach einer Pause, da er eine Fangfrage argwöhnte. Und dann setzte er wieder hinzu, wie um das Gewicht seiner Aussage zu verstärken: Scheiß-Itaker!

In der Stadt Juventus? fragte ich.

Scheiße, ja, sagte er. Pause. Scheiß-Itaker!

Ich wies darauf hin, daß Juventus nicht der Name einer Stadt sei, es sei der Name des Fußballclubs Juventus von

Torino, aber vielleicht drückte ich mich nicht verständlich genug aus. Ohnehin war der Mann nicht repräsentativ; die meisten, mit denen ich sprach, wußten, wo wir waren. Aber insofern war er typisch, als er, wie alle andern auch, eine Kamera hatte. Manche fanden es wohl unnötig, Kleidung zum Wechseln oder eine Zahnbürste mitzunehmen, aber keiner kam ohne Kamera. Bei dem Flug nach Turin ging es um viel mehr als nur um Fußball; es war eine Reise, ein Abenteuer, wie man es nur einmal im Leben mitmacht: ein so außergewöhnliches Unternehmen, daß jeder unbedingt ein paar Schnappschüsse als Andenken mitbringen mußte. Ich dachte: Das ist eine Parodie der Urlaubsreise ins Ausland. Nur war es keine Parodie. Es *war* die Urlaubsreise ins Ausland. Ihre Dads, so erzählten mir die Jungs immer wieder, hatten nie eine Chance gehabt, auf diese Weise die Welt kennenzulernen.

Aber was war das für eine Welt? Vorher, im Flugzeug, hatte ich eine Gruppe beobachtet, die sich Fotos vom letzten Ausflug anschaute. Es schien üblich zu sein, daß man sich auf dem Weg zur nächsten Station der Europa-Tour noch mal die Bilder vom letztenmal ansah. Vielleicht stammten die Bilder aus Luxemburg. Sie konnten aber auch in Barcelona aufgenommen sein. Oder in Budapest. Oder in Valencia, Paris, Madrid oder sogar in Rio oder in jeder von den vielen ausländischen Städten, die von den verbannten Manchester-United-Fans im Lauf der letzten Jahre besucht worden waren. Der Witz war: es spielte keine Rolle. Jedes Foto, sofern es nicht einen Duty-free-Shop abbildete, zeigte die gleiche Situation in einem von drei möglichen Stadien: drei oder vier Jungs (oft dieselben drei oder vier Jungs), wie sie sich (*erstens*) gerade noch auf den Beinen halten konnten, kurz vor dem Umfallen (*zweitens*), oder (*drittens*) wie sie schließlich doch der Länge nach vornübergekippt waren.

Mick tauchte wieder auf und deutete zum anderen Ende des Platzes hin, wo ein silberner Mercedes nun langsam durch eine Straße voller Schlachtenbummler, italienischer Zuschauer und Polizisten fuhr. Der Fahrer, in leuchtend purpurnem Trainingsanzug, war ein Schwarzer mit rundem, fleischigem Gesicht und Doppelkinnwülsten. Auf dem Rücksitz saßen noch zwei Schwarze. Der eine, so erfuhr ich später, hieß Tony Roberts. Der andere war Roy Downes.

Roy war endlich da.

Von Tony hatte ich bis dahin nichts gehört, aber man konnte ihn nicht vergessen, wenn man ihn einmal gesehen hatte. Er war schlank und groß – alle anderen überragend – und hatte eine kunstvoll modellierte Frisur. Tatsache war, daß Tony genau wie Michael Jackson aussah. Sogar die Hautfarbe war die gleiche. Eine kurze, hochgespannte Sekunde lang – der silberne Mercedes, der Chauffeur, das Zeremoniöse der Ankunft – dachte ich, Tony *sei* Michael Jackson. Was für eine Sensation: Michael Jackson, dieser kleine rote Teufel, war doch tatsächlich ein Fan von Manchester United! Aber dann, ach was, dann sah ich's natürlich: nein, Tony war nicht Michael Jackson. Tony war nur jemand, der viel Zeit und Geld darauf verwendet hatte, wie Michael Jackson auszusehen.

Allein schon Tonys Garderobe. Folgendes sah ich an ihm während seines (etwa dreißigstündigen) Aufenthalts in Turin:

Erstens: Ein blaßgelber, salopper Trainingsanzug aus leichtem Stoff, als bequeme Kleidung für die lange Fahrt im Mercedes.

Zweitens: Ein pastellblaues T-Shirt (aus Seiden-Misch-Gewebe?), Strohhut und Baumwollhose, seine »Frühsommer«-Tracht, die er trug, als er gegen vier Uhr kurz auf dem Platz erschien.

Drittens: Sein Leder-Look (mit vielen Ziernägeln), den er für das Match anlegte.

Viertens: Eine leichte Wolljacke (Chartreuse) mit dazu passender olivgrüner Hose, für später am Abend, als alle sich in einer Bar trafen.

Fünftens und letztens: Noch ein Reise-Outfit für die Rückfahrt (pinkfarbener Trainingsanzug mit pinkfarbenen Turnschuhen).

Später, während seiner Leder-Phase, fragte ich Tony, wovon er lebe, und er sagte nur, daß er manchmal beim Ticketgeschäft mitmache: Schwarzhandel in großem Stil, Aufkaufen ganzer Sitzblöcke bei Popkonzerten oder bei Sportveranstaltungen in Wimbledon und Wembley, mit Weiterverkauf der Karten zu erhöhten Preisen. Ich erfuhr auch, daß er von Zeit zu Zeit für den Snooker-Star Hurricane Higgins als Fahrer arbeite, daß er Jazz-Tänzer sei und in ein paar Pornofilmen »gespielt« habe. Ich vermute, er hatte den gleichen Beruf wie so viele von den anderen, das heißt, er beschäftigte sich auf sehr lukrative Weise mit »diesem und jenem«, und es lohnte sich nicht, allzugenau in Erfahrung zu bringen, was »dieses« war und was »jenes«.

Mit Roy Downes verhielt es sich anders. Seit Mick von ihm gesprochen hatte, hatte ich versucht, soviel wie möglich über ihn herauszubekommen. Ich hatte erfahren, daß er gerade eine zweijährige Gefängnisstrafe in Bulgarien abgebüßt hatte, wo er kurz vor dem Match zwischen Manchester United und Levski Spartak verhaftet worden war (nachdem er gerade das Hotelsafe geknackt hatte). Seither, hieß es, sei er nicht mehr der alte: Roy sei ernst geworden, er lache nicht mehr und rede nur noch wenig. Ich hatte auch gehört, er habe immer Geld – bündelweise Zwanzig- und Fünfzigpfundnoten. Er habe eine Wohnung in London, von der man über den Fluß schauen könne. Er sehe sich die Fußballspiele immer von einem Sitzplatz und nie zwischen den anderen Fans von den Rängen aus an, die Karten bekomme er von den Spielern. Er sei ein Kneipengänger, und der beste Ort, um ihm eine Nachricht zu hinterlassen, sei Stringfellows, Kellerbar und Nachtclub an der Upper St. Martin's Lane in London, mit Rausschmeißern in Dinnerjackets, Unmengen Chrom und Spiegeln und einer kleinen Tanzfläche, die an dem Dienstag abend im

Winter, als ich später einmal dort hinging (vielleicht war es ein schlechter Abend), voller abgeschlaffter Männer war, die zuviel getrunken hatten, und junger Sekretärinnen in engen schwarzen Röcken. (Ich wurde eingelassen und schritt an den Rausschmeißern vorbei, geradewegs in einen schlechten Schwarzweißfilm, nachdem ich mit unbewegter Miene gesagt hatte, Roy habe mich herbestellt.)

Was Roy machte, darüber bekam ich aus niemand etwas heraus. Vielleicht wußten sie alle nichts oder brauchten es nicht zu wissen. Oder vielleicht wußten sie auch alle Bescheid und wollten's nicht sagen. Wie viele Freunde hat man denn schon, die ein Safe knacken können?

Tatsächlich wußte ich noch etwas über Roy, aber zu der Zeit wußte ich noch nicht, daß ich es wußte. Ich hatte einem Freund von meiner Begegnung mit dem Fußball-Sonderzug in Wales erzählt, und er erwähnte einen Zwischenfall, den er im selben Monat miterlebt hatte. Er hatte in Manchester einen Zug bestiegen, der schon voller Fußballfans war. Als der Zug in Stoke-on-Trent hielt, stiegen noch mehr Fans zu. Sie waren von West Ham und stürzten sich mit dem Ruf: »Bringt sie um, die Niggerfotzen!« auf zwei Schwarze, die in der Nähe saßen. Mein Freund konnte nur die Rücken der West-Ham-Fans sehen, wie sie die Arme hoben und auf die beiden Schwarzen irgendwo in der Mitte niedersausen ließen, als er hörte: »Die haben einen Knüppel, bringt sie um, die Schweine!« Mit dem Knüppel war offenbar ein Tischbein gemeint, das der eine Schwarze hatte abbrechen können, um sich zu wehren. Als mein Freund dann losrannte, um jemanden von der Bahnpolizei zu suchen, war schon Blut auf den Boden, die Sitze und ein bißchen auch an die Fensterscheiben gespritzt. Dem einen Schwarzen hatten sie das Gesicht zerschnitten. Aber abgesehen hatten sie es auf den anderen. Er erhielt mehrere Messerstiche, einen davon in die Brust, ein paar Zoll unter dem Herzen. Ein Finger war gebrochen, die Stirn übel zerschnitten und mehrere Rippen gebrochen. Die Liste der Verletzungen entnehme ich der Zeugenaussage, die mein Freund aufsetzte, und darin sind auch die Namen der beiden Opfer angegeben, die mir erst nach der Rückkehr aus Italien etwas sagten. Sie hießen Anthony Roberts und Roy Downes. Roy war derjenige gewesen, auf den die West-Ham-Fans es abgesehen hatten und dem sie mehrere Messerstiche verpaßten.

Roys Wagen fuhr rund um den Platz, wobei er wie ein Politiker aus dem Fenster winkte, und verschwand dann. Etwa eine Stunde später sah ich Roy wieder. Er stand auf einem Balkon, die Arme breit aufs Geländer gestützt, und musterte die Fans unten auf dem Platz. Er war klein, aber muskulös – schlank, drahtig –, und sah gut aus, mit markanten Gesichtszügen und sehr schwarzer Haut. Erwartungsgemäß schaute er düster und ernst drein. Was er unten auf dem Platz sah, schien ihn erst recht düster und ernst zu stimmen – so sehr, daß ich es ein bißchen übertrieben fand. Er wirkte wie einer, der sich dafür entschieden hat, düster und ernst zu sein, ähnlich wie man sich am Morgen für ein bestimmtes Kleidungsstück entscheidet. Er trug Düster-Ernst, so wie er auch Rot hätte tragen können.

Die Gelegenheit durfte ich mir nicht entgehen lassen. Ich rannte die Treppe hinauf und stellte mich vor. Ich sei dabei, ein Buch zu schreiben, und würde mich gern mal mit ihm unterhalten. Ich plapperte vor mich hin – der nette Kalifornier mit der munteren Mann-ist-die-Welt-nicht-'ne-Wucht-Einstellung –, bis endlich Roy, der immer noch auf den Platz hinabsah und mich keines Blicks würdigte, mich aufforderte, doch mal bitte die Schnauze zu halten. Bitte, es sei doch gar nicht nötig, soviel zu quatschen, er wisse über mich schon Bescheid.

Noch nie hatte mir jemand befohlen, die Schnauze zu halten. Woher konnte er was auch immer über mich wissen? Ich glaube, ich war beeindruckt. Das war einer, für den Stil keine Nebensache war.

Roy jedenfalls hatte mit mir nicht viel im Sinn, trotz all meiner redlichen Bemühungen. Diese Bemühungen, auch in der Erinnerung noch peinlich, verliefen etwa so:

Nachdem ich meine Überraschung darüber bekundet

hatte, daß ich für ihn jemand sein sollte, über den es sich etwas zu wissen lohnte, brachte ich mit vielem Drumherum den Vorschlag heraus, zusammen etwas trinken zu gehen.

Roy, der immer noch das Geschehen auf dem Platz verfolgte, erklärte, er trinke nicht.

Prima, sagte ich und quasselte unbeirrbar weiter, dann hatte er vielleicht nach seiner langen Reise Lust, mit mir einen Happen essen zu gehen?

Nein.

In Ordnung, sagte ich, eine Formel, mit der ich auf Situationen reagierte, die alles andere als in Ordnung, sondern offenkundig faul waren. Ich zog eine Schachtel Zigaretten aus der Tasche – ich mußte unbedingt rauchen –, während ich die Szene unten auf dem Platz registrierte: Mick stand da, allein, mit einer großen Flasche irgendwas in der einen Hand und einer großen Flasche irgendwas anderes in der anderen Hand; er sang: »Auf geht's, Rote«, brüllte es heraus, völlig solo, das Gesicht dunkelrot, und ging dabei immer im Kreis herum.

Ich bot Roy eine Zigarette an.

Roy rauchte nicht.

In Ordnung, sagte ich und beobachtete die Szene unten noch aufmerksamer, bemerkte, daß die Leute doch alle einen Mordsspaß hätten, worauf Roy natürlich nichts erwiderte. Tatsächlich erinnerte die Szene auf dem Platz allmählich an einen satanischen Karneval. Es müssen etwa achthundert Leute gewesen sein, und der Lärm, den sie machten – die Engländer mit ihrem Gesang, die Italiener mit gellenden Autohupen –, war gewaltig. Unter normalen Umständen hätte ein solcher Lärm ein Gespräch erschwert. Unter den jetzigen Umständen gab es nichts, was das Gespräch noch mehr hätte erschweren können.

Ich quatschte weiter. Alles, was mir in den Sinn kam, ging mir flott über die Lippen, ob mit oder ohne den Ausruf *In Ordnung!* Ich redete über Fußball, Bryan Robson, die kontinentale Spielweise – in Wahrheit lauter Dinge, von denen ich wenig verstand –, bis ich schließlich, nach einer kurzen Nebenbemerkung über etwas vollkommen Belangloses, den Versuch machte, mit Roy über Roy ins Gespräch zu kommen. Ich weiß nicht mehr, was ich als nächstes sagte; oder, richtiger, ich weiß es leider noch allzugut, denn ich glaube, es war eine Bemerkung darüber, daß Roy zugleich schwarz und klein sei und wie prima ich das fände. Dann ergab sich eine Pause. An diese Pause erinnere ich mich ganz genau, weil mich Roy danach zum erstenmal ansah. Ich dachte, er würde mich gleich anspucken. Aber das tat er nicht. Was er tat, war folgendes: er ging weg.

Mit leicht wiegendem Gang, die Hände in den Taschen, schlenderte Clint Eastwood davon, ging treppab und verschwand aus meiner Geschichte.

Zum Journalisten hatte ich wohl nicht das Zeug.

Trostsuchend hielt ich nach Mick Ausschau, aber er bot keinen tröstlichen Anblick. Er hatte aufgehört, im Kreis herumzulaufen, hatte sich irgendwo hingehauen und war eingeschlafen. Alle ringsum sangen und brüllten, aber er schlief, ungestört und in seliger Unerschütterlichkeit, den Kopf auf dem Unterarm, mit offenstehendem Mund. Es hatte keinen Sinn, ihn zu wecken, selbst wenn es möglich gewesen wäre.

Es wurde Zeit, daß ich mehr Leute kennenlernte. Bei Roy war ich nicht angekommen. Vielleicht schaffte ich es später. Vielleicht war es auch gar nicht wichtig. Ich hatte so viele Ich-will-nicht-drüber-nachdenken-warum-ich-hier-bin-Biere getrunken, daß es mir egal war, ob die Leute mit mir reden würden. Die Alternative war simpel: ich würde entweder mit ihnen ins Gespräch kommen, oder ich würde nicht mit ihnen ins Gespräch kommen.

Schließlich war ich weder ins Gespräch noch nicht ins Gespräch gekommen, sondern blickte in einen besonders scheußlichen Mund. Ich weiß nicht mehr, welcher Zickzackkurs über den Platz mich bis vor diesen Mund geführt hatte, aber sobald ich einmal in seiner Nähe war, konnte ich die Augen nicht mehr davon abwenden.

Darin sah man viele Lücken, mit entzündeten Gaumenrändern, wo einmal Zähne gesteckt haben mußten. Von den noch erhaltenen Zähnen waren etliche abgebrochen oder gespalten. Kein Zahn stand gerade: sie schienen in sonderbaren, unkonventionellen Winkeln gewachsen oder (was wahrscheinlicher war) zu irgendeinem Zeitpunkt in ihrer Entwicklung durch eine starke physische Einwirkung in eine andere Richtung gebogen worden zu sein. Alle wiesen intensive Farbtönungen auf: tiefbraun oder mit einer gelben Schicht belegt, grünlich wie Erbsensuppe und so verrottet, daß sie weich waren wie verkochtes Gemüse. Es war ein Mund, der schon manches hatte aushalten müssen, ab und zu auch Hiebe und Tritte, ebenso wie mehrere Zentner Tabak und Cadbury-Milchschokolade. Allerhand Leben war durch diesen Mund hindurchgegangen, und zwar, wie es schien, mit rücksichtsloser Geschwindigkeit.

Der Mund gehörte Gurney. Von Gurney hatte Mick mir schon erzählt. Wie eindrucksvoll seine Häßlichkeit war, wenn man sie ungefiltert auf sich einwirken ließ, hatte er mir nicht erzählt. Es war eine Häßlichkeit solchen Grades, daß sie Anteilnahme weckte: Ich hätte ihm gern alles mögliche angeboten – die Telefonnummer meines Zahnarztes oder eine Decke, um sich den Kopf damit zu verhüllen. Es war schwer, Gurney nicht anzuglotzen. Gurney war einer der älteren Fans, gut über dreißig. Die jüngeren Burschen, merkte ich, blickten zu ihm auf. Ich habe nie begriffen, warum sie zu ihm aufblickten oder was sie zu finden hofften, wenn sie es taten. Er hatte nicht mehr viel Haare auf dem Kopf, war unrasiert, und da er sein Hemd ausgezogen hatte, konnte man die Schweißbächlein verfolgen, die seinen Bauch hinabliefen. Er hatte mehrere Reisetage hinter sich und war nun von einer dunklen Schicht bedeckt, die die Poren seiner Haut verstopfte und verfärbte.

Auch Gurney war ein Anführer. Wie viele solcher Anführer mochte es hier geben? Die Veranstaltung verwandelte sich allmählich in die Vorstandssitzung einer regierenden Partei, aber Gurney unterschied sich von den anderen mutmaßlichen Generälen insofern, als seine Gefolgschaft geographisch definiert war. Sie hießen die »Cockney Reds« – die Londoner »Zweigstelle« der Fans von Manchester United. Wie schon Roy traute auch Gurney mir nicht, zumindest anfangs, aber allmählich gewöhnte ich mich daran, daß man mir nicht traute. In Gurneys Fall war ich ganz froh darüber: mehr Vertrauen hätte ihn zu etwas Unappetitlichem bewegen können, etwa mir die Hand drücken zu wollen. Seine Cockney-Soldaten waren nicht so argwöhnisch. Als ich sie traf, waren sie gerade mitten im Singen (in der ein wenig hockenden Stellung). Sie waren bei guter Laune und fingen gleich an, mich auszufragen.

Nein, ich war nicht vom *Express* – ich hatte den *Express* noch nie gelesen.

Ja, ich war hier, weil ich über Fußballfans schreiben wollte.

Ja, ich weiß, ihr seid keine Hooligans.

Was ich denn nun hier machte? Na, war doch klar, nicht? Mich ordentlich vollaufen lassen, was sonst?

Und damit war ich auch schon einer von ihnen, jedenfalls soweit, daß sie keine Bedenken hatten, mir Sachen zu erzählen. Sie wollten mir begreiflich machen, wie sie organisiert waren. Was man begriffen haben mußte, war die »Struktur«.

Es gab, so wurde mir erklärt, verschiedene Arten von Manchester-United-Fans, und am besten stellte man sich das Ganze als eine Anordnung in konzentrischen Kreisen vor. Der größte Kreis war sehr groß: er umfaßte *alle* Fans von Manchester United, dem Club, wie man mir immer wieder versicherte, der im englischen Fußball zu den Vereinen mit dem stärksten Publikums-Rückhalt gehörte und regelmäßig mehr als 40 000 Zuschauer anzog.

In diesem großen Kreis jedoch gab es mehrere kleinere. Zum ersten davon gehörten die Mitglieder des *offiziellen* Manchester United Supporters' Club – mehr als 20 000 zu den besten Zeiten. Dieser offizielle Fanclub existierte seit den siebziger Jahren. Er mietete Fußball-Sonderzüge von der britischen Eisenbahn, brachte eine regelmäßig erscheinende Zeitschrift heraus, erhob Jahresbeiträge und gab sich Mühe, die

»guten« Fans über die Entwicklungen im Verein zu informieren und den »bösen« Fans jede Information zu sperren.

Den zweiten Kreis bildete der *in*offizielle Fanclub, das heißt die »bösen« Fans oder, wie man das auch nannte, »die Firma«.

Die Firma gliederte sich in diejenigen, die in Manchester, und diejenigen, die anderswo zu Hause waren. Die letzteren kamen von überall auf den Britischen Inseln – Newcastle, Bolton, Glasgow, Southampton, Sunderland: dies waren die Intercity Jibbers.

Die Intercity Jibbers wiederum gliederten sich danach, ob sie aus London oder nicht aus London waren. Die Londoner waren die Cockney Reds.

Ich erinnerte mich an Micks Erklärung, was »on the jib« sein bedeute. Ich hatte noch viel zu lernen, und das meiste lernte ich am nächsten Tag bei der Rückkehr nach England. Aber zunächst war ich skeptisch. Wie war es möglich, daß so viele Menschen umsonst reisten? Außerdem sollte der Jibber ja nicht nur nichts bezahlen, sondern auch noch Geld dazubekommen.

Stürmisches Gelächter war die Antwort auf meine Frage. »On the jib« reisen sei ganz einfach, sagte man mir, dazu gehöre nichts weiter, als den Hector reinzulegen. Der Hector ist der Fahrkartenkontrolleur bei der britischen Eisenbahn, und bei seiner Erwähnung stimmten alle das Hector-Lied an:

Ha ha ha
He he he
The Hector's coming
But he can't catch me.
On the racks
Under the seats
Into the bogs
The Hector's coming
But he can't catch me.
Ha ha ha

He he he
The ICJ is on the jib again
Having a really g-o-o-o-o-o-o-o-o-o-o-d time.

Man hatte seine Tricks: eine gültige Fahrkarte zwischen den Mitgliedern einer Gruppe herumreichen, auf dem Klo eingeschlossen endlose Kotzgeräusche machen, so tun, als verstünde man kein Englisch. Gurneys Spezialität war, den Willen des Kontrolleurs niederzuringen. Er gab ihm alles, nur keine Fahrkarte: ein Sandwich, eine Zigarette, den Aschenbecher, einen Schuh, eine Socke, dann die andere Socke, aus den Zehennägeln gekratzte Dreckkrümel, sein Hemd, dunkle Fusseln aus seinem Bauchnabel, seinen Gürtel – wobei das Reiseziel immer näher kam, je länger die Verhandlungen dauerten, bis der Kontrolleur es satt hatte und seine Arbeit anderswo fortsetzte. Die Intercity Jibbers hatten zwei Grunderkenntnisse über die Natur des Menschen und insbesondere des Briten gewonnen.

Die erste war, daß kein öffentlich Bediensteter, und schon gar nicht ein Angestellter der britischen Eisenbahn oder der Londoner Nahverkehrsbetriebe, es gern auf eine schwierige Konfrontation ankommen läßt – der Mann setzt wenig Stolz in seinen Beruf, den er für unterbezahlt und undankbar hält, und darum möchte er schnell fertig werden, damit er heimgehen kann.

Die zweite Erkenntnis war noch wichtiger: Jeder, auch die Polizei, ist machtlos gegen eine große Zahl Menschen, die beschlossen haben, *keinerlei* Regeln zu befolgen. Oder anders ausgedrückt: Gegen große Zahlen gibt es keine Gesetze.

Man kann sich die Situation leicht vorstellen. Man sitzt ganz allein in seiner Kabine an der Sperre einer U-Bahn-Station, und zweihundert Fans marschieren an einem vorbei, ohne zu bezahlen. Was soll man da machen? Oder man sitzt an der Kasse in einem kleinen Lebensmittelladen – ein einziger Raum, zwei Kühltruhen, drei Gänge –, und wenn man aufschaut, sieht man plötzlich von irgendwoher Hunderte von

Jungs zur Tür hereinkommen, drängelnd und schubsend und brüllend, bis kein Durchkommen mehr ist, und jeder füllt sich die Taschen mit Chips, Fleischpasteten, Bier, Keksen, Nüssen, Trockenfrüchten, Eiern (zum Werfen), Milch, Wurstbrötchen, Literflaschen Cola, Rotwein, Butter (zum Werfen), Weißwein, Retsina-Flaschen, Äpfeln, Joghurt (zum Werfen), Orangen, Schokolade, Flaschen mit Apfelwein, Schinken-Aufschnitt, Mayonnaise (zum Werfen), bis kaum mehr etwas auf den Regalen steht. Was soll man da machen? Ihnen sagen, sie sollen aufhören? Sich in die Tür stellen? Man ruft die Polizei, aber da strömen die Leute schon wieder zur Tür hinaus – Eier, Butter, Joghurt und Mayonnaise fliegen nun schon durch die Luft, spritzen über die Schaufensterscheibe, auf das Pflaster draußen und die Wagen auf dem Parkplatz –, und mit der Parole »Essenschlacht! Essenschlacht!« zerstreuen sie sich nach links und rechts und verschwinden. (Bei einer späteren Reise nach Brüssel hörte ich vom Besitzer eines Cafés, der angesichts der Arroganz der großen Zahl – in diesem Fall einer Gruppe aus Tottenham, die in dem Café gegessen, Bier getrunken und Möbel zertrümmert hatte und dann hinausgegangen war, ohne zu zahlen – Gleiches mit Gleichem vergolten hatte. Er beantwortete Unvernunft mit Unvernunft, Regelverletzung mit Regelverletzung: er holte ein Gewehr unter dem Schanktisch hervor und erschoß einen der Fans – und zwar den falschen, wie sich herausstellte, einen, der seine Rechnung bezahlt hatte.)

Gurney und seine Crew waren in einem großen Minibus, den sie in London gemietet hatten, nach Turin gefahren. Der Bus hieß Eddie, und die Gruppe hieß »Eddie und die vierzig Räuber«.

Vierzig Räuber?

Sie erzählten mir's. Ihre Abenteuer begannen in Calais. In der ersten Bar, die sie betraten, machte der Kassierer gerade Mittagspause. Sie brachen die Kasse mit einem Regenschirm auf und nahmen 4000 Francs mit. Dann ging es weiter nach Süden, dann die französische Küste entlang. Unterwegs plünderten sie eine ganze Reihe kleiner Läden, bezahlten nie etwas für Benzin oder fürs Essen, betraten und verließen die Restaurants immer im geschlossenen Haufen und suchten überall ihre Chance, ein »Plus« zu machen. Ich bemerkte, daß alle Mitglieder der Bande eine Sonnenbrille trugen – geklaut, sagten sie mir, von einer französischen Tankstelle, die nebenher Reisebedarf verkaufte, wozu anscheinend auch grellfarbige Marilyn-Monroe-T-Shirts gehörten. Alle in der Gruppe trugen Rolex-Uhren.

Die meisten britischen Schlachtenbummler auf dem Platz waren nicht im Flugzeug gewesen. Wie waren sie alle hergekommen?

Sie gingen eine Liste durch.

Doofie Donald hatte es nicht geschafft. Er war in Nizza festgenommen worden (beim Stehlen in einem Bekleidungsladen), und wie zur Bekräftigung seines Spitznamens hatte er sich im Besitz einer Büchse Tränengas, von achtzehn Stanley-Messern (sie fielen ihm aus den Taschen, als man ihn durchsuchte) und einer Machete erwischen lassen.

Robert der Taschendieb war aufgehalten worden – sein Fährschiff hatte kehrtgemacht, nachdem es zum Schauplatz einer Schlägerei mit den Fans von Nottingham Forest geworden war –, aber er hatte einen Flug nach Nizza bekommen, und von da würde er mit dem Taxi kommen.

Mit dem Taxi von Nizza bis Turin?

Robert, sagten sie, der hat immer Geld (ist doch klar, nicht?), und wenn mir auch nicht ganz klar war, wieso mir das klar sein sollte, hatte ich doch keine Gelegenheit, mehr zu erfahren, weil sie in ihrer Liste schon weitergegangen waren.

Sammy? (»Nicht da, aber der läßt sich Juventus bestimmt nicht entgehen!« – »Sammy? Ausgeschlossen!«)

Mad Harry? (»Wird langsam alt.«)

Teapot? (»Ist schon seit Freitag da.«)

Berlin Red? (»Hat niemand Berlin Red gesehn?«)

Scotty? (»Gestern abend verhaftet.«)

Der Bekloppte? (»Sitzt.« – »Was, Bernie der Bekloppte sitzt

schon wieder?«) Worauf die lange und bewegende Geschichte von Bernie folgte, der mit seinen siebenundzwanzig Vorstrafen so schlecht dastand, daß er nun wieder sechs Monate wegen Herumlungerns bekommen hatte. Und alle schüttelten die Köpfe vor Mitleid über das tragische Schicksal Bernies des Bekloppten.

Aus einer anderen Gruppe kam einer und zeigte mir eine Karte, auf der die Reiseroute nach Turin mit blauem Kugelschreiber eingezeichnet war. Die Linie begann in Manchester, führte dann nach London, Stockholm, Hamburg, Frankfurt, Lyon, Marseille und endete hier in Turin. Ein großes Abenteuer, nicht unähnlich der großen Bildungsreise, dachte ich mir, wie junge Männer sie im achtzehnten und neunzehnten Jahrhundert absolvierten, und es hatte sie – sie waren zu elft – insgesamt sieben Pfund gekostet.

Sieben Pfund! rief ich, denn inzwischen hatte ich das Prinzip verstanden. Was ist denn schiefgegangen?

Sie versicherten mir, bis zur Rückkehr würden sie wieder im Plus sein.

Ein anderer zeigte mir seine Bahnfahrkarte bis Dünkirchen. Sie war gefälscht und war dann in Dünkirchen noch einmal auf das Reiseziel Turin abgeändert und mit einem gestohlenen Stempel der britischen Eisenbahn (der selbstverständlich zur Ausrüstung des Jibbers gehörte) gültig gemacht worden. Es wurde allmählich interessant: Ich war nun das Publikum für eine Art Vorführung, bei der man seine Erfahrungen zum besten gab. Der nächste, der kam – es war, als ob die Leute Schlange stünden –, erzählte mir, wie er mit seinen Kumpels hergelangt war: per Autostopp bis Belgien und von dort weiter mit der Bahn. Alles war gutgegangen, bis sie merkten, daß sie im falschen Zug saßen (immer ein bißchen riskant, sich beim Kontrolleur nach dem Reiseziel zu erkundigen). Schließlich waren sie in der Schweiz gelandet – nicht schlecht, weil das ja auf dem Weg nach Turin lag; aber es war morgens um halb zwei, Züge fuhren nicht mehr, Anfang April, und das in den Alpen, es gab nirgends eine Absteige, und Geld hatten sie sowieso keins, und darum drängten sie sich, um sich zu wärmen, zum Schlafen in einer Telefonzelle zusammen.

Der Kreis der Fans, die mich nun umringten, war beträchtlich groß geworden, und immer wieder verschwanden einer oder zwei und kamen mit Dosen Lagerbier wieder. Ich war jetzt nicht mehr die CIA. Ich war nicht mehr der Zeilenschinder vom *Express*. Meine Tätigkeit als verdeckter Ermittler für die Sonderabteilung der britischen Polizei war anscheinend beendet. Und man begann sich an mich zu gewöhnen. Später erfuhr ich, daß ich einen neuen Status erworben hatte; ich galt jetzt als ein »netter Opa«. Ja, so weit hatte ich's gebracht, ich war ein netter Opa. Was für ein Fortschritt!

Ich war nun auch jemand, dem man unbedingt seine Geschichte erzählen mußte. Stillschweigend wurde mir damit eine Verantwortung übertragen: ich sollte das Bild geraderükken. Ich war der »Reporter«. Man erteilte mir Anweisungen, Erklärungen, Ermahnungen. Die Leute sagten mir:

Daß sie keine Hooligans waren.

Daß es eine Schande war, daß so viele Hindernisse sie davon abhielten, ihre Mannschaft zu unterstützen, wie es sich gehörte.

Daß sei keine Hooligans waren.

Daß die Vereinsführung von Manchester United eine Schande war.

Daß sie keine Hooligans waren.

Bis ich ihnen schließlich sagte, ja, ja, ich weiß, ich weiß, ich weiß: ihr seid alle nur hier, um ein bißchen zu saufen und euren Spaß zu haben und das Spiel anzusehen; und zum erstenmal war ich, wenn auch widerwillig, bereit, daran zu glauben. Ich fing an, die Leute zu mögen, und sei es nur deshalb, weil sie anfingen, mich zu mögen (der irrationale Mechanismus der Gruppenbindung setzte ein, und ich war schon dankbar, von der Gruppe überhaupt akzeptiert zu werden). Und es stimmte ja, daß niemand bis jetzt gewalttätig geworden war. Manche waren laut gewesen, ekelhaft, grotesk, grob, unfein,

ein unerfreulicher und, in manchen Fällen, ausgesprochen abscheulicher Anblick – aber nicht gewalttätig. Und es war möglich, daß das auch so bleiben würde. Ich hatte Diebe, Halunken und Trunkenbolde getroffen, aber auch Leute, die einen richtigen Beruf mit richtiger Verantwortung hatten: zum Beispiel einen Ingenieur der British Telecom, einen angehenden Buchhalter und einen Bankangestellten. Sie erzählten nichts von Massenkrawallen, sondern vom Fußball: wie keiner von ihnen je ein Match versäumte, wie unerbittlich fad die Wochentage waren (kein Fußball) und was für eine entsetzliche Depression sie im Sommer befiel (kein Fußball). Zu meinen Absichten paßte es gar nicht, daß alle hier samt und sonders einfach nur fanatische Fußballanhänger sein sollten, aber es war ja denkbar, daß es wirklich nicht zu Gewalttätigkeiten kommen würde und daß dies alles hier nur das normale Verhalten englischer Mannsbilder war. Die Vorstellung war zwar erschreckend, aber es war nicht auszuschließen. Im Grunde hatte sich das männliche Sportpublikum, wo es unter sich war, schon immer durch rohe maskuline Exzesse hervorgetan. Und vielleicht waren diese Leute hier nur noch ein bißchen exzessiver, als ich es gewöhnt war.

Ich hatte Hunger und ging mit einem der Jungs über den Platz zu einer Bar unter den Arkaden. Vor dem Eingang war ein Tisch aufgestellt worden, an dem man die englischen Schlachtenbummler abfertigte, und drei oder vier ältere Frauen, nach italienischer Art in Schwarz, liefen hin und her, um aus dem Inneren der Bar Getränke zu holen. Es müssen etwa hundert Fans gewesen sein, die sich an den Tisch drängten und nach der Bedienung riefen. Es wurde Englisch gesprochen – die Vorstellung, sie könnten Italienisch gesprochen haben, kommt mir heute lächerlich vor –, und das Englisch bestand aus Schmähungen. Die Leute drängelten und grapschten, und der eine oder andere ging fort, ohne zu bezahlen. Einer hatte seine Shorts aufgemacht und pinkelte durch die Tür des benachbarten Cafés; der Strahl spritzte auf den Fußboden, während die Italiener nebenan, die nicht recht begriffen, was los war, von den Stühlen aufsprangen, um nicht naß zu werden. Polizisten standen in der Nähe und sahen zu, konnten sich aber nicht zum Eingreifen entschließen.

Ich ging zurück auf den Platz. Ich erkannte Roy, der die Menge zu bearbeiten schien. Es ging nun lauter und wüster zu, und man merkte, daß die Italiener ihren englischen Besuchern nicht mehr so duldsam entgegenkamen und das Ganze nicht mehr so komisch fanden. Sie schauten nicht mehr so freundlich drein, und mehr Wagen als zuvor kreisten jetzt um den Platz. Roy schien mäßigend auf die Leute einwirken zu wollen. Es war nicht die Rolle, die ich von ihm erwartet hatte, aber tatsächlich, er half der Polizei, den Verkehr umzulenken, Fans beiseite zu drängen, die die Straßen versperrten, und Leute zur Räson zu bringen, die Flaschen zerschmissen hatten oder sich ordnungswidrig aufführten.

Es wurde allmählich dunkler, und das Match sollte bald beginnen, aber noch deutete nichts darauf hin, daß es Zeit zum Gehen war. Ich wußte nicht, wie man zum Stadion kam, und wollte mich ohnehin ganz auf die anderen verlassen, aber die schienen das Match völlig vergessen zu haben. Die Gesichter ringsum hatten sich sehr verändert. Es waren nun die Gesichter von Betrunkenen, gerötet und aufgedunsen, als ob sie die Backen mit Luft vollgepumpt hätten. Jemand neben mir, ein großer Kerl mit schlimmem Sonnenbrand, der sehr wenig anhatte, versuchte mir etwas zu erklären, aber ich wurde nicht klug daraus. Er wiederholte es. Irgendwas hatte seine Leidenschaft entfacht, und er wollte es mir begreiflich machen, indem er mir mit dem Finger gegen die Brust stieß. Aber er zielte nicht mehr gut, traf daneben und wäre beinah umgefallen, fing sich dann aber gerade noch. Sein Kumpel, ebenfalls sehr groß, schwankte hin und her, verlagerte ab und zu das Gewicht von einem Fuß auf den andern, um die Balance zu wahren, und starrte wie gebannt auf mein linkes Knie, als ob es ihm Halt gäbe. Er sagte nichts, er reagierte auf nichts, er schaute nur auf mein Knie. Der Gedanke, daß er hinfiele, wenn ich mich jetzt umdrehte und wegginge, amüsierte mich.

Aber ich blieb stehen, denn meinem Knie schadete es ja nichts, daß er sich daran festhielt.

Ein kühner junger Italiener hatte sich in die Mitte des Platzes gewagt. Die meisten Italiener hielten Abstand und beobachteten uns über die Straße hinweg, aber dieser, ein Junge von fünfzehn oder sechzehn, hatte sich der Gruppe genähert, weil er neugierig war und sein Englisch ausprobieren wollte. Drei Freunde folgten ihm zögernd in etwa drei Schritt Entfernung, während er versuchte, mit einem der Fans ein schulbuchmäßiges Gespräch anzuknüpfen. Er fragte ihn, ob er »anglish« sei.

Er wurde nicht beachtet, aber schließlich achtete niemand sonderlich auf irgend etwas. Nach einer Weile drehte einer sich zu ihm um und nahm ihn beinahe freundschaftlich bei den Schultern. Ich konnte nicht hören, was gesprochen wurde – es wurde leise, aber mit Nachdruck gesagt, wobei das Gesicht des italienischen Jungen Unbehagen, aber keine Furcht verriet. Auf einmal holte der Fan mit dem Bein aus und rammte dem Italiener sein Knie zwischen die Beine. Der Junge fuhr zusammen, krümmte sich, warf sich herum und wurde von seinen Freunden in Sicherheit gebracht, die dabei über die Schulter zu dem englischen Fan zurückblickten.

Das war der erste Gewaltakt, den ich sah.

Jemand sagte, Robert sei angekommen und sein Taxi habe 250 Pfund gekostet, und jemand anders fragte, ob ich irgendwen in England kennen würde, der das Match aufzeichnete – Mick sei eben verhaftet worden und werde es nun wohl versäumen. Ich konnte mir nicht vorstellen, daß Mick irgendwas getan haben sollte, wofür man ihn verhaften konnte – war es denn gesetzwidrig, auf dem Straßenpflaster zu schlafen? –, aber ich verlor meinen Informanten aus den Augen, als ich beiseite springen mußte, um einem Schwall brauner Flüssigkeit auszuweichen, die plötzlich in meine Richtung schwappte: der Mann, der so angelegentlich auf mein linkes Knie gestarrt hatte, kotzte.

Die Gesänge der Engländer erstarben allmählich – die Jungs hatten sich zwischen den Cafés, Bars und Arkaden zerstreut –, aber der Lärm schien noch zugenommen zu haben. Er kam nun vornehmlich von den Italienern. Der Grund war vielleicht nur, daß der Arbeitstag um war und die Juventus-Fans – mit lautem Gehupe und nun auch mit eigenen Sprechchören – sich genötigt fühlten, mal vorbeizuschauen, um sich diese Engländer anzusehen. Was sich ihnen inzwischen bot, war ein trauriges Bild. Die meisten standen zwar noch aufrecht, aber auf wackligen Beinen, und grölten allein vor sich hin, wie Mick, als er bei Bewußtsein (und noch nicht verhaftet) war. Viele schliefen auch, hingestreckt, wo sie gerade zu Fall gekommen waren, wie altersschwache, verendete Herdentiere. Etliche sah man zusammengekrümmt in der bekannten Leidenshaltung, mit tiefrotem Gesicht und durch die Anspannung des Erbrechens stark hervortretenden Muskeln. Das Wasser im Brunnen hatte sich widerlich verfärbt.

Jemand kam vorüber und erwähnte beiläufig, in ein paar Minuten würden die Busse abfahren. Also fand doch noch ein Fußballspiel statt! Ich ging los in Richtung der Busse, als ich die inzwischen wohlvertraute Gestalt des Mr. Wicks bemerkte, des stellvertretenden britischen Konsuls, der allein in einer Arkade stand. Die Arme vor der Brust verschränkt, beobachtete er die Vorgänge auf dem Platz. Mr. Wicks lächelte nicht mehr. Mr. Wicks schien den Sinn für Toleranz verloren zu haben.

Er sprach jetzt in gereiztem, mühsam beherrschtem Ton. »Hat jemand Mr. Robert Boss gesehen?« sagte er.

Es heißt, daß eine Reportage objektiv sein soll. Sie soll über ein Thema die Wahrheit berichten, als ob die Wahrheit irgendwo in der Gegend herumstünde und darauf wartete, daß der Reporter sie abholt. Dies ist die Prämisse eines objektiven Journalismus. Was diese Prämisse außer acht läßt, wie jeder Kenner moderner Literatur einem sagen kann, ist das schwer greifbare, relative Faktum desjenigen, der die Reportage durchführt, die moderne Auffassung, wonach es nichts Wahrgenommenes gibt ohne einen, der wahrnimmt, und daß man eine Unwahrheit sagt, wenn man die Begleitumstände einer Geschichte nicht berücksichtigt.

Solche Umstände könnten etwa sein, daß man sich beeilen mußte, um einen Flug nicht zu verpassen, daß man im Flugzeug zuviel getrunken hat, bei der Ankunft merkt, daß man für die Tropen gekleidet ist, während es zu schneien anfängt, daß man die Socken oder die eine Kontaktlinse vergessen hat, daß man das Interview, das man machen wollte, sowieso nicht bekommt, und schließlich, um halb fünf, daß man seine Geschichte, die man zum größten Teil hat erfinden müssen, nun durchgeben muß. Man könnte wohl sagen, daß solche Umstände einen nicht nur beiläufigen Einfluß auf die berichtete Wahrheit nehmen.

Nun will ich keine Unwahrheit berichten und fühle mich daher verpflichtet zu bemerken, daß dem Reporter in diesem Augenblick, kurz nachdem er das schwer enttäuschte Gesicht des Mr. Wicks gesehen hatte, bewußt war, daß die Begleitumstände eine aufdringliche Bedeutung gewonnen hatten und berücksichtigt werden mußten, sollte der Bericht über die folgenden Ereignisse nicht äußerst unvollständig ausfallen. Und der wichtigste Begleitumstand in diesem Fall war: der Reporter war sehr, sehr betrunken.

Er hatte daher später keine sehr deutliche Erinnerung an die Busfahrt, abgesehen von dem vagen Eindruck, daß diesmal weniger Leute im Bus gesessen hatten und daß der Busfahrer, erstaunlicherweise, wieder *derselbe* war. Woran er sich noch erinnerte, war die Tatsache, daß er ankam.

Als die Busse mit den United-Fans in den kühlen abendlichen Schatten einfuhren, den das Stadio Comunale warf, war dort schon eine große Menschenmenge versammelt. Die pure Tatsache, daß sie da war und auf die Engländer wartete, war zuerst schwer zu verkraften.

Besonders schwer war es für Harry, den Fan, der im Bus neben mir saß. Allerdings hatte es Harry in jeder Hinsicht schwer, noch irgend etwas zu verkraften. Wie so viele andere auch hatte er den langen, heißen Nachmittag in vollen Zügen ausgekostet, und in weitem Umkreis verbreitete er den scharfen Wildgeruch, der entsteht, wenn man über eine unbestimmte, aber sehr lange Zeitspanne hin pausenlos schwitzt. Seit fünf Uhr morgens war er am Trinken und hatte nun nach eigener Schätzung fünf britische Gallonen Lagerbier im Bauch, die bei jeder seiner Bewegungen aus eigenem Antrieb hin und her wogten. Harry war nicht müßig gewesen. Er war einer von denen, die auf der Fahrt in die Innenstadt den Busfahrer beschimpft hatten, und er hatte den Busfahrer auch während der Fahrt zum Stadion beschimpft. Er hatte auf einen Café-Tisch gepinkelt, um den eine Anzahl Itakerkühe saßen, wie es in seiner unnachahmlichen Diktion hieß, und dann hatte er angefangen, den Kellnern die Meinung zu sagen. Eigentlich hatte er den größten Teil des Tages damit zugebracht, Kellner zu beschimpfen – viele, viele Kellner. Wer konnte sagen, wie viele? Sie sahen sich alle so ähnlich, daß sie zu einer einzigen Figur (klein und rund) verschwammen. Außerdem hatte er den stellvertretenden britischen Konsul beschimpft, Polizisten, Hotelmanager, Eßwarenverkäufer jeder Art sowie jeden Zuschauer, der nicht Englisch sprach – *insbesondere* jeden, der nicht Englisch sprach. Alles in allem hatte Harry einen schönen Urlaubstag gehabt, und nun, im überschwenglichen Hochgefühl des Augenblicks, sah er folgendes: Tausende von italienischen Fans, die um Harrys Bus zusammenliefen. Sie hatten ihn umringt und hämmerten gegen die Seitenwände, wüteten und tobten. Was hatten die für ein Recht, wütend zu sein?

Siehst du, was die machen? sagte Harry zu dem Kerl hinter mir, voller Entrüstung. Und wenn's dann Ärger gibt, sagte Harry, dann sind es wieder die Engländer gewesen, nicht?

Der Bursche hinter uns gab ihm recht, aber ehe er auch nur »verdammte Itaker« sagen konnte, fing der Bus an, von einer Seite zur andern zu schaukeln. Die Italiener versuchten ihn umzukippen – unseren Bus, den Bus, in dem *ich* saß!

Ich hatte nicht richtig begriffen gehabt, wie wichtig das

Spiel an diesem Abend war, ein Halbfinalspiel im Pokal der Pokalsieger. Die Eintrittskarten – 70 000 – waren schon am ersten Vorverkaufstag weggegangen, und in diesem Augenblick schienen alle 70 000 Kartenbesitzer im Blickfeld zu sein. In meiner Ahnungslosigkeit hatte ich auch nicht erwartet, die englischen Fans, die angeblich Hooligans waren, von Italienern angegriffen zu sehen, die für meinen ungeschulten Blick ihrerseits wie Hooligans aussahen: ihr Gebaren – wie sie fahnenschwenkend auf die Busse losstürmten – war so übertrieben, daß es wie die Karikatur einer Massenszene aus dem neunzehnten Jahrhundert wirkte. War das die Art, wie die Leute hier normalerweise die Anhänger einer Gastmannschaft begrüßten?

Wir blieben in den Bussen sitzen. Die Fahrer machten die Türen nicht auf, solange nicht mehr Polizei da war, und man sah, wie die Carabinieri, gleich hinter der Menge, die italienischen Fans abdrängten, bis alle vier Busse von Polizisten umringt waren. Sie bildeten eine Sperrkette bis zum Tor des Stadions, und dann erst wurden wir hinausgelassen, bekamen unsere Eskorte und wurden jeweils von vier sehr jungen und sehr nervösen Polizisten gefilzt. Ringsum tobten Italiener und versuchten die Sperrkette zu durchbrechen; sie brüllten und fuchtelten und spreizten die Finger zu dem bekannten Siegeszeichen. Dies wurde allmählich zu einem ganz eigentümlichen Erlebnis.

Es dauerte lange, bis die Busse sich geleert und der für uns abgegrenzte, mit einem Gitterzaun umgebene Bereich sich gefüllt hatte. Den Zaun entlang standen noch mehr Italiener, die beharrlich johlten und Schimpfworte brüllten. Einer versuchte zu uns hinüberzuklettern, aber die Polizisten rannten hin und zogen ihn an der Hose wieder herunter. Als der letzte englische Fan den umzäunten Bereich betrat, erfuhren wir etwas, was ich kaum fassen konnte: drinnen gab es keine Plätze mehr.

Mir fiel ein, daß ich meine Eintrittskarte ja nie bekommen hatte, und jetzt begriff ich, warum: sie existierte gar nicht.

War es denn möglich, daß man diese Pauschalreise organisiert hatte, ohne über Karten zu verfügen, im Vertrauen darauf, daß die Behörden, aus Angst, daß die englischen Fans auf der Straße Rabatz machten, schon irgendeinen Weg finden würden, sie ins Stadion zu lassen? Bobby Boss, wie es seine Art war, ließ sich nicht blicken.

Also blieben wir stehen, umringt von Polizisten und aufgebrachten Italienern, während jemand nachschauen ging, wo vielleicht noch Platz wäre für die englischen Gäste. Zumindest hoffte ich, daß jemand das tat. Irgendwann während dieser langen Wartezeit merkten die italienischen Zuschauer in der obersten Reihe des Stadions, die auf das Gelände nach draußen sehen konnten, daß unter ihnen eine Horde Engländer schnatterte. Es muß für sie eine aufregende Entdeckung gewesen sein: anders als ihre Landsleute waren sie nicht durch eine Polizeikette von uns getrennt und konnten tun, was sie wollten, soweit die Gesetze der Schwerkraft es zuließen. Und sie nutzten die Gelegenheit. Ich erinnere mich an den Augenblick, als ich, zum rosigen Abendhimmel hinaufschauend, die lange, langsame Flugbahn eines von weit oben geworfenen Objekts verfolgte, wie es näher und näher kam und dabei immer mehr an Geschwindigkeit gewann, bis ich endlich in dem Bruchteil der Sekunde, bevor der Zielpunkt bestimmbar wurde, überhaupt erkannte, was es war: eine Bierflasche. Und dann, platsch!, zerbarst sie drei Fuß von einem der Engländer entfernt.

Das Gelächter von hoch oben wurde durch die Entfernung gedämpft.

Ich hatte Angst vor dem, was nun folgen würde. Ein englischer Fan ging zu Boden, mit Schnittwunden an der Stirn. Ein Polizist schaute zu. Er wußte nicht, wie er reagieren sollte, obwohl die Alternativen einigermaßen klar zu sein schienen: Er konnte dem Verletzten helfen (eine ethische Unmöglichkeit, weil der Mann ein Gewaltverbrecher war); er konnte Polizisten ins Stadion schicken, um den Schuften da oben Einhalt zu gebieten (ein ethischer Widerspruch, denn *die* waren ja die

Schutzbedürftigen); er konnte die englischen Schlachtenbummler an einen sicheren Ort schaffen – ein Gedanke, der ihm offenbar nicht kam, denn er tat gar nichts. Er schaute weiter mit unbewegter Miene zu, während immer mehr Sachen auf uns herabregneten. Schließlich wurde er selbst zur Zielscheibe. Wir alle wurden zu Zielscheiben und standen hilflos unter einem Hagel von Geschossen, in der Hauptsache Bierflaschen und Orangen. Es waren so viele Bierflaschen und so viele Orangen, daß das Pflaster von Saft, Fruchtfleisch und von den Schalen völlig verschmiert war und von Glassplittern glitzerte.

Mr. Wicks erschien; er war in einem Botschaftswagen gekommen. Er sah bleich und verstört aus. Als er vorübereilte, hörte ich ihn etwas murmeln, was vielleicht als verhaltene Begrüßung gemeint war: »Dieser verdammte Boss!«

Der arme Mr. Wicks! Mochte er auch seine Freundlichkeit eingebüßt haben, an seinen demokratischen Grundsätzen hielt er doch bis zum Ende fest. Er muß gewußt haben, daß dies seine letzte Chance war, zu verhindern, was nun, wie er wußte, mit Sicherheit eintreten würde. Konnte er denn noch irgendeinen Zweifel haben? Er hatte die Polizisten zu seiner Verfügung; er hatte die perfekte Entschuldigung – keine Plätze! War das nicht *die* Gelegenheit, alle zusammenzutreiben und nach England zurück zu verfrachten? Aber nein, Mr. Wicks, als guter Demokrat, machte folgendes: Er brüllte zuerst, teils auf englisch, teils auf italienisch, nach der vielgeprüften Jackie, die hinter einem Polizisten Schutz gesucht hatte – trotz seines Einschreitens fielen die Geschosse weiter von oben herab –, und wollte wissen, warum es keine Plätze für uns gab. Dann brüllte er den vorgesetzten Polizeibeamten an und deutete mit dramatischer (und, wie ich fand, überaus südländischer) Geste auf den Boden mit seiner Ansammlung verstreuter und beim Aufprall zerplatzter oder zerschmetterter Objekte. Und dann brüllte er einem der Ordner etwas zu, und der fing an, den anderen Ordnern Anweisungen zuzubrüllen, mit dem Ergebnis, daß wir binnen sehr kurzer Zeit erfuhren, drinnen sei ein Abschnitt für die englischen Zuschauer geräumt worden.

Als wir schließlich, eskortiert von Polizisten vor und hinter uns, durch einen Tunnel ins Stadion kamen, wurde deutlich, daß für die englischen Zuschauer zwar Platz gemacht worden war, aber an einer Stelle, die gewiß nicht zu den angenehmsten im Stadion zählte. Wir kamen in die unteren Ränge, ausgerechnet unterhalb der Leute, die uns schon beworfen hatten, als wir noch draußen warteten.

Das Ganze gefiel mir gar nicht.

Immer wieder mußte ich an den Journalisten vom *Daily Star* denken, den Mann, der weggerannt war, als es brenzlig wurde. Jetzt erschien er mir als eine Figur, die eindeutig mein Mitgefühl verdiente. Er hatte sich in die Hosen gemacht, sagten die Fans, und es war bemerkenswert, wie dieser Ausdruck sich mir eingeprägt hatte.

Ich merkte, wie ich mir vorsagte: Ich mach mir nicht in die Hosen!

Einer nach dem andern traten wir aus dem Dunkel des Tunnels ins blendendhelle Licht hinaus – die Sonne, obgleich tiefstehend, schien noch ins Stadion –, und es war schwer, die Gestalten ringsum zu erkennen. Es waren nicht viele Polizisten da – soviel konnte ich sehen –, und es stellte sich heraus, daß sich massenhaft italienische Fans auf dem Innenraum vor den Rängen, wo wir stehen sollten, verteilt hatten, nur durch den inneren Gitterzaun von uns getrennt. Schon wieder kamen Sachen durch die Luft geflogen: nicht nur Obst und Flaschen, sondern auch lange Stöcke – Stangen von Juventus-Fahnen –, Feuerwerkskörper und Rauchbomben. Der erste von uns, der aus dem Tunnel kam, betrunken grölend, wie stolz er sei, Engländer zu sein, wurde von einer acht Fuß langen Fahnenstange am Kopf getroffen und fiel auf die Betonstufen. Aus den Augenwinkeln sah ich einen Union Jack brennen, sah die Flammen, die sich fächerförmig ausbreiteten, als er durch die Luft geschwenkt wurde. Nur aus den Augenwinkeln sah ich das, weil ich beschlossen hatte, weder zu den Italienern über mir hinaufzuschauen, die Sachen auf uns herunterwarfen, noch zu den Italienern unten hinabzusehen, die Sachen heraufwarfen. Ich hatte den Verdacht, daß ich zum Lohn für jeden Blickkontakt mit einem von ihnen einen Schlag auf den Kopf abkriegen würde. Außerdem wollte ich die Konzentration nicht verlieren. Stur geradeaus blickend, konzentrierte ich mich ganz auf meinen persönlichen Refrain.

Ich mach mir nicht in die Hosen, ich mach mir nicht in die Hosen!

Als wir das uns zugeteilte Stück Betontreppe betraten, tauchten an den Rändern des Innenraums Kameramänner vom Fernsehen auf. Sie sahen wie Italiener aus (schlank, keine Biertrinker) und hockten zwischen den Juventus-Fans, die ihre Geschosse schleuderten. Auch eine Anzahl Pressefotografen war da. Sie sahen wie Engländer aus (dick, Biertrinker). Das Merkwürdige an den Fernseh- wie auch an den Presseleuten war, daß sie nur wenige Fuß von den maskierten, mit Gegenständen schmeißenden Juventus-Fans entfernt waren. Sie konnten sehen, daß englische Zuschauer niedergemacht wurden – mehrere Leute knieten auf dem Boden und hielten sich den Kopf. Ich konnte nicht umhin zu denken, es würde doch nicht viel Mühe machen, einen beim Arm zu packen, wenn er gerade ausholte, um wieder eine Stange, Fackel, Rauchbombe oder Bierflasche zu werfen; es würde noch weniger Mühe machen, einem mal einen kleinen Stoß in die Rippen zu geben; es würde so gut wie gar keine Mühe machen, mit diesen Maskierten ein paar Worte zu reden, damit sie mit dem Terror aufhörten. Niemand tat irgend etwas dergleichen. Nun kannte ich zwar das alte Argument, daß es eine Einmischung gewesen wäre, so etwas zu tun – eine Beteiligung an dem Geschehen, über das man ja berichten sollte –, aber für mich als eines von den Wurfzielen war das nicht sehr überzeugend. Es ging gar nicht darum, daß die Reporter sich nicht dem Geschehen in den Weg stellen wollten, vielmehr versuchten sie, es überhaupt erst herbeizuführen: nicht nur unternahmen sie nichts, um die maskierten, Geschosse werfenden Juventus-Fans zur Ordnung zu rufen – sie unterließen es auch, sie zu fotografieren. Was sie wollten, waren Bilder von den Engländern.

Sie wollten die Tätowierungen der Engländer, ihre verschwitzten, nackten Oberkörper, ihre in die Luft gebohrten zwei Finger, den bösartigen Ausdruck ihrer Gesichter, wenn sie die Sachen, die man nach ihnen geworfen hatte, zurückschleuderten. Italiener, die sich wie Hooligans benahmen? Nie gehört. Aber Engländer, die sich wie Engländer benahmen? *Das* war interessant! Ich weiß noch, wie ich dachte: Wenn die Krawalle jetzt schlimmer werden, wer ist dann schuld? Die Engländer, die sich auf der Piazza San Carlo so provozierend aufgeführt hatten, daß man sagen konnte, was immer ihnen jetzt geschah, geschah ihnen recht? Die Italiener, die ihren Gästen zur Begrüßung Verletzungen zufügten? Oder konnte man ein Teil der Schuld auch diesen Männern mit ihren Fernsehausrüstungen und Kameras zurechnen, deren entstellende Bilder nur noch das bestätigten, was ohnehin schon alle erwartet hatten?

Irgendwie wurde das Match angepfiffen, gespielt, abgepfiffen. Und ebenso wie man sagen konnte, daß es keinen einzigen schweren Zwischenfall gab, konnte man auch sagen, daß es in keinem Moment ohne Zwischenfälle verlief. Mehrere Personen wurden verletzt, und ein Zuschauer wurde ins Krankenhaus gebracht. In der Halbzeitpause, als wieder ein Manchester-Fan von einer Bierflasche niedergestreckt worden war, stürmten die englischen Zuschauer mit einem plötzlichen Aufschrei zum oberen Rand ihres Bereichs und versuchten die Mauer hinaufzuklettern, die sie von den Italienern trennte. Die Mauer war zu hoch, und die Engländer versuchten schließlich nur noch hochzuspringen und die Italiener bei den Schuhen zu packen – bis die Polizei kam, um sie wegzuziehen.

Immer mehr Polizisten strömten durch den Tunnel herein, jetzt in Straßenschlacht-Ausrüstung mit Astronautenhelmen und in blauen statt grünen Uniformen, offenbar mit der Anweisung, sich zwischen jedem englischen Zuschauer und allen anderen aufzubauen. Es war augenfällig, daß die Polizisten weiterhin in den englischen Zuschauern das Problem sahen, und vermutlich waren sie das auch, einfach weil sie da waren. Aber sie waren nicht das einzige Problem, wie die Polizisten bald merken sollten, nachdem sie jeden Engländer umringt hatten, ohne die Italiener in den Rängen über ihnen zu beachten, die auf jene ungehemmte Weise, wie sie für das südländische Temperament als charakteristisch gilt, weiterhin ihre Gefühle heftig zum Ausdruck brachten: Am Ende waren, so wie es aussah, mehr Polizisten als Engländer von den Wurfgeschossen niedergestreckt worden.

Für einen Zuschauer bei einer Sportveranstaltung war es eine merkwürdige Situation, obwohl sie mir damals sonderbarerweise gar nicht merkwürdig vorkam. Den ganzen Tag über hatten sich so viele seltsame Ereignisse abgespielt, daß es jetzt am Abend die natürlichste Sache von der Welt zu sein schien, als Zuschauer bei einem Fußballspiel von Polizisten umringt zu sein: einer stand links von mir, einer rechts, zwei hinter mir und fünf vor mir. Es störte mich nicht; es störte ganz offenkundig auch die Fans nicht, die allen Ablenkungen zum Trotz das Spiel mit größter Aufmerksamkeit verfolgten. Und als Manchester United ausglich, bekamen alle mit, wie das Tor zustande kam (alle außer mir – ich sah mich über die Schulter nach Geschossen um), und der Jubel brach aus ihnen heraus, und ihre Sprechchöre und Gesänge klangen plötzlich dünn und blechern in der ganzen großen Höhle des Juventus-Stadions, wo die siebzigtausend Italiener nun vollkommen still geworden waren. Die United-Fans sprangen in die Luft, purzelten übereinander, umarmten sich.

Aber die Euphorie dauerte nicht lange. In den letzten zwei Minuten fiel noch ein Tor für Juventus. Das Hochgefühl, das nur ein paar Minuten zuvor das kleine Häuflein der United-Fans erfüllt hatte, wurde nun, vielfach verstärkt, von den siebzigtausend Italienern empfunden, die, eben noch gedemütigt, ihre geballte Schadenfreude gegen unsere Ecke lenkten. Das Gebrüll war ohrenbetäubend und durchdrang alle Sinne wie eine Granate.

Und mit der Explosion dieses Gebrülls schlug die Stimmung um.

Die Erinnerung an das, was dann geschah, ist verworren. Alles begann mit hoher Geschwindigkeit abzulaufen. Und alles lief stundenlang mit hoher Geschwindigkeit weiter. Ich weiß noch, daß die Polizisten einen der Fans, der gestürzt war, zu treten anfingen. Ich weiß noch, daß ich hörte, Sammy sei angekommen, und daß ich später auf ihn stieß. Er war groß, gut angezogen und trug eine schwere Hornbrille, mit der er wie ein Physikstudent aussah. Eben mit dem Taxi aus Frankreich angekommen, stand er unterhalb der Sitzplätze, mit dem Rücken zum Spielfeld, eine teure Ledertasche und eine Kamera (Nikon) über die Schulter gehängt. Ich weiß noch, wie ich Ricky und Micky, das unwahrscheinliche Pärchen, das ich frühmorgens im Minibus in London kennengelernt hatte, unter die Tribüne flitzen sah: sie benutzten den Augenblick, als sich die Italiener in jubelnden Menschentrauben umarmten, um eine Handvoll Brieftaschen, drei Portemonnaies und eine Uhr an sich zu bringen, indem sie von unten zwischen den Sitzen hinauflangten. Und ich weiß noch, daß ich Schreie hörte: jemand war mit Messerstichen verletzt worden (ich habe es nicht gesehen), und auf diese Schreie hin rannten alle los – mit animalischer, triebhafter Geschwindigkeit –, drängten die Polizisten beiseite und stürmten zum Ausgang. Aber die Pforte zum Tunnel war zu, und die United-Fans prallten dagegen.

Es war unmöglich, hinauszukommen.

Schon während der ganzen letzten Phase des Spiels hatte ich immer wieder einen neuen Spruch gehört: »Gleich geht's los.«

Gleich geht's los, sagte jemand, und seine Augen waren glasig, als hätte er eine Droge genommen.

Wenn das so weitergeht, hörte ich einen andern sagen, dann

geht's gleich los. Und der Satz kehrte immer wieder – gleich geht's los, gleich geht's los –, leise und ohne viel Nachdruck gesprochen, aber mit jeder Wiederholung gewann er an Gewicht.

Alle wurden gegen die verschlossene Pforte gedrückt, und ein paar Augenblicke später kamen die Polizisten. Sie zogen und schoben in die eine Richtung, und die Fans, die hinauswollten, schoben in die andere. Schub traf auf Gegenschub. Das Gedränge war zum Ersticken. Die Fans waren humorlos und entschlossen.

Gleich geht's los.

Leute flüsterten.

Ich hörte: »Nimm dich vor Messern in acht! Mach deinen Mantel zu!«

Ich hörte: »Füll dir die Taschen!«

Ich hörte: »Gleich geht's los. Bleibt zusammen! Gleich geht's los.«

Ich wurde nervös, schob mein Notizbuch in die Hemdtasche und knöpfte meine Jacke zu. Ein Sprechchor hatte eingesetzt: »United. United. United.« Es klang zackig und bestimmt. »United. United. United.« Immer nur dieses eine Wort, »United«, und durch die Wiederholung änderte sich allmählich die Bedeutung: es betraf nun weniger eine Sportveranstaltung oder einen Fußballverein, sondern klang eher wie eine Einheitsparole – etwas Politisches. Es war zum Sprechchor einer aufrührerischen Menge geworden.

»United. United. United. United. United. United...«

Und dann setzte es aus.

Man hörte ein fürchterliches Geschrei, ein lautes Geschrei, so laut, daß es den Sprechchor übertönte. Es war ein Ton, der nicht hierhergehörte: die Schreie einer Frau.

Jemand sagte, das sei die Mutter des Jungen, der durch Messerstiche verletzt worden war.

Jemand anders sagte, nicht doch, das sei nur eine »verdammte Itakerin«.

Die Schreie hörten nicht auf. Anscheinend war eine Frau

von dem Gedränge in Richtung Ausgang erfaßt und mitgerissen worden. Ich konnte sie sehen: sie war eingeklemmt und schlug wild um sich, um etwas Freiraum, etwas Luft zu bekommen. Sie konnte nicht zum Ausgang hin und nicht davon weg, und es war nicht zu sehen, wie sie es schaffen sollte: das Gedränge war zu stark und kam auch nicht zur Ruhe, sondern brandete nach eigener Laune hin und zurück, war völlig außer Kontrolle geraten. Die Frau war in Panik. Sie schrie unablässig, schrill und durchdringend. Sie begann stoßweise zu atmen, schnappte nach Riesenmengen Luft, und ihre Schreie kamen in Wellen zwischen den hektischen Atemzügen. Es war, als ob sie in den überschwappenden Sauerstoffmassen ertränke; mit stierem Blick warf sie den Kopf von einer Seite zur andern. Ich dachte: Warum ist sie noch nicht ohnmächtig geworden? Ich wartete darauf, daß sie das Bewußtsein verlor, daß ihre Muskeln erschlafften, aber sie wurde nicht ohnmächtig. Sie hörte nicht auf zu schreien. Niemand in meiner Nähe sagte ein Wort. Offensichtlich dachten alle das gleiche wie ich: daß sie einen Anfall bekommen, daß sie sterben würde, hier, auf der Stelle, eingekeilt in der Menge. Doch sie schrie weiter, verzweifelt, unverständlich und flehend.

Und dann kam jemand auf die Idee – sie war so naheliegend –, sie hochzuheben bis über seine Schultern, und er reichte sie weiter zu dem, der vor ihm stand. Der reichte sie weiter zum nächsten, und so wurde sie von Hand zu Hand über die Köpfe hinweggehoben, während sie immer noch schrie, immer noch um sich schlug, und gelangte langsam zum Ausgang. Und dann, sobald sie dort war, wurde die Pforte geöffnet, damit sie hinauskam.

Und mehr war nicht nötig. Kaum war die Pforte auf, strömten die englischen Zuschauer vorwärts und schoben die Frau grob beiseite.

Ich wußte, daß es üblich war, die Anhänger der Gastmannschaft nach einem Match so lange eingeschlossen zu halten, bis alle andern fort waren, und sie dann, von Hunden und Berittenen bewacht, zwischen langen Polizeiketten hindurch zu ihren Bussen zu eskortieren. Das hatte man auch in Turin vorgehabt, und die Polizisten warteten draußen vor dem Tor in voller Kampfausrüstung auf die United-Fans. Aber sie waren nicht gefaßt auf das, was nun aus dem Tunnel hervorbrach.

Zunächst einmal kamen die Fans wegen der Frau, die eingeklemmt worden war, früher heraus als erwartet – die Straßen waren noch voller Juventus-Fans –, und dann kamen sie so schnell heraus, daß die Polizisten hinter ihnen kaum Schritt halten konnten. Sie kamen als geschlossener, dichtgedrängter Haufen, jeder mit den Händen auf den Schultern des Vordermanns, stürmten schnell, fast rennend, die Reihe der Polizisten entlang, so daß die Helme und Schilde und Schlagstöcke zu einem Nebel am Rand des Gesichtsfelds verschwammen. Die Polizeikette führte zu den Bussen hin, doch kurz vor der Bustür schwenkte vorn jemand scharf ab, und der Haufen folgte. Die Polizei hatte das vorausgesehen und stand bereit. Die Gruppe machte noch einmal kehrt in eine andere Richtung und stürmte auf den freien Platz zwischen zwei Bussen. Plötzlich kam sie zum Stillstand, ich prallte gegen meinen Vordermann, und die Leute hinter mir prallten gegen mich: dort war auch schon Polizei. Alle drehten sich um. Ich weiß nicht, wer vorn war – ich versuchte nur Schritt zu halten –, und gesagt wurde nichts. Es waren etwa zweihundert Menschen, dicht zusammengedrängt, aber sie schienen sich im Gleichschritt bewegen zu können wie ein riesiges Insekt mit sonderbaren Koordinationsfähigkeiten. Ein dritter Versuch, wieder in eine andere Richtung, und diesmal war die Polizei nicht da. Ich blickte nach links und nach rechts: nirgendwo war Polizei.

Wie lange dauerte das, was nun folgte? Vielleicht zwanzig Minuten, aber es kam mir länger vor. Es war windig und dunkel, und die Bäume, die vor den Straßenlampen hin und her schwankten, warfen lange, unruhige Schatten. Ich hatte nie deutliche Sicht.

Ich wußte, daß ich Sammy folgen mußte. In dem Augenblick, als die Gruppe ausbrach, hatte er jemandem seine Tasche und seine Kamera gegeben und ihm gesagt, er solle sie ihm später ins Hotel mitbringen. Dann drehte er sich um und begann rückwärts zu rennen. Er schien die Gruppe ausmessen, sich von ihrer Größe ein Bild machen zu wollen.

Die Energie, sagte er, während er immer noch rückwärts rannte, ohne zu jemand Bestimmtem zu sprechen, die Energie ist sehr hoch. Er war hellwach, entschlossen, stets in Bewegung, blickte in alle Richtungen. Er hob die Hände, mit gestreckten Fingern.

Spürt mal die Energie! sagte er.

Sechs oder sieben jüngere Fans trabten neben ihm her, und es dauerte eine Weile, bis ich begriffen hatte, daß *immer* sechs oder sieben jüngere Fans neben ihm hertrabten. Wenn er eine andere Richtung einschlug, schlugen sie dieselbe Richtung ein. Wenn er rückwärts lief, liefen auch sie rückwärts. Wenn er sich plötzlich in die Luft erhoben hätte, hätten sicherlich sechs oder sieben Jüngere verzweifelt mit den Armen gerudert, um es ihm gleichzutun. Diese jüngeren Fans waren nicht nur jünger als Sammy, sie waren sehr jung. Zuerst schätzte ich sie auf ungefähr sechzehn, aber wahrscheinlich waren sie noch jünger. Vielleicht waren sie vierzehn. Sie könnten auch neun gewesen sein: noch heute hänge ich an der Vorstellung, daß sie nur zu groß geratene Neunjährige waren. Sie waren biestige kleine Bengel, die in irgendeiner präpubertären Verwirrung in Sammy ihren Papa sahen. Der, der mir am nächsten war, hatte ein grobes, mageres Gesicht mit fettiger Haut, das an eine Portion Fish'n'chips erinnerte. Er war es, der mich ansprach.

Wer zum Teufel bist du?

Ich sagte nichts, und Fish'n'chips wiederholte seine Frage – Wer zum Teufel bist du? –, aber dann sagte Sammy etwas, und Fish'n'chips achtete nicht mehr auf mich. Aber es war eine Warnung: Dieser Neunjährige hatte etwas gegen mich.

Sammy lief nun nicht mehr rückwärts, sondern war in eine Art Laufschritt verfallen, so daß er sehr rasch vorwärtskam, jedoch ohne zu rennen. Alle folgten seinem Beispiel: anscheinend ging es darum, nicht aufzufallen – wenn man richtiggehend rannte, konnten die Polizisten auf einen aufmerksam werden – und doch so schnell zu laufen, wie man nur konnte. Die Wirkung war komisch: zweihundert englische Fußballfans, die tätowierten Oberkörper leicht vorgebeugt, die Arme gestreckt, trampelten im Gleichschritt über das Pflaster und glaubten, daß niemand sie bemerkte.

Alle überquerten die Straße, wie auf Kommando, aber ohne daß ein Wort gesprochen wurde. Ein Sprechchor brach los – »United, United, United« –, und Sammy schwenkte die Hände auf und nieder, als ob er ein Feuer ersticken müßte, zum Zeichen, daß man still sein sollte. Etwas später kam eine andere Ein-Wort-Parole, und diesmal hieß sie »England«. Die Leute konnten es nicht lassen. Sie wollten sich unbedingt wie normale Fußballfans aufführen – singen und schreien, wie es ihrem betrunkenen Zustand entsprach, und sich weiterhin so rüpelhaft benehmen wie schon den ganzen Tag über – und mußten daran erinnert werden, daß das jetzt nicht ging. Warum tat man so, als wäre man unsichtbar? Da war Sammy schon wieder, eindringlich flüsternd und die Hände schwenkend: Nicht singen, nicht singen! Die Neunjährigen machten »Pst!«, um seiner Aufforderung Nachdruck zu verleihen.

Sammy sagte, wir sollten noch mal über die Straße – er hatte etwas gesehen –, und seine pickligen kleinen Begleiter schwärmten in verschiedene Richtungen aus, wie um die Gruppe zusammenzuhalten, und kehrten dann auf ihre Plätze neben ihm zurück. Erst jetzt begriff ich ganz, was ich da miterlebte: Sammy hatte das Kommando übernommen, gab von Moment zu Moment genaue Anweisungen und ließ seine folgsamen kleinen Bengel dafür sorgen, daß sie ausgeführt wurden.

Ich erinnerte mich, daß Mick mir an jenem ersten Abend gesagt hatte, daß die Anführer ihre kleinen Unteroffiziere und Feldwebel hätten. Ich hatte es gehört und mir gemerkt, ohne mir viel dabei zu denken: es klang zu sehr nach Kriegsspielen von Schuljungen. Aber jetzt konnte ich auf einmal sehen, daß alles, was Sammy sagte, von seiner Gefolgschaft durchgesetzt wurde. Fish'n'chips und die anderen Neunjährigen paßten auf, daß niemand rannte, niemand grölte, niemand sich weit von der Gruppe entfernte, daß alle zusammenblieben. Einmal kam ein Trupp Polizisten auf uns zugestürmt, und Sammy, der sie rechtzeitig gesehen hatte, gab flüsternd einen neuen Befehl: wir sollten uns zerstreuen, und die Mitglieder der Gruppe teilten sich auf – manche überquerten die Straße, manche liefen in der Mitte der Straße weiter, manche blieben ein wenig zurück –, bis sie an den Polizisten vorüber waren. Darauf drehte Sammy sich um und befahl, wieder im Rückwärtsgang, daß alle sich wieder einreihen sollten: und seine Kleinen trieben wie dressierte Hunde die ganze Herde zusammen.

Ich trabte mit. Alles ging so schnell, daß ich, um sicher zu sein, daß ich nichts versäumte, mich darauf konzentrierte, in Sammys Nähe zu bleiben. Ich merkte, daß ihn das zu irritieren begann. Es konnte gar nicht ausbleiben, daß ich ihm auffiel.

Was machst du hier? fragte er mich, als er sich wieder einmal umgedreht hatte und rückwärts lief, um rasch die Mannschaftsstärke durchzuzählen, nachdem alle sich wieder eingereiht hatten.

Er wußte genau, was ich hier machte, und er hatte die Frage absichtlich so laut gestellt, daß auch die anderen sie hören mußten.

Das hat gerade noch gefehlt, dachte ich.

Verpiß dich! sagte plötzlich einer von seinen Wichten und sah mir scharf ins Gesicht. Er hatte ein Messer.

Haste gehört, was er gesagt hat, Mann? Fish'n'chips beteiligte sich an dem Verhör. Er hat gesagt, verpiß dich! Was zum Teufel machst du hier überhaupt, he? Verpiß dich!

Es war weder die richtige Zeit noch die passende Gelegenheit, Fish'n'chips zu erklären, was ich hier machte und warum ich, nachdem ich nun bis hierher mitgekommen war, jetzt nicht umkehren wollte.

Ich blieb etwas zurück, eben soviel, daß ich außer Reichweite war. Ich sah mich um. Ich erkannte niemanden. Ich war unter lauter Menschen, die mir noch nie begegnet waren; schlimmer noch, unter lauter Menschen, die mir noch nie begegnet waren und die mir unentwegt erklärten, ich solle mich verpissen. Den Suff, den ich früher am Tag miterlebt hatte, meinte ich verstanden zu haben. Aber das hier war etwas anderes. Wenn irgendwer jetzt betrunken war, dann benahm er sich jedenfalls nicht so. Alle waren auf ein Ziel ausgerichtet und hatten etwas sehr Aggressives an sich, etwas wie eine tierische Ausdünstung. Niemand sprach ein Wort. Man hörte ein gedämpftes Brummen und das Getrappel der Füße auf dem Pflaster; ab und zu kam einer von Sammys geflüsterten Befehlen. Das lauteste Geräusch war noch gewesen, daß Sammy mich fragte, was ich hier machte, und die Worte, die mich verscheuchen sollten, gingen mir im Kopf herum.

Was zum Teufel machst du hier überhaupt, he? Verpiß dich!

Was zum Teufel machst du hier überhaupt, he? Verpiß dich!

Ich weiß noch, wie ich den einzigen klaren Gedanken faßte, der mir möglich war: Ich will nicht zusammengeschlagen werden.

Ich hatte keine Ahnung, wo wir waren, aber im nachhinein scheint mir, daß Sammy seine Gruppe um das Stadion herumgeführt haben muß, in der Hoffnung, unterwegs italienischen Fans zu begegnen. Als er sich umdrehte und rückwärts lief, hatte er offensichtlich auch die Wirkung dieser zweihundert im Laufschritt dahineilenden Frankensteins auf die italienischen Jungs beobachten wollen, die die vorbeistürmenden Engländer erkannt hatten und anfingen, ihnen zu folgen, aus Neugier, angezogen von der Aussicht auf eine Schlägerei oder einfach vom Charisma der Gruppe selbst – jedenfalls konnten sie's nicht lassen, hinterdreinzulaufen, um zu sehen, was vielleicht passierte.

Und dann, als Sammy den geeigneten Moment gekommen sah, blieb er plötzlich stehen und brüllte, auf jede weitere Vortäuschung von Unsichtbarkeit verzichtend: »Halt!«

Alle blieben stehen.

»Kehrt!«

Alle machten kehrt. Sie wußten, was bevorstand. Ich nicht. Jetzt erst sah ich die Italiener, die uns nachgelaufen waren. Im Schummerlicht der Straßenlampen konnte ich nicht erkennen, wie viele es waren, aber es waren genug, um mir begreiflich zu machen, daß ich – verfluchte Scheiße! – unerwartet in eine bevorstehende Schlägerei großen Stils hineingeraten war: weil ich zurückgeblieben war, um außer Reichweite Sammys und seiner Adjutanten zu gelangen, befand ich mich in der Nachhut, die nun, als die Gruppe kehrtmachte, plötzlich zur vordersten Schlachtreihe wurde.

Adrenalin ist eine von den stärkeren Chemikalien im menschlichen Körper. Als ich auf der einen Seite die Engländer und auf der andern die Italiener sah, muß ich anscheinend, soweit mir erinnerlich, schleunigst die Eigenschaften eines kleinen Hubschraubers angenommen und mich einige Fuß hoch in die Luft erhoben haben, um niemandem im Wege zu sein. Es gab einen Aufschrei von allen Seiten, und die englischen Fans stürzten sich auf die Italiener.

In der nächsten Sekunde kam ich wieder herunter. Ein dunkler Fleck vor den Augen, und rums! eine Bierdose – eine volle – hatte mich an der Schläfe getroffen, mit solcher Wucht, daß ich umkippte. Als ich aufstand, kamen zwei Polizisten vorbeigerannt, die einzigen, die ich sah, und einer von ihnen schlug mir mit dem Knüppel auf den Hinterkopf. Wieder ging ich zu Boden. Wieder stand ich auf. Die meisten Italiener waren schon weggerannt und zerstreuten sich in alle Richtungen. Aber viele waren zu Fall gebracht worden, bevor sie sich davonmachen konnten.

Direkt vor mir – so nah, daß ich fast sein Gesicht hätte berühren können – war ein junger Italiener, fast noch ein halbes Kind, zu Boden geschlagen worden. Als er aufstehen wollte, stieß ein Engländer ihn wieder um, indem er ihm die flache Hand ins Gesicht rammte. Der Junge fiel rückwärts aufs Pflaster, und der Hinterkopf hüpfte ein wenig nach dem Aufprall.

Zwei weitere United-Fans kamen hinzu. Der eine trat dem Jungen in die Rippen. Es gab ein überraschend gedämpftes Geräusch. Man hörte, wie der Schuh auf dem Stoff des Jacketts auftraf, das der Junge trug. Er bekam noch einen Tritt ab – diesmal mit voller Wucht –, und das Geräusch war immer noch leise und gedämpft. Der Junge nahm die Arme herunter, um die Rippen zu schützen, und dann trat ihm der andere Engländer ins Gesicht. Auch das gab ein gedämpftes Geräusch, aber es klang anders: man konnte hören, daß das Gesicht getroffen war und nicht der Rumpf oder ein Teil des Körpers, der durch Kleidung geschützt war. Es knirschte. Der Junge versuchte hochzukommen und wurde wieder zu Boden gestoßen – lässig, ohne viel Kraftaufwand. Noch ein Manchester-United-Fan kam hinzu, und noch einer, und noch ein dritter. Sie waren nun zu sechst, und alle begannen auf den Jungen, der am Boden lag, einzutreten. Der Junge bedeckte sein Gesicht mit den Händen. Zu meiner Überraschung konnte ich am Klang erkennen, ob ein Schuh sein Ziel verfehlt hatte oder die Finger traf und nicht Stirn oder Nase.

Ich war wie gelähmt. Wenn ich den Vorfall jetzt überdenke, bilde ich mir ein, ich sei nah genug gewesen, um dem Ganzen ein Ende zu machen. Keiner stand ganz sicher auf seinen Füßen – weil sie mit dem einen Bein immer wieder ausholten –, und es wäre nicht viel dabeigewesen, den Jungen zu retten. Aber ich tat es nicht. Ich glaube, ich kam gar nicht auf den Gedanken. Es war, als ob die Zeit sich dramatisch verlangsamt hätte, Anfang und Ende jeder Sekunde schien so deutlich markiert wie die Bilderfolge auf einer Filmspule; und ich war hypnotisiert von jedem Bild, das ich sah. Noch zwei Manchester-United-Fans tauchten auf – acht müssen es nun gewesen sein. Es wurde eng, und sie taten sich schwer, an den Jungen heranzukommen: sie stießen zusammen und schubsten sich ein bißchen. Ich konnte nicht mehr alles deutlich sehen oder genau sagen, wohin sie den Jungen nun traten, aber drei schienen ihm gegen den Kopf zu treten und drei in den Leib – hauptsächlich gegen die Rippen, aber mit Sicherheit kann ich es nicht sagen. Ich wundere mich, wie viele Einzelheiten ich noch weiß. Zum Beispiel, daß nicht gesprochen wurde; man hörte nur dieses leise, nachgiebige, manchmal aber auch kratzige, knirschende Geräusch der Tritte, einen nach dem andern. Die Abstände zwischen einem Tritt und dem nächsten schienen länger zu werden, sich zu dehnen, während jeder mit dem Bein zum nächsten Tritt ausholte.

Das muß man sich mal vorstellen: acht Mann traten zugleich auf den Jungen ein. Irgendwann mußte das doch vorbei sein?

Es ging weiter.

Der Junge versuchte immer noch, die Wirkung der Schläge abzuschwächen, und griff mit den Händen an den Körperteil, wo er eben getroffen worden war, aber er wurde an zu vielen Stellen getroffen, als daß er sich hätte schützen können. Sein Gesicht war jetzt mit Blut bedeckt, das ihm aus Mund und Nase lief, und sein Haar war naß und verklebt. Seine Kleidung war voll Blut. Die Prügelei ging weiter. Immer weiter, weiter, weiter, mit dem fürchterlichen dumpfen Geräusch, und der Junge sagte nichts, krümmte sich nur am Boden.

Ein Polizist tauchte auf, aber nur einer. Wo waren die andern? Vorher waren doch so viele dagewesen. Der Polizist kam schnell angerannt und brachte zwei Fans zu Fall, die andern flüchteten, und dann beschleunigte sich alles und lief nicht mehr ab wie in Zeitlupe, sondern in einem sehr schnellen Zeitraffer.

Wir rannten weg. Ich weiß nicht, was aus dem Jungen wurde. Dann bemerkte ich, daß ringsum noch andere lagen, denen es ebenso ergangen war, die ebenso zu Boden gestoßen und ins Gesicht getreten worden waren; einem mußte ich ausweichen, um nicht auf ihn zu treten.

Nun war es »losgegangen«, wie es im Jargon der Fans hieß. Mit diesem ersten Zusammenstoß war eine Art Schwelle überschritten worden, eine imaginäre Trennlinie: diesseits der Schwelle hatte ein Sinn für die Grenzen des Erlaubten bestanden, ein normales Einverständnis – selbst in diesem Haufen – darüber, was man nicht machen konnte; jetzt aber waren wir irgendwo, wo es nicht mehr viele Grenzen gab, wo der Sinn dafür, daß es Dinge gab, die man nicht machen konnte, nicht mehr existierte. Nun begannen die Gewalttätigkeiten.

Ein Junge kam mir entgegen, der sich die Hände an den Kopf hielt; er blutete heftig aus seiner Gesichtswunde. Er hatte die Augen zu Boden gerichtet, sah nicht, wohin er rannte, und blickte erst auf, kurz bevor er mit mir zusammengeprallt wäre. Mein Anblick versetzte ihn in Schrecken. Er dachte, ich sei ein Engländer. Er dachte, ich würde ihn schlagen. Er schrie auf, in einem flehentlichen Ton, drehte sich abrupt um und rannte in eine andere Richtung davon.

Ich holte Sammy ein. Er war völlig aus dem Häuschen, schnalzte mit den Fingern, tänzelte, auf der Stelle tretend, hin und her und wiederholte immer wieder den Satz: Es geht los, es geht los. Alle um ihn her waren erregt. Es war eine Erregung, die an etwas Größeres, an ein transzendentes Gefühl grenzte – zumindest Freude, aber eher wohl etwas wie Ekstase. Eine durchdringende Energie ging davon aus; unmöglich, nicht ein wenig davon gepackt zu werden. Neben mir sagte jemand, er sei glücklich, sehr glücklich, er könne sich nicht erinnern, jemals so glücklich gewesen zu sein, und ich sah ihn mir genau an, um mir sein Gesicht zu merken, damit ich später nach ihm Ausschau halten und ihn fragen könnte, was denn dieses Glück ausmache und wie ihm zumute sei. Es war ein seltsamer Gedanke: Da glaubte also einer ausgerechnet in diesem Moment, kurz nach einer Straßenkeilerei, eines der ungreifbarsten Dinge im Leben erhascht zu haben. Aber dann, ganz benommen vor sich hin quasselnd von seinem Glück, verschwand er in der Menge und in der Dunkelheit.

Es war mehr los, als ich aufnehmen konnte: ständig waren laute Geräusche zu hören – Bersten und Krachen –, und ich konnte nicht sehen, wo sie herkamen. An allen Ecken und Enden passierte etwas. Davon, wie sich die Sachen hintereinander abspielten, weiß ich nichts mehr.

Ich erinnere mich an einen Mann mit seiner Familie. Alle

hatten sich wieder eingereiht, zusammengeholt von den kleinen Adjutanten, und trabten in diesem eigentümlichen Laufschritt dahin, als ich vor uns einen Mann mit seiner Familie bemerkte – Frau und zwei Söhne. Er trieb sie zur Eile an und blickte dabei mehrfach über die Schulter zu uns her. Er war nervös, aber niemand schien ihn zu beachten: alle liefen einfach in unverändertem Tempo weiter, hinter ihm drein, nicht weil sie ihn verfolgen wollten, sondern nur weil er zufällig vor uns lief. Als er an seinem Wagen angekommen war, der ein wenig abseits von der Route stand, der wir folgten, riß er die Tür auf und schob seine Angehörigen hinein, inzwischen schon leicht in Panik, so daß einer seiner Söhne mit dem Kopf gegen den Rahmen prallte. Und dann, als er selbst einsteigen wollte und die Gruppe ihn eben einholte, blickte er noch einmal über die Schulter zurück und bekam eine schwere Metallstange quer übers Gesicht. Er wurde mit solcher Wucht getroffen, daß er hochgerissen und über die Autotür hinweg auf der andern Seite zu Boden geschleudert wurde. Warum der? dachte ich. Was hatte der Mann getan, abgesehen davon, daß er auffällig wurde, weil er seine Familie in Sicherheit zu bringen versuchte? Ich drehte mich um, als wir an ihm vorübertrabten, und die Fans hinter mir waren gegen die offene Tür gerannt und hatten sie in den Angeln nach hinten verbogen. Die nächsten rannten über den am Boden liegenden Mann hinweg, und manche hielten kurz inne, um ihm noch einen Tritt zu versetzen – gegen Kopf, Rückgrat, Hintern, Rippen, überallhin. Seine Frau und seine Kinder konnte ich nicht sehen, aber ich wußte, sie waren im Wagen und schauten vom Rücksitz aus zu.

Ein etwa elf- oder zwölfjähriger Italiener, der sich verlaufen haben mußte, kam ganz allein mitten in die Gruppe hineingerannt, an mir vorüber. Als ich mich umsah, lag der Junge schon am Boden. Ich konnte nicht sehen, wer ihn niedergeschlagen hatte, denn inzwischen hatten sich schon sechs oder sieben Fans auf ihn gestürzt und drängten sich wie rasend um ihn.

Die Gruppe kam zu einer Reihe Tische, wo Programme verkauft wurden, neben Fahnen, T-Shirts und Souvenirs, und im Vorübergehen wurde jeder Tisch hochgehoben und umgestürzt. Es kam zu Auseinandersetzungen. Zwei englische Fans packten einen Italiener und schmetterten ihn mit dem Gesicht gegen einen der Tische. Sie zerrten ihn an den Haaren am Hinterkopf hoch und schmetterten das Gesicht noch einmal gegen den Tisch. Sie hoben seinen Kopf zum drittenmal hoch, zogen ihn höher und höher, hielten kurz inne – sein Gesicht war verschmiert und zerschunden – und schlugen ihn noch einmal gegen den Tisch. Wieder dieses furchtbare Zeitlupentempo, die mit der Uhr nicht meßbare Zeitspanne zwischen einem Moment der Gewalttätigkeit und dem nächsten, als sie seinen Kopf hochhoben – ob sie das wirklich noch einmal machen würden? – und ihn dann auf den Tisch schmetterten. Die englischen Fans gingen ernsthaft und methodisch zu Werke; keiner sagte ein Wort.

Ein Krankenwagen fuhr vorüber. Seine Sirene erinnerte mich daran, daß immer noch keine Polizei da war.

Die Gruppe überquerte die Straße an einer großen Kreuzung. Sie hatte längst darauf verzichtet, so zu tun, als sei sie unsichtbar, und marschierte mit der arroganten Selbstsicherheit einer gewalttätigen Menge vorwärts. Jetzt trabten alle ohne Zögern mitten in den dicksten Verkehr hinein, direkt vor die Kühlerhauben der Autos, weil man wußte, daß sie anhalten würden. An der Spitze der Fahrzeugschlange stand ein Bus. Einer der Fans trat von vorn heran und schmiß aus etwa zwei Metern Abstand mit großer Wucht einen Gegenstand – es war kein Stein, sondern etwas Großes, Metallenes, vielleicht der Verteiler von einem Automotor – in die Windschutzscheibe vor dem Fahrer. Ich stand genau hinter dem Mann, der das Ding geworfen hatte. Ich weiß nicht, wo er es herhatte, denn es war zu schwer, als daß er es lange getragen haben konnte, aber niemand hatte ihm dabei geholfen; er war aus der dahineilenden Gruppe herausgetreten, und in den Sekunden nach dem Wurf, bis er sich wieder unter seine Kameraden eingereiht hatte, zeigte sein Gesicht einen eigentümlichen Ausdruck. Er wußte, daß er etwas getan hatte, was bisher noch keiner getan hatte, daß dadurch die Gewalt eskaliert war und daß eine weitere Grenze des Erlaubten überschritten worden war. Er hatte einen Gegenstand geworfen, der mit Sicherheit schwere Verletzungen bewirken mußte. Er hatte etwas Schlimmes getan – etwas sehr Schlimmes –, und seine Miene verriet zwar, daß er sich dessen bewußt war, drückte aber eigentlich etwas Komplizierteres aus. Sie besagte, so schlimm sei es nun auch wieder nicht gewesen; in Anbetracht dessen, was sich den ganzen Tag über abgespielt hatte, war es doch nichts so Extremes, oder? Was sein Gesicht ausdrückte, so wurde mir klar – er schien dabei zu zwinkern –, war einfach nur: Ich bin eben mal unartig gewesen.

Unartig war er also gewesen, und das wußte er und war mit sich zufrieden. Er war glücklich – noch einer, der glücklich war. Er ist ein Wicht, dachte ich. Er ist ein kleines Stück Scheiße, dachte ich. Ich hätte ihn schlagen mögen.

Das Geräusch der zersplitternden Windschutzscheibe war – wie mir heute klar ist – ein mächtiges Stimulans von physischer Eindringlichkeit, und die ganze Zeit über hatte die Geräuschkulisse, das unbestimmbare Krachen und Bersten, das von irgendwoher aus der Dunkelheit kam, die Emotionen bei allen um mich her stetig gesteigert. Dies war es auch, was mich so unruhig machte. Der Abend hatte eine Folge von sinnesüberflutenden Reizungen gebracht, die jedesmal die Wogen der Erregung noch höher schlagen ließen. Und jetzt, beim Überqueren dieser Kreuzung, wo der Verkehr aus vier Richtungen kam und die Fans über die Dächer der Wagen hinwegliefen, bewirkte das Geräusch dieses Dings, das durch die Windschutzscheibe flog, der Krach nach dem Aufprall, daß die Hitze der Erregung zunahm: ich kann es nicht anders beschreiben; fast buchstäblich veränderte sich die Temperatur. Es gab noch einen Moment der Desorientierung – die Bruchteile von Sekunden zwischen der Wahrnehmung des Geräuschs und dem Moment, wenn man begriff, wodurch es zustande kam, ein Moment, in dem Adrenalin ausgeschüttet wurde, ein chemischer Moment –, und dann hörte man wieder das Aufbrüllen, und jemand ging mit einer Stange (von einem der Souvenir-Tische?) auf den Bus los und zertrümmerte ein Seitenfenster. Wieder ein splitterndes Krachen. Andere kamen hinzugerannt und begannen in wilder Wut Steine und Flaschen zu werfen. Wieder waren sie völlig außer sich. Die Steine prallten mit einem schauerlich dumpfen Knall von den Scheiben ab, aber dann barst ein Fenster, und dann noch eines, und aus dem Innern des Busses kamen Schreie. Der Bus war voll besetzt, aber nicht mit jungen Burschen, wie es die Angreifer waren, sondern mit ganz normalen Familienvätern, die mit ihren Söhnen und Frauen nach dem Spiel heimfuhren in die Vororte oder Dörfer außerhalb der Stadt. Drinnen müssen alle mit Splittern bedeckt gewesen sein. Sie schirmten ihre Gesichter ab und duckten sich auf ihren Plätzen. Glassplitter waren überall; sie kamen plötzlich quer durchs Gesichtsfeld geflogen. Rings um mich her warfen die Leute Steine und Flaschen, und ich hatte Angst, selber einen Splitter ins Auge zu bekommen.

Wir zogen weiter.

Mir war, als sei ich schwerelos. Mir war, als könne mir nichts passieren. Mir war, als könne mir alles mögliche passieren. Ich blickte geradeaus, rannte, versuchte Schritt zu halten, und an den dunklen Rändern meines Blickfeldes geschahen Dinge: ein helles Aufleuchten und dann wieder Dunkelheit, ständig hörte man, wie Dinge zu Bruch gingen, wie sich etwas bewegte, wie etwas geschmissen wurde, wie Leute zu Boden stürzten.

Eine Gruppe Italiener tauchte auf und trat plötzlich ins Licht einer Straßenlampe. Sie waren nicht wie die anderen, sie legten es augenscheinlich auf einen Kampf an, voll Stolz und gekränkter Würde. Sie wollten die Konfrontation, blieben stehen und warteten. Jemand kam uns entgegen, schwang ein Billard-Queue oder eine Fahnenstange, und dann, wider jegliche Erwartung, wurde sie ihm aus den Händen gerissen:

es war Roy. Roy war plötzlich da, wie aus dem Nichts aufgetaucht, hatte dem Italiener die Stange weggenommen und sie über seinem Kopf zerbrochen. Es war glänzendes Timing, und im nächsten Augenblick folgten ihm die englischen Fans, wieder mit diesem Aufbrüllen, und hatten die Italiener, die in verschiedenen Richtungen davonrannten, schnell in die Flucht geschlagen. Wieder wurden etliche erwischt, und wieder sah man Italiener sich hilflos am Boden winden, während die englischen Fans zu ihnen hinstürzten, sich um ihre Köpfe versammelten und ihnen einen Tritt nach dem andern versetzten.

War es denn möglich, daß einfach keine Polizei da war?

Wieder zogen wir weiter. Eine Mülltonne wurde ins Schaufenster eines Autogeschäfts geworfen – erneut ein lautes, splitterndes Krachen. Ein Laden: die Tür wurde eingeschlagen. Eine Modeboutique: das Schaufenster wurde eingeschlagen, und einer oder zwei nahmen sich die Zeit, die Auslagen zu plündern.

Ich schaute mich um und sah, daß hinter uns ein großes Fahrzeug umgekippt worden war und daß aus einem etwas weiter entfernten Gebäude Flammen stiegen. Ich hatte nicht gesehen, wie das alles passiert war. Offenbar war mehr los gewesen, als ich hatte aufnehmen können. Jetzt hörte man das Geheul von Sirenen, von vielen Sirenen verschiedener Art, die aus mehreren Richtungen kamen.

Die Stadt gehört uns, sagte Sammy, und zur Bekräftigung des Besitzanspruchs wiederholte er, jedesmal mit mehr Nachdruck: Sie gehört *uns, uns, uns*.

Ein Polizeiwagen tauchte auf, mit angeschalteter Sirene – der erste Polizeiwagen, den ich sah –, und hielt vor der Gruppe, um ihr den Weg abzuschneiden. Es war nur ein einziger Wagen. Der Beamte stieß die Tür auf, aber bis er ausgestiegen war, war die Gruppe schon über die Straße. Er schrie uns etwas nach, hilflos und wütend, dann stieg er wieder ins Auto und kam uns nachgejagt. Wieder versuchte er uns den Weg zu versperren, und wieder ging die Gruppe, so manierlich wie nur möglich, auf die andere Straßenseite: gesittete Fußballfans auf dem Rückweg zu ihrem Hotel, während weit hinter ihnen die Flammen loderten. Der Mann setzte sich wieder in seinen Wagen und fuhr uns nach, drückte diesmal gefährlich aufs Gas, schnitt wieder der Gruppe den Weg ab, wobei er, wie mir schien, einen der Fans über den Haufen zu fahren versuchte, der aus dem Weg springen mußte und darauf von dem Polizisten ergriffen, gegen die Kühlerhaube geworfen und an der Kehle gepackt wurde. Der Beamte war sehr frustriert. Er wußte, daß diese Gruppe für die Schäden, die er gesehen hatte, verantwortlich war; er wußte ohne jeden begründeten Zweifel, daß der Bursche, den er jetzt an der Kehle gepackt hielt, für bestimmte absolut rechtswidrige Handlungen persönlich verantwortlich war; aber der Beamte hatte persönlich nicht gesehen, wie er etwas tat. Er hatte persönlich auch die Gruppe nichts tun sehen. Er hatte niemanden ein Delikt verüben sehen. Gesehen hatte er nur die Ergebnisse. Er drückte den Fan gegen die Kühlerhaube, hielt ihn bei der Kehle gepackt und ließ ihn dann angewidert los.

Ein Feuerwehrwagen fuhr vorüber, ein Krankenwagen und endlich auch Polizei – viel Polizei. Sie kamen aus zwei Richtungen. Nachdem die ersten einmal da waren, schienen unaufhörlich weitere zu kommen. Sie kamen mit Mannschaftswagen, Streifenwagen, Motorrädern und grünen Minnas. Und immer kamen noch mehr. Die Häuser wurden von ihren flackernden Blaulichtern erhellt. Aber die Gruppe der Fans, von Sammys geflüsterten Befehlen gelenkt, ging einfach weiter, huschte an den Wagen vorüber, zerstreute sich, wenn es nötig wurde, und sammelte sich wieder, ging hier lang und da lang, wechselte wieder mal die Straßenseite, sammelte sich, wechselte von neuem hinüber, gefolgt von Sammys pickligen kleinen Adjutanten, die sich um die Nachhut kümmerten und alle zusammenhielten. Sie waren brave Anhänger des Fußballspiels. Sie waren wieder die gesetzestreuen Fans, als die sie sich mir gegenüber immer hartnäckig dargestellt hatten. Und so schlängelten sie sich durch die Straßen der alten Stadt Turin, auf dem geordneten Rückzug zu ihren Hotels, und hinter ihnen kam die Polizei und versuchte Schritt zu halten.

»Wir haben's geschafft«, verkündete Sammy, als die Gruppe am Bahnhof ankam. »Wir haben die Stadt erobert.«

Von ein bis zwei Uhr nachts war die Piazza wieder der interessanteste Aufenthaltsort. Es waren massenhaft Leute da.

Die Italiener waren da. Zwölf Stunden zuvor waren diese gleichen Italiener großzügig und zuvorkommend gewesen. Sie hatten einen Haufen verdreckter, betrunkener Ausländer vor sich gehabt, die Abfall auf die Straßen schmissen, in die Brunnen pinkelten und die Kassen der Läden und Cafés beklauten; und trotzdem hatten sie nichts übelgenommen. Sie hatten gelacht und alles komisch gefunden. Das waren eben die Macken eines Inselvolks; die Engländer, das weiß doch jeder, die spinnen nun mal!

Am Donnerstag, nach Mitternacht, fanden die Italiener das Ganze nicht mehr komisch. Ich hörte sie, wie sie, Sprechchöre skandierend, durch die Seitenstraßen auf den Platz zumarschierten, wie sie im Auto um den Platz fuhren, auf die Hupe drückten und wütend aus dem Fenster brüllten. Am meisten Angst machten mir die, die schon da waren. Ich konnte sie sehen, aber nicht hören. Sie standen beunruhigend still in der Mitte des Platzes. Ich beobachtete sie vom Eingang meines Hotels aus – die englischen Fans waren drinnen in der Bar – und konnte in der Dunkelheit ihre bedrohlichen Silhouetten erkennen. Man sagte mir, sie hätten Messer, Flaschen mit abgebrochenen Hälsen und schwere Knüppel. Sie warteten: irgendwann würden die Engländer ja mal heimgehen müssen. Die Italiener füllten den Platz vom einen Ende zum andern, Reihe um Reihe. Sie rührten sich nicht; keiner von ihnen sagte ein Wort.

Es waren noch andere auf dem Platz. Die Armee war da. Ich wußte nicht, wann die Soldaten herbeigeholt worden waren.

Vorher waren sie noch nicht dagewesen, als Sammy uns am Bahnhof vorbeiführte – die Polizei zockelte immer noch hinter uns her – bis zur Hotelbar, wo sich zu meiner Überraschung die Fans schon drängten. Das Lokal war gerammelt voll, feucht und dämpfig und roch kräftig nach Stall. Ich entdeckte Mick, ausgenüchtert nach mehreren Stunden im Gefängnis: aus Versehen hatte er bei einer Meinungsverschiedenheit jemandem das Bein gebrochen (an zwei Stellen); und nun brannte er darauf zu erfahren, was er alles versäumt hatte. Ich entdeckte Roy, der – was so ein Abend doch bewirken konnte! – nicht nur wie ein normaler Mensch mit andern redete, sondern sogar in angeregter und extrovertierter Weise denen, die nicht dabeigewesen waren, unseren Marsch durch die Stadt beschrieb. Tony war da – elegant für den Abend gekleidet – und Gurney, eklig wie immer. Ich war wieder unter Freunden, und das war immerhin ein gewisser Trost. Die Neunjährigen waren wohl schon zu Bett.

Von dem Match wurde wenig gesprochen, und niemand schien zu bedauern, daß die Mannschaft nun nichts ins Endspiel kam: die Geschicke des FC Manchester United waren von den größeren Belangen dieses Abends und von dem Erlebnis, wie die Italiener sich »in die Hosen gemacht« hatten, in den Hintergrund gedrängt worden. Es herrschte eine Art Feierabendstimmung, wie wenn man ein redliches Tagwerk hinter sich gebracht hätte.

Ich holte mir ein Bier und setzte mich in eine Ecke. Die Fans lagerten auf dem Boden oder lehnten an den Wänden; sie pflegten ihre Wunden – meistens an den Händen –, die noch bluteten und mit T-Shirts umwickelt waren. Trotz der Erschöpfung – eine Großstadt zu verwüsten kostet schließlich einige Mühe – war es eine lebhafte Versammlung, mit lautem Geschimpf und Gestöhn. In der Grobheit dieser Leute lag ihre Vitalität, und sie waren sehr grob; sie waren auf Grobheit eingeschworen wie auf eine moralische Devise. Die rund vierhundert Fans wurden von nur zwei Kellnerinnen bedient, und einen schlimmeren Arbeitstag hätten die beiden Frauen nicht haben können. Als die eine ein Tablett Flaschen mit Lagerbier brachte – in Ausführung des Befehls: »He, du Flittchen, bring uns mal ein paar Bier!« –, holte ein Fan seinen Penis heraus und wedelte ihr damit vor dem Gesicht herum. Ein anderer warf ihr beim Zahlen das Geld vor die Füße.

Die Fähigkeit zur Verständigung mit Menschen, die sie noch nicht kannten, war bei den Fans nicht besonders ausgebildet. Von sich selbst abgesehen, mochten sie Menschen überhaupt nicht. Eigentlich mochten sie gar nichts – nicht sonderlich jedenfalls. Ich überlegte mir, welches die zentralen Werte waren, die diese Gemeinde zusammenhielten. Ich setzte eine Liste auf.

Vorlieben für:
Lagerbier in Halblitergläsern
Lagerbier in Zweiliterflaschen
Die Queen
Die Falklandinseln
Den FC Manchester United
Margaret Thatcher
Tore
Rolex-Uhren
Kriegsfilme
Die katholische Kirche
Teure Pullover
Auslandsreisen
Würste
Viel Geld
Sich selber

Das letzte war am wichtigsten: sie mochten sich selber, sich und ihre Kumpels.

Die Liste der Abneigungen, stellte ich fest, war dagegen kurz und schlicht. Was sie nicht mochten, war (von Tottenham Hotspur mal abgesehen) nur eines: der Rest der Welt.

Der Rest der Welt ist ein großes Land, und sein hauptsächlicher Bewohner ist der Fremde. Den Fremden mochten die Fans überhaupt nicht. Der Fremde – ein Ladeninhaber, der

Angestellte der Londoner U-Bahn oder der britischen Eisenbahn, der alte Mann, der auf der Rolltreppe vor dir steht, jemand, der dich nach dem Weg fragt, jemand, der bei einer Wahl deine Stimme will, der Busschaffner, die Kellnerin, das Mitglied der Labour Party, der Mann, der neben dir sitzt, kurz, alle, die *im Weg sind* – ist verabscheuenswert. Und kein Fremder ist so fremd und daher so verabscheuenswert wie der Ausländer. Dem Ausländer galt ihr echter Haß (daß sie selbst, als Engländer, hier in Italien ihrerseits Ausländer sein könnten, zogen sie nicht in Betracht). Das Schlimme an den Ausländern war, daß ihnen etwas fehlte. Aus irgendeinem Grund waren die Ausländer niemals alle Sprossen der Evolutionsleiter hinaufgeklettert, und darum war an den Ausländern immer ein bißchen *weniger* dran – besonders an dunkelhäutigen Ausländern, ganz zu schweigen von dunkelhäutigen Ausländern, die auch noch versuchten, einem etwas zu verkaufen. Das waren die schlimmsten.

Dann gab es eine Katastrophe: dem Hotel ging das Bier aus.

Es war mitten in der Nacht, und die Alkoholvorräte des Hotels waren erschöpft. Kein Bier? Die Neuigkeit wurde mit einem ungläubigen Staunen aufgenommen, das über alles, was bisher geäußert worden war, hinausging. Auf die Hotelzimmer, auf die Eintrittskarten, auf das Match selbst hätte man verzichten können: aber dies alles war nichts gegen die Ankündigung, es gebe kein Bier mehr. Alle, ob betrunken, invalide oder sterbenskrank, kamen bei dieser Nachricht auf die Beine und stürmten die Theke. Es sah übel aus. Der Geschäftsführer tauchte auf, wollte beschwichtigen und bot Orangensaft an. Das machte die Sache nur noch schlimmer.

Als sie zur Theke drängten, zog ich mich zurück. Ich dachte, im Freien wäre es sicherer. Und da erst bemerkte ich, daß man die Armee zu Hilfe geholt hatte.

Ich konnte nicht umhin, die Soldaten zu bemerken, denn in dem Moment, als ich nach draußen trat, versperrte mir einer mit einem automatischen Gewehr den Weg, drehte mich herum und stellte mich an die Wand. Die Soldaten mußten sich schon vor einiger Zeit hier gesammelt haben. Die Carabinieri hatten versagt, die Bereitschaftspolizei hatte versagt, und nun nahm die Armee die Sache in die Hand. Vermutlich waren es nur etwa hundert Soldaten, aber sie repräsentierten die Staatsgewalt in einer ganz anderen Form: plötzlich waren wir mitten in einem NATO-Manöver. Die Soldaten trugen die grünen Tarnuniformen der Infanterie und schwere, schwarzglänzende Stiefel; ihre Pistolen sahen sehr respektgebietend aus. Außerdem hatten sie fünfzehn gepanzerte Personentransporter und einen Panzer dabei. Der Panzer stand auf der anderen Seite des Platzes, und sein Rohr zeigte in unsere Richtung. Es war keine angenehme Vorstellung. Ich habe schon einmal einen Pistolenlauf auf mich gerichtet gesehen, und das war unerfreulich genug. In der Zielrichtung einer Panzerkanone hatte ich noch nie gestanden. Daß der Panzer auf uns zielte, war allerdings wohl der Grund, daß die Italiener, die sich auf dem Platz versammelt hatten, auch auf dem Platz blieben.

Ich hielt es für das beste, mich eine Weile nicht von der Stelle zu rühren. Von der Mauer, wo ich mich hatte hinstellen müssen, hatte ich einen ganz passablen Ausblick auf das Geschehen; allerdings konnte ich nicht sehen, was die etwa vierhundert Fans drinnen für Gesichter machten, als sie sich von der Theke, auf die sie eingeschlagen hatten, umdrehten und sich einem Obersten gegenübersahen, dem pflichteifrige Soldaten mit automatischen Schußwaffen zur Seite standen. Der Oberst ordnete die Räumung der Bar an, und weitere Soldaten rannten hinein – normal gehen konnten sie anscheinend nicht – und schoben alle Leute zu einer einzigen langen Reihe zusammen.

Mr. Wicks traf ein.

Ich hatte ihn erwartet. Er hatte in der ganzen Stadt nach einer kleinen Überraschung für uns gefahndet – die er nun auf dem Rücksitz seines Wagens ließ –, wußte aber über alles Bescheid. Er wußte, was nach dem Match passiert war; er wußte von den wütenden Italienern, die im Dunkeln warteten; er wußte, daß die Armee geholt worden war; und er wußte sogar, was am nächsten Morgen in den italienischen Zeitungen stehen würde – er hatte sie schon gesehen.

Mr. Wicks: ich hatte ihn und seinen Glauben an die Menschheit inzwischen liebgewonnen. Er hatte so große Hoffnungen in die Leute gesetzt, die heute morgen dem Flugzeug entstiegen waren. Und jetzt? Er war nicht aufgebracht oder wütend, er war resigniert.

»Ihr seid schon ein Haufen!« sagte Mr. Wicks kopfschüttelnd. »Diesmal habt ihr's wirklich geschafft.«

Der erste gepanzerte Personentransporter fuhr vor. Es war ein merkwürdig aussehendes Gefährt, ein Mittelding zwischen einem Traktor und einem Panzer aus dem Zweiten Weltkrieg, mit einem Tarnanstrich, bestimmt für den tropischen Regenwald. Eine Klapptür ging auf, ein kleines Ding an der Vorderseite, und ein Soldat sprang heraus. Auch er war einer von den Diensteifrigen, und sobald er Boden unter den Füßen hatte, sprintete er zu dem Obersten, der am Hoteleingang stand. Jetzt erst begriff ich, wozu diese seltsamen Kampffahrzeuge nötig waren. Nur wenige von den englischen Fans übernachteten in diesem einen Hotel. Die meisten wohnten anderswo, irgendwo jenseits der Platzes, das hieß, jenseits der im Dunkeln wartenden Italiener. Eine der ironischen Fügungen dieses Abends war deutlich geworden: die italienischen Behörden stellten eine bewaffnete Eskorte bereit, um dafür zu sorgen, daß die United-Fans in ihre Hotels gelangten, ohne von rachsüchtigen Einheimischen verstümmelt zu werden. Die italienische Armee war auf den Plan gerufen worden, um die Engländer, in Gruppen von je fünf in einen gepanzerten Personentransporter gestopft, sicher zu Bett zu bringen.

Es gab noch ein Problem: nur wenige von den Engländern wußten, wo sie untergebracht waren.

Auf ihre Weise hatte Jackie ihnen seit der Ankunft in Turin zu erklären versucht, wo sie wohnen würden. Der Oberst an ihrer Seite versicherte ihr, daß diesmal keiner entwischen könnte. Zufrieden legte Jackie die Papiere auf ihrem Klemmbrett zurecht und begann Namen zu verlesen – laut, deutlich und gebieterisch –, einen nach dem andern. Jeder, der aufgerufen wurde, mußte vortreten und wurde von zwei Soldaten zu einem der wartenden Personentransporter geschafft. Das erste Fahrzeug wurde vollgepackt und fuhr ab. Dann das zweite. Bis das dritte voll war, hatten die Fans wieder einmal den Sprechchor angestimmt, der zur Unzucht mit dem Papst aufrief, aber Jackie ließ sich nicht beirren. Endlich hatte sie das Heft in der Hand.

Mr. Wicks war inzwischen von seinem Wagen zurückgekehrt und hatte seine Überraschung mitgebracht. Es war Mr. Robert Boss.

Ich war enttäuscht. Ich hatte mich an den Gedanken gewöhnt, daß Bobby Boss nicht existierte, daß er eine Erfindung der Fans war, ein ausgeklügelter Trick, der es ihnen ermöglichte, Karten zu kaufen, Hotelzimmer zu buchen und sogar eine Reiseleiterin wie Jackie zu engagieren, damit sie in aller Ruhe tun konnten, was man ihnen hatte verbieten wollen.

Aber da war er nun, der Mann höchstpersönlich, eine unumstößliche Tatsache.

Er war klein und dicklich, schon etwas kahl und trug einen weißen Leinenanzug, der einem wesentlich schlankeren Mann gut gestanden hätte. Obwohl es abends kühl geworden war, schwitzte Bobby Boss mächtig, und sein Anzug, der unter den Armen sehr eng war, klebte wie angeklatscht am Rükken. Kalter Schweiß stand ihm auf der Stirn, und seine Haut sah aus wie der Stoff von Synthetik-Unterhosen.

Mr. Wicks hatte Detektiv gespielt und Bobby Boss im teuersten Restaurant von Turin aufgespürt – schließlich mußte Mr. Boss ja von Geschäfts wegen Sinn für Qualität haben, hatte sich Mr. Wicks gedacht – und ihn weggeschleppt, bevor er seine Mahlzeit beenden konnte. Es war das erste Mal, erfuhr ich, daß Mr. Boss die Teilnehmer an einer seiner Pauschalreisen gesehen hatte. Es war nicht Bobby Boss' Absicht gewesen, sie kennenzulernen; nur seine Liebe zur Pasta hatte ihn in letzter Minute bewogen, die Reise mitzumachen. Diesen Entschluß bedauerte er jetzt. Bobby Boss sah nicht glücklich aus.

Alle, die da waren, wollten ihm Fragen stellen. Sie versuchten ihn für den Schaden, die Verletzungen und die peinlichen Situationen verantwortlich zu machen. Auch ich hätte ihm gern ein paar Fragen gestellt, beschloß aber, ihn lieber nach der Rückkehr anzurufen. In meinen Augen war Bobby Boss alles andere als ein Bösewicht: einfach ein Glücksritter des Unterschichtsports, ein Cowboy, der seinen Schnitt machen wollte, einer von den kleinen Halunken, die einem mehr Plätze verkaufen, als sie haben, mehr Geld in die Kasse bekommen wollen, als sie quittieren, ein Experte des kleinen Reibachs. Warum, wollte ich ihn fragen, hatte er den Leuten gesagt, es gebe Sitzplätze, wenn er nicht mal Karten für die Stehplätze hatte? Warum hatte er den United-Fans, die doch von den Spielen ausgeschlossen waren, eine Pauschalreise verkauft? Aber als ich dann anrief, kam nur ein Summton: kein Anschluß unter dieser Nummer. Ich erkundigte mich bei der Branchenauskunft. Ein Reisebüro Bobby Boss gab es nicht. Ich schlug im allgemeinen Telefonbuch unter Bobby Boss, B. Boss, Robert Boss und R. Boss nach und versuchte es mit allen eingetragenen Nummern. Bobby Boss, erkannte ich schließlich, hatte dichtgemacht und versuchte nun anderswo sein Glück.

Jackie kam ans Ende ihrer Liste, und der letzte Panzerwagen fuhr vor. Die Italiener auf dem Platz hatten die Geduld verloren; sie würden bald heimgehen. Der Oberst hatte seine Soldaten in Reih und Glied antreten lassen. Und Bobby Boss – mit hinten an den Schenkeln festklebenden Hosenbeinen – war in ein lebhaftes Gespräch mit Mr. Wicks vertieft. Ich weiß nicht, wie er es angestellt hatte, aber Bobby Boss hatte die Zweifel und Vorwürfe von sich abgelenkt. Er war schon wieder am Verkaufen: einen Preisnachlaß für eine Pauschalreise zur nächsten Weltmeisterschaft bot er Mr. Wicks an. Das Hotel wollte er gratis dazugeben. Bobby Boss bemühte sich redlich, Mr. Wicks für sich einzunehmen. Aber Mr. Wicks kaufte ihm nichts ab.

Am nächsten Morgen war Mick als erster auf dem Platz. Dort war man jetzt sicher – keine Soldaten mehr und keine Meute rachsüchtiger Italiener –, und die Erregung war merklich abgeflaut: der Morgen nach der Nacht vorher. Als ich ankam, hatte Mick den Pegel in einer Achtliterflasche Rotwein schon ein gutes Stück weit gesenkt. Solche Achtliterflaschen Wein – Methusalems, wie man sie nennt – habe ich seither öfter gesehen, aber damals kannte ich sie noch nicht. Es war ein riesiges, unhandliches Ding, aber, meinte Mick, sehr preiswert. Seine Zähigkeit konnte man nur bewundern; er mußte einen Magen von Stein haben.

Ich erkannte Clayton. Er hatte keine Kleidung zum Wechseln mitgenommen und rang immer noch mit derselben Hose, die nun bunt gefleckt war. Letzte Nacht hatte ich ihn nicht gesehen: weil er schon früh am Nachmittag hinübergewesen war, hatte er das Spiel versäumt und war heute morgen in einem Pappkarton aufgewacht.

Bis elf Uhr waren die meisten Fans wieder aufgetaucht, und obwohl der Rückflug für den frühen Nachmittag geplant war, wurde klar, daß der Tag nicht sehr viel anders verlaufen würde als der vorige. Das war eine Aussicht, die nur schwer vorstellbar war, aber tatsächlich hatten ja alle schon beim Aufstehen einen beträchtlichen Vorsprung gehabt. Die Alkoholmenge, die sie noch im Blutkreislauf hatten, *bevor* sie weitertranken, war beträchtlich: die wenigen Stunden Schlaf hatten die gestern geleistete Arbeit nicht zunichte machen können, und bis sie zum Flughafen kamen, waren die Fans – von neuem – spektakulär besoffen. Sie plumpsten aus den Bussen heraus, stolperten übereinander, grölten laut und erstürmten im Zickzack das Flughafengelände.

Ich war müde. Ich hatte genug gesehen. Aber mir blieb keine Wahl; ich sollte noch mehr sehen.

Als wir endlich wieder aus dem Gebäude herauskamen, fiel

einer von den Fans um. Er hatte gerade den Bus erreicht, der uns zur Maschine bringen sollte, als er zuerst auf die Knie und dann bewußtlos vornüberfiel. Die Versuchung, ihn zurückzulassen, muß groß gewesen sein. Es schien nicht ratsam, ihn in diesem Zustand mitfliegen zu lassen: unweigerlich würde ihm schlecht werden; vielleicht war er ernstlich krank. Aber noch gefährlicher war es, ihn zurückzulassen. Vier Soldaten hoben ihn hoch und packten ihn in den Bus.

Inzwischen hatte Mick angefangen, verrückt zu spielen. Was aus seiner Achtliterflasche Rotwein geworden war, weiß ich nicht; ich fürchte, er hatte sie ausgetrunken. Inzwischen war er zu Lagerbier übergegangen, aus Dosen von gewöhnlichem Format.

Sobald er im Freien war, hatte Mick sich gedacht, es wäre lustig, einmal über die Rollbahn zu flitzen. Er sprintete – ein an und für sich schon sehenswerter Anblick – auf das offene Gelände um die Landebahn hinaus, und der ganze Flughafen geriet in Aufregung. Jemand brüllte etwas auf italienisch, und zehn oder zwölf Soldaten rannten über den Asphalt hinter einem sehr großen englischen Fußballfan her, der sich in einem Zustand gefährlicher Intoxikation befand. Kurz vor der Rollbahn machte Mick halt und wartete auf die Soldaten, grinste und johlte und zeigte mit dem Finger auf sie. Er dachte, es würde noch lustiger, wenn er die Soldaten erst einmal herankommen ließe und dann in eine andere Richtung davonrannte. Noch mehr Aufregung, noch mehr Gebrüll, während Mick – von unserem Standpunkt am Flughafengebäude aus gesehen ein großer Fleck in der Ferne – im Kreis herumrannte, hektisch verfolgt von den kleineren Flecken in Uniform. Später, nach unserer Rückkehr, schickte Mick mir ein Päckchen Fotos, die jemand nach seiner Festnahme durch die Soldaten aufgenommen hatte. »Ich kann mich an nichts davon mehr erinnern«, schrieb er. »Ist das nicht komisch?«

Im nachhinein ist mir klar, daß mehr Leute zum Rückflug gekommen waren als erwartet. Ich hatte manche der Neunjährigen vom Vorabend wiedererkannt und konnte mich nicht erinnern, daß sie schon in der Maschine aus London gewesen waren. Ich hatte Roy gesehen, von dem ich wußte, daß er nicht mit dieser Maschine gekommen war. Aber ich dachte mir nicht viel dabei. Ich hatte andere Sorgen.

Die erste war, meinen Paß wiederzubekommen. Einer der jüngeren Fans hatte ihn verständnislos angeschaut, als er ihm unerklärlicherweise ausgehändigt wurde, zusammen mit seinem eigenen britischen Paß. Der Grund, warum er in seinen statt in meinen Besitz gelangte, war das heillose Durcheinander bei der Paßkontrolle.

Sobald die Fans aus den Bussen gestiegen und ins Flughafengebäude gelangt waren, marschierten sie alle schnurstracks auf die Abfertigung für Auslandsflüge los. Sie schwankten und torkelten und konnten kaum mehr geradeaus gehen, waren aber dennoch so zielstrebig, daß ich dachte, der Abflug müsse kurz bevorstehen. Das war freilich unwahrscheinlich: wir waren früh dran, und außerdem war es ein Charterflug – warum also diese Eile? Rufe, die zur Ordnung ermahnten, wurden nicht beachtet. Ich hörte, wie Mr. Wicks' Stimme das Getöse übertönte und wie er uns aufforderte, eine Schlange zu bilden. Zwei Beamte erledigten die Paßkontrolle für Auslandsflüge, und normalerweise ging ein Passagier nach dem andern zwischen den beiden Schaltern durch. Die Fans gingen durch, aber nicht einzeln, sondern in Rudeln zu etwa zwanzig. Turin hat nicht viel Flugverkehr, und vielleicht hatten es die beiden Beamten noch nie mit einer solchen Menge zu tun gehabt. Es gab ein fürchterliches Gedränge, Leute zwängten sich auf den Seiten durch und wurden gegeneinandergequetscht. Ich sah jüngere Fans auf Händen und Knien am Boden kriechen, und einer schlüpfte unter einem Schalterfenster durch.

Sobald sie die Paßkontrolle überwunden hatten, ging der Sturm weiter: die Meute eilte sofort zum Flugsteig. Das Personal, das dort für Monarch Airways die Bordkarten einsammelte, war weniger geschützt als die Beamten bei der Paßkontrolle, die sich wenigstens hinter ihrem Schalter verstecken konnten.

Als nächste kam die Stewardess dran, die in der Tür des Flugzeugs stand.

Erst als ich nach meinem Platz suchte – mutmaßlich war ich einer der ganz wenigen Passagiere, die noch nüchtern genug waren, um die Nummer auf der Bordkarte mit der über dem Sitz angebrachten zu vergleichen –, begriff ich, was geschehen war. Es war nicht einfach so, daß sich die englischen Fans wieder einmal betrunken und ungebärdig aufgeführt hatten. Betrunkenheit und Ungebärdigkeit hatten einem Zweck gedient: jetzt hatte ich gesehen, was es hieß, »on the jib« zu sein.

Ich griff unter den Sitz, um meine Tasche zu verstauen, und stellte fest, daß kein Platz für sie war. Da lagen schon zwei Füße. Die zwei Füße gehörten zu zwei Beinen, die sich wiederum, als ich mich etwas tiefer hinabbeugte, als einem normalen menschlichen Körper zugehörig erwiesen, an dessen entferntem Ende sich ein Gesicht befand, ein bekanntes, das mir mit dem Zeigefinger an den Lippen zu verstehen gab, ich solle nichts sagen.

Ich sah mich im Flugzeug um. Es war ausnahmsweise still geworden: nicht, wie ich alsbald erkannte, weil die Maschine gleich abheben würde, sondern weil sie voller blinder Passagiere abheben würde, die allesamt eingezwängt unter den Fenstersitzen lagen. Ich wußte nicht, wie viele es waren. Ich fing an, sie zu zählen, und kam bis zehn, und dann merkte ich, wer neben mir saß.

Es war Roy, in elegantem hellblauem Baumwollanzug mit weißer Weste, italienischen Leinenschuhen und einem Diamantring am Ohr. Nachher fiel mir ein, daß ich ihn hätte fragen sollen, wie er mit in die Maschine gekommen war – ob er es geschafft hatte, auch den Mercedes an Bord zu bringen? –, aber ich war so verblüfft, daß er neben mir saß, daß mir gar nichts einfiel, was ich hätte sagen können. Während des ganzen Fluges fiel mir nichts ein. Anscheinend hatte ich nun eine

Glückssträhne, und Roy, der mich zuerst nicht mal hatte ansehen wollen, war nun auch, wie ich später erfuhr, zu der Überzeugung gelangt, ich sei gar kein so übler Typ. Auch bei ihm galt ich nun als »netter Opa«.

In der Maschine spielte sich inzwischen Merkwürdiges ab. Die Stewardessen servierten nichts zu essen oder zu trinken; sie weigerten sich, den Mittelgang entlangzugehen: die letzte, die es versucht hatte, litt immer noch unter den Folgen eines Ringkampfs, den sie mit Mick hatte austragen müssen, der nun zu Wodka übergegangen war, direkt aus einer großen, zollfrei gekauften Zweiliterflasche. Der Ringkampf hatte damit geendet, daß die Stewardess plötzlich hinter einem der Sitze verschwand, während ihre Füße über der Kopfstütze wild in der Luft strampelten.

Verwirrung herrschte auch deshalb, weil so viele Passagiere an Bord waren. Nachdem die Maschine einmal ihre Flughöhe erreicht hatte, verschwanden die Füße unter meinem Sitz, und der junge Mann, dem sie gehörten, suchte nach einem Platz zum Sitzen. Und er war nicht der einzige. Er erklärte mir, weil er und seine Freunde nicht wußten, wie sie anders nach England zurückkommen sollten, hätten sie beschlossen, mit uns zu fliegen. Obwohl sie weder Tickets noch Bordkarten hatten, war es ihnen gelungen, sich an Bord zu schleichen; aber dann hatten sie gemerkt, daß die Maschine voll ausgebucht war, und sich unter den Sitzen verstecken müssen. Gewiß hatten sie das recht geschickt angestellt, aber es erweckte in mir doch Zweifel in bezug auf die Maßnahmen, mit denen man Flugzeugentführungen vorzubeugen versucht. Ich kam nicht dazu, diese Zweifel zu äußern, denn inzwischen machte Roy einigen Wirbel. Er hatte die eine seiner Hosentaschen geleert. Darin waren drei Dinge gewesen: ein großes Bündel Zwanzigpfundnoten; ein Schlüsselring mit einem kleinen silbernen Messer dran (hatte er den Mercedes tatsächlich an Bord?); und ein brauner Umschlag, aus dem Roy nach und nach ein großes Quantum eines weißen Pulvers zum Vorschein brachte. Viele hatten sich um ihn versammelt, und Roy gab ihnen, großzügig, wie er war, etwas von seinem weißen Pulver ab, indem er es rasch in einer eng zusammengerollten Zwanzigpfundnote verschwinden ließ.

Als die Maschine zur Landung ansetzte, gab es ein anderes Problem. Niemand aus der Gruppe der eigenwilligen Zehn hatte Lust, sich wieder unter die Sitze zu klemmen, und darum wanderten nun viele Leute in sorgloser Mißachtung der internationalen Flugsicherheitsvorschriften im Gang hin und her. Einer, der nicht im Gang herumlief, war Mick. Und der Grund war der, daß er mitten im Gang auf dem Boden lag. Von seiner zollfreien Flasche Wodka hatte er sich getrennt, denn er mußte sich ausgiebig erbrechen.

Also war sein Magen doch nicht von Stein.

Gegen acht Uhr abends war ich wieder in London; ich fühlte mich müde, verkommen und gemein. Ich war schlecht gelaunt und verkatert, und lauter Bilder aus der letzten Nacht gingen mir im Kopf herum. Ich hatte es eilig, nach Hause zu kommen.

Die Rolltreppe in der U-Bahn-Station Marble Arch funktionierte nicht. Mein Zug ging in wenigen Minuten. Ich rannte die Treppe hinunter, eine lange, steile Treppe. Ein alter Mann und eine alte Frau gingen vor mir. Die Frau half dem Mann. Sie hatten Schwierigkeiten, die Stufen zu bewältigen, und nahmen immer behutsam eine nach der andern. Beide hatten Stöcke. Aber zusammen nahmen sie die ganze Breite der Treppe ein. Ich hatte es eilig. Ich murmelte halblaut: »Nun machen Sie schon!« Aber wacklig und bedächtig nahmen sie weiterhin Stufe für Stufe. Ich sagte noch mal: »Machen Sie schon!« Und dann brannte eine Sicherung bei mir durch, und ich schob sie gewaltsam mit der flachen Hand beiseite. Ich stürmte vorbei und drehte mich zu ihnen um.

»Verpißt euch!« sagte ich. »Verpißt euch, ihr alten Fotzen!«

Juventus gewann dann auch das Endspiel im Wettbewerb der

Pokalsieger in Basel, zwei zu eins gegen den FC Porto. In der nächsten Saison spielte Juventus um den Europapokal der Landesmeister. In der ersten Runde gewannen die Turiner mit sechs zu null gegen die finnische Mannschaft von Ilves-Kissat. Sie gewannen auch die zweite Runde, und im Viertelfinale spielten sie gegen Sparta Prag: wieder ein Sieg für Juventus. Im Halbfinale war Bordeaux der Gegner. Erst im Endspiel traf Juventus wieder auf eine englische Mannschaft, zum erstenmal seit dem Gastspiel von Manchester United in Turin. Es war Liverpool, und gespielt wurde im Brüsseler Heysel-Stadion. Juventus gewann eins zu null; das Tor fiel durch einen Elfmeter. Vor Beginn des Spiels gab es neununddreißig Tote; sechshundert wurden verletzt.

SUNDERLAND

Inspektor R. McAllister von der Polizeiwache Wearside in Sunderland war gern bereit, mit mir über Massenkrawalle zu reden – dergleichen gehörte zu seinem Aufgabenbereich –, aber als er sah, daß ich Amerikaner war, war er mehr daran interessiert, etwas über das Verhalten beim Football in den Vereinigten Staaten zu erfahren.

»Irre ich mich, Mr. Buford«, fragte er, »oder trifft es zu, daß bei *jedem* amerikanischen Fußballmatch alle Leute einen Sitzplatz haben?« Er hatte gehört, dem sei so.

Ich bestätigte ihm, daß es zutraf.

»Ah so!« sagte Inspektor McAllister und dachte nach.

»Alle?« fragte er noch einmal.

»Alle«, sagte ich.

»Ah so!« sagte er und dachte weiter nach. Man sah ihm an, daß er versuchte, sich Roker Park – Sunderlands Fußballstadion – in tausenderlei Versionen vorzustellen – alle mit Sitzplätzen.

Noch eine Frage fiel ihm ein.

»Irre ich mich, Mr. Buford, oder trifft es zu, daß im amerikanischen Football die Spielzeit zwar nur sechzig Minuten beträgt, die Matchs selbst aber zwei oder sogar drei Stunden dauern können?«

Ich bestätigte ihm, daß dies zutraf.

»Ah so!« sagte er und dachte nach. Inspektor McAllister war nicht der Schnellsten einer, aber gründlich. Er wollte sichergehen, daß er alles richtig begriffen hatte.

»Und irre ich mich, Mr. Buford«, ermittelte er weiter, »oder trifft es zu, daß es keine Massenkrawalle gibt, obwohl die Matchs zwei oder sogar drei Stunden dauern können?«

Zu Massenkrawallen, bestätigte ich ihm, käme es äußerst selten.

Er schüttelte den Kopf. Es ging über seinen Horizont, und es war auch alles ein bißchen viel: Tausende von Sitzplätzen, ein gewalttätiges Spiel, das sich über mehrere Stunden erstreckt, und *keine* Ausschreitungen!

»Irre ich mich, Mr. Buford«, fragte er weiter, »oder trifft es zu, daß sich beim amerikanischen Football auch nur sehr wenige Polizisten im Stadion aufhalten?«

Sehr wenige, bestätigte ich.

»Und trotzdem«, fuhr Inspektor McAllister fort, »gibt es keine Krawalle?«

»Keine.«

»Keine?« wiederholte er, nicht geradezu ungläubig, aber doch so, daß man merkte, eine Art Beweis, vielleicht ein paar Statistiken, wäre ihm willkommen.

»Keine«, sagte ich.

Inspektor McAllister schüttelte den Kopf. Er sagte eine ganze Weile nichts. Er dachte nach.

MANCHESTER

Das Stretford End ... ist eine Art Akademie der Gewalt, wo die vielversprechenden jungen Fans die Kunst der Einschüchterung studieren können. In dieser Saison hat der Club ein Metallgitter zwischen den Fans und dem Spielfeld aufbauen lassen. Es ähnelt einem robusten, kostspieligen Käfig, wie ihn ein Zoo für die unentbehrlichen, zugleich aber auch ein wenig furchterregenden Tiere aufstellt. Die Folge war, daß die Stretforder Ränge noch exklusiver wurden und daß ihre Besucher nun eine Elite bilden.

Observer, 1. Dezember 1974

Am Wochenende nach dem Besuch in Turin fuhr ich mit der Bahn nach Manchester. Manchester United spielte zu Hause gegen West Ham, die Mannschaft aus Ost-London, und man hatte mich aufgefordert, doch zu kommen. Man hatte mich akzeptiert. Man hatte mich akzeptiert aus dem einfachen Grund, weil ich mit den Fans nach Italien geflogen und dabeigewesen war, als es dort »losging«. Ich hatte ein sehr eindrucksvolles Ereignis miterlebt, und wie die anderen Fans, die nach der Rückkehr ihren daheimgebliebenen Freunden von ihren Abenteuern erzählten, war ich nun einer der vom Glück Begünstigten, die von sich sagen konnten, daß sie dabeigewesen waren.

Man sagte mir, ich solle gegen zehn Uhr vormittags ins Brunswick kommen, einen Pub in Manchester in der Nähe der Piccadilly Station, wenn ich aber später käme, dann in Yates's Wine Lodge in der High Street. Gegen eins würden sich alle dort treffen.

Ich kam kurz vor Mittag an und traf im Brunswick noch ein paar Leute, von denen ich schon gehört hatte. Teapot war da, Berlin Red, der einäugige Billy und Doofie Donald. Doofie Donald war der, der auf dem Weg nach Turin nur bis Nizza gekommen war. Er zeigte mir einen Kanister CS-Gas. Er sagte, auf Reisen nehme er immer einen Kanister CS-Gas mit. Das betäubt sie, sagte er, und dann kannst du ihnen die Zähne rausnehmen, ohne daß sie sich wehren.

Ich traf einen Typ namens Richard, den ich von Turin kannte. Er sah gerade einen Umschlag mit Fotos durch, die er am Morgen bei Boots abgeholt hatte, umringt von vier oder fünf seiner Freunde. Sie waren zu Hause geblieben, Richard war nach Turin geflogen; allerdings war er geflogen, wie er mir später erzählte, ohne sich zuvor von seinem Chef freigeben zu lassen, und deshalb hatte er nun wahrscheinlich den Job verloren – Fließbandarbeit in einer Maschinenfabrik. Der Grund, warum er nur sagen konnte, daß er »wahrscheinlich« seinen Job verloren hatte, war der, daß er inzwischen, drei Tage später, noch nicht wieder hingegangen war. Aber im Augenblick war ihm das egal; er war jetzt eine Berühmtheit: er war in Italien gewesen, als es dort »losging«.

Einer von den Jungs zu sein, war für Richard das höchste. Er wurde ganz ernst und ein bißchen sentimental, als er davon sprach. Die Form seines Gesichts veränderte sich; es schien weicher und runder zu werden, und seine Augenbrauen legten sich in Falten vor Rührung. »Auf den Samstag«, sagte er, »freuen wir uns doch die ganze Woche lang. Das ist das, was in unserm Leben am meisten Sinn hat. Im Grunde eine Religion. So wichtig ist das für uns. Samstag ist unser Feiertag.«

Richard wollte mir erklären, was es bedeutete, ein Fan von Manchester United zu sein. Ich wußte zunächst nicht, warum – weil ich Amerikaner war und daher von diesen Dingen nichts wissen konnte, oder weil ich der Journalist war, der vielleicht das Bild geraderücken würde, oder weil ich das neueste Mitglied der Gruppe war? –, aber Richard war nicht der einzige, der sich in dieser Weise bemühte. Auch andere wollten sich mir unbedingt verständlich machen. Den ganzen Tag über hielten Leute mich an, um mir durch Beispiele, Definitionen und Kommentare zu erläutern, was es heiße, wenn man einer von den Jungs sei. Ich kann mich nicht erinnern, jemals anderswo Menschen getroffen zu haben, die so sehr um ihren Status besorgt waren und sich so sehr dafür interessierten, wie er von anderen aufgefaßt wurde. Sie waren beteiligt an einer exklusiven Angelegenheit – einem Club, einem Kult, einer Firma, einem kulturellen Phänomen, egal, wie man es nennen wollte –, und die Exklusivität war ihnen wichtig. Daß die Öffentlichkeit sich für sie interessierte, waren sie gewohnt, und im Umgang mit Fernseh- und Presseleuten hatten sie mehr Übung, als andere, und seien sie noch so medienkundig, zu erwerben je hoffen konnten. Es war eine perverse Idee, aber sie glaubten, an einem historischen Vorgang teilzunehmen, sie glaubten, Geschichte zu machen. Und jetzt, seit sie mir nicht mehr verheimlichen mußten, daß es ihnen um die Gewalt ging, seit sie nicht mehr den braven Fußballfan spielen mußten, hatten sie alle das Bedürfnis, sich darüber auszusprechen.

Sie brachten mich in eine peinliche Lage. Was sollte ich ihrer Meinung nach mit dem anfangen, was man mir erzählte? Bei der Vorstellung, vor allen Leuten Eintragungen in mein Notizbuch zu machen, war mir nicht wohl. Mir war klar, daß ich nicht gut ein Tonbandgerät aus der Tasche ziehen konnte, daß etwas so Aufdringliches das Vertrauen zerstören würde. Was erwartete man also von mir? War ich der Reporter, oder war ich ohne Hintergedanken in die Gruppe aufgenommen? Und wenn ich aufgenommen war, sollte ich dann klarstellen, daß ich über dieselben Personen schreiben würde, die jetzt so entgegenkommend zu mir waren? Im Rückblick erscheint mir diese Verwirrung, in der ich meiner Rolle plötzlich nicht mehr sicher war, als Symptom für die Wirkung einer solchen Gruppe – wie sie einen aufnimmt, Unterstützung gewährt und Loyalität erwartet –, und ich löste das Problem auf einfache Weise: ich wich ihm aus. Schließlich entschuldigte ich mich immer wieder und zog mich in die Toilette zurück, wo ich mich hinsetzen und alles, was man mir erzählt hatte, ungestört aufschreiben konnte. Man erzählte mir so viel an diesem Tag, daß ich ziemlich regelmäßig verschwinden – wie hätte ich das sonst alles behalten sollen? – und am Ende bekennen mußte, Probleme mit dem Magen zu haben.

Bei der Rückkehr von einem dieser Toilettenbesuche traf ich einen Burschen, der genau wie Keith Richards aussah. Die Ähnlichkeit war unheimlich. Obendrein sah er nicht aus wie Keith Richards zu irgendeiner Zeit, sondern während seiner schlimmsten Zeit: das gleiche lange, lederige, faltige Gesicht, die gleiche narkotisierte Lässigkeit, das Kettenrauchen, der Eindruck von Benommenheit und Erschöpfung infolge chronischer Selbstschädigung. Auch er war in Italien dabeigewesen, aber ich konnte mich nicht erinnern, ihn gesehen zu haben. Das kam daher, sagte er, daß er während des ganzen Spiels mit dem Kopf zwischen den Beinen am Fuß der Treppe gesessen und sich auf die Füße gekotzt hatte. Er zeigte mir seine Stiefel, auf denen immer noch die angetrockneten Spritzer der grauenhaften Dinge, die sich vormals in seinem Magen befunden hatten, festgebacken waren.

Es hätte sich ja auch überhaupt nicht gelohnt, meinte ich, die Schuhe zu putzen.

In irritierendem Maße war sich das Keith-Richard-Double über sich selbst im klaren. Er wußte, was ein Journalist sich von ihm erhoffen konnte, und er wußte, daß er dergleichen zu bieten hatte. Er arbeitete in einer Seifenpulverfabrik. »Der perfekte Typus eines Hooligans, nicht?« sagte er. »Macht die ganze Woche seinen öden Job und kann's kaum erwarten, daß er am Samstagnachmittag rauskommt.«

Ich nickte und lächelte etwas einfältig. Er hatte recht: die Unterprivilegierten und Benachteiligten und so weiter.

Er grinste. Es war eine tolle Grimasse – arrogant, beherrscht und gehässig. »Was glaubst du denn, was uns in Trab hält?« fragte er. »Wenn *wir*«, sagte er, ohne meine Antwort abzuwarten, »das nicht hier bei den Fußballspielen machten, würden wir's eben irgendwo anders machen. Dann würden wir's eben samstagnachts im Pub machen. Das steckt nun mal in uns, nicht?« Sein Gesicht zeigte eine nachdrückliche, aber etwas einstudiert wirkende Verachtung.

Was soll das sein? fragte ich. Was steckt in uns?

»Die Gewalttätigkeit«, sagte er. »Die steckt in uns allen. Sie braucht nur einen Anlaß. Sie braucht nur eine passende Gelegenheit, dann kommt sie raus. Kommt gar nicht drauf an, was es ist. Aber irgendwas. Das ist fast eine Entschuldigung. Aber sie muß raus. In jedem steckt so was drin.«

Keith Richard wurde von Robert unterbrochen. Robert war der, der in Turin mit dem Taxi aus Nizza angekommen war. Er war auch derjenige, der in Italien über mich verbreitet hatte, ich würde für die CIA arbeiten – daran sah man, wie groß die Gefahr für das internationale Gleichgewicht war, die von den United-Fans ausging. Inzwischen war Robert, wenn auch nur bis auf weiteres, zu der Ansicht gekommen, daß ich wohl doch nicht von der CIA sei – ganz sicher war er allerdings nicht –, und auf jeden Fall und davon unabhängig sei ich ein netter Opa.

Robert war ein großer, gutaussehender Ire, der nicht zu viele Dinge zu lange zu ernst nehmen konnte. Er hatte Keith Richard bei seinen Erklärungen über die Gewalt zugehört, und sie klangen ihm ein bißchen zu ernst. »Stimmt schon«, sagte er, »aber du mußt das auch mit Humor sehen. Ohne ein bißchen Humor kannst du das mit der Gewalt nicht machen.«

Die Zeit – ein Uhr – wurde ausgerufen, und wir beschlossen, alle zu Yates zu gehen. Sobald der Umzug angesagt war, leerte sich die volle Kneipe binnen Sekunden.

Unterwegs sprach ich mit Mark, dem Ingenieur von British Telecom, den ich auch in Italien getroffen hatte. Mark war zum Philosophieren aufgelegt. »Seit Jahren geh ich jetzt zu den Spielen«, sagte er, »und noch immer blick ich nicht so recht durch.« Er versuchte das Wesen der Sache zu ergründen.

»Für die meisten Jungs«, sagte Mark, »ist das doch alles, was sie haben.« Während wir aus der Tür traten, deutete er mit einer Kopfbewegung zu einer Gruppe Fans hin, deren gemeinsames Merkmal, wie ich zugeben muß, ein Gesichtsausdruck von unglaublicher und vielleicht sogar einmaliger Dummheit war.

»Die Woche über«, redete Mark weiter, »sind sie niemand, klar? Aber wenn sie dann zum Match kommen, dann wird alles anders. Dann fühlen sie sich als die großen Macker.« Unausgesprochen hieß das, daß Mark – mit seinem qualifizierten Job, den Aufstiegschancen, der Pensionskasse, mit seiner Frau und demnächst auch mit Kindern – anders war: er war jemand. Aber ob er das nun war oder nicht, das Erlebnis ging ihm darum nicht weniger unter die Haut. »Immer mal wieder«, sagte er, »passiert etwas Spektakuläres, sogar für mich, etwas, wonach du dich ganz anders fühlst. Das Juventus-Spiel war so was. Das erlebt man im ganzen Leben nur einmal.«

Er erzählte von Italien. »Weißt du noch, der Augenblick, als wir ins Stadion kamen? Alle haben sie angefangen, Sachen nach uns zu schmeißen – Flaschen, Dosen, Steine und was nicht noch alles. Ich hab eine Schramme an der Stirn, da hat ein Italiener mit einer Fahnenstange zugestoßen. Wir waren bloß zweihundert. Wir gegen die alle, und wir hatten keine Ahnung, was passieren würde. Lauter ganz verschiedene Gefühle. Angst, Wut, Aufregung. So was hab ich noch nie gespürt. Wir haben's alle gespürt, und jeder einzelne von uns weiß jetzt, wir haben etwas Wichtiges durchgemacht – etwas Handfestes. Nach so einem Erlebnis werden wir uns nicht wieder aufsplittern. Wir splittern uns nie mehr auf. Wir bleiben unser Leben lang Kumpels.

Die Typen werd ich nie vergessen. Sammy werd ich nie vergessen. Solang ich lebe, werd ich dankbar sein, daß ich von mir sagen kann, ich kenn ihn. Er ist unglaublich. Er hat einen sechsten Sinn, und der hilft ihm, daß er nie geschnappt wird, und irgendwie weiß er's immer, wenn's irgendwo richtig losgeht, und dann siehst du ihn da an der Front. Wenn Krieg wäre, dann wäre Sammy der Typ, der sich sämtliche Orden holt. Er wäre der Held. Ist doch komisch, oder? Wenn sie auch nur die Hälfte von dem wüßten, was der schon gemacht hat, könnten sie ihn für Jahre einlochen; wenn er aber das gleiche im Krieg machte, würdest du sein Bild in den Zeitungen sehen.«

Yates's Wine-Lodge war Pub und Café zugleich. Als wir reinkamen, stand ein Fan auf einem Tisch und sang »Manchester, la-la-la, Manchester, la-la-la«. Niemand sang mit; trotz seinem Getue blieb die Stimmung gedämpft.

Mark war immer noch am Erklären: »Verstehst du, was damit erreicht wird, ist folgendes: die Gewalttätigkeit bekommt einen Sinn. Wir sind dann wer. Denn das macht ja nicht jeder für sich selber. Wir machen es für etwas Größeres – für uns. Die Gewalttätigkeit ist für die Jungs.«

Mark gab eine Halbe für mich aus, aber wir blieben nicht lange bei Yates. Ich hatte mein Bier noch nicht ausgetrunken, als ich merkte, daß Leute zur Tür hinauszuströmen begannen.

Steve begrüßte mich. Mark hatte vielleicht darin recht, daß der Fußball dem Leben von Fans, das im übrigen leer war, Sinn geben konnte, aber bei vielen Fans war das Leben erstaunlich wohlgeordnet, zumindest finanziell: sie hatten Geld und konnten hoffen, noch zu mehr zu kommen. Zum Beispiel Steve. Mit seinen zweiundzwanzig Jahren hatte er schon einen Farbfernseher, eine teure Kamera, ein Auto, einen Lieferwagen, CD- und Stereo-Anlage. Er war verheiratet – mit einer Friseuse – und war dabei, sich den Kredit für den Kauf seiner ersten Wohnung zu besorgen. Er wohnte in einem der südlichen Garten-Vororte von London. Er war Elektriker, wie auch Mike, aber selbständig und schon vollauf informiert über den Rhythmus von Kassenbewegungen, über Steuertricks und die Taktiken, die nötig waren, um mit dem Mehrwertsteuer-Prüfer fertig zu werden. Er hatte über die meisten Dinge eine Meinung und verstand es, sie mit Bedacht zu äußern.

Auch Steve hatte mit in dem Kleinbus gesessen, der uns frühmorgens zum Flughafen von Manchester brachte. Ich war mit ihm schon eine ganze Weile zusammengewesen, und ich sollte ihn noch öfter sehen. Eine Zeitlang legte ich es sogar darauf an, viel mit Steve zusammenzusein, schon weil er intelligent und im Umgang angenehm war, sich gut ausdrücken konnte und weil ich immer glaubte, er könnte imstande sein, mir etwas darüber zu verraten, warum ausgerechnet einer wie er sich zu dergleichen Gewalttätigkeiten hingezogen fühlte. Wenn die *Daily Mail* einen Zweiundzwanzigjährigen aus der Arbeiterschicht hätte vorführen wollen, dessen Leben in geregelten Bahnen verlief, hätte sie Steve nehmen können.

Schon seine Ausdrucksweise war eigenartig. Ich erwähnte Sammy, und Steve sagte: »Ach ja, Sammy! Ich und Sammy, wir haben schon einiges mitgemacht.« Ich erwähnte Roy, und Steve sagte: »Ach, Roy! Roy kenn ich schon seit Jahren.« Steve war zweiundzwanzig, aber diese Sätze klangen, als stammten sie von einem alten Mann; sie hätten von Steves Vater sein können. Und so, wie er über Ausschreitungen sprach, hätte er auch über die Marketingprobleme einer kleinen Firma reden können. »Wir haben hier eine der besten Firmen im ganzen Land – wenn du mit deiner Untersuchung weitermachst, wirst du sehn, daß nur sehr wenige Clubs jeden Samstag soviel Rückhalt haben wie Manchester United –, und als wir das letztemal in London gegen West Ham gespielt haben, da haben unsere Jungs drei U-Bahn-Züge gefüllt. Es müssen zweitausend Leute gewesen sein. Aus dem ganzen Land waren zweitausend Leute bloß zu dem Zweck nach London gekommen, West Ham niederzumachen. Das sind sehr hohe Zahlen. Aber dann ist gar nichts passiert.«

Für diese letzte Begegnung mit West Ham waren umfängliche Vorbereitungen getroffen worden: man hatte Busse gemietet, komplizierte Umwege in die Stadt ausgetüftelt, um der Polizei aus dem Weg zu gehen, die Ankunftszeiten gestaffelt, damit nicht alle auf einmal da waren. »Unser Problem ist die Führung«, sagte Steve. »Wir haben zu viele Anführer, was darauf hinausläuft, daß wir überhaupt keine haben. Immer werden wir zerstreut oder lassen uns aufsplittern. West Ham hat Bill Gardiner – den kenn ich, so weit ich zurückdenken kann –, und du wirst ihn heute auch noch sehn. Er ist immer der erste vorn, mit seinen Adjutanten rechts und links und alle andern dahinter. Was er sagt, wird gemacht. Er ist der General. Selber schlägt er sich kaum noch – wenn's losgeht, verzieht er sich meistens und verschwindet in der Menge, denn er kann sich's nicht leisten, verhaftet zu werden.«

Führungs- und Organisationsprobleme, »hohe Zahlen«, eine hierarchische Befehlsstruktur: die technokratische Ausdrucksweise konnte die Tatsache nicht verbergen, daß Steve von öffentlichen Unruhen sprach, an denen mehrere tausend Menschen beteiligt waren. Ab und zu warf ich ein »Warum?« oder »Wie?« ein, aber dann sagte Steve einfach etwas wie »das liegt in der menschlichen Natur, glaub ich«, oder »weiß auch nicht, hab ich noch nie drüber nachgedacht«, und dann ging er gleich wieder zur Beschreibung eines aktuellen taktischen Problems über. Und dazu hatte er sehr durchdachte Ansichten.

Er klagte hauptsächlich über die Behörden, die sich um Ausschreitungen bei Fußballspielen am besten nicht kümmern sollten, denn sie gingen ja aus einer kohärent strukturierten Organisation hervor. Die Mitglieder jeder »Firma« kannten die Mitglieder aller anderen Firmen – ohne eine Sekunde zu zögern, konnte Steve auch die Anführer bei Chelsea, Tottenham, Arsenal, Millwall und Nottingham Forest benennen –, und in einer idealen Welt sollte man sie einfach ohne unnötige Behinderung aufeinander losgehen lassen: »Wir wissen, wer sie sind; sie wissen, wer wir sind. Wir wissen, daß sie's wollen, und wir wollen's auch.« Es ging um Freiheit und Verantwortung: die Freiheit, einander so viele Verletzungen zuzufügen, wie sie hinzunehmen bereit waren, und die Verantwortung dafür, daß Unbeteiligte nicht hineinverwickelt wurden. Mit einigem Stolz erzählte Steve von einer Schlägerei auf den Rängen, die er mit angesehen hatte: der Kampf war unterbrochen worden, um eine Frau mit Kind durchzulassen, und wurde dann prompt fortgesetzt.

An den meisten unangenehmen Erscheinungen in letzter Zeit war nach Steves Meinung die Polizei schuld. »Die Polizei ist inzwischen so gut«, sagte er, »daß wir mehr unter Druck stehen als früher. Wir haben einfach nicht mehr soviel Zeit. Sobald irgendwo eine Schlägerei losgeht, sind wir sofort von Hunden und Pferden umringt. Darum haben alle Leute nun angefangen, Messer zu gebrauchen. Vermutlich klingt es verrückt, aber weil die Polizeibewachung so gut geworden ist, sind wir nun gezwungen, in der kürzestmöglichen Zeit den größtmöglichen Schaden anzurichten, und für Verletzungen auf die Schnelle ist das Messer am wirksamsten. Tatsächlich haben diese Messerstechereien – weil man so wenig Zeit hat – inzwischen allerhand symbolischen Wert. Wenn jemand Messerstiche abkriegt, läuft das auf einen großen Sieg für die Seite raus, von der die Stiche gekommen sind. Wenn die Bewachung nicht so gut wäre, würden die Messerstechereien bestimmt aufhören.«

Yates's Wine-Lodge leerte sich. Steve meinte, wir müßten jetzt losziehen, und ich verließ mit ihm das Lokal. Die Unterhaltung mit Steve war kurios: alles war genau so, wie es nicht sein sollte. Die Polizei war schlecht, weil sie so gut war. Messerstiche waren gut, weil sie soviel Schaden anrichten konnten. Die Gewalttätigkeit war gut, weil sie richtig organisiert war. An Massenausschreitungen waren nicht diejenigen schuld, die sie verursachten, sondern diejenigen, die die andern daran hinderten. Diese Thesen waren an und für sich schon eigenartig genug. Was sie noch ungewöhnlicher machte, war die Art, wie Steve sie vertrat. Er redete vernünftig und gewandt und hatte über die Probleme viel nachgedacht, allerdings nicht über deren Auswirkungen – daß dies im höchsten Grade sozial abweichendes Verhalten war, bei dem es zu Verletzungen, Verstümmelungen und Sachbeschädigungen kam. Ich glaube nicht, daß ihm diese Auswirkungen klar waren; ich glaube nicht, daß er sie als zutreffend anerkannt hätte.

Alle verließen nun die Kneipe und machten sich auf den Weg zur High Street. Etwa tausend Leute waren dort, die ganz »zwanglos« herumschlenderten, die Hände in den Taschen und die Blicke gesenkt. Es kam darauf an, sich so zu geben, als gehörte man *nicht* zu einer Menschenmenge, sondern befände sich rein zufällig gerade auf der High Street – zur gleichen Zeit wie tausend andere, die ebenfalls rein zufällig dort herumliefen.

Der nächste Zug aus London mußte um 13 Uhr 42 ankommen, in ein paar Minuten, und man wußte, daß die Firma West Ham mit ihm eintreffen würde. Die Firma Manchester United gedachte die Gäste abzuholen und hatte einen Plan. Von Yates's Wine-Lodge führt die High Street direkt zur Rampe der Piccadilly Station, und zur verabredeten Zeit sollten alle die Rampe hinaufstürmen, in die Bahnhofshalle einfallen und die West-Ham-Fans angreifen, wenn sie gerade vom Bahnsteig kämen. Ich fand den Plan unsinnig, aber, wenn er sich ausführen ließe, spektakulär – in dem Sinne, daß ein außergewöhnliches Spektakel die Folge sein konnte. Ich versuchte mich zu erinnern, wie der Bahnhof aussah. Als ich am Vormittag dort angekommen war, hatte ich zwar Polizisten gesehen, aber nicht so viele, daß sie tausend Fans hätten aufhalten können, die mit ihrer ganzen auf dem Marsch durch die High Street angesammelten und gesteigerten Stoßkraft durch den Eingang preschten. Und so hatte man es mir erklärt: Alle würden in rasendem Tempo die Rampe hinaufstürmen. Ich erinnerte mich an die blanken Fußböden – ich hatte jemanden aufwischen sehen – und stellte mir die Schlägerei vor, die dort ausbrechen sollte. Aus irgendeinem Grund dachte ich plötzlich an Blut. Es war dunkelrotes Blut, das eine zähflüssige Lache bildete und sich gallertartig wabbelnd auf dem blitzendweißen Boden ausbreitete. Die Vorstellung ging mir nicht aus dem Kopf.

Ich fand den Plan schon beim bloßen Drandenken atemberaubend – ganz buchstäblich insofern, als mir daran, wie ich nun atmete, klar wurde, was ich für eine Angst hatte –, aber ich fand ihn auch spannend. Das wollte ich nicht versäumen. Ich wollte möglichst weit vorn dabeisein. Ich wollte diese Sache voll miterleben.

Ein Polizeiwagen fuhr heran, hielt und fuhr wieder weg. Ich war mir sicher, daß der Polizist wußte, was vorging, und wunderte mich, warum er nicht dablieb. Sonst ließen sich keine Polizisten blicken.

Noch eine Minute verging. Nichts passierte. Die Straße war voller Leute, die vom Samstagseinkauf kamen – Familien, ältere Frauen mit Tragetaschen von Sainsbury –, aber niemand von ihnen wußte, was sich da um sie her anbahnte.

Noch eine Minute, und dann liefen die Fans mitten auf die Straße. Immer noch gaben sie sich betont lässig, aber diese Attitüde ließ sich nun nicht mehr aufrechterhalten. Aus den zusammenlaufenden Grüppchen bildete sich eine Menge, die jetzt, weil sie die Mitte der High Street einnahm, störend ins Auge fiel. Sie hatte einem Bus die Fahrbahn versperrt, und der nachfolgende Verkehr begann sich zu stauen. Jemand hupte.

Ich befand mich in der Mitte des Haufens, was nicht meiner Absicht entsprach, und versuchte mich zur Spitze vorzuarbeiten, kam aber zu spät. Die Menge geriet in Bewegung, marschierte in Richtung Bahnhof, gemessenen Schritts, ohne Hast, in geruhsamem Tempo. Man merkte ihnen allen an, wie zuversichtlich sie waren, daß sie glaubten, das Ding nun wirklich durchziehen zu können. Das Tempo nahm ganz allmählich zu. Es wurde ein wenig schneller. Jemand fing an zu skandieren: »Kill, kill, kill«, zuerst nur im Flüsterton, als habe er doch Bedenken. Dann fielen die anderen ein. Das Tempo beschleunigte sich zu einem Laufschritt, dann zu einem schnelleren Trab, und dann rannte die Gruppe.

Eine alte Frau wurde umgerissen, und der Inhalt von zwei Tragetaschen mit Lebensmitteln ergoß sich auf das Pflaster. Noch immer waren keine Polizisten zu sehen.

Auf halbem Weg die Rampe hinauf erreichte die Gruppe ihre volle Geschwindigkeit: tausend Menschen, die aus Leibeskräften rannten und dabei laut skandierten: »KILL, KILL, KILL.« Ich versuchte abzuschätzen, was nun bevorstand. Der Zug aus London mußte inzwischen angekommen sein, wenn er pünktlich war – aber es war ja auch möglich, daß er Verspätung hatte, und dann würden wir durch die Eingangstüren in die Halle stürmen und drinnen niemanden vorfinden. *Wenn* er aber pünktlich war, dann würden die West-Ham-Fans jetzt gerade die Sperre verlassen und sich in die Haupthalle begeben – mit dem blitzenden Fußboden, auf dem ich immer noch eine dicke Lache gerinnenden Blutes vor mir sah.

Ich konnte nicht erkennen, wer an der Spitze der Gruppe lief oder was ganz vorn los war. Auf allen Seiten waren Leute, und ich kam nicht an ihnen vorbei, aber wir können nur noch ein paar Meter vor dem Eingang gewesen sein. Die schaffen es, dachte ich. Gleich mußte es passieren. Nur noch ein paar Sekunden.

Und dann war plötzlich etwas schiefgegangen. Ich prallte gegen meinen Vordermann, stieß mit der Nase gegen ihn. Er war stehengeblieben, hatte sich schnell, wie in einem Zeichentrickfilm, umgedreht, wobei sich die Beine schon in die Gegenrichtung bewegten, während der Oberkörper vom Schwung des Laufs noch vorwärtsgetragen wurde. In seinem Gesicht stand das helle Entsetzen, er fuchtelte mit den Händen in der Luft, griff nach allem und jedem, nach mir, dem Mann neben mir, dem Geländer. In seinen Augen spiegelte sich die nackte Angst. Er versuchte wie gehetzt die Rampe wieder hinunterzukommen. Dasselbe versuchten auch die andern. Ich wurde durch den Druck der Leute vor mir herumgedreht und mußte mich darauf konzentrieren, nicht zu stürzen. Ich wußte nicht, was passiert war; ich konnte auch kaum darüber nachdenken, so eilig hatten wir's. Jemand kreischte: »Hund! Hund! Hund!« Das verstand ich überhaupt nicht. Eben hatten sie noch »kill, kill, kill« gerufen; jetzt schrien sie »Hund! Hund! Hund!« Erst als ich am Fuß der Rampe anlangte, begriff ich.

Die Polizei hatte die ganze Zeit gewußt, was geschehen würde, und einfach abgewartet. Sie hatte den Moment präzise vorausgesehen und hinter dem Bahnhofseingang zwei Hundeführer postiert. Als die ersten Fans die Türen aufstießen, müssen sie von zwei kräftigen Schäferhunden empfangen worden sein, die ihnen an die Kehle wollten. Die zwei Hundeführer – sonst waren keine Polizisten da – hatten einen grölenden Mob von tausend Menschen zurückgeschlagen, die es auf einen Krawall angelegt hatten.

Dann kamen die Hundeführer die Rampe heruntergerannt. Einer der Flüchtenden stürzte, und der Führer ließ den Hund auf ihn los. Der Hund schnappte nach einem Arm und biß zu. Ich erkannte den Hundeführer, einen großen Mann mit Prophetenbart, den ich schon bei früheren Besuchen in Manchester gesehen hatte. Dies war seine Nummer, und er hatte viel Übung. Er riß den Hund von dem Fan weg und nahm sich den nächsten vor, der am Boden lag, und der Hund durfte sich einmal auf ihn stürzen und ihn geräuschvoll am Ärmel zerren. Dann wurde er wieder weggezerrt.

Die Menge hatte sich aufgelöst und in alle Richtungen zerstreut. Andere Polizisten kamen, aber es waren nicht viele. Dies war die Show der Hundeführer. Ich rannte, so schnell ich konnte, mit dem festen Vorsatz, da nicht hineinzugeraten, und darum versäumte ich das Erscheinen der West-Ham-Fans. Ich sah sie erst, als sie schon den Fuß der Rampe erreicht hatten.

Sie waren etwa fünfhundert. Die Rampe kamen sie in drei Kolonnen herunter. Sobald sie auf der High Street waren, hielten sie an, immer noch in Formation. An der Spitze war ein großer, breitschultriger Mann Mitte Dreißig: Bill Gardiner. Er blieb stehen, die Füße leicht gespreizt, kreuzte die Arme vor der Brust und wartete. Neben ihm standen seine Adjutanten, in der gleichen Haltung, und warteten auch. Alle waren ähnlich gekleidet: Jeans, offene Lederjacken, T-Shirts. Viele hatten die gleiche Narbe im Gesicht: einen gezackten Haken auf der Wange, die Narbe von einem Messerstich.

Es kamen keine Leute mehr vom Einkaufen, und es gab auch keinen Verkehr, und die West-Ham-Fans blieben in der Mitte der High Street stehen und warteten. Leute fingen an, mit Steinen und Flaschen zu werfen – sie flogen in hohem Bogen durch die Luft, kamen aus den verschiedenen Ecken und Winkeln, in die sich die United-Fans verzogen hatten, und Glas zersplitterte vor den Füßen der Leute an der Spitze. Niemand zuckte auch nur zusammen. So blieben sie stehen, bis die Polizei alle United-Fans vertrieben hatte.

Und dann war alles vorbei. Berittene Polizisten kamen und eskortierten die West-Ham-Fans zum Stadion, und das war's für heute. Aber nach den Regeln in diesem Spiel hatte West Ham die Fans von Manchester United gedemütigt. Die Sprache, in der dies ausgedrückt wurde, war wie gewöhnlich voller militärischer Metaphern: Die Firma aus Ost-London war in die Stadt Manchester eingedrungen und hatte sie erobert. Die West-Ham-Fans hatten demonstriert, daß sie sich in Manchester sämtliche Freiheiten herausnehmen konnten. Sie waren in die Stadt marschiert, als ob sie ihnen gehörte.

Ich ging mit den United-Fans zum Old Trafford. Man machte sich Vorwürfe.

»Wir sind gedemütigt worden«, sagte einer. »Wenn sie wieder in London sind, werden sie über uns lachen.«

»Die verdammten Idioten«, sagte ein anderer. »Warum mußten die auch unbedingt mit ihren Sprechchören anfangen, als sie die Rampe raufkamen?«

»Sonst hätten wir sie gekriegt.«

»Die hätten wir kriegen müssen.«

»Aber habt ihr nicht gesehn, wie die auf uns gewartet haben?« sagte jemand, und er meinte den ziemlich majestätischen Augenblick, als Bill Gardiner, flankiert von seinen Truppen, seinen Platz behauptet hatte. »Sie haben drauf gewartet, daß wir angreifen. Aber keiner hat sich getraut. Keiner war zur Stelle.«

»So was passiert uns im Ausland nicht. Da zeigen wir, aus welchem Holz wir sind.«

»In Italien ist das nicht passiert.«

»In Luxemburg ist das nicht passiert.«

»In Spanien, da hätten's vierzig von uns mit fünfzehnhundert von den Schweinen aufgenommen.«

»Warum verdammt noch mal schaffen wir das nicht? Was ist los mit uns?«

Den ganzen Tag über gab es noch kleine Geplänkel – vor dem Stadion kurz vor dem Spiel und kurz danach. Eine Straßenbahn fährt vom Old Trafford zur Piccadilly Station, und die West-Ham-Fans wurden von der Polizei dorthin verfrachtet. Sammy, der wußte, daß dies so üblich war, hatte hundert Mann von seinen »Truppen« zu einer der Haltestellen geführt. Er kam die Stufen zur Haltestelle heruntergestürmt, seine Jungs hinterdrein, bis die ganze Treppe voll war und ihr Gesang, »Manchester, la-la-la-, Manchester, la-la-la«, laut widerhallte. Als die Bahn näher kam, rannte Sammy hin und riß die Türen auf. Dann trat er einen Schritt zurück. Die Station war erfüllt von dröhnendem Lärm. Es waren nicht viele Polizisten da, nur zwei oder drei, die drinnen im Wagen eingezwängt waren und nicht hinauskonnten.

»Kommt schon!« rief Sammy, als er vor der Tür stand und darauf wartete, daß die Fans hinter ihm die Treppe herunterkämen.

»Kommt schon! Wir haben sie erwischt.«

Nur kamen sie nicht. Sammy drehte sich wütend um; er konnte es nicht fassen, daß er allein auf dem Bahnsteig stand: »Auf was wartet ihr?« Die Türen schlossen sich, und die Bahn fuhr ab.

Der Moment war gekommen und schon wieder vorbei. Er hatte nicht viel zu bedeuten, außer für mich, und auch das nur in einer Hinsicht. Kurz bevor die Straßenbahn heranfuhr, hatte Sammy sich umgedreht und die Leute, die er mitgebracht hatte, gemustert. Er zählte die Köpfe, Mann für Mann, wobei er jedem einzelnen ins Gesicht sah. Ich wurde mitgezählt. Sammy schüttelte den Kopf und fluchte; er merkte, er hatte einen Fehler gemacht. Und dann sah er mich noch einmal an, bedachte mich mit einem langen Blick – und zählte mich noch einmal mit. Ich war erfreut.

Was dachte ich mir dabei?

Teil zwei

BURY ST. EDMUNDS

Ein britischer Schlachtenbummler, der selbst gelegentlich als Schiedsrichter fungierte, sagte, vor dem Stadion sei der Boden mit Flugblättern der British National Front übersät gewesen, manche davon mit nachträglich eingedruckter Adresse der British National Party. Ein Augenzeuge berichtete, daß Passagiere auf dem Fährschiff über den Kanal National-Front-Abzeichen getragen, Haßgesänge angestimmt und sich gewalttätig aufgeführt hätten.

Mr. John Smith, Vorsitzender des FC Liverpool, teilte mit, daß sich sechs Mitglieder der National Front von Chelsea ihm gegenüber damit gebrüstet hätten, an der Provokation der Gewaltakte beteiligt gewesen zu sein, und daß sie anscheinend auf ihr Werk stolz gewesen zu sein schienen. Mr. Bob Paisley, ein früherer Manager des FC Liverpool, sagte, er sei gezwungen gewesen, die Prominenten-Loge zu Beginn des Spiels zu verlassen, weil Dutzende von Fans über die Trennwand hereingeströmt seien, und der Mann neben ihm habe behauptet, ein Chelsea-Fan zu sein, und habe ein National-Front-Abzeichen getragen. Eine Anzahl mit Hakenkreuzen verzierter Spruchbänder wurden nach dem Match sichergestellt, darunter eines mit der Aufschrift »Liverpool Edgehill« ... Ein Spruchband mit »England den Engländern« wurde gesehen und eines mit »Europa den Engländern«, und in den Blöcken X und Y befand sich eindeutig ein Kontingent der National Front. Eine Gruppe, die bei der Abreise vom Brüsseler Hauptbahnhof beobachtet wurde, bestand aus Londonern in den Farben von Liverpool, mit Union-Fahnen, National-Front- und Hakenkreuz-Tätowierungen.

Richter Popplewell
Abschlußbericht über die Todesfälle im Heysel-Stadion, Januar 1986

An einem für die Jahreszeit ungewöhnlich warmen Abend Mitte April besuchte ich in Bury St. Edmunds zum erstenmal eine Disco der National Front. Bury St. Edmunds ist eine gepflegte Stadt in Ostengland mit vorwiegend mittelständischer Bevölkerung, bekannt durch ihre Bauten aus dem achtzehnten Jahrhundert und ihren ländlichen Charakter. Ich hatte im voraus beschlossen, nach dem Besuch der Disco dort zu übernachten. Aber um Mitternacht wurde deutlich, daß meine Pläne nicht mit dem übereinstimmten, was andere mit mir vorhatten. Etwa um Mitternacht nämlich befand ich mich auf dem Marktplatz, mit dem Rücken gegen einen Laternenpfahl gedrängt, und sah einem jungen Mann namens Dougie in die Augen. Dougie, etwa von meiner Größe, hatte einen großen Teil von meinem Baumwollhemd auf eine Weise um meinen Hals hochgerafft, daß ich gezwungen war, auf Zehenspitzen zu stehen, und ab und zu, wenn Dougie einen Satz besonders betonen wollte, wurde ich ein Stück von dem Laternenpfahl weggezogen und gleich darauf kräftig dagegengestoßen, so daß ich mit dem Kopf anschlug.

Du magst doch die National Front, oder? fragte Dougie, wobei er den Satz so dehnte, daß der ganze schmerzhafte Rhythmus des Hochziehens, Zurückstoßens und Kopfanschlagens hineinpaßte.

Ja, Dougie, sagte ich, ich mag die National Front sehr gern.

Aber es geht doch darum, sagte Dougie, daß du uns auch wirklich magst. Er machte eine Pause. Nicht wahr?

Anheben. Stoßen. Rums.

Ja, Dougie, ich mag die National Front wirklich.

Inzwischen war ich ganz fasziniert von der Tätowierung

auf Dougies Stirn: ein kleines, aber sehr genau ausgeführtes blaues Hakenkreuz.

Und (*Anheben*) du wirst doch nette Sachen (*Stoßen*) über uns schreiben, oder? (*Rums*)

Dougie war zu einem Problem geworden.

Der Abend war als harmloser Ausflug geplant gewesen, eine Party mit Freunden zur Feier der Gründung einer Ortsgruppe der National Front in Bury St. Edmunds und gleichzeitig zur Feier des einundzwanzigsten Geburtstags eines neuen Mitglieds. Neil, der neue Vorsitzende der Ortsgruppe, hatte die Party organisiert. Für ihn war es ein wichtiges Ereignis. Es war seine erste National-Front-Disco, und aus London würden Mitglieder der Zentrale kommen, um seine Leistung in Augenschein zu nehmen. Es gab Vorschriften und Empfehlungen für die Durchführung solcher Veranstaltungen, und Neil hatte sich viel Mühe gegeben, dafür zu sorgen, daß alles so lief, wie es sich gehörte. Zum Beispiel die Steigerung der Party bis zum Höhepunkt. Der Ortsgruppenleiter hatte dafür zu sorgen, daß seine Jungs nicht zu früh in allzu große Begeisterung gerieten. Der Ortsgruppenleiter mußte das zu vermeiden wissen. Daß die Begeisterung bei den Jungs mal überschwappte, war durchaus erwünscht – Massenekstase war ein nützliches Hilfsmittel –, aber nur kurz, ganz am Schluß, kurz vor Kneipenschluß. Es war sogar zulässig, daß einige ein bißchen gewalttätig wurden – ein bißchen Gewalttätigkeit war völlig akzeptabel –, aber, wohlgemerkt, erst zum Schluß. Wenn es früher passierte, würde die Polizei ihnen einen Besuch abstatten müssen. Mit der Polizei von Bury St. Edmunds, so sagte man mir, gab es eine stillschweigende Abmachung: sie wollte hier keinen Besuch abstatten müssen.

Aber Dougie war sehr früh schon in sehr große Erregung geraten. Und mehr noch, Dougie war nicht nur ein bißchen, sondern sehr gewalttätig geworden. Dougie war zu einem Problem geworden. Und dieses Problem hielt nun ein Gutteil meiner Kehle mit der Faust gepackt.

Mit Dougie gab es noch ein anderes Problem: er war verwandt mit dem neuen Ortsgruppenleiter; Dougie war Neils Bruder.

Neil und Dougie hatte ich bei einem Fußballmatch in Cambridge kennengelernt, als Cambridge United gegen Chelsea spielte. Sie waren Chelsea-Fans, und das Match, bei dem wir uns trafen, war erst die zweite Begegnung in der Geschichte der beiden Vereine, zu der Chelsea nach Cambridge gereist war. Nach der ersten hatte es so viel Zoff gegeben – die Chelsea-Fans hatten Cambridge »fertiggemacht« –, daß Stimmen laut geworden waren, die für die Auflösung der Mannschaft von Cambridge und die Verbannung des Fußballs aus der Stadt eintraten.

Zoff war auch für das zweite Match zu erwarten, und ich achtete darauf, daß ich auf die Seite des Platzes kam, wo die Chelsea-Fans standen. Auf dem Weg dorthin kam ich an einem Jungen vorüber, der auf eine Kühlerhaube gefallen war, als er voreilig auf die Straße hinausgestolpert war, so daß der Verkehr zum Erliegen kam. Blut lief ihm aus einer Wunde am Hals, die ihm jemand mit dem gezackten Rand einer abgebrochenen Weinflasche beigebracht hatte. Ein Stück weiter auf der Newmarket Road gab es ebenfalls Zoff. Ich sah, wie ein Zaun auseinandergenommen, die Holzlatten als Waffen verteilt wurden. Banden von jungen Männern schweiften umher – immer zu sechst oder siebt –, und alle paar Minuten tauchte ein neuer Trupp auf und hetzte in eine der Seitenstraßen.

Ich kam in die Ränge für die Anhänger der Gastmannschaft und schloß mich dort einem Skinhead an – einem großen, muskelbepackten Kerl mit knappsitzendem weißem T-Shirt und fleischigem Bizeps. Er hieß Cliff, wie ich später erfuhr – ein nackter, schmuckloser, irgendwie gefährlich klingender Name, der genau zu ihm zu passen schien. Die Zeit der Skinheads war längst vorüber, und Cliff stach sogar hier, in dieser Menge, als eine nostalgische Anomalie hervor, aber er wirkte dermaßen aggressiv – mit seinen Armee-Hosenträgern, den schweren schwarzen Stiefeln und den Taschen voller Twopence-Münzen (mit vorher scharfgeschliffenen Rändern) zum Bewerfen der Cambridge-Fans –, daß er für mich die auf den ersten Blick interessanteste Person war.

Nach dem Spiel folgte ich ihm, bis wir vor dem Stadion waren. Er fing an, sich das Geld für die Rückfahrt zusammenzuschnorren, und ich gab ihm etwas Kleingeld und machte mich mit ihm bekannt.

Warum ich? wollte er wissen.

Ich wußte nicht, was ich sagen sollte. Und in diesem Moment zeigte er auf das Abzeichen, das an seinen Hosenträgern steckte. Deswegen? fragte er. Hast du mich deswegen rausgesucht?

Da erst bemerkte ich das unauffällige kleine Abzeichen. Es zeigte die Buchstaben »NF«.

Cliff war Schlagzeuger in einer Rock-Band (Hast du mal von White-Power-Musik gehört? Nein, davon hatte ich noch nicht gehört) und arbeitsloser Maurer. Er war mit mehreren anderen da – noch etwas, was ich nicht bemerkt hatte. Einer von den andern war Dougie. Dougie sprach nicht und lächelte nie, er starrte nur vor sich hin. Sein Kopf, mit dem vor Erschöpfung eingefallenen und verschatteten Gesicht, wäre einem Totenschädel zum Verwechseln ähnlich gewesen, hätte man noch die Haut abgezogen. Ein anderer war Neil, Dougies Bruder.

Neil meinte, ich würde sicher gern seine Organisation in Bury besuchen; er sei gerade dabei, sie auf die Beine zu stellen, und irgendwann in nächster Zeit gäbe es eine Party. Ich könnte hinkommen und die Jungs kennenlernen. Übernachten könnte ich bei ihm.

Ich fragte Neil nach seiner Telefonnummer.

Er wollte sie mir nicht geben. Ich sollte ihm meine geben. Er müsse meine haben – und die Adresse bitte auch –, bevor er mir weitere Informationen liefern könnte. Er müsse da erst ein paar Leute fragen.

Jemand würde sich bei mir melden.

Und in der nächsten Woche meldete sich jemand. Ich bekam Post in einem großen braunen Umschlag. Mein Name und meine Adresse waren von Hand geschrieben. Kein Hinweis auf Inhalt oder Absender, bis auf den Poststempel: Croydon.

Darin fand ich drei Nummern des *Bulldog*: der Titel, in schreiendem Rot und Schwarz, beschwor höchst ausdrucksvoll das Wappentier englischen Mannestums. Es war die Zeitschrift der Young National Front. Nach dem Spruch am Fuß der Titelseite war es die Zeitung, »die sie verbieten möchten«.

Ich nahm eine Nummer zur Hand und las – unter der Schlagzeile SEX-SKLAVINNEN! SCHWARZE ZUHÄLTER ZWINGEN WEISSE MÄDCHEN ZUR PROSTITUTION – einen sehr plastisch geschriebenen Artikel (Schläge, Entführungen, Folterungen, eine Badewanne voller Spinnen) über weiße Prostituierte, die für schwarze Zuhälter arbeiteten. In einem Leitartikel hieß es: »Wir verabscheuen, was diese schwarzen Bestien tun, und wir sind der Ansicht, daß sie alle so lange hinter Schloß und Riegel gehören, bis eine Regierung der National Front sie in ihre Herkunftsländer zurückschikken kann.«

Ich blätterte die Nummern durch. In jeder waren zwei ständige Kolumnen. Die eine hieß »Rivers of Blood« – der Titel war einer Rede von Enoch Powell entlehnt, in der er prophezeit hatte, daß Ströme von Blut fließen würden, wenn die Einwanderung von Schwarzen nach England nicht aufhörte. »Rivers of Blood« zählte Fälle rassischer Ungerechtigkeiten auf, die im letzten Monat passiert waren: ein weißer Jugendlicher von einem »schwarzen Bastard« getötet; ein Rassenkrawall in einer Disco, ein Bericht über Savile Town, den rassisch gemischten Bezirk von Dewsbury in Yorkshire, mit einem Foto, auf dem man einen Angehörigen der National Front sah, der einem Asiaten ins Gesicht trat. »Die Unruhen in Dewsbury«, hieß es am Ende der Kolumne, »werden nur noch schlimmer werden, solange man die Schwarzen nicht heimschickt. Die Alternative ist einfach: Repatriierung oder Rassenkrieg!«

Die andere Kolumne, mit dem Titel »An der Fußball-

Front«, nahm die ganze letzte Seite ein und beschäftigte sich mit den Aktivitäten auf den Zuschauerrängen. Hier ist einer der Leserbriefe an die Fußball-Redaktion:

Lieber *Bulldog*,
in Nummer 35 wurde ein Artikel über die rassistischen »Boys« abgedruckt, die Newcastle United unterstützen. Die »Boys« haben sich gefreut, daß über sie geschrieben wurde, finden aber *Bulldogs* Behauptung gar nicht richtig, sie hätten nicht so viele rassistische »Boys« wie Leeds, Chelsea oder West Ham. Die »Boys« meinen sogar, daß sie mehr haben und daß sie jetzt im ganzen Land die rassistische »Firma« Nummer eins sind...
Herzlichen Gruß
Joe von der Ostkurve

Ein anderer Brief:

Lieber *Bulldog*,
ich kaufe Eure Zeitung regelmäßig, aber in vielen von Euren Berichten steht immer dasselbe: in jeder Ausgabe geht es um Leeds, Chelsea, die Spurs oder West Ham. Ich bin Anhänger von Rochdale AFC, und bei jedem Heimspiel kann man sich drauf verlassen, dort rassistische Lieder und Sprechchöre zu hören. Die Polizei hat uns zu stoppen versucht, aber umsonst. Neulich war sie blöd genug, einen Paki-Bullen herzuschicken, aber der hat soviel zu hören gekriegt, daß er sich seither im Dale nicht mehr hat blicken lassen. Wenn Ihr diesen Brief abdruckt, werden die Leute sehen, daß die NF auch auf den kleineren Plätzen und nicht nur in den großen Stadien Anhänger hat.
Herzlichen Gruß
Rochdale AFC National Front

Ich hatte nach der Lektüre des *Bulldog* nicht den Eindruck, daß das Mitglied der National Front aus Rochdale sich wegen seines minoritären Status als rassistischer Fan aus der Provinz Sorgen zu machen brauchte. In den drei Nummern standen Berichte über rassistische Beschimpfungen in Birmingham, Wolverhampton, Cardiff, Portsmouth und Folkestone Town, das nicht in der Liga spielte (»Während eines Südliga-Pokalspiels zwischen Folkestone und Welling warfen die Fans von Folkstone mit Bananen nach den gegnerischen schwarzen Spielern«).

Was sollte ich von diesen Publikationen halten? Ich war überrascht, wie sehr es mich anwiderte, sie überhaupt bekommen zu haben. Ich fand sie ekelhaft – sie lagen ausgebreitet auf meinem Küchentisch, nachdem sie mir mit der morgendlichen Post zusammen mit Briefen und Rechnungen auf normalem Weg zugestellt worden waren – und mochte sie nicht mal mehr anrühren; es dauerte einige Tage, bis ich noch einmal hineinschaute. Ich konnte mir nicht vorstellen, daß sie viele Leser hatten: der Stil war allzu geifernd, klang nach der Hysterie von Eiferern, denen man nicht zuhörte. Trotzdem war ich sicher, daß viele Menschen diese Ansichten teilten, auch wenn ich nicht viele von ihnen persönlich zu kennen glaubte. Meine englischen Freunde kannten solche Leute gewiß nicht, aber meine englischen Freunde, die ich aus Cambridge, London oder Oxford kannte, lebten in einer anderen Welt. Allmählich fing ich an mich zu fragen, wieviel sie wirklich über England wußten.

Beim erstenmal, als ich das Affengrunzen hörte – den bellenden Laut, den die Fans machen, wenn ein schwarzer Spieler am Ball ist –, kam es mir so fremd vor, daß ich zunächst nicht gleich begriff, was es war. Es war ein tiefes, leises Grollen, und ich hatte Mühe zu erkennen, wo es herkam: vielleicht von irgendwo unter dem Stadion? Daß ein solches Geräusch aus dem Boden aufsteigen könnte, war beängstigend. Ich dachte, es sei ein Erdbeben, wenn auch nur, weil das der einzige Ton war – wie von einer leisen Baßtrommel –, der mir überhaupt als vergleichbar erschien. Ich erinnere mich an einen Freund aus den USA, der mich besuchte. Er war für eine

Woche da, und ich wollte ihm das Fußballpublikum zeigen. Es gab ein Match in Millwall – die Namen allein verrieten schon, was ich ihm zeigen wollte: Millwall in seiner »Höhle« an der Cold Blow Lane. Aber es hatte geregnet, der Platz war ein Sumpf, und das Match wurde abgesagt. Wir fuhren quer durch London und kamen noch rechtzeitig nach White City, um die Queen's Park Rangers zu sehen. Ein schwarzer Spieler bekam den Ball, und das Grunzen fing an: Uch, uch, uch, uch, uch.

Mein Freund sah mich an und fragte: Was ist das für ein merkwürdiges Geräusch?

Ich sagte nichts, aber das Grunzen ging weiter: Uch, uch, uch, uch, uch.

Was ist das? fragte er noch mal.

Das ist, weil ein Schwarzer am Ball ist, sagte ich. Sie machen Affengeräusche nach, weil ein Schwarzer am Ball ist.

Die Regungen, die sich im Gesicht meines Freundes malten, waren echt und unmittelbar – Befremden, Entrüstung, Abscheu, hauptsächlich aber Verständnislosigkeit: er konnte das nicht begreifen. Das Grunzen ging immer noch weiter: Uch, uch, uch, uch, uch. Beide sahen wir uns um. Das Grunzen ging nicht von einigen wenigen aus, sondern, wie es schien, von allen Zuschauern auf den Rängen, von jung und alt, von Familienvätern mitsamt Anhang. Wohin wir auch blickten, sahen wir die häßlichen Gesichter grunzender Menschen, die in plumper Nachahmung von Affen die Unterkiefer vorreckten. Warum ist es hier so viel schlimmer? dachte ich und wurde mir plötzlich der Ironie bewußt, die darin lag, daß wir uns in White City befanden, wohin wir über die South Africa Road gelangt waren. Endlich gab der schwarze Spieler den Ball weiter, und das Grunzen hörte auf.

Und dann bekam ein anderer Schwarzer den Ball, und das Grunzen fing wieder an.

Das Gesicht meines Freundes war immer noch erstarrt in einem Ausdruck tiefer Verständnislosigkeit. Ich konnte es ihm nicht erklären. Es war mir peinlich, in diesem Land zu leben.

Das ist England, sagte ich.

In dem braunen Umschlag steckte noch mehr. Da war eine Nummer der *National Front News*, einer seriöseren Zeitschrift voller Artikel über die staatliche Krankenversicherung, die britische Eisenbahn, Arbeitslosen- und Verbrechensstatistiken, dazwischen einer über die Rotwildjagd mit der Überschrift: »Schluß mit diesem barbarischen Sport!« – eine Zeitschrift, die sich vorgenommen hatte, jungen Männern zu sagen, wie sie zu denken hätten. Dabei lag ein Grußkärtchen vom Verlag Nationalist Books mit einem Vermerk, daß man mir für meine Arbeit über Fußballfans alles Gute wünsche und hoffe, daß die beiliegenden Veröffentlichungen nützlich sein würden. Die Unterschrift hieß »Ian«.

»Ian« war Ian Anderson. Ich konnte es aus der Nummer der *National Front News* ersehen; die letzte Seite berichtete von Entwicklungen in der Partei. Ian Anderson hatte eine ganze Reihe Ämter. Er war der stellvertretende Parteivorsitzende, der zweite Mann in der Hierarchie. Aber zugleich war er auch Leiter der Abteilung Ortsgruppen-Koordination. Und er war Leiter der Abteilung Verwaltung. Und er war Leiter der Abteilung Parteiaktivitäten, allerdings gemeinsam mit einem gewissen Joe Pierce (Vorsitzender der Young National Front, zugleich Leiter der Abteilung Erziehung und Schulung – er war auch der hauptverantwortliche Organisator der Bereitschaftsgruppen *und* offenbar der »Kopf« hinter den »Trupps Arbeitsloser Aktivisten«). Das Nationale Direktorium der Partei – auch dies erfuhr ich auf der letzten Seite – hatte »eine Anzahl Veränderungen in der Parteileitung vorgenommen, die auf Steigerung der Effektivität abzielten«. Mir schien diese letzte Seite einen uneingestandenen Zweck zu verfolgen, der über die Absicht, die Mitglieder über das Geschehen in der Partei zu informieren, hinausging; sie sollte auch einen beruhigenden Eindruck von der Organisation der Partei vermitteln: nämlich daß die Partei überhaupt eine Organisation hatte. Die National Front ist real, schien diese Seite zu besagen, sie ist keine beliebige Ansammlung von Spinnern am Rande der Gesellschaft, die sich bei anderen Menschen Gehör zu verschaffen suchen. Sie war eine richtige Partei mit einer richtigen Bürokratie, mit Abteilungen, die organisiert und verwaltet werden mußten.

Auf dem Grußkärtchen stand eine Telefonnummer. Ich wollte noch mehr über die National Front erfahren. Ich wollte wissen, in welcher Beziehung sie zu den Fußballfans stand.

Ich rief bei Nationalist Books an, und der Mann, der sich meldete, wußte gleich, wer ich war, als ich meinen Namen nannte. Einen Moment lang war es mir nicht geheuer – war ich unter den National-Front-Mitgliedern jetzt schon bekannt? –, bis ich begriff, daß Ian Anderson selbst am Apparat war. Anscheinend gehörte die Bedienung der Telefonzentrale auch zu seinen Ämtern.

Trotz seiner ermutigenden Grußkarte war Mr. Anderson nicht sehr freundlich. Journalisten machten ihn nervös. Möglicherweise machte ihn jeder nervös, der nicht Mitglied der National Front war, aber das konnte ich noch nicht wissen. Damals schrieb ich gerade für eine Sonntagszeitung, die sich besonders unfreundlich über Mr. Anderson geäußert hatte. Im Grunde hatte es keine Sonntagszeitung – und auch keine andere Zeitung, an welchem Wochentag auch immer – je fertiggebracht, sich über Mr. Anderson besonders freundlich zu äußern. Und vielleicht war das der Grund, weshalb Mr. Anderson selbst nicht sehr freundlich war. Und man konnte es ihm eigentlich nicht verdenken: Wer so oft eins auf die Schnauze gekriegt hat, lernt es, das Maul zu halten.

Er wollte von mir wissen, warum ich anders sein sollte als die andern. Warum sollte er mit mir sprechen?

Die Frage war nicht leicht zu beantworten. Wie soll man einen militanten Rassisten davon überzeugen, daß man keine Feindschaft gegen ihn empfindet, ohne zu sagen, man sei selbst militanter Rassist? Ich bin kein Rassist, und wenn ich gesagt hätte, ich sei einer, hätte er es mir ohnehin nicht geglaubt. Darum sagte ich nur, ich sei eben anders.

Ja, bohrte Mr. Anderson weiter, aber warum sollten Sie anders sein?

Weil ich's nun mal bin, wiederholte ich.

Ich glaube, ich war tatsächlich anders. Ich hegte keine feindlichen Gefühle gegenüber der National Front. Ich konnte sie nicht ernst nehmen: ich betrachtete sie wirklich nur als Ansammlung von Spinnern, obwohl ich wahrscheinlich nicht genug wußte, um mir ein solches Urteil zu erlauben. Als ich als Student nach England kam, nahmen alle Leute die National Front sehr ernst: es war populär, gegen sie zu opponieren, sie war ein beliebtes Thema in der Bar des College, wo eloquente, kluge, liberal denkende Menschen ihren lebhaften Abscheu vor alldem bekundeten, wofür die National Front stand. Kluge und liberal denkende Menschen sollten eigentlich Toleranz gegenüber Andersdenkenden beweisen, aber die National Front war faschistisch und so untolerierbar, daß sie Liberale dazu brachte, sich nicht mehr wie Liberale zu gebärden. Das war, fand ich, eine Art Respektbezeigung gegenüber der National Front. Die National Front war böse. Sie war böse in einer solchen Größenordnung, daß viele meiner Freunde meinten, ihre Mitglieder müßten aus der Gesellschaft ausgeschlossen werden – zumindest eingesperrt; manche waren auch für Verstümmelung. So heftig waren ihre Emotionen. Auch dies war eine Respektbezeigung. Eine gewisse Furcht äußerte sich darin, und nicht ohne Grund: der örtliche linke Buchladen war mehrfach durch Brandbomben beschädigt worden, und dafür wurde die National Front verantwortlich gemacht; außerdem hatte es Demonstrationen der National Front mit Nazi-Spruchbändern gegeben, die damit endeten, daß Leute üble Kopfverletzungen durch Fußtritte davontrugen. Für meine Freunde war es undenkbar, daß man mit einem Mitglied der National Front überhaupt reden oder gar ein längeres Gespräch führen könnte. Und genau das war der Grund, warum ich mich um ein solches Gespräch bemühte. Ich war neugierig. Ich hatte eine Gelegenheit, den Teufel persönlich kennenzulernen, und wollte herausfinden, ob er seinen schlechten Ruf verdiente.

Allerdings hätte ich gehofft, daß der Teufel nicht in Gestalt Ian Andersons auftreten werde. Er war für die Rolle Satans keine glaubhafte Besetzung. Fotos von ihm fand ich in den Zeitungen und auf den Plakaten, die er selbst mir geschickt hatte: ein winziges, schmallippiges Kerlchen im Anzug und mit übergroßer Krawatte, an der Spitze der Demonstrationen, immer umgeben von großen Jungs mit Stiefeln. Ich war auf einen Artikel von Anderson gestoßen, »Schlimm, aber nett«, einen beißend ironischen Bericht über eine Busfahrt (»Es gibt keinen Grund, warum eine Busfahrt fade und langweilig sein müßte«) zu einer Sinn-Fein-Versammlung. Das dazugehörende Foto zeigte einen Minibus, umringt von Jungs, die ihn mit Backsteinen bewarfen; einer stand auf der Kühlerhaube und trat die Windschutzscheibe mit seinen Doc-Marten-Stiefeln ein. Die Legende lautete: »Teilnehmer aus dem Publikum in sinnvollem Dialog mit IRA-Anhängern.«

Es wurde freilich deutlich, daß es nicht zu einem Dialog, ob sinnvoll oder nicht, zwischen mir und Mr. Anderson kommen würde. Jedenfalls nicht bei diesem Telefonat. Plötzlich brach er unser Gespräch ab. Wir bleiben in Verbindung, sagte er abrupt. Und dann legte er auf.

Er hielt Wort. Es kamen noch mehr Veröffentlichungen. Wie die vorigen wurden sie jedesmal in einem neutralen braunen Umschlag zugestellt, mit handschriftlicher Adresse und ohne jeden anderen Vermerk, bis auf den Poststempel Croydon. Diese Veröffentlichungen unterschieden sich von denen in der ersten Sendung; sie waren für Erwachsene bestimmt. Mr. Anderson mußte wohl doch geglaubt haben, daß ich anders sei.

Sie hatten Titel wie *Nationalist Today* oder *Heritage and Destiny* und enthielten Lektionen in Geschichte: über den Jahrestag der Bauernaufstände des vierzehnten Jahrhunderts, die Tradition des britischen Volkslieds oder die zivilisatorischen Leistungen der Wikinger. Es gab intellektuelle Auseinandersetzungen mit Hilaire Belloc und William Morris, eine Polemik gegen Jacob Epstein und die abstrakte Kunst (»Epsteins Werk ist nicht bar jeglicher Bedeutung; es ist gegenständlich genug, um eine starke, rassefremde Ästhetik zu entwerfen und widerzuspiegeln«). Eine vierteilige wissenschaftliche Artikelserie befaßte sich mit der Ungleichheit der Rassen (»Professor Arthur Jensens Aufsatz ist ein wichtiger Sieg für die Kräfte der Vernunft und der Wissenschaft über den trüben Schleim der marxistischen, liberalen und levantinischen Scheinheiligkeit und der ideologisch inspirierten Frömmelei«). So unangenehm auch der Inhalt dieser Veröffentlichungen war, sie waren jedenfalls nicht anspruchslos, und sie verrieten, wie zielstrebig die National Front sich bemühte, Mitglieder unter den Fußballfans zu rekrutieren: *Bulldog* war für diesen Zweck gedacht, ein Blatt für das breite Publikum, in dem die National Front den Fußballfan in seiner eigenen Sprache anzureden versuchte. Inzwischen ist mir klar, daß man für *Bulldog* die *Sun* zum Vorbild genommen hatte – das Massenblatt, das die »Jungs« lasen. Eine besonders hohe Meinung hatte man von den Jungs anscheinend nicht.

Ein paar Tage später dann hörte ich von Neil. Er rief mich zu Hause an, vom Telefonautomaten in einer Kneipe aus. Er habe erfahren, sagte er, daß ich mit jemandem vom Leitungs-Ausschuß gesprochen habe, und höchstwahrscheinlich werde er die Genehmigung bekommen, daß ich ihn in Bury besuchen könne. Das Datum für die Party war schon festgelegt – in ein paar Tagen, am Samstag, dem 14. April. Ob ich kommen könne? Er würde mich am Bahnhof abholen. Er bestand darauf, daß ich bei ihm übernachtete. Ich wäre sein Gast.

Ich war früh dran und sah Neil bei den Vorbereitungen zu. Die Party fand in einem Pub statt, den ich – in der Hoffnung, daß der Pächter inzwischen gewechselt hat – den »Grünen Mann« nennen will. Er lag im Stadtzentrum, und Neil hatte ihn von sechs Uhr abends bis zur Sperrstunde um elf reserviert. Neil hatte eine Stereoanlage mitgebracht, eine Sammlung Platten und Tonbänder, Papierschlangen, die er schon an der Decke aufgehängt hatte, und einen großen Pappkarton voller Kartoffelchips-Päckchen mit Käse-und-Zwiebel-Geschmack. Es war einfach eine Party, eine ganz gewöhnliche Samstagabend-Party in einem Pub.

Die anderen, sagte Neil sehr geschäftig, würden bald aus London eintreffen. Und das wiederholte er mehrfach. Sie müssen jeden Augenblick hier sein, sagte er nur ein paar Minuten später.

Es war Neil anzusehen, daß er sehr aufgeregt war. Ich fragte mich, ob er mir anmerkte, daß ich es auch war. Für Neil war der Abend eine Bewährungsprobe, und wenn etwas schiefginge, würde er in seiner Karriere als Faschist nicht vorankommen. Ich hatte mir den Faschismus noch nie als ein Unternehmen vorgestellt, bei dem man Karriere machen könnte, aber darum ging es für Neil. Die meisten Mitglieder der National Front, die ich später kennenlernte, waren arbeitslos; und viele machten mir den Eindruck, daß sie auch für geraume Zeit arbeitslos bleiben würden. Anders als die Fußballfans, die ich kannte, waren die einfachen Mitglieder der National Front in der Hauptsache Menschen, die mit einigem Recht meinten, daß für sie sonst nirgendwo Platz sei. Bei Neil war das anders: er arbeitete in einem Fleischverpakkungsbetrieb und war bis zur Stellung eines Aufsehers in mittlerer Position aufgestiegen. Aber es war deutlich, daß er glaubte, bei der National Front mehr erreichen zu können als durch irgend etwas, was er in seinem Beruf tat.

Was meine Aussichten dabei waren, war mir weniger klar: Was würde der Abend für mich bedeuten, wenn etwas schiefging? Ich hatte noch nichts gesehen, was mein Bild von der National Front hätte ändern können. Ich konnte sie immer noch nicht ernst nehmen, aber damit meine ich, als politische Partei konnte ich sie nicht ernst nehmen. Vom Faschismus in Großbritannien schien mir keine politische Gefahr auszugehen – zumindest nicht jetzt und nicht von diesem Haufen. Aber das waren Überlegungen, die ich am Schreibtisch anstellte. Was ich dagegen ernst nahm, war die schlechte Presse der National Front. Ich nahm die Gewalttätigkeit ernst, die man ihr nachsagte, Und darüber machte ich mir nun Sorgen. Ich wollte die Nacht hier verbringen, und bei dem Gedanken, was mir bevorstehen könnte, war mir nicht wohl.

Während Neil die Stereoanlage anschloß, ging ich an die Bar und unterhielt mich mit den Leuten hinter der Theke. Ich fragte mich, wieviel sie wohl von dem wußten, was vorging. Ich bestellte eine Halbe Bitter und fragte die Bedienung, wie sie das finde, eine Party für – na ja, Sie wissen schon? Ich konnte mich nicht überwinden, die Worte »National Front« auszusprechen; ich dachte, das sage man besser nicht so laut.

Sie verstand meine Frage nicht. Sie dachte, ich meinte Neil und seine Freunde. Jedermann kannte Neil und seine Freunde, sie waren Stammgäste. Und alle mochten Neil.

Nein, nicht Neil. Aber die anderen. Die NF, sagte ich schließlich. Wie finden Sie's, daß die National Front hier eine Party veranstaltet?

Das ist eine Ehre, sagte sie. Jetzt hatte sie es begriffen. Das ist eine Ehre und Auszeichnung.

Das erstaunte mich.

Sie erklärte es mir. Der Grüne Mann, sagte sie, sei stolz darauf, der rassistischste Pub in England zu sein. Das Wort »rassistisch« gebrauchte sie selbst. Rassistische Pubs gebe es noch mehr, sagte sie, zwei allein schon in Bury. Aber keiner sei so konsequent rassistisch wie der Grüne Mann. Im Grünen Mann, fuhr sie fort, sei noch nie ein Farbiger bedient worden. Kein Schwarzer und kein Paki habe je im Grünen Mann etwas zu trinken bekommen. Und jeder, der im Grünen Mann arbeite, sei stolz auf diesen Ruf. Und darum sahen sie auch alle eine Auszeichnung darin, daß die National Front hier eine Party gab. Sie glaubten, sie verdient zu haben.

Keine Kanaken! fügte ihr Partner hinter der Theke hinzu, vielleicht der Klarheit halber.

Richtig, sagte sie. Keine Farbigen, egal welcher Sorte.

Ich war überrascht. Ich hatte nicht erwartet, daß sich Leute, die hinter der Theke eines Pubs arbeiteten, so offen zum Rassismus bekannten – eines Pubs, der einer Brauerei gehörte, die eine Aktiengesellschaft war. Überhaupt hatte ich nicht erwartet, daß Menschen, die ich eben erst kennengelernt hatte, sich so offen zum Rassismus bekannten – egal, wo sie arbeiteten. Ich fühlte mich beschmutzt, mitschuldig, weil ich mir nicht vorstellen konnte, daß derlei Dinge gesagt würden, wenn man nicht annähme, wir alle, die Leute hinter der Theke, die National Front und *ich*, dächten ebenso. Die Bedienung war eine attraktive Person mit schwarzem Haar und weichem, ovalem Gesicht, und es war verwirrend, dieses Gesicht mit den abstoßenden Dingen, die die Frau aussprach, in Einklang bringen zu wollen.

Wir bedienen auch keine Amerikaner, sagte sie.

Oh, Sie meine ich natürlich nicht, sagte sie rasch, als sie mein Unbehagen bemerkte. Wir bedienen Sie doch, oder etwa nicht? Die Amerikaner, die wir nicht mögen, sind die Soldaten. Die werden nicht bedient. Die mögen wir nicht, und die wollen wir hier nicht haben. Die sollen in ihre Flugzeuge steigen und nach Amerika zurückfliegen.

In Ostengland gibt es etliche amerikanische Luftwaffenstützpunkte, und Bury St. Edmunds muß eine der Städte sein, wo die Soldaten in ihrer Freizeit hingehen. Ich erinnerte mich, daß die National Front gegen die militärische Präsenz der Amerikaner in England war. Das war etwas Unenglisches.

Gestern, am Freitag abend, steuerte der Partner der Bedienung bei, sind sechs amerikanische Soldaten hier reingekommen, und wir haben sie nicht bedient. Einer war ein Nigger. Sie wurden unverschämt und fingen an zu streiten. Das hier ist ein freies Land, haben sie gesagt, und ich hab gesagt, stimmt, und darum bedien ich Sie nicht. Da sind sie noch saurer geworden, und ein paar von den Jungs mußten sie rausbringen und sich um sie kümmern. Sie haben sie an die Mauer gestellt und sie sich vorgenommen, gleich draußen vor der Tür da. Wenn Sie rausgehn, sehn Sie noch das Blut. Es ist viel Blut geflossen.

Ich dachte, ich hörte nicht recht: seit einer Viertelstunde war ich erst da, in einer gewöhnlichen Kneipe in diesem properen Städtchen, und schon hatte der Wirt mich aufgefordert, mir die Lache mit getrocknetem Blut gleich vor dem Eingang anzusehen.

Es kamen Leute, und ich wurde ihnen als Journalist vorgestellt. Das wurde nicht so wohlwollend und interessiert aufgenommen, wie es mir lieb gewesen wäre. Und dann sah ich Cliff. Ein scheußliches Gesicht, aber wenigstens ein bekanntes. *Cliff!* rief ich erleichtert, dankbar, hoffnungsvoll. Aber Cliff antwortete nicht. *Cliff!* rief ich noch einmal. Das ist doch Cliff, oder? fragte ich mich. Er schaute mich an. Anscheinend wollte er sich an mich nicht erinnern. Und dann geriet er in helle Aufregung.

Was macht denn der hier? fragte Cliff und hielt Ausschau nach Neil. Wer hat gesagt, *der* darf kommen?

Er machte Neil ausfindig, und ich sah zu, wie Neil ihn zu beruhigen versuchte – mein Besuch war ja in London genehmigt worden –, aber ich konnte sehen, daß Cliff damit nicht zufrieden war. Er schaute mich scharf an: Mir paßt es nicht, daß er hier ist. Warum hat man uns nicht gesagt, daß er kommt?

Ich fand es an der Zeit, eine Weile nach draußen zu gehen. Ich hatte nicht vor, mir die Mauer mit dem angetrockneten Blut anzuschauen, aber mir schien, ich war auf den Abend noch nicht genügend vorbereitet und ich täte gut daran, meine Gedanken zu ordnen.

Was tat ich hier? Ich sah auf die Uhr. Es war 19 Uhr 40. In etwa zwei Minuten würde der letzte Zug nach Cambridge abfahren.

Ich ging über die Straße und setzte mich auf eine Mauer. Ich blieb eine ganze Weile dort sitzen. Inzwischen wurde es dunkel. Auf so etwas war ich nicht vorbereitet, das war klar. Also blieb ich dort sitzen und beschloß, mich darauf vorzubereiten. Ich wußte nicht, wie ich das machen sollte. Weitere Gäste kamen. Viele waren kulturelle Abnormitäten, wie Cliff –

Skinheads, die nicht nur zu jeglicher Aktualität, sondern überhaupt zu allem den Kontakt verloren hatten: zum Leben, zur Zukunft, zu der ganzen Welt. Ein blonder Bursche tauchte auf, in einer schwarzledernen SS-Uniform mit rotschwarzer Nazi-Armbinde.

Es wollte mir nicht in den Kopf, daß dies eine ganz gewöhnliche Party in einem Pub sein sollte. Blonde Männer in schwarzer SS-Uniform mit Nazi-Armbinde sieht man nicht auf gewöhnlichen Parties. Drinnen im Lokal stimmten die nicht ganz gewöhnlichen Partygäste einen Sprechchor an.

Bury skinheads we are here
Shag your women and drink your beer.
Sieg Heil! Sieg Heil!
Sieg Heil! Sieg Heil!

Es war nun dunkel. Mein Zug mußte inzwischen die halbe Strecke nach Cambridge zurückgelegt haben, und ich saß nicht darin. Statt dessen saß ich auf einer Mauer und hörte zu, wie Leute »Sieg Heil!« schrien. Ich fand, ich hatte keine andere Wahl. Ich würde wieder in den Pub gehen, mich dort aber gründlich vollaufen lassen.

Der Pub war voller Menschen. Ich ging direkt zur Theke und bestellte drei Halbe, die ich eine hinter der andern auf den Bierfilzen vor mir aufreihte. Ich wollte bis zum Ende des Abends durchhalten. Ich wußte nicht, wo ich zu der Zeit sein würde, aber auf diese Weise kam es vielleicht gar nicht darauf an.

Als ich das erste Glas halb geleert hatte, merkte ich, daß jemand beschlossen hatte, sich mit mir anzufreunden. Beide wußten wir nicht, warum. In seinen Augen war ich ein Mann von den Medien, und er hatte es sich zur Regel gemacht, mit Leuten von den Medien nicht zu reden. Nachdem er sich aber einmal erlaubt hatte, mit mir zu reden, konnte er gar nicht wieder aufhören. Bald stellte ich fest, daß ich mich nirgendwo hinbewegen konnte, ohne daß mein neuer Kumpel neben mir auftauchte und mir erklärte, er rede nie mit Leuten von den Medien. Er war rundlich, hatte dichtes, krauses Haar und hieß Phil Andrews.

Phil Andrews war Anfang Dreißig. Ein ganzes Jahrzehnt lang hatte er sich zwischen verschiedenen Extremen bewegt. Er hatte sich als Polizist ausbilden lassen, aber das hatte er aufgegeben. Dann war er militanter Kommunist geworden, aber auch das hatte er wieder aufgegeben. Und jetzt war er, zumindest für eine Weile, ein Berufsfaschist geworden. Er war soeben aufgefordert worden, die Young National Front organisieren zu helfen – eine wichtige Position, mit dem Zweck, neue Mitglieder aus den Schulen und Colleges anzuwerben, den traditionellen »Brutstätten« der Linken; und Phil hatte man für diese Aufgabe wohl ausgesucht, weil er über die andere Seite so gut Bescheid wußte.

Von denen, die Phil anwerben sollte, war sicherlich keiner bei diesem Fest. Es war keine Zusammenkunft von Intellektuellen. Alle Anwesenden waren vermutlich Leser des *Bulldog*, »Jungs« von den Fußballplätzen. Ich hatte gehört, die Stadien seien das ideale Terrain für die Rekrutierung neuer Mitglieder. Nirgendwo anders auf den Britischen Inseln finde man so viele unzufriedene Jugendliche an einem Ort versammelt, hatte Ian Anderson gesagt – aber das Problem war, wenn man sie einmal zusammengebracht hatte, wie man sie davon abhalten sollte, miteinander Händel anzufangen. Neil hatte zu Anfang des Abends das gleiche gesagt: Seine Aufgabe als Vorsitzender war es, dafür zu sorgen, daß die Fans von Chelsea und von West Ham nicht aufeinander losgingen.

Mein neuer krausköpfiger Freund Phil war von den Fußball-Krawallen angewidert – oder zumindest tat er so. Seiner Ansicht nach war alles von der Regierung inszeniert. Die Regierung habe es in der Hand, die Ausschreitungen zu unterbinden, wenn sie wolle, meinte Phil, aber sie wolle nicht, denn das Fortbestehen der Gewalttätigkeit liege in ihrem Interesse. Die Regierung sei daran interessiert, die Mitglieder der Arbeiterklasse gegeneinander aufzubringen. Dadurch würde die

Arbeiterklasse davon abgelenkt, sich mit den wirklichen Problemen ihres Lebens auseinanderzusetzen.

Er spricht wie ein echter Marxist, dachte ich. Es mußte recht praktisch für ihn sein, daß er in seiner neuen Eigenschaft als Mitglied der extremen Rechten viele von den alten Argumenten wiederverwenden konnte, die er bei der extremen Linken gelernt hatte. Aber Phil war sichtlich aufgebracht wegen der Fußball-Krawalle – je mehr er darüber sprach, desto mehr geriet er in Rage –, und er ließ sich nicht unterbrechen.

Es regte ihn zum Beispiel auf, daß man dauernd der National Front die Schuld an den Massenausschreitungen gab, die er, wiederholte er, widerlich fand. Der National Front gab man die Schuld an den Krawallen in Frankreich und am Tod der Menschen im Heysel-Stadion.

Eines Tages, sagte Phil, gibt es Rabatz überall auf den Britischen Inseln. Der wird dann von der NF organisiert sein. Aber jetzt noch nicht. Immer wieder sagen Leute, die NF ist schuld an den Fußball-Krawallen. Aber was hätte das für einen Sinn? Selbst wenn wir solche Krawalle organisieren könnten, was hätten wir davon? Warum sollten wir in Europa Krawalle organisieren wollen?

Phil legte Wert darauf, daß ich diesen Gedanken verstand – schließlich war er kompliziert –, und darum wiederholte er ihn: Selbst wenn wir solche Krawalle organisieren könnten, was wäre der Sinn?

Dann wiederholte er das Ganze noch mal.

Ich schaute mich im Raum um. Er war jetzt voller Leute, die alle wie Cliff aussahen, und Neil spielte eine Musik – nun mit ziemlich hoher Lautstärke –, die zum Tanzen mit schweren schwarzen Stiefeln am besten geeignet war, eine antiquierte, nervtötend monotone Abart von Punk, die fast ausschließlich von einem alles niederstampfenden, unveränderlichen Schlagzeugrhythmus und einer ebenso stampfenden, unveränderlichen elektrischen Gitarre erzeugt wurde. Sie hatte die Jungs zum Tanzen animiert, zuerst allerdings nicht viele – vielleicht acht oder zehn.

Die Art, wie sie tanzten, war stark körperbetont: alle drängten sich in der Mitte des Saals zusammen, tätschelten einander mit der einen Hand den Kopf – die meisten waren oben kahlgeschoren –, während sie sich mit der andern eng aneinander festhielten, und hopsten dabei auf und nieder. Jede Melodie wurde in dem gleichen brutalen, atemlosen Tempo gespielt, und um mitzukommen, mußten die Jungs sich mächtig anstrengen. Ich kann mich nicht erinnern, jemals Menschen gesehen zu haben, die mit solcher Geschwindigkeit auf- und niederhüpften, besonders wenn man bedenkt, wie eigenartig sie miteinander verknotet waren, mit den Armen hier und den Händen da. Das Stück war zu Ende, die Jungs beugten sich vornüber, schnauften heftig, und Neil legte eine andere Platte auf, die für mein ungeschultes Ohr von der letzten nicht zu unterscheiden war, und schon legten die Jungs wieder los: sie umschlangen sich, tätschelten sich ein bißchen den Kopf und begannen auf- und niederzuhüpfen. Es sah entschieden komisch aus, war aber offenbar genau das, was alle sich vorstellten, wenn sie von einer NF-Disco sprachen. Irgendwo in der Mitte tanzte das Geburtstagskind. Die NF-Disco, fiel mir wieder ein, war ja auch eine Geburtstagsparty.

Auch Frauen waren da, meist die dazugehörenden Freundinnen, die ebenfalls dem Punk-Stil treu geblieben waren: ausgebleichte Jeans, T-Shirts, das Haar kurzgeschnitten bis auf einen plattgedrückten Entenschwanz im Nacken. Später erfuhr ich, daß die Frauen noch anachronistischer waren als die jungen Männer und daß die Frisuren sogar Präpunk waren. Man nannte sie »Wildlederköpfe«. Die Frauen saßen Zigaretten rauchend im hinteren Teil des Saales. An dem Hopsen, Tätscheln und Sichumklammern beteiligten sie sich nicht. Hopsen, Tätscheln und Sichumklammern waren offensichtlich nur für die Jungs. Die Jungs tanzten, die Mädchen schauten zu.

Widerliches Pack, murmelte Phil. Skinhead-Gesocks. Die wissen gar nicht, was die National Front überhaupt will! Die verstehn gar nicht, worum es geht.

Nächste Platte, nächster Tanz. Der Rest des Abends würde offenbar damit vergehen, daß die Jungs große Mengen Lagerbier in sich hineingossen und dann alles in der Mitte des Saals kräftig durchschüttelten. Dann bemerkte ich eine Anzahl gutgekleideter Männer, die an verschiedenen Stellen am Rande des Saals postiert waren, so daß sie einen äußeren Kreis um den Haufen der Tanzenden bildeten.

Ich wunderte mich, daß ich sie nicht schon früher gesehen hatte. Sie unterschieden sich von allen anderen Gästen. Sie trugen Flanellhosen und Jacketts und hatten ordentlich geschnittenes Haar. Einige hatten ihre Freundin mitgebracht, aber auch diese Frauen sahen anders aus als die Zuschauerinnen, die weiter hinten saßen. Sie waren in einem Stil gekleidet, den man als »sachlich« bezeichnen könnte. Eine trug ein seidenes Halstuch und einen Kaschmirpullover. Eine andere war in Jeans, aber es waren teure Jeans von außerordentlich schmeichelhaftem Schnitt. Die Frauen standen neben ihren Partnern, an deren Arm gelehnt.

Das waren die Besucher aus London.

Daß manche ihre Freundinnen mitgebracht hatten, sprach dafür, daß sie ebenso wie die andern den Abend als gesellige Samstagabendveranstaltung betrachteten, aber sie schienen nicht viel Spaß daran zu finden – wenigstens bis jetzt nicht. Im Unterschied zu Phil, der immer noch neben mir stand, mächtig zechte und mich von Zeit zu Zeit daran erinnerte, daß er nicht mit den Medien redete, rührte von den Londoner Gästen keiner Alkohol an. Sie tranken Mineralwasser, Cola oder gar nichts. Sie tanzten auch nicht und sahen nicht so aus, als ob sie bald damit anfangen würden. Sie redeten nicht einmal, weder miteinander noch mit ihren Freundinnen. Sie standen nur da und schauten zu.

Einen von diesen großstädtischen Gästen erkannte ich. Er hieß Nick Griffin. Alle andern aus der Parteizentrale, auch Ian Anderson, könnten ebenfalls dagewesen sein, aber Nick Griffin war derjenige, den ich erkannte und dann ins Visier nahm. Er schien bei den Aktivitäten des Abends eine Rolle zu spielen.

Nick Griffin kam eigentlich nicht aus London. Er wohnte in der Nähe, irgendwo auf dem Land in Suffolk. Die National Front mußte immer wieder die Operationsbasis wechseln, und eine Zeitlang wurde sie von einer ausgebauten Scheune aus gelenkt, die auf dem Grundstück von Nick Griffins Familie stand. Ich lernte die Familie bei einer Gelegenheit kennen. Es mochten Bauern gewesen sein, jedenfalls hatten sie Grundbesitz und waren wohlhabend genug – was man am Akzent hören konnte –, um den Sohn in Cambridge studieren zu lassen, und jetzt stand man ihm eben in seiner Karriere als Faschist zur Seite.

Der Sohn war ein manierlicher junger Mann mit intelligentem Gesicht. Er hatte das gute Aussehen und die gewinnende Art eines Politikers. Wie die anderen aus London unterschied er sich deutlich von dem Pack – wie Phil Andrews die übrigen Gäste genannt hatte –, das in der Mitte des Saals auf- und niederhopste. Es war sogar zu erkennen, daß Nick Griffin nicht die Absicht hatte, sich in deren Nähe blicken zu lassen. Den ganzen Abend lang stand er da, an eine Wand gelehnt, beobachtete unauffällig das Geschehen und sprach nur ab und zu mit Neil, um ihm eine Anweisung zuzuflüstern. Dann kehrte er zu seinem Platz an der Wand zurück. Seine Freundin, eine hübsche Blondine mit völlig ausdruckslosem Gesicht, stand neben ihm und sagte kein Wort.

Es wurde überlegt, ob man die White-Power-Musik auflegen sollte. Nach Nick Griffins Ansicht war es dafür noch zu früh. Die White-Power-Musik sollte erst am Schluß gespielt werden.

Ich hatte Lust, ein bißchen umherzuwandern. Mein Freund Phil begann lästig zu werden. Er war nun stockbetrunken und felsenfest entschlossen, mir zu sagen, daß er nie mit den Medien rede. Warum, wollte er wissen, redete er überhaupt mit mir? Warum, hätte ich ihn gern gefragt, läßt du's dann nicht sein? Phil machte sich Sorgen, weil ich seiner Meinung nach den Gedanken nicht verstanden hatte, den er früher am Abend schon einmal ausgesprochen hatte, und zwar trotz mehrfacher Wiederholung. Es war der Gedanke, was denn der Sinn von Krawallen auf dem Kontinent wäre, selbst wenn die National Front in der Lage wäre, sie zu organisieren? Und darum stellte er die Frage noch mal. Er fragte: Selbst wenn die National Front die Macht hätte, Krawalle auf dem Kontinent zu organisieren, was wäre der Sinn?

Ich sagte, ich sei ganz seiner Meinung. Ich würde es ihm glauben. Du hast recht, sagte ich, es hätte keinen Sinn; die National Front könnte diese Unruhen keinesfalls organisiert haben. Man hat der National Front zu Unrecht die Schuld zugeschoben, fügte ich hinzu.

Siehst du's ein? fragte er.

Klar, sagte ich. Ich seh's ein.

Phil folgte mir. Ich hätte mir's denken können. Ich ging an die Theke und holte mir noch was zum Trinken, zahlte, drehte mich wieder um: und da stand Phil. Ich ging auf die Toilette, und als ich die Tür aufmachte, hätte ich Phil beinah umgestoßen. Als ich nach draußen ging, um Luft zu schnappen, kam Phil hinter mir hergetorkelt.

Ich hatte keine Lust mehr, mit Phil zu reden. Ich wollte nicht unhöflich sein, aber ich wollte, daß er mich in Ruhe ließ.

Es wird Zeit, sagte ich, daß ich mit ein paar von den Jungs rede. Ist wichtig für meine Recherchen.

Inzwischen tanzten sehr viel mehr von den Jungs – etwa dreißig.

Scheiß-Skinheads, sagte er. Alle gehirnamputiert. Kümmer dich nicht um sie. Aber eins muß ich dir unbedingt klarmachen: Selbst wenn ... selbst wenn ... die Krawalle nämlich. Selbst wenn ...

Und dann hörte er auf.

Ich erkannte den Jungen, dessen Geburtstag den Anlaß für das Fest bildete.

Wie geht's? fragte ich.

Wunderbar, sagte er. Mir geht's prima.

Wie alt bist du geworden?

Einundzwanzig.

Und hast du dir deinen einundzwanzigsten Geburtstag so vorgestellt?

Besser hätt' es nicht sein können.

Kennst du viele von den Leuten hier? fragte ich.

Kaum einen, sagte er, und dann überkam ihn ein unbezwingliches Kichern. Er hörte damit erst auf, als er begriff, daß ich der Journalist war, von dem er die andern hatte reden hören. Ich wunderte mich, daß er überhaupt noch etwas begriff. Ich wußte nicht, was er für Chemikalien im Blut hatte, aber wenige konnten es nicht sein, und sein Körper war anscheinend nicht daran gewöhnt, damit fertig zu werden. Er hatte sich an der Hopserei fleißig beteiligt und war schweißgebadet. Seine Pupillen hatten sich zu winzigen Punkten verengt.

Du bist doch der Reporter, oder?

Amphetamine, dachte ich. Speed hat diese Wirkung.

Und dann geriet er in helle Aufregung. Er war überzeugt, ich würde über ihn schreiben. Vor Aufregung fing er an, auf- und niederzuhüpfen. Ich komm in die Zeitung, sagte er und hüpfte immer höher. Ich komm in die Zeitung, sagte er, immer noch hüpfend, bis er schließlich, nun völlig aus dem Häuschen, außer Reichweite hüpfte, durch das Gedränge, über einen Tisch hinweg, irgendwohin auf die andere Seite des Saales.

Ich drehte mich um, und da war wieder Phil Andrews. Er versuchte immer noch den Satz zu beenden, den er beim letztenmal, als ich mit ihm sprach, angefangen hatte. Er schien nicht mehr so recht geradeaus sehen zu können. Er zeigte irgendwohin. Er wollte mir unbedingt etwas sagen. Ich glaubte zu wissen, was es war.

Selbst wenn, sagte er und verstummte wieder.

Er sollte den Satz nicht mehr zu Ende bringen. Die Natur, wenn man so will, brachte ihn endlich zum Schweigen. Ich war ziemlich sicher, daß er gleich kotzen müßte.

Ich begann im Saal herumzuspazieren, in der Gewißheit, daß Phil nicht mehr nachkommen konnte. Ich unterhielt mich über alles mögliche mit allen möglichen Leuten.

Sie erzählten mir, daß sie eine organisierte Armee seien; daß der Fußball sie zusammengeführt habe; daß sie eine eigene Polizei aufstellten; daß sie die Orte, wo sie hinfuhren, zu erobern versuchten.

Sie erzählten mir, sie seien Krieger.

Sie erzählten mir, daß die Banken in der Hand der Juden seien und das Land in der Hand der Banken; daß die Zahl der im Holocaust getöteten Juden stark übertrieben sei.

Sie erzählten mir, daß die Labour-Partei ein Sauhaufen sei; daß die konservative Partei auch ein Sauhaufen sei; daß alle amerikanischen Soldaten aus England verschwinden müßten.

Einer sagte mir, die Großstädte müßten »entwurzelt« werden – das war das Wort, das er gebrauchte –, und wir sollten alle zu unserer natürlichen Lebensweise zurückkehren. Der Mann, der das sagte, war einer von denen mit der Nazi-Armbinde. Er war Mitglied des St.-Georgs-Bundes.

Der St.-Georgs-Bund, so versicherte er mir, sei militanter und extremer als die National Front. Er sei gegen jegliche moderne Technik. Er verfechte eine Form des Agrarsozialismus. Der moderne Mensch, sagte er, sei entwurzelt und in eine künstliche Betonwelt verpflanzt worden.

Das hört sich an wie die Theorie, die auch die Roten Khmer vertreten, sagte ich ihm.

Genau, sagte der Mann vom St.-Georgs-Bund. Dann sagte er's noch mal: Ja, genau! Er nickte und grinste. Es war ein sehr finsteres Grinsen.

Inzwischen wurde nicht mehr nur in der Mitte des Saals getanzt, sondern alle tanzten überall. Am einen Ende hatten einige neue Mitglieder mit ihren Fußball-Sprechchören angefangen, genau wie Neil befürchtet hatte. Es stellte sich heraus, daß dies die Fans von West Ham waren. Vom anderen Ende her antworteten ihnen die von Chelsea. Es folgte ein kontrapunktischer Chor von West-Ham- und Chelsea-Gesängen, der Neil veranlaßte, eilig in seiner Plattensammlung zu wühlen. Es wurde Zeit, eine andere Musik aufzulegen, und Neil schaute zu Nick Griffin hinüber.

Nick Griffin nickte. Es wurde Zeit, die White-Power-Musik zu spielen.

Die meisten Stücke, die Neil dann spielte, stammten von einer Gruppe namens White Noise; unter den anderen Gruppen waren Skrewdriver und Brutal Attack. Keines dieser Stücke wurde von einem der zugelassenen Rundfunksender gespielt oder in einem der gewöhnlichen Schallplattenläden verkauft. Der Vertrieb dieser Musik lief über den Postversand, und schon an den Titeln sah man, warum: »Young, British and White«, »England Belongs to Me«; »Shove the Dove«; »England« und »British Justice«. So lautete der Text von »The Voice of Britain«:

Unsere alten Leute können nicht allein auf der Straße gehn.
Sie haben für dieses Land gekämpft, und das haben sie nun davon!
Sie haben für England ihr Leben riskiert, und nun gehört England den Ausländern.
Es wird Zeit, daß wir Briten es uns zurückholen.

Dies ist die Stimme Englands,
Ob ihr's glaubt oder nicht!
Dies ist die Stimme Englands.
Los, hoch die Fahne!

Es wird Zeit, daß wir uns das Fernsehn mal vorknöpfen und die Presse
Und all die Medien-Zionisten, die uns ruhigstellen möchten.
Die versuchen, unser Land auszusaugen,
Die sind die Blutegel der Nation.
Aber nun nehmen wir den Kampf auf.

Dies ist die Stimme Englands,
Ob ihr's glaubt oder nicht!
Dies ist die Stimme Englands.
Los, hoch die Fahne!

Die Musik wurde von dem gleichen stampfenden, nervtötenden Rhythmus der Schlaginstrumente beherrscht wie alles übrige, was an diesem Abend gespielt worden war, und der Text der meisten Lieder, die nun folgten, ging unter in der Phonstärke. Den Text der »Stimme Englands« kann ich nur zitieren, weil er in einer »White-Noise«-Broschüre abgedruckt war, die man herumreichte, offenbar um das Verständnis zu erleichtern. Einen Refrain bekam ich noch mit, weil er mehrfach gespielt wurde und weil jedesmal alle einstimmten. Er schien das Leitmotiv des ganzen Abends zu sein.

Two pints of lager and a packet of crisps.
Wogs out! White power!
Wogs out! White power!
Wogs out! White power!

Man konnte interessante Betrachtungen darüber anstellen, daß der Abend in dieser schlichten Äußerung von Bedürfnissen gipfelte: Die Jungs brauchten ihr Lagerbier; die Jungs brauchten ihr Päckchen Kartoffelchips; die Jungs brauchten ihren Kanaken.

Nick Griffin zeigte an, daß die Lautstärke noch höher zu drehen sei, und nun wurde die Musik schmerzhaft laut. Der Saal war heiß und verräuchert und roch nach Haschisch. Die Luft war zum Schneiden. Sechzig bis siebzig Jungs umklammerten sich in der Mitte des Saals, hüpften auf und nieder, fuhren sich gegenseitig mit den Händen über den Kopf und sangen im Chor:

Wogs out! White power!
Wogs out! White power!
Wogs out! White power!

Sie hatten die Hemden ausgezogen, so daß die Hosenträger seitlich herabbaumelten und gegen ihre Beine schlugen, und man sah sechzig bis siebzig blasse, schmalbrüstige Oberkörper, schweißbedeckt, dicht zusammengedrängt. Sie hüpften mit soviel Elan, daß sie alle hinfielen und übereinanderpurzelten. Ich dachte, jemand könnte sich verletzt haben – auch ein Tisch wurde mit umgerissen –, aber alle rappelten sich wieder auf und tanzten weiter, wenn auch mit Mühe. Dann fielen sie wieder hin, völlig naßgeschwitzt. Ich weiß nicht, ob es am Bier oder an den Drogen lag, am Delirium des Tanzens oder an diesem immer wieder aufs neue wiederholten Chor, aber es lag etwas Bedrohliches in der Luft – etwas Sexuelles, Gefährliches. Die Leute hatten sich nicht mehr in der Gewalt: daß sie immer wieder hinfielen, war nicht beabsichtigt, und niemand fand es lustig. Es hatte nichts zu tun mit dem Herumgealbere betrunkener junger Männer. Manche von ihnen schienen in Trance zu sein.

Ich sah zu den Frauen hin, die im Dunkeln saßen und eine Zigarette nach der andern rauchten. Keine von ihnen tanzte. Hier spielte sich etwas ab, was sie nicht verstanden. Sie waren verlegen. Eine kicherte. Ihre Freunde drängten sich in der Mitte des Saales aneinander, nahezu unbekleidet, keuchten und hüpften.

Lauter, brüllte Nick Griffin, aber Neil konnte ihn nicht hören, und Griffin mußte erst durch den Saal zu ihm hingehen. Ich konnte nicht verstehen, was sie sagten, aber anscheinend wurde Neil aufgefordert, die Lautstärke höher zu drehen, aber die Lautstärke ließ sich nicht mehr höher drehen. Sie war schon auf Maximum gestellt.

Nun schienen mehr gutgekleidete Männer dazusein als vorher, aber das war wohl nur eine Einbildung. Oder war es möglich, daß einige erst kurz vor Schluß des Festes, zum Höhepunkt gekommen waren? Sie bildeten einen deutlich erkennbaren Kreis. Während der letzten fünfzehn Minuten hatte keiner von ihnen sich gerührt: keiner war zur Toilette oder zur Theke gegangen. Sie standen wie angewurzelt und beobachteten die Gruppe.

Neil hatte sich darauf verlegt, nur noch die Versammlungshymne zu wiederholen. Sobald die Platte abgespielt war, legte er einfach die Nadel wieder auf und fing von vorn an.

Two pints of lager and a packet of crisps.
Wogs out! White power!
Wogs out! White power!
Wogs out! White power!
Wogs out! White power!

Und dann war alles vorbei. Dougie mußte plötzlich außer Rand und Band geraten sein. Ich hörte Geschrei von der andern Seite des Raumes, schaute hin und sah Dougie einen Barhocker über dem Kopf schwingen. Jemand ging zu Boden, und ein Tisch voller Gläser wurde umgestoßen. Er griff sich einen Stuhl und holte damit aus, verlor aber das Gleichgewicht und krachte gegen einen Tisch. Noch mehr Gläser gingen zu Bruch.

Nick Griffin ging zur Stereoanlage, hielt die Platte an und schaltete das Gerät aus. Die Party war zu Ende. Phil sah ich in einer Ecke. Er war nicht mehr bei Bewußtsein und saß auf dem Boden, gegen die Wand gelehnt.

DOUGIE, DOUGIE, DOUGIE!

Es war Neils Stimme. Er flüsterte: sachte, tröstend, beschwichtigend.

Dougie, Dougie, Dougie!

Ich weiß immer noch nicht recht, was in der Zeit zwischen dem Moment, als Dougie den Stuhl überm Kopf schwang, und dem späteren, als er mich gegen den Laternenpfahl drückte, geschehen war. Mit dem Kopf gegen einen Laternenpfahl gerammt zu werden fördert die geistige Konzentration außerordentlich, wie sehr auch der äußere Behälter dabei zerschrammt werden mag. Jedenfalls erinnere ich mich ganz klar an die Momente, in denen Dougie mich in seinem Griff hielt, denn ich dachte über jeden einzelnen dieser Momente ziemlich gründlich nach. Ich dachte über den Ausdruck nach, der in Dougies Augen stand – er war nicht nett und sprach nicht dafür, daß ich große Aussichten hatte, jemals Dougies Freund zu werden. Ich dachte auch darüber nach, was Neil, Dougies

Bruder, gerade sagte. Als er sah, wie ich gegen den Laternenpfahl gerammt wurde, hatte Neil eingegriffen.

Dougie, Dougie, Dougie!

Neil hatte eine sehr sanfte Art, mit ihm zu reden, und anscheinend hatte sie die gewünschte Wirkung. Dougie hatte aufgehört, mich gegen den Laternenpfahl zu stoßen, und horchte. Es war, als ob Neil jemanden riefe, der sehr weit weg und nicht zu sehen war – etwa am Ende eines sehr langen Tunnels.

Dougie, sagte Neil, so was muß doch jetzt nicht sein, oder?

Dougie hatte den Kopf zu seinem Bruder hingewendet. Er paßte genau auf.

Dougie, sagte Neil, der Mann hier ist doch ein netter Kerl. Er ist ein Freund von uns. Er ist einer von uns. Wenn du diesen netten Kerl jetzt losläßt, fuhr er fort, können wir alle noch einen trinken gehn, und wenn du brav bist, darfst du nachher auch noch einen Stein in das indische Restaurant schmeißen.

Steine ins Fenster des indischen Restaurants, des indischen Lebensmittelladens oder manchmal auch eines von Indern bewohnten Hauses zu schmeißen, so erfuhr ich, war ein beliebter spätabendlicher Zeitvertreib. Dougie grinste – es war ein zähnebleckendes, dummes Grinsen – und ließ mich los.

Ich weiß nicht mehr genau, was später noch geschah. Ich stolperte hinter ihnen drein, kreuz und quer durch Bury St. Edmunds, von Haus zu Haus, meist ziemlich heruntergekommene Reihenhäuser; ich lernte neue Leute kennen, darunter drei Männer in schwarzen SS-Uniformen. Ich weiß, daß ich mein Versprechen, mir gründlich einen anzutrinken, gehalten und außerdem die flüssigen Toxine noch mit allem Erdenklichen, was sonst zur Hand war, angereichert hatte. Und es scheinen noch eine Menge anderer Toxine zur Hand gewesen zu sein. Und dann kam ein Loch, eine Erinnerungslücke. Als ich irgendwann am späten Vormittag des nächsten Tages stark verkatert erwachte, befand ich mich in einem feuchtkalten zweistöckigen Haus, einem leerstehenden Haus, in dem Neil und Dougie lebten, ohne Heizung und mit einer zerbrochenen Fensterscheibe – durch die sie vermutlich ursprünglich hineingelangt waren. Es gab nur ein Bett, und das hatte man mir als dem Gast überlassen. Auf dem Boden ringsum hatten über zwanzig Skinheads geschlafen: das Pack aus der Kneipe. Sie schliefen immer noch. In dem Raum roch es durchdringend.

Neil hatte mich geweckt. Er bot mir zum Frühstück eine Dose Lagerbier an. Mehrere Kartons Harp-Lager standen am Fuß des Bettes gestapelt, und er fragte mich, ob ich eine wollte.

Am späteren Nachmittag fuhr ich ab.

In der folgenden Zeit hielt ich losen Kontakt zur National Front, im Glauben, daß es noch einiges mehr gebe, was ich herausfinden müßte. Ich nahm ein paarmal mit Nick Griffin Verbindung auf, ging zu einigen Demonstrationen und hörte mir die Reden an, die anschließend gehalten wurden. Weitere Publikationen und Zeitungen der Partei wurden mir zugeschickt – nicht zu mir nach Hause, denn ich war umgezogen, sondern an die Adresse des Büros, in dem ich arbeitete; aber vor kurzem habe ich erfahren, daß die anderen Mitarbeiter über diese Zusendungen so schockiert waren, daß sie alles mit groben Bemerkungen auf den Umschlägen zurückgehen ließen. Im Grunde hatte ich die wichtigste Erkenntnis über die National Front schon gewonnen – dort, an jenem Abend bei ihrer Disco –, und sie hatte mit ihrer Politik oder ihren Mitgliedern wenig zu tun. Sie betraf ihre Haltung zu den Massen.

Ich bin sicher, daß Ian Anderson recht hatte, als er sagte, das Fußballstadion sei für ihn das ideale Rekrutierungsgelände, aber sicher wußte er auch, daß dort eine ganz bestimmte Art von Mitgliedern anzuwerben war: solche, die schon Erfahrung, wenn nicht geradezu eine Schulung darin hatten, Teil einer Masse, manchmal einer gewalttätigen Masse, zu werden, auch wenn diese nicht politisch ausgerichtet war. Und er wußte auch bestimmt, daß Massen die stärkste Waffe einer revolutionären Partei sind. Auf dem Papier sah dies ganz einfach aus, und so viele Aktivitäten der National Front – ihre Discos, Demonstrationen und Propagandaveranstaltungen – dienten dem Zweck, ihre Mitglieder zu einer Masse zusammenzuschweißen und dieser dann eine politische Ausrichtung zu geben. Aber so einfach ist es nicht, und am Ende erwies sich, daß die jungen, gutgekleideten Funktionäre aus der Zentrale der National Front ihrer Aufgabe nicht richtig nachgekommen waren: sie waren da, um zu führen, aber nur wenige folgten ihnen. Doch obwohl inkompetent, wußten sie, worauf es ankam. Sie hatten etwas von den Mechanismen der Masse begriffen und respektierten die Masse. Sie wußten, daß ihr Potential – ihre außerordentliche, rohe, unbeherrschbare Kraft – in uns allen steckt, auch wenn es sich so beharrlich dem Zugriff entzieht.

CAMBRIDGE

Die Tausende bleiben stehen und sprechen im Chor. Überall sonst auf der Welt fahren Menschen Rolltreppen hinauf und blicken verstohlen in die Gesichter derer, die ihnen abwärts entgegenkommen. Menschen schwenken Teebeutel über heißem Wasser in weißen Tassen. Wagen fahren still über die Autobahnen, Streifen gefärbten Lichts. Menschen sitzen an Schreibtischen und sehen Bürowände an. Sie riechen an ihren Hemden und werfen sie in den Wäschekorb. Menschen schnallen sich in numerierten Sitzen fest und fliegen durch Zeitzonen, hohe Zirruswolken und tiefe Nacht, in dem Wissen, daß es etwas gibt, was sie zu tun vergessen haben.

Die Zukunft gehört den Massen.

Don DeLillo
Mao II (1991)

Ich möchte beschreiben, wie es ist, wenn man auf ein Tor wartet.

An einem Januarabend im Jahr 1990 ging ich zu einem Spiel von Cambridge United, in dem kleinen, nicht überdachten Abbey-Stadion am Stadtrand. Das Spiel war in einer der letzten Runden des britischen Verbandspokals, der nach dem K.O.-System ausgetragen wird. Die Mannschaft von Cambridge, zu der Zeit in der vierten Division spielend, war viel weiter gekommen, als ihre Anhänger je hätten erwarten können. Es war ein Wiederholungsspiel: Drei Tage zuvor, als Cambridge zum erstenmal gegen Millwall spielte und die historische Fahrt zu der »Höhle«, dem Stadion von Millwall, angetreten hatte, war Cambridge mit einem Unentschieden davongekommen. Das Spiel an diesem Abend sollte die Entscheidung bringen, welche Mannschaft das Viertelfinale erreichte. Keine Mannschaft aus der vierten Division war über das Viertelfinale je hinausgekommen.

Ich ging ins Stadion und geriet zwischen die Leute, die etwa in Höhe der Mittellinie gegen den Zaun gedrängt standen. Es dauerte einige Minuten, bis ich einen Platz gefunden hatte, von dem aus ich das Spiel unbehindert sehen konnte, und diesen Platz behauptete ich, indem ich mich am Innengeländer festhielt. Ich war allein gekommen. Links von mir stand ein etwa fünfzigjähriger Mann, der stark nach amerikanischem Zigarettentabak roch, mit einem Gesicht voll gutmütiger Fältchen, aschgrauen Augenbrauen und vom Nikotin verfärbten Zähnen. Hinter mir standen drei junge Burschen; der eine hatte den Unterarm auf meine Schulter gelegt, um das Gleichgewicht zu halten. Rechts von mir stand eine Frau Mitte Zwanzig, mit kurzem, blondem Haar, daneben ihr Freund;

sie wurde von der Seite gegen mich gedrängt. Der Zugang zum Spielfeld war ein verschlossenes Tor unmittelbar vor mir; darum mußten sich immer wieder neue Leute – Kinder, Polizisten, Stadion-Ordner – vorbeizwängen.

Ich war kein Fan der Mannschaft von Cambridge; ich war nur aus Neugier gekommen (noch nie zuvor hatte Millwall in Cambridge gespielt); aber ich staunte, wie sehr mich das Spiel gefangennahm. Binnen Minuten machte ich bei Sprechchören mit, sang sogar mit, ebenso wie alle andern Leute, und meine eigene, leicht schrille Stimme kam mir ebenso fremd vor wie die Stimmen der anderen ringsum. Ich stöhnte, wenn alle stöhnten; und wenn die Menge in die eine Richtung wogte und wir alle mittaumelten, griff ich instinktiv nach den Leuten neben mir, um mich aufrecht zu halten. Wenn die Woge dann zurückbrandete und uns alle mitriß, merkte ich, wie dieselben Leute an mir Halt suchten. Obwohl ich eben erst von der Straße hereingekommen war, befand ich mich schon in einer ungewöhnlich intimen Situation. Zwar hatte ich kaum mehr als ein paar Worte mit meinen Nachbarn gewechselt – um uns zu unterhalten, standen wir zu eng zusammengedrängt –, doch etwas teilte sich uns mit. Etwas, das spürte ich, teilte sich nun allen hier mit: so wie fast jeder einzelne in dieser neuntausendköpfigen Menge dicht gegen jemand anders gedrängt und dadurch aufrecht gehalten wurde, so wurden wir alle vereint durch das Warten auf ein Tor.

In den ersten Minuten sah es so aus, als ob bald eines fallen würde. Millwall spielte damals in der ersten Division, der obersten Spielklasse, aber das Spiel machte die Mannschaft von Cambridge, wenn auch ohne große Finessen. Ihre Spieler waren aggressiv und wenig elegant, kämpften aber zäh um den Ball und verloren ihn nur selten. Sie waren es, die die ersten Schüsse aufs Tor abgaben. Schon in den ersten drei Minuten mußte der Torwart von Millwall zwei spektakuläre Rettungstaten vollbringen, wobei er das eine Mal gerade im letzten Augenblick die Hand hochriß und den Ball um Zentimeter über die Latte lenkte. Zwei Minuten später wurde der

Ball gegen den Pfosten gehämmert. Zehn Minuten später traf wieder einer das Gestänge, diesmal die Querlatte.

Ich achtete besonders auf diesen Torwart. Er hieß Keith Branagan und spielte zum erstenmal gegen Cambridge, seinen früheren Verein, der ihn für eine große Summe an Millwall verkauft hatte – den größten Betrag, den Cambridge je für einen Spieler bekommen hatte. Vielleicht war dies insgeheim ein Ansporn – vielleicht wollte Branagan seinen früheren Fans zeigen, was sie an ihm verloren hatten –, aber wahrscheinlich hielt er einfach deshalb außergewöhnlich gut, weil er ein außergewöhnlich guter Torhüter war. Durch die ständigen Angriffe der Cambridger auf sein Tor wurde er zum auffälligsten Spieler auf dem Platz. Nach einer Weile bekam ich das Gefühl, daß es nicht das allein sein konnte: irgendeine geheimnisvolle Kraft schien sein Tor zu umgeben – eine, die größer war als Branagans Können – und zu verhindern, daß der Ball hineinging. Ich hatte das Gefühl, der Ball würde nie ins Netz gelangen, und wenn doch, dann nicht auf natürliche Weise.

In der ersten Halbzeit fiel kein Tor, und während der Pause entspannten alle Leute auf den Rängen sich merklich. Man hatte mehr Platz: ohne die Aufregung schien das Publikum geschrumpft zu sein. Die Leute liefen nicht mehr herum, und es war nicht mehr nötig, sich an anderen festzuhalten. Jemanden zu berühren, wäre nun unpassend gewesen. Ein Gespräch wäre nun möglich gewesen, aber das schien auch nicht so ganz das richtige. Mit den Leuten in meiner Nähe wechselte ich nur ein paar belanglose Worte. Nur Freunde oder Partner redeten miteinander, Fremde waren wieder Fremde. Jeder hatte wieder seine Privatsphäre.

Das Spiel wurde wieder angepfiffen.

Die zweite Halbzeit begann im gleichen Stil, der die ersten fünfundvierzig Minuten gekennzeichnet hatte – brutal und ineffizient. Cambridge United ließ nicht locker, aber es war schwer vorstellbar, wie seine Spieler bei diesem Tempo das Match durchhalten sollten. Sie kämpften mit großem körperlichen Einsatz – und begingen die meisten Fouls –, und wenn sie jetzt nicht in den ersten fünfzehn Minuten ein Tor schossen, dann würden sie es, glaubte ich, später schon gar nicht schaffen. Sie wären dann erschöpft und müßten froh sein, wenn sie mit einem torlosen Unentschieden davonkamen. Darauf würde es hinauslaufen: noch ein torloses Unentschieden.

Aber ich irrte mich. Auch nach fünfundzwanzig Minuten ließ Cambridge noch nicht nach. Schon wieder prallte ein Schuß vom Pfosten zurück – das war nun der vierte –, und gleich darauf gab es noch eine dramatische Parade des Torwarts von Millwall.

Das Spiel war bis jetzt einfach nur guter englischer Fußball – oder was man so nennt. Es war nichts Ungewöhnliches daran, auch nicht am Publikum. Im Grunde war das Match, wenn auch wichtig für Cambridge, in jeder anderen Hinsicht eine provinzielle Angelegenheit, ein ganz gewöhnliches Abendvergnügen an einem Januartag mitten in der Woche. Auch die Zuschauermenge war normal, wenn nicht kleiner als normal: das Abbey-Stadion ist das kleinste in der Liga, es faßt nur zwanzig Prozent der Zuschauerzahlen, die die größeren Stadien aufnehmen können, wo die Mannschaften der ersten Division spielen. Und doch war an dem ganzen Erlebnis nicht viel, was man normal nennen könnte.

Bei jedem Sport ist es nichts Ungewöhnliches, daß Zuschauer sich auf eine Weise betragen, die bei jeder anderen Gelegenheit für sie untypisch wäre: sie küssen und umarmen sich, brüllen, fluchen oder führen Freudentänze auf. Das ist der erregende Kitzel, und der Erregung Ausdruck zu geben ist ebenso wichtig wie das Zuschauen und Miterleben. Aber bei keinem anderen Sport ist schon das Zuschauen eine so *konstant* körperliche Tätigkeit wie bei einem von den Rängen herab verfolgten englischen Fußballspiel. Das Körperliche daran ist aufdringlich und unübersehbar, und jeder Beobachter, der das Spiel nicht kennt, könnte sagen, daß es geradezu brutal ist. Tatsächlich finden nur diejenigen es nicht brutal, für die der Besuch eines Fußballspiels in England mit seinen Traditionen so geläufig ist und die so selbstverständlich wissen, was man dabei von ihnen erwartet, daß sie gar nicht mehr sehen können, wie normverletzend ihr Verhalten ist – selbst bei den gewöhnlichsten Belangen. Beim erstenmal, als ich allein in das Stadion an der White Hart Lane ging, strebten binnen Sekunden nach dem Ende des Spiels alle zum Ausgang: ich sah mir die Sache an und konnte mir einen gefährlicheren Ausgang gar nicht vorstellen – ein unglaublich enger Durchgang mit einer sehr steilen Treppe auf der andern Seite. Abwarten war nicht möglich, und ich hatte keine andere Wahl: in dem wilden Gedränge wurde mir buchstäblich der Boden unter den Füßen entzogen, und ich wurde mitgerissen. Ich hatte keinen Einfluß darauf, wo es hinging. Eine *Stampede*, das war das Wort, das mir einfiel. Ich wurde gegen die Barriere gequetscht, wo von der anderen Seite auch Gefahr drohte, wand mich seitlich heraus, damit mir die Rippen nicht eingedrückt wurden, und wurde dann ebenso plötzlich hinausgestoßen und mußte, wie alle andern um mich her, Halt suchen, um nicht die restlichen Stufen hinunterzufallen. Ich drehte mich um und schaute nach oben: alle fluchten und schnitten Grimassen; jemand, der einen Stoß mit dem Ellbogen ins Gesicht bekommen hatte, drohte mit Schlägen. Was sollte das alles? Es war doch kein wichtiger Moment im Spiel, wir verließen ja bloß das Stadion. So verhalten sich Tiere, dachte ich, und der Gedanke war nicht metaphorisch. Tiere verhalten sich wirklich so – Herdentiere. Schafe verhalten sich so, Rinder, Pferde.

Im Mittelpunkt aller Erörterungen über Massen steht der Moment, wenn die vielen verschiedenen Menschen aufhören, viele verschiedene Menschen zu sein und zu einem einzigen Wesen verschmelzen – der Menge oder Masse. Es gibt den Ausdruck »mit der Menge eins werden«. Teilweise ist dies sprachlich bedingt: wenn die Handlungen der Individuen einander ähnlich und kohärent genug werden, muß man sie im Singular, als Handlungen einer einzigen Gesamtheit bezeichnen. Sie sind ... Die Menge ist ... Die vielen Menschen sind ... Die Menge ist. Beim Fußball wird vom Zuschauer erwartet, daß er mit der Menge eins wird; und bei einem guten Spiel, einem Spiel mit »Atmosphäre«, macht der Zuschauer mit: das gehört zu den Dingen, für die er bezahlt hat. Aber selbst hier geht es noch um mehr als um ein gewöhnliches Massenerlebnis.

Es ist ein Erleben ständigen Körperkontakts, und die Zuschauerränge sind so angelegt, daß dieses Erleben konzentriert wird. Die Ränge sehen wie Tierpferche aus, und wie Pferche bieten sie nur eine sehr primitive Unterbringung: ein Gatter, das zugesperrt wird, wenn die Zuschauer drinnen sind; einen Zaun, der sie hindert, ihren Bereich zu verlassen oder in den Innenraum einzudringen; eine Gelegenheit, einfache Erfrischungen zu erhalten – gegen elementaren Hunger und Durst; einen Ort zum Pinkeln und Scheißen. Ich erinnere mich an einen Besuch der »Höhle« von Millwall, wo die einzige Toilette überlief und meine Füße durch den Urin platschten, der die Betonstufen herabgeströmt kam, mit einem Sog, der so stark war, daß ich die Zehen anziehen mußte, um nicht die Schuhe zu verlieren und mit den Wollsocken in der stinkenden Flüssigkeit zu stehen, die noch warm und an der kalten Luft dampfend dahinplätscherte. Solche Zustände sind abscheulich, aber wichtig: man versteht, daß jede zivilisatorische Verbesserung das Erlebnis beeinträchtigen würde. Dazu paßt auch, daß in manchen Stadien die Ränge mit Wasserschläuchen abgespült werden, sobald die Herde der Zuschauer hinausgestürmt ist: wiederum nicht nur eine metaphorische Entsprechung zu einem Tierpferch, sondern eine Übereinstimmung in wichtigen Details. Das also bieten die Zuschauerränge: nicht einfach das Massen-, sondern das Herdenerlebnis, und zwar mit größerer Eindringlichkeit als bei jedem anderen Sport oder in jedem anderen Augenblick im Leben eines Menschen – Woche für Woche.

Da war ich nun in Cambridge, an einem Dienstag abend, als Fremder unter Fremden: die Körpernähe war konstant; sie war unentrinnbar – es sei denn, man hätte buchstäblich die Flucht ergriffen und wäre gegangen. Man konnte jeden wichtigen Moment des Spiels durch die Menge hindurch spüren – und man mußte ihn spüren, man hatte keine andere Wahl. Ein Schuß aufs Tor war ein emotionales Erlebnis. Bei jedem Versuch schnappte die Menge hörbar nach Luft, und dann, wenn wieder eine athletische Parade dazwischenkam, stieß sie ebenso hörbar die Luft wieder aus. Und jedesmal dehnten die Leute um mich sich merklich aus, die Brustkörbe weiteten sich, und wir wurden enger zusammengezwängt. Die Leute standen angespannt da, mit steifem Oberkörper, die Armmuskeln leicht angewinkelt, den Hals vielleicht ein wenig vorgereckt bei dem Versuch, in dem seltsamen, grellen elektrischen Licht besser erkennen zu können, ob dies der Schuß war, der ein Tor erbrachte. Von allen Seiten konnte man die Erwartung der Menge durch eine Reihe von Empfindungen am eigenen Leibe spüren.

Körperkontakt diesen Ausmaßes ist in allen Kulturen ungewöhnlich. In England, wo man sich normalerweise kaum berührt und wo manchmal schon ein Händedruck als aufdringlich gilt, sind Kontakte dieser Art ganz unerhört – es sei denn, man wird Teil einer Menge.

Als ich ins Stadion kam, gleich nach einem Arbeitstag im Büro, den Kopf noch voller beruflicher Angelegenheiten, die nur mich allein betrafen, war ich alles andere als »eins« mit der Menge und konnte mir auch nicht vorstellen, daß ich es werden könnte. Es war windig und kalt, und diese beißende Kälte spürte ich ganz persönlich – sie ging *mir* in die Knochen. In allem, was ich empfand und dachte, war ich als Individuum völlig unversehrt. Und *ich* war es, ein Individuum, das von allen Seiten von Fremden eingezwängt war, *ich* nahm ihre Merkmale, Eigenheiten und Gerüche wahr – bis mit Beginn des Spiels sich etwas änderte.

Während das Spiel seinen Verlauf nahm, merkte ich, daß ich sehnsüchtig auf ein Tor wartete. Als sich die Verheißungen und Enttäuschungen immer wieder durch die Körper der an mich gedrängten Menschen äußerten, bekam ich ein dem Hunger ähnliches, immer stärker werdendes Gefühl der Vorfreude, der Erwartung, der Hoffnung: ich wollte unbedingt, daß einer dieser Schüsse den Torwart von Millwall passierte. Das Spiel, das ich verfolgte, beschäftigte mich so sehr, daß es andere Interessen auszuschließen begann. So viele Seiten meiner Person wurden beteiligt – was ich sah, roch, sagte, schrie, stöhnte, was ich am ganzen Leib von Kopf bis Fuß spürte –, daß ich im Begriff war, ein anderer zu werden als der, welcher das Stadion betreten hatte: ich hörte auf, ich zu sein. Nicht, daß ich in einem bestimmten Augenblick aufgehört hätte, mich selbst wahrzunehmen; es wurde mir nur klar, daß ich es eine Zeitlang nicht mehr getan hatte. Das Spiel hatte meine Sinneswahrnehmungen beherrscht und mich, den das Schicksal von Cambridge noch nie ernstlich gekümmert hatte, in einen Zustand mächtig gesteigerten Empfindens versetzt.

Und nachdem das Spiel mich dermaßen gefangengenommen hatte, machte es mit mir wie mit allen anderen, was es wollte. Es reizte und kitzelte, ermunterte und verärgerte. Es hatte dieses gesteigerte Gefühl erzeugt und ebenso die Erwartung, daß dieses Gefühl befriedigt würde – oder auch nicht. Daß die Mannschaft ein Tor schießen würde – oder ein Tor hinnehmen müßte. Daß es einen Sieg geben würde – oder eine Niederlage. Den Höhepunkt der Begeisterung – oder die Enttäuschung. Jedenfalls *Erleichterung*. Was aber geschieht, wenn all diese im Innersten der Menge geballte Energie nicht frei wird?

Nach neunzig Minuten wurde abgepfiffen. Es war kein Tor gefallen. Eine Verlängerung wurde nötig.

Cambridge United war durch Unentschieden mit dreien seiner Gegner bis in diese Runde des Pokals vorgedrungen. Einmal war erst im dritten Wiederholungsspiel die Entscheidung gefallen. Die Mannschaft war Verlängerungen gewöhnt. Daß keine Tore fielen – weder für sie noch für den Gegner –, gehörte zu ihrer Spielweise.

Daß wenig oder gar keine Tore fallen, ist überhaupt ein Grundzug des Fußballspiels; daß es auf Sieg oder Niederlage nicht ankommt, ist ein anderer. Am vorhergehenden Sonntag waren vier Spiele ausgetragen worden: zwischen Norwich City und Liverpool ein torloses Unentschieden; zwischen Bristol City Rovers und den Bolton Wanderers ein eins zu eins; Manchester United schlug Hereford United mit eins zu null. Zwischen Everton und Sheffield Wednesday fiel die Entscheidung für Everton durch ein Eigentor – der Sieg war ein Versehen. Am Tag vorher hatte es acht torlose Spiele gegeben. Zehn Spiele an diesem Wochenende waren unentschieden ausgegangen. Am Wochenende davor waren es zwölf gewesen.

Die Zuschauer gehen zu Fußballspielen in dem Glauben, daß sie Sieg oder Niederlage erleben werden, wie bei jedem anderen Sport; aber sie nehmen es als ihr Los hin, wenn sie weder das eine noch das andere erleben. Sie nehmen es hin, daß sie vielleicht kein Tor sehen werden. Ein Tor ist ein unnatürliches Ereignis. So viele Hindernisse sind zu überwinden: die Abseitsregel, das Gedränge im Strafraum, die Kleinheit des Tors, das Können des Torhüters und der Verteidiger. Aber so gnadenlos bestraft dieses Spiel seine Zuschauer, daß sie selbst dann, wenn das Unnatürliche einmal eintritt und doch ein Tor fällt, nie sicher sein können, es auch wirklich gesehen zu haben. Es wäre ein Trugschluß, anzunehmen, bei diesem Spiel gebe es nichts Aufregenderes, als zu sehen, wie ein Tor erzielt wird; Tatsache ist, daß die meisten Leute es gar nicht mitbekommen. Das Tor als solches ist ein durchsichtiges Gehäuse mit einem Netz dahinter: wenn man nicht von oben darauf herab- oder direkt draufsieht oder es mit Hilfe einer Fernsehkamera wahrnimmt, kann man gar nicht sagen, ob der Ball wirklich die Linie überschritten hat: daß der Ball im Tor ist, wird erst deutlich, wenn er ins Netz geht. Bei jedem Tor, außer bei Strafstoß-Toren, gibt es eine kurze Wahrnehmungsspanne, wenn der Ball weder im Tor noch nicht im Tor ist: eine tote Zeit. Sie wäre, mit der Stoppuhr gemessen, nicht lang – von dem Moment, wenn der Ball *anscheinend* im Begriff ist, die

Linie zu überschreiten, bis zu dem späteren Moment, wenn er eindeutig ins Netz eingeschlagen oder nicht eingeschlagen hat – aber in einer emotionalen Chronologie kann sie endlos erscheinen. Hier in Cambridge, wo die Fans von allen Seiten ein Tor herbeisehnten und endlich diesen Hexenmeister von einem Torwart und das magische Kraftfeld, das er um sich her geschaffen hatte, bezwungen sehen wollten, lagen fünf Schüsse fast richtig im Ziel. Fünf Schüsse, die sich – besonders aus unserer verzerrenden Sicht, etwa an der Mittellinie, auf gleicher Höhe mit den Spielern – von Schüssen, die anderswo über die Linie gelangt waren, visuell nicht unterscheiden ließen. Und bei jeder neuen Torchance wieder die gleiche, rein körperliche Empfindung: ich spürte, wie alle um mich her sich spannten wie Stahlfedern, die drauf und dran sind, zurückzuschnappen. Aber die Erlösung kam nicht. Es wurde kein Tor. Der Ball zappelte nicht im Netz, der Schuß war danebengegangen.

Und wenn dann schließlich doch ein Tor fällt?

Vor einiger Zeit besuchte ich ein schottisches Pokal-Endspiel im Hampden Park, zwischen den beiden Glasgower Teams Celtic und Rangers. Sechsundsechzigtausend Zuschauer waren da, die Hälfte davon in Blau, streng protestantisch, die andere Hälfte in Grün, streng katholisch. Ich stand auf der Seite von Celtic. Die Ränge waren mit Gitterzäunen umgeben, obendrauf vier Reihen Stacheldraht, nach innen, zu den Zuschauern hin zurückgebogen. Was das zu bedeuten hatte, war klar: die Herde durfte nicht über den Zaun klettern. Am unteren Ende jedes Ganges war eine Pforte zum Spielfeld. Die Pforte war verschlossen. Hinter jeder Pforte standen drei Polizisten, mit dem Rücken zum Spielfeld: während des ganzen Spiels behielten sie die Menge im Auge. Nur ihr Vorgesetzter hatte den Schlüssel, und er mußte herbeigerufen werden, wenn eine Pforte geöffnet werden sollte. Die Notwendigkeit, sie zu öffnen, ergab sich zweimal.

Bevor die erste Halbzeit um war, schossen die Rangers das

erste Tor. Dann, zu Beginn der zweiten Halbzeit, schossen die Rangers noch ein Tor. Nach fünfzig Minuten lag Celtic null zu zwei zurück.

Das war ganz am Anfang – ich hatte damals noch nicht viele Spiele besucht und konnte nicht ermessen, was ich sah. Ich wußte, daß dieses Spektakel – das ganze Stadion voller sektiererischer Inbrunst, sechsundsechzigtausend Menschen, die Hälfte in Blau, die Hälfte in Grün – mit keiner anderen Sportveranstaltung zu vergleichen war, die ich je besucht hatte. Im nachhinein begreife ich, daß mir der Ernst, die Gravitas der Veranstaltung nicht behagte: Rangers gegen Celtic, Protestanten gegen Katholiken, das Cup-Finale. Und Celtic sollte zwei zu null verlieren?

Bei dem Tor für Celtic, als es schließlich fiel, ging alles sehr schnell: es gab eine Chance, sie wurde genutzt, aber es war schwer zu sagen, was eigentlich passiert war. Es hatte sich so rasch abgespielt, daß niemand wußte, von wem der Schuß gekommen oder daß überhaupt ein Schuß abgegeben worden war. Es herrschte Stille – eine verdutzte, fassungslose Stille. Tote Zeit, erstarrte Zeit, Nullzeit, weder Tor noch kein Tor. Niemand konnte die Tatsache gleich registrieren; es war, als ob die Sechsundsechzigtausend den Moment noch einmal vor ihrem inneren Auge abspulten, um ihre Wahrnehmungen zu überprüfen: War das ein Tor? Gibt es einen Elfmeter? Hat der Linienrichter die Fahne gehoben? Ist der Ball im Netz? Beweis: Ja, der Ball ist im Netz. Sieh noch mal hin: Ja, da ist er. Der Ball ist drin. Das Unnatürliche ist vollbracht. Tor, Tatsache!

Und dann, nach der Stille, die Explosion. Um mich herum war Platz, und die Menge, als es aus ihr herausbrach, wallte auf und hob sich einige Zoll hoch in die Luft. Ein Fremder, der vor ein paar Sekunden noch finster und drohend dreingeschaut hatte, schüttelte mir beide Hände. Ein anderer umarmte mich. Ich drehte mich um, und jemand küßte mich auf die Wange. Noch jemand umarmte mich. Alle waren in Bewegung, aber plötzlich wurde der Aufruhr stärker, als ich erwartet hatte, und ich taumelte vorwärts, alle taumelten vorwärts und fielen die Stufen hinab. Ich rutschte mehrere Stufen hinab, fünf oder sechs, und als ich aufblickte, war niemand mehr auf den Beinen. Alle waren gestürzt, und trotzdem krakeelten sie weiter. Manche rappelten sich hoch und brüllten im Knien weiter. Andere rutschten immer noch jubelnd treppab, strampelten mit den Füßen in der Luft, schrien vor Glück wie besinnungslos.

Die Polizisten schlossen die Pforten auf und kamen die Gänge hinaufgerannt. Ich dachte, es habe Zoff gegeben, und begriff erst später, daß sie gekommen waren, um die Verletzten zu holen. Fünf wurden auf Bahren hinausgebracht. Einer hatte sich ein Bein gebrochen. Ein anderer, der sich krümmte und sich die Seite hielt, hatte sich anscheinend ein paar Rippen gebrochen oder zumindest geprellt. Die anderen drei hatten Kopfverletzungen. Einer war bewußtlos.

Die Polizisten kehrten auf ihre Positionen am unteren Ende der Gänge zurück und verschlossen die Pforten.

In der neunzigsten Minute, als die Niederlage schon unabwendbar schien, schoß Celtic noch ein Tor. Ich sagte es schon: Wie hätte ich die Bedeutung ermessen sollen? Rangers gegen Celtic, Protestanten gegen Katholiken, das Cup-Finale! Und in der letzten Minute der normalen Spielzeit hatte Celtic ausgeglichen.

Das war das zweite Mal, daß die Polizisten die Pforten aufschließen mußten. Wieder gab es Verletzte, so viele, daß die Bahren nicht ausreichten. Mehrere wurden auf metallenen Klappstühlen weggetragen: ein Polizist hielt die Stuhllehne, ein anderer die Beine, der Verletzte wurde darübergeklappt, mit gefährlich herabbaumelndem Kopf. Andere wurden auf die Reklameschilder gelegt, von denen das Spielfeld umgeben war. Ein Opfer verschwand auf einem Plakat für Marlboro Lights.

Die Polizisten kehrten auf ihre Positionen am unteren Ende der Gänge zurück. Die Pforten wurden wieder verschlossen.

So etwas gibt es bei keiner anderen Sportveranstaltung – nirgendwo.

Hier ist noch ein anderes Beispiel, ebenfalls von einem schottischen Pokal-Endspiel zwischen den Glasgow Rangers und Celtic, wiederum im Hampden Park. Die Menge hatte sich in eine solche Erregung gesteigert, daß nach dem Abpfiff Tausende aufs Feld gestürmt waren und angefangen hatten, die Torpfosten herauszureißen. In einem Zeitungsbericht hieß es:

> Berittene Polizisten trafen ein, und in dem folgenden Handgemenge wurden über fünfzig Personen verletzt. Als die Absperrungen niedergerissen waren, häuften die Randalierer die Trümmer auf, übergossen sie mit Whisky und zündeten das Holz an. Die Flammen griffen auf die Kassenhäuschen über, die nur zwanzig Yard von einem großen Mietshaus entfernt standen. Höchster Alarm herrschte besonders, als die Feuerwehrmänner von der Menge angegriffen und am Löschen gehindert wurden. Kaum hatten sie ihren Schlauch ausgerollt, als die Leute darauf sprangen, ihn mit Messern und Steinen zerfetzten und die Bemühungen der Feuerwehr vereitelten.

Die hölzernen Sitze fingen Feuer und gingen in Flammen auf. Weitere Polizisten kamen, aber als sie einen Zuschauer verhaften wollten, geriet die Menge in Rage und befreite ihn, wobei viele Polizisten verletzt wurden, zwei davon durch Messerstiche. Die Krawalle gingen weiter, auch in der Umgebung des Stadions, und alle Straßenlampen der Gegend wurden zertrümmert. Ein Polizist bekam Messerstiche ins Gesicht.

Aus zwei Gründen sind die Ausschreitungen bei diesem Spiel von Interesse: zum einen sind es die ersten größeren Massenkrawalle in der Geschichte des Fußballs. Sie fanden im April 1909 statt. Vorher hatte es schon kleinere Zwischenfälle gegeben, meist Vandalismus gegen Verantwortliche, die ein Spiel absagen ließen, oder Angriffe auf Schiedsrichter wegen einer Fehlentscheidung. Dies war der erste Massenkrawall. Die schottische Fußball-Liga existierte damals seit zwanzig Jahren.

Zum andern ist es die unmittelbare Ursache: es war schon das zweite Match zwischen den Rangers und Celtic, das keine Entscheidung gebracht hatte; auch beim erstenmal, am Samstag vor einer Woche, hatten sie sich Unentschieden getrennt. Noch ein Spiel ohne die Erlösung durch Sieg oder Niederlage konnte die Menge nicht ertragen.

Die erste Hälfte der Verlängerung zwischen Cambridge United und Millwall endete, und noch immer war kein Tor gefallen. Es blieben noch fünfzehn Minuten, aber ich hatte mich mit dem Unentschieden abgefunden. Ich bin sicher, den neuntausend Anhängern von Cambridge ging es genauso.

Alle hatten sich damit abgefunden, nur nicht die Spieler von Cambridge United. Sie spielten, als ob sie glaubten, sie könnten gewinnen; sie schienen nicht gemerkt zu haben, daß sie ihr Tempo nicht durchhalten konnten und daß ihre Spielweise – lange Pässe, Sprints über das ganze Feld und maximaler Körpereinsatz – allzu kräfteverschleißend war. Nach der ersten Hälfte der Verlängerung, ohne Auswechslungen, wäre es vernünftig gewesen, defensiv zu spielen und sich mit dem Unentschieden zufriedenzugeben. Statt dessen schienen die Spieler von Cambridge United nur noch entschlossener zu Werke zu gehen: noch mehr lange Pässe, noch mehr Sprints übers Feld, noch mehr brutaler Einsatz. Sie hatten eine unerklärliche Adrenalin-Reserve, und nach der Hälfte der letzten fünfzehn Minuten sah es so aus, als ob sie Erfolg haben könnten.

Es begann mit einer Ecke. Den ganzen Abend lang hatte ein starker Wind geweht, doch nun wurde er zum Sturm, und der hoch hereingegebene Ball blieb förmlich in der Luft hängen. Jeder konnte die Torchance sehen – wieder mit diesem psychischen Hunger, dieser Gier, dieser Sehnsucht nach dem Tor –, und der Ball kam herunter, perfekt für einen Kopfball. Und perfekt für die Parade durch einen rettenden Hechtsprung.

Noch eine Ecke, diesmal von der andern Seite, und weil sie nicht direkt gegen den Wind getreten wurde, konnte der Wind nicht ausgenutzt werden, aber trotzdem kam sie gut herein für eine neue Kopfballchance – und wieder eine prächtige Parade, wobei diesmal der Ball über die Latte geboxt wurde.

Noch eine Ecke. Und so ging es weiter. Es gab sechs Eckbälle, von der einen Seite, dann von der andern, eine Seite, andere Seite. Mit jedemmal wuchs die Erwartung. Aber jede Parade, jeder abgelenkte Paß oder abgeblockte Kopfball bestätigte nur, wovon ich schon überzeugt war: es würde kein Tor mehr fallen.

In den letzten Minuten begann der Torwart von Millwall auf Zeit zu spielen. Sogar er hatte sich mit dem Unentschieden abgefunden und wollte jetzt, wo nur noch so wenig Zeit blieb, die Chance eines Wiederholungsspiels nicht verderben. Er lief mit dem Ball am Fuß durch seinen Strafraum, wagte sich bis zu dessen entferntester Ecke, kehrte um, dann lief er noch mal bis zum Seitenrand, wo er den Ball abspielte, machte kehrt und ging zu seinem Tor zurück. Er merkte nicht, daß der Ball direkt zu ihm zurückgespielt wurde.

Als darum das Tor endlich fiel, war es ein Versehen, eine Panne, ein Rechenfehler. Und es blieb keine Zeit, ihn zu korrigieren: ein Rückpaß zum Torwart von Millwall, als er nicht da war, um ihn aufzunehmen. Man konnte die Spieler von Millwall schreien hören. Ein nicht genau gezielter Ball, zu hart geschlagen, rollte ganz, ganz langsam ins Tor. Und dann ging die Zeit aus. Millwall hatte Millwall durch ein Eigentor besiegt.

Es folgte der Jubel, der zu erwarten war. Wie das Tor zustande gekommen war, zählte nicht; es zählte nur, daß eines gefallen war. Cambridge United kam weiter ins Viertelfinale.

Ich machte mich auf den Weg zu meinem Wagen. Er stand vorschriftswidrig geparkt vor einer Tankstelle an der Newmarket Road, und als ich hinkam, stellte sich heraus, daß der Wagen, der, ebenso vorschriftswidrig, daneben parkte, dank einem merkwürdigen Zufall ausgerechnet dem Mann gehörte, der im Stadion neben mir gestanden hatte – dem mit dem faltigen

Gesicht und dem starken Geruch nach amerikanischem Zigarettentabak. Wir wechselten einen Erkennungsgruß, der zwar freundlich war, aber nur die minimalste Geste erforderte. Ich glaube, ich zog eine Augenbraue, die linke, ein wenig hoch. Er, glaube ich, senkte ein klein bißchen das Kinn. Und so gehörte sich's: ein Gespräch, auch nur eine simple Begrüßung, wäre vollkommen fehl am Platz gewesen.

DAWES ROAD, FULHAM

Ich las im Kaffeehaus in Ober-St. Veit die Morgenzeitungen. Ich spüre noch die Empörung, die mich überkam, als ich die »Reichspost« in die Hand nahm ... Im Burgenland war geschossen, Arbeiter waren getötet worden. Das Gericht hatte die Mörder freigesprochen. Dieser Freispruch wurde im Organ der Regierungspartei als »gerechtes Urteil« bezeichnet, nein ausposaunt. Es war dieser Hohn auf jedes Gefühl von Gerechtigkeit noch mehr als der Freispruch selbst, was eine ungeheure Erregung in der Wiener Arbeiterschaft auslöste. Aus allen Bezirken Wiens zogen die Arbeiter in geschlossenen Zügen vor den Justizpalast, der durch seinen bloßen Namen das Unrecht für sie verkörperte. Es war eine völlig spontane Reaktion, wie sehr, spürte ich an mir selbst. Auf meinem Fahrrad fuhr ich schleunigst in die Stadt hinein und schloß mich einem dieser Züge an.

Die Arbeiterschaft, die sonst gut diszipliniert war, die Vertrauen zu ihren sozialdemokratischen Führern hatte und es zufrieden war, daß die Gemeinde Wien von ihnen in vorbildlicher Weise verwaltet wurde, handelte an diesem Tag *ohne* ihre Führer. Als sie den Justizpalast anzündete, stellte sich ihnen der Bürgermeister Seitz auf einem Löschwagen der Feuerwehr mit hocherhobener Rechten in den Weg. Seine Geste blieb wirkungslos: der Justizpalast *brannte*. Die Polizei erhielt Schießbefehl, es gab neunzig Tote.

Es sind 46 Jahre her, und die Erregung dieses Tages liegt mir heute noch in den Knochen. Es ist das Nächste zu einer Revolution, was ich am eigenen Leib erlebt habe. Hundert Seiten würden nicht ausreichen, um zu schildern, was ich selbst sah. Seither weiß ich ganz genau, ich müßte kein Wort darüber lesen, wie es beim Sturm auf die Bastille zuging. Ich wurde zu einem Teil der Masse, ich ging vollkommen in ihr auf, ich spürte nicht den leisesten Widerstand gegen das, was sie unternahm. Es wundert mich, daß ich in dieser Verfassung dazu imstande war, alle konkreten Einzelszenen, die sich vor meinen Augen abspielten, aufzufassen.

Elias Canetti
Das Gewissen der Worte (1975)

Was geschieht, wenn es losgeht?

Es war gegen ein Uhr, und Robert wollte mir's zeigen; ich sollte alles ganz aus der Nähe mit ansehen. Es würde etwas passieren, und Robert wollte, daß ich nichts versäumte. Seit elf Uhr vormittags hatten die Fans von Manchester United sich im Manor House versammelt, einem großen, weitläufigen viktorianischen Pub mit Billardsaal in Nord-London, und inzwischen waren so viele Leute da, daß die Gläser ausgegangen waren. Leute standen auf dem Billardtisch, weil auf dem Boden kein Platz mehr war, und andere riefen von draußen nach Getränken, weil sie durch die Tür nicht mehr hereinkamen. Und dann, einen Augenblick später, war der Pub leer, und alle waren auf der Straße und machten sich über die Seven Sisters Road auf den Weg nach Tottenham.

Alle bis auf Sammy. Sammy würde nicht kommen.

Sammy soll einen umgebracht haben, flüsterte Robert, und Leute sind hinter ihm her. Sie werden immer hinter ihm her sein, dieses Jahr, nächstes Jahr, immer. Ob er's getan hat oder nicht, spielt keine Rolle. Sie *denken*, er hat's getan.

Wir hatten ein flottes Tempo vorgelegt, und Robert hielt mich am Ärmel gepackt, schleppte mich mit, hetzte mich weiter, mein Leibwächter und Führer, sorgte dafür, daß ich vorn blieb und nichts von dem versäumte, was passieren würde, und zugleich hielt er Ausschau nach Gefahren.

Die sind plötzlich da wie aus dem Nichts, sagte Robert. Heckenschützen, Messerstecher. Die stechen zu und sind wieder verschwunden.

Polizei kam, in Mannschaftswagen, die Gaspedale melodramatisch durchgetreten, mit heulenden Motoren aus der

Seitenstraße, wo sie auf die United-Fans gewartet hatte, und als Reaktion beschleunigten alle ein wenig das Tempo.

Rechts von uns standen Hochhäuser. Links von uns standen Hochhäuser. Es hätte Warschau sein können oder ein Vorort von Moskau, nur daß alles übrige so unverkennbar nach Nord-London aussah – die Schmutzschicht, die sich auf unserer Haut absetzte, der Ruß aus den Abgasen und der Müll, den der Wind gegen die Mauern scharrte. Wir kamen an einer Arztpraxis mit zugenagelten Türen und Fenstern vorüber und an mehreren rauchgeschwärzten Gebäuden, vor denen allerlei Zeug auf dem Pflaster verstreut lag: ein kaputter Plastikstuhl, ein Bettlaken, ein rosa Gummistiefel, zerknüllte leere Schachteln jeder Art – Kartoffelchips, Erdnüsse, Windeln, Kekse, das gelbe Einwickelpapier von einem Cheeseburger. Viel Plastik lag herum – rotes Plastik, durchsichtiges Plastik, weißes Plastik, Plastikbecher, Plastikbehälter –, aber auch Blech, Getränkedosen und Lebensmittelbüchsen und unzählige Kippen. Auf der andern Straßenseite stand ein Eiswagen, und dahinter sah ich eine Prostituierte auf einer niedrigen Mauer sitzen, den Blicken entzogen.

Schneller! sagte Robert und scheuchte mich weiter. Ich sollte Schritt halten.

Und weiter ging's, in stetigem Schritt an Läden vorbei, die hinter Metallgittern und Maschendraht verbarrikadiert waren, kleinen, spezialisierten Läden – Fish'n'chips, Kebab, Auto-Ersatzteile, Hähnchen zum Mitnehmen, ein Café, geöffnet von sechs Uhr früh bis vier Uhr nachmittags, ein Sandwichladen, ein Gürtelladen, Schuhreparaturen, Neu- und Gebrauchtmöbel (An- und Verkauf), DER GUTE FANG, ein Zeitungsladen, noch mal Schuhreparaturen, eine Evangelisten-Kirche, Lebensversicherungen, Damenbekleidung, Anstreichfarben in Eimern (nur weiße Dispersionsfarbe, eine Wagenladung weiße Dispersionsfarbe), und dann kamen wir zum Eingang der U-Bahn-Station Seven Sisters.

Hier ist es passiert, sagte Robert. Hier hat es den Toten gegeben.

Einem Fan war der Rücken gebrochen worden, und Robert beschrieb, wie er zuckend und stöhnend dagelegen hatte, mit den Beinen strampelte und nicht mehr aufstehen konnte.

Es war ganz, ganz schlimm, sagte Robert, und wahrscheinlich weil ich noch nie gehört hatte, daß Robert etwas, was er gesehen hatte, ganz, ganz schlimm nannte – was ich zu so gut wie allem hätte sagen können, was er gesehen hatte –, wußte ich, daß dieses »ganz, ganz schlimm« eine schreckliche Untertreibung war. Zweihundert Menschen waren auf der Rolltreppe, die zu den Zügen hinabführte, aneinandergeraten. Als die Tottenham-Fans dieselbe Treppe hinaufgerannt kamen, auf der die Manchester-Fans hinunterrannten, war jemand gegen das Notsignal gestoßen worden, und alle taumelten durcheinander. Mehrere Menschen erlitten eine Gehirnerschütterung und wurden ohnmächtig, es gab viele Knochenbrüche – Arme, Beine und bei dem einen, der so verkrümmt dagelegen hatte, das Rückgrat –, und der Verkehr auf der Seven Sisters Road mußte die herbeigerufenen Krankenwagen durchlassen. Ganz zuunterst, nachdem alle andern aufgestanden waren, lag der Tote.

Das ist der Grund, warum Sammy heute nicht da ist, sagte Robert. Daß es vor Gericht nie erwiesen wurde, spielt keine Rolle. Er kann nie wieder nach Tottenham kommen.

Die Seven Sisters Road endet gleich hinter der U-Bahn-Station in einer T-Kreuzung, und die lange Reihe der United-Fans schwenkte nach links ab, in die High Road, Richtung White Hart Lane. Und dann sah ich sie auf der andern Straßenseite, die Tottenham-Fans – Hunderte, über tausend, sicherlich ebenso viele, wie an diesem Morgen aus Manchester gekommen waren. Wie die Polizei hatten auch sie auf die United-Fans gewartet, und – dies war der Grund, warum Robert mit mir nach vorn drängte – die United-Fans hatten gewußt, daß sie hier warten würden.

Halt dich bereit! sagte Robert, jetzt wieder im Flüsterton, als ob die Fans auf der andern Seite der High Road trotz des Verkehrslärms und der Polizisten, die mit ihren Wagen und

Tieren die Straßenmitte ausfüllten, seine Anweisungen sonst hören könnten.

Gleich ist's soweit! sagte Robert. Aus dem Laufschritt war nun fast schon ein Spurt geworden, als die beiden Gruppen, die sich parallel zueinander über mehrere Häuserblöcke verteilt hatten, die Polizei hinter sich zu lassen suchten und auf den Moment warteten, wo sie die Straße überqueren konnten.

Ein Hundeführer kam den Bordstein entlanggerannt und schnitt uns den Weg ab – zu acht waren wir jetzt an der Spitze der Menge, und Robert schien die Führung zu haben. Der Hundeführer war außer Atem. Er wußte Bescheid, alle Polizisten wußten Bescheid, und wahrscheinlich hatte er den Auftrag, an die Spitze der Gruppe zu gelangen, um sie aufzuhalten und zu verhindern, daß sie außer Kontrolle geriet. Er war sehr nervös und gereizt, und man sah ihm an den Augen an, daß er wußte, er könnte sich von einer Sekunde zur andern mitten in einer Schlägerei befinden. Seinen Hund hatte er beim Halsband gepackt, und darum konnte er mit der andern Hand die Kette in voller Länge als Peitsche gebrauchen.

Zurück! brüllte er und ließ seine Kette nach Cowboyart über dem Kopf kreisen. Zurück! Und plötzlich wurde ich im Gesicht getroffen – ein scharfer, flammender Schmerz auf der Wange. Der Hundeführer hatte angefangen, den Fans, also auch mir, seine Kette ins Gesicht zu knallen. Ich war empört und brüllte ihm die Nummer auf seinem Dienstabzeichen entgegen.

Wir tun ja gar nichts, sagte ich, wir sind unterwegs zu einem Match und kümmern uns um unsere eigenen Angelegenheiten. Was gibt Ihnen verdammt noch mal das Recht, mich zu schlagen?

Er drehte sich um, um mich anzusehen, und sein Gesicht verriet Bestürzung und Verständnislosigkeit. Man merkte ihm an, daß er nicht klug aus dem wurde, was er eben gehört hatte: ein Amerikaner, der ihm seine Dienstnummer entgegenschrie.

Sag ihm, du bist von der Presse! rief mir jemand von hinten zu. Sag ihm, du zeigst ihn an wegen polizeilicher Übergriffe!

Der Polizist ließ die Kette neben sich herabsinken und trabte weiter, geführt von seinem Hund. Er schaute immer noch zu mir zurück, den Kopf nach hinten gedreht.

Los, schrien die anderen jetzt auf mich ein, sag ihm, du zeigst ihn an!

Ich bin zu weit gegangen – ich erinnere mich, daß ich das dachte. Ich habe zugelassen, daß ich einer von ihnen geworden bin. Da lasse ich mich von einem Polizisten schlagen, streite mit ihm herum, werde von den Fans hinter mir weiter aufgestachelt! Von den Fans hinter mir? Von den tausend Fans hinter mir: ich bin an der Spitze des ganzen Haufens, unter den Anführern. Und dann passierte hinter uns etwas. Jemand hatte die Straße überquert, und die beiden langen Reihen, die United-Fans auf der einen Seite und die von Tottenham auf der andern Seite, stießen für einen Augenblick zusammen. Ein Gebrüll stieg auf.

Paß auf jetzt, sagte Robert, paß auf, wenn du jemand mit einem Messer siehst. Gleich geht's los.

Aber es ging nicht los, und es blieb unklar, was passiert war – vielleicht hatte jemand die Nerven verloren –, als ein Fan auftauchte, der, verfolgt von zwei Polizisten, die Mitte der High Road entlanghetzte, und der eine Polizist bekam seinen Absatz zu fassen, und er stürzte, krümmte sich zusammen und hielt schützend die Hände vors Gesicht, und gerade, als wir an ihm vorüberkamen, sah ich, wie sein Kinn, vom Stiefel des einen Polizisten berührt, zurückwich und dann wieder nach vorn ruckte, weil ihn der andere Polizist von hinten getreten hatte.

Es gab noch einen Zwischenfall weiter hinten, aber den bekam ich nicht mit – die Reihen der Fans zu beiden Seiten der Straße schienen sich über eine halbe Meile zu erstrecken –, und wieder gab es einen Aufschrei, und alle drehten sich um, angriffsbereit, aber dann passierte nichts.

Gleich ist's soweit, wiederholte Robert immerzu, gleich

geht's los! Er paßte auf, in Erwartung des Augenblicks, wenn die tausend United-Fans, die jetzt verstreut die High Road entlangtrabten, sich anders besinnen und wissen würden, was zu tun war – nämlich gemeinsam aufzutreten, als Masse, als *gewalttätige* Masse. Es war offenkundig, daß Robert tatsächlich jeden Augenblick einschätzte und abwog und feststellte, daß es noch nicht der richtige war, und jetzt immer noch nicht, aber gleich würde es soweit sein.

Gleich ist's soweit, sagte Robert schon wieder.

Etwas würde passieren, aber es war klar, daß bei allem, was passierte, mit der Polizei zu rechnen wäre. Hatte Robert die Anwesenheit der Polizei vorhergesehen? Es waren zu viele Polizisten da, zwar gegenüber den Fans in der Minderzahl, aber doch so viele, daß sie, weil sie mit ihren Hunden, Pferden und Wagen die Mitte der Straße einnahmen und die zwei Fan-Gruppen trennten, als erste angegriffen werden müßten. Sie versperrten wohlweislich den Weg. Mir schien, gegen Leute zu kämpfen, die kämpfen wollten, war etwas anderes, als gegen Leute zu kämpfen, die einen verhaften wollten. Letzteres ging einfach nicht. Man greift nicht die Polizei an – es sei denn, man wäre in der Lage, sie so gründlich zusammenzuschlagen, daß sie einen nicht mehr festnehmen könnte. Aber auch das ging nicht: man schlägt keine Polizisten zusammen. Auf dieser langen Straße, so wurde mir klar, waren jetzt etwa zweitausend Menschen verstreut, die versuchten, sich in einen Zustand hineinzusteigern, in dem es möglich wäre, die Polizei anzugreifen. Sie machten sich selbst Mut, stachelten sich an und fragten sich immer wieder, wie Robert auch, ob dies jetzt der Moment sei, in dem sie alle zusammen explodieren könnten.

Diese ganz normale Londoner Durchgangsstraße, die A 10, die auf dem direktesten Weg in die Innenstadt und auch geradewegs nach Cambridge führt, wo ich wohne, hatte eine große Bedeutung gewonnen. Sie trennte die Tottenham-Fans von den Manchester-United-Fans. Sie trennte beide von der Polizei. Aber sie trennte sie auch von dem, was sie alle erleben wollten. Und das wußten sie. Solange man auf dem Bürgersteig blieb, befolgte man die Gesetze. Verließ man ihn, befand man sich in der Gesetzlosigkeit. Die Trennlinie war nahezu mit Händen zu greifen. Ich schaute zurück, die ganze Länge dieser Linie, dieser Grenze entlang, und mir war, als ob ich sehen könnte, wie die Jungs dagegen andrängten, sie zu testen, zu dehnen versuchten, sie durchbrechen wollten, aber nicht dazu imstande waren – *noch* nicht. Einer trat aggressiv auf die Fahrbahn, aber die anderen, von denen er hoffte, daß sie ihm folgen würden, blieben auf dem Gehsteig. Er zögerte, und nachdem er einmal gezögert hatte, verlor er die Nerven, kam zurück und verschwand. Jemand auf der andern Seite versuchte das gleiche, wagte sich hinaus, fand sich allein wieder und wich zurück. Diese Straße – so einfach war das – war die Linie, die erst überschritten werden mußte, damit diese Masse zu einer gewalttätigen Masse wurde.

Folgendes wird über Massen gesagt:

Die Masse ist hirnlos.

Die Masse ist primitiv, barbarisch, kindisch.

Die Masse ist wankelmütig, launisch, unberechenbar. Die Masse ist ein dreckiges Volk ohne Namen (Clarendon). Die Masse ist ein Tier ohne Namen (Gabriel Tarde). Die Masse ist ein wildes Tier (Alexander Hamilton, Hippolyte Taine, Scipio Sighele). Die Masse ist wie eine Herde Schafe (Plato), wie ein Rudel Wölfe (Plato), wie ein Pferd – zahm, wenn angeschirrt, gefährlich, wenn losgelassen. Die Masse ist wie ein Feuer, das außer Kontrolle gerät und alles vernichtet, was sich ihm in den Weg stellt, zuletzt sich selbst (Thomas Carlyle). Die Masse befindet sich im Zustand des Fiebers, des Deliriums, der Hypnose (Gustave Le Bon). In einer Masse zeigt sich unser darwinsches Selbst: die Urhorde wird plötzlich befreit unter dem Einfluß des Rudel-Instinkts. In einer Masse zeigt sich unser freudsches Selbst: durch Regression in einen Zustand urtümlicher, primitiver Triebhaftigkeit. Eine Masse hat Sokrates getötet; eine Masse hat Jesus getötet. Die Masse ist mörderisch – beim Sturm auf die Bastille, in der Pariser Kommune, vor dem Winterpalast, in den Straßen von Wien oder auf den ungepflasterten Wegen von Mississippi oder Soweto.

Und wen finden wir in der Masse? Unruhestifter, Gesindel, Landstreicher und Kriminelle (Taine). Krankhaft Nervöse, Übererregbare und Halbirre (Le Bon). Den Abschaum, der aus dem Siedekessel einer Stadt an die Oberfläche steigt (Gibbon). Sowohl ehrenwerte Barbaren (Hitler) als auch die gemeine Arbeiterklasse, die nur nach Brot und Spielen verlangt (Hitler). Menschen, die ihre Antriebe aus dem Rückenmark statt aus dem Gehirn empfangen (Le Bon). Menschen ohne Verstand, Urteils- und Unterscheidungsvermögen, die, weil zu eigenem Denken nicht fähig, anfällig sind für Agitatoren, äußere Beeinflussung, Infiltration, für Kommunisten, Faschisten, Rassisten, Nationalisten, Phalangisten und Spione. Menschen, die es nach Gehorsam dürstet (Le Bon), mit Lust an der Unterwerfung (Freud). Die Masse will beherrscht werden. Sie braucht ihren Patriarchen – den despotischen Vater, Häuptling, Tyrannen, Kaiser oder Kommandanten. Sie braucht ihren Hitler, ihren Mussolini. Die Masse ist wie der Patient für den Arzt, der Hypnotisierte für den Hypnotiseur. Die Masse ist der Mob – den man lenken, beherrschen, *aufwiegeln* muß.

Die Masse – das sind nicht wir.

Wessen Metaphern sind dies? Sie stammen von Freud, Burke, den Historikern der Französischen Revolution, aus der Überlieferung des neunzehnten Jahrhunderts, aus unseren Zeitungen. Wer sagt uns da, was eine Masse ist? Jedenfalls nicht die Masse selbst – sie erzählt uns ihre Geschichten nicht; es sind die Beobachter der Masse, die mindestens soviel aufeinander hören wie auf das Geschrei vor ihren Fenstern: Edmund Burke im fernen London, die Bedeutung einer Revolution erwägend, die er nur mit den Augen anderer gesehen hat. Hippolyte Taine, der in Oxford seine Vorlesungen vorbereitet, dort in den englischen Zeitungen von den Gewalttaten der Kommune liest und sich um seine Familie und seinen Besitz in Paris sorgt. Gustave Le Bon, der »Vater der Massenpsychologie«, ein spätberufener Soziologe, unbekümmerter Plagiator, der Passagen von Scipio Sighele, Gabriel Tarde und (unvermeidlich) Hippolyte Taine abschreibt. (Möglich, daß die einzige Masse, die der Vater der Massenpsychologie je gesehen hat, das Gedränge der Pariser beim Einkaufen war.) Freud, der zwei Jahre nach den großen Massenschlächtereien des Ersten Weltkriegs, als auf den Straßen vor seinem Fenster schon die Parolen des rastlosen Nationalismus und Antisemitismus zu hören waren, seine eigenen Theorien über die Massen und ihre Führer darlegte, die (unvermeidlich) auf dem Werk des »zu Recht berühmten« Gustave Le Bon beruhten.

Die Geschichte der Beschreibungen des Massenverhaltens ist von Angst diktiert: der Angst, ein Opfer zu werden, Besitz einzubüßen, der Angst vor etwas Schrecklichem (oder dem »Terror«), das so stark ist, daß man ihm einen Namen geben muß – und das es zu erklären, als verständlich zu mißdeuten und ins Bekannte einzugemeinden gilt. Die Geschichte des Massenverhaltens ist die Geschichte seiner Erklärungen. Sie hat uns Erklärungen für die Politik der Gewalt und deren Soziologie geliefert. Sie hat uns Modelle der Revolution und des Ich-Ideals gegeben. Sie hat uns Wirkung und Ursache gezeigt: die Einzelheiten der Unterdrückung, die Brutalitäten und Ungerechtigkeiten, die Gefängnisse, die Folter, Brotpreise, Landverlust, die Ungleichheiten einer ausbeuterischen Besteuerung, die Mechanismen und Fallen einer entmenschlichenden Moderne. Die Massenpsychologie versuchte, Massen und ihre Gewalttätigkeit verständlich zu machen, als ob bestimmte Bedingungen, wie in einem wissenschaftlichen Experiment, in alle Ewigkeit zu denselben Resultaten führen müßten. Sie erklärte das *Warum*: unablässig, atemlos, geräuschvoll, als ob das Schrecknis zu verscheuchen wäre, wenn man nur die Gründe dafür laut genug hinausschriee. Aber nur selten erklärte sie das *Was*: was geschieht, wenn es losgeht; welcher Art der Schrecken ist; wie man sich vorkommt, wenn man daran beteiligt oder sogar der Urheber ist.

Ich habe ein Foto aus jüngster Zeit, auf dem man einen Zwischenfall in der jugoslawischen Küstenstadt Split sieht. Ich will es beschreiben.

Eine Menschenmenge, nur aus Männern bestehend, füllt das Bild aus. Es sind kroatische Nationalisten, die einen Panzer umringen, den die Armee zusammen mit anderen Truppen geschickt hat, um die Ordnung wiederherzustellen. Der (ungenannte) Fotograf befindet sich in einer erhöhten Position, vielleicht oben auf einem vorbeifahrenden Fahrzeug oder auf dem Balkon eines benachbarten Hauses. Manche der Protestierenden werden so dicht an den Panzer gedrängt, daß sie aus Angst, überrollt zu werden, aus dem Weg springen müssen. Sie sind als einzige in Bewegung. Die anderen stehen still. Ihre Reglosigkeit hat etwas Überraschendes, Auffälliges. In einem anderen Zusammenhang könnte man sie als Zuschauer oder als Teil eines Publikums bezeichnen: ihre Gesichter haben den gleichen Ausdruck – erwartungsvoll, den Mund leicht geöffnet, weil sie nicht nur mit dem Urteil, sondern auch mit dem Versuch der Urteilsbildung noch zurückhalten –, den wir auch von Zuschauern bei Sportveranstaltungen kennen, die darauf warten, daß etwas passiert. Oder auch nicht passiert. Auch sie warten darauf, daß etwas passiert. Oder auch nicht.

Fünf Männer sind eben auf den Panzer geklettert. Ein sechster, von dem man nur die ausgestreckten, nach einem Halt suchenden Arme sieht, scheint gerade hinaufspringen zu wollen, und ein siebenter, der noch auf der Straße steht, will unbedingt auch mit dabeisein und schickt sich an, von vorn hinaufzusteigen. Die anderen sind vorsichtiger gewesen und haben den Geschützturm umgangen; sie wissen, daß man, um den Panzer zu entwaffnen, von der Rückseite kommen muß, so wie man von hinten an eine Schlange herantritt und sie dicht unterhalb des Kopfes packt. Die Männer sind ordentlich gekleidet und glattrasiert, bis auf einen, der einen Schnurrbart hat. Er ist als erster auf den Panzer gestiegen; allerdings wird er jetzt an der Jacke – die Ärmelnähte beginnen aufzureißen – von einem Mann zurückgezerrt, der es darauf abgesehen hat, an das heranzukommen, was der Schnurrbärtige in den Händen hält. Es ist der Kopf des Panzerkommandeurs. Der Schnurrbärtige hat in den Panzer hinuntergegriffen und den Kommandeur beim Kopf herausgezogen – die Daumen tief in seine Augen gedrückt und die Finger unterm Kinn. Man könnte die Metapher weiter ausführen: nachdem der Mann die Schlange hinterm Kopf gepackt hat, greift er ihr nun, um sie ganz unschädlich zu machen, ins Maul, um alle Giftzähne herauszureißen.

Die mutige Tat eines einzelnen? Oder eine Massenaktion?

Die Zeitung berichtete, an diesem Tag sei in Split ein Soldat ums Leben gekommen. Wir können uns vorstellen, es sei der Panzerkommandeur gewesen. Während ich schreibe, kommen Berichte von fürchterlichen Morden in Jugoslawien: Menschen wurden zerstückelt, in einem Fall wurden die Eingeweide herausgerissen. Wir sind es gewöhnt, daß Journalisten menschliche Exzesse unter die Lupe nehmen; dies bietet Stoff zu unserer Unterhaltung, für unsere Zeitungen, Fernsehnachrichten und Filme. Wir machen uns keine Illusionen über die menschliche Natur, die solche Greuel nicht ausschließt; aber bei aller modernen Aufgeklärtheit geben wir doch nur selten zu, daß solche Greuel tatsächlich auch in uns stecken, in dir und mir. Wir wissen, wozu ein Mob fähig ist, wenn er in Raserei gerät. Aber so ein Mob, das sind nicht wir, auch heute nicht. Über eine gewaltsame Massenaktion in Jugoslawien kann man leicht hinweggehen: das ist ein instabiler Staat, bei uns ist das nicht so. Noch leichter läßt sich über einen Vorfall in Südafrika oder Indien hinweggehen, in Ländern, die uns sowohl geographisch wie kulturell fern liegen: die Leute dort sind augenfällig anders als wir. Es liegt doch auf der Hand – oder etwa nicht? –, daß es dort, bei den »Unterentwikkelten«, den »Unterprivilegierten«, den »Unzivilisierten« oder »Primitiven« (unsere Metaphern aus dem vorigen Jahrhundert werden wieder hervorgeholt), zu Massenausschreitungen kommen kann. Aber ebenso leicht kann man die Gewalt vor der eigenen Tür übersehen. Hier in England, in einer Seitenstraße nicht weit vom Londoner Stadtzentrum, hat sich jetzt eine Menschenmenge gesammelt – aber dieser Haufen, darauf legen wir Wert, das sind nicht wir. Und hier in der Provinz, an einem verlängerten Wochenende kurz vor Kneipenschluß, sammelt sich eine Menschenmenge, mit der die Polizei nicht fertig wird: aber auch das sind nicht wir.

Am 31. März 1990 verwandelte sich ein Protestmarsch zur Downing Street gegen die Einwohnersteuer in einen Krawall, bei dem es 132 Verletzte, zwanzig verstümmelte Polizeipferde, vierzig beschädigte Läden und Sachschäden in Höhe von mehreren Millionen Pfund gab. Vierzigtausend Menschen nahmen an dem Protestmarsch teil. Wie viele davon gehörten zu den Randalierern? Die Randalierer besetzten den Trafalgar Square und beherrschten über drei Stunden lang das Zentrum der Hauptstadt. Wie viele waren es? Dreitausend? Fünf- oder zehntausend? England, versicherte mir meine Zeitung am nächsten Morgen, ist ein zivilisiertes Land. Wie konnte dies nur geschehen? Müssen nicht Rädelsführer mit dunklen politischen Verbindungen die Menge infiltriert und beeinflußt haben? Wurde das Ganze nicht vom Gesindel angestiftet, von den Randelementen unserer Gesellschaft, den Anarchisten, den Möchtegern-Revolutionären und antiparlamentarischen Oppositionellen? Die Sprache der Anklagevertreter, als die Verhafteten vor Gericht gebracht wurden, hätte auch die Sprache Burkes, Taines und Le Bons sein können. Die Masse, so scheint es, das sind noch immer nicht wir.

Zwei Jahre früher, am 19. März 1988, wurde ein Wagen in einen Trauerzug hineingesteuert, der von der St.-Agnes-Kirche in Belfast zum Milltown-Friedhof ging – der Tote, der dreißig Jahre alte Kevin Brady, war drei Tage vorher von einem geistesgestörten protestantischen Fanatiker umgebracht worden. Fahrer und Beifahrer des Wagens, zwei Unteroffiziere des Heeres, aber nicht in Uniform, wurden von der Trauergemeinde festgehalten, aus dem Fahrzeug gezerrt, geschlagen, entkleidet und über eine Mauer geworfen, in ein Taxi gestopft und auf einem Stück Brachland erschossen und liegengelassen.

Eine mutige Tat? Oder eine Massenaktion?

An dem Trauerzug hatten zweitausend Menschen teilgenommen. Manche waren Mitglieder der IRA; viele waren vermutlich Sympathisanten. Die meisten jedoch waren *auch* verantwortungsbewußte Mitbürger einer Gemeinde: Taxifahrer, Ladenbesitzer, Menschen mit Beruf, Besitz und Familie. Die Ermordung der beiden Opfer fand statt in der Nähe von einzelnstehenden Häusern, von Familienautos, die in der Einfahrt parkten, in der Nähe eines Parks – kurz, in einem Vorort. Wie wurden die Angehörigen dieses Trauerzugs eingeschätzt? Sie waren alle Terroristen, sagte Tom King, der damalige Staatssekretär für Nordirland, und ungeahnte »Abgründe der Bosheit« taten sich auf. Sie waren »verkommene und verdorbene Menschen«, meinte ein Sprecher der Polizei von Ulster. Sie waren ausgehungerte Tiere in einer römischen Arena (*Sunday Telegraph*), von rasendem Haß verzehrte Tiere (*Independent*), ein Stamm, der fähig war, einen bei lebendigem Leibe zu fressen (*Sunday Times*). »Es scheint keine Abgründe zu geben«, sagte Margaret Thatcher, »in die *diese* Leute nicht hinabsinken.« Sie waren Mordbuben, Terroristen, primitive Schläger, IRA-Pack, das »nach Blut lechzte«. Und binnen einer Woche hatte die Fahndung nach den Anführern eingesetzt (Anführer gibt es immer) – den »Paten« von der IRA, die diese Menge verwandelt hatten in einen »Mob, ähnlich den Mördern aus dem siebzehnten Jahrhundert, die sich nicht scheuten, ihre Feinde auf Mistgabeln zu spießen«.

Stellen wir uns eine solche Szene vor. Sie nehmen am Trauerzug für einen Freund oder Verwandten teil, der durch denselben Gewaltakt umgekommen ist, durch den noch drei andere Menschen getötet und sechzig verletzt wurden. Bevor Sie sich dem Zug anschließen, werden Sie nach Waffen durchsucht. Der Marsch beginnt. Nach dreißig Minuten taucht ein Wagen auf, der mit hoher Geschwindigkeit dem Zug entgegenkommt. Sonst ist auf der Straße kein Verkehr. Die Scheinwerfer des Wagens sind an, seine Hupe gellt. Im Näherkommen scheint er noch schneller zu werden, und tatsächlich fährt er auf den Gehsteig neben Ihnen, geradewegs auf eine Gruppe Kinder zu. Die Kinder springen zur Seite; der Wagen hält, wendet und versperrt nun dem Leichenwagen den Weg. Jemand ruft: »Das sind die Zivilen, die Zivilen!« Jemand anders ruft: »Wir haben genug. Das sind Brits, das sind Brits!« Und andere um sie her nehmen den Ruf auf, während das Auto, das immer noch vor dem Leichenwagen steht, nun von anderen Fahrzeugen aus dem Trauerzug – zwei von vorn, zwei von hinten – eingeklemmt wird. Sie bekommen es mit der Angst, jeder bekommt es mit der Angst, während sich die zweitausend Menschen – ganz von selbst? – rings um den Wagen drängen. Manche hämmern gegen die Seiten, jemand steht auf dem Dach. Da taucht der Fahrer auf, er kommt aus dem Fenster geklettert, fuchtelt mit einem Revolver – mit einem *Revolver*? – und versucht zu entkommen.

Jede Masse kennt die Gesetze, die sie übertritt, und jeder in dieser Masse muß gewußt haben, daß man im Begriff war, zwei Menschen das Leben zu nehmen. Sind Sie sicher, daß Sie kurz vor dem Mord haltgemacht hätten?

Die Masse, das sind nicht wir, niemals. Wiederum zwei Jahre zuvor, diesmal im April und Mai 1986: Samstag für Samstag war ich in Wapping vor der Druckerei der News International, wo Hunderte von Menschen bei Massentumulten verletzt wurden. Ich *glaubte* einen Vorgang miterlebt zu haben, bei dem bisher vernünftige erwachsene Menschen – Polizisten, Drucker mit Eigenheim, Altersversorgung und Familie – sich plötzlich in ein höchst unvernünftiges Verhalten hineinsteigerten. Aber ich muß mich geirrt haben. Denn am nächsten Tag las ich jeweils, die Gewalt sei das Werk von Außenseitern, Anarchisten und Agitatoren gewesen. Wiederum ein Jahr zuvor, im Mai 1985 (die Chronologie ist so willkürlich und doch so bezeichnend): die Toten im Heysel-Stadion – sie waren nicht das Werk von irgendwelchen Leuten aus Liverpool, sondern, wie wir aus vertrauenswürdigen Quellen – von einem Bürgermeister, einem ehemaligen Schiedsrichter und einem Vereinspräsidenten – wissen, die National Front war schuld, und zwar nicht ihre Mitglieder aus Liverpool, sondern die aus London. Ein Jahr zuvor, 1984: die Gewalttaten anläßlich des Bergarbeiterstreiks – Infiltratoren, die Militant Tendency, linkssozialistische Spinner und Außenseiter. Und ebenso ist es mit den gewaltsamen Ausschreitungen beim Fußball: das sind nicht die normalen Fans und Zuschauer, das ist eine Minderheit von Unruhestiftern, Strolchen, Rowdies und Kriminellen – Bezeichnungen, die ich mir ständig wiederholte, als ich am letzten Spieltag der Saison, vier Stunden, nachdem ich mit den Jungs von Manchester die High Road entlang nach Tottenham gerannt war, die Auseinandersetzungen in der Nähe von King's Cross beobachtete, an denen Anhänger vieler Vereine beteiligt waren: Londoner, die in die Stadt zurückkehrten, und Auswärtige, die sich auf den Heimweg machten. Es gab Massenschlägereien – und derbe Beschimpfungen von mittelalterlicher Primitivität –, wohin ich auch blickte. Der Verkehr wurde für eine Stunde unterbrochen, aber danach ging es immer noch weiter. Auch in den Seitenstraßen gab es Schlägereien: eine auf dem York Way, eine weiter hinten auf der Pentonville Road; und eine brach auf den Treppen der U-Bahn-Station aus. Ich hörte aus der Ferne Sirenen und begriff, daß in der nahe gelegenen Euston Station auch einiges los war. Ich winkte mir ein Taxi heran und fuhr die Euston Road auf und ab. Polizei, Feuerwehr, Krankenwagen und Hubschrauber waren nun unterwegs – und immer noch wurde gekämpft. Die Anzahl der Beteiligten war schwer zu schätzen, weil sich die Gewalttätigkeiten über ein so großes Gebiet verteilten, aber sie mußte in die Tausende gehen.

Aber diese Tausende, das waren nicht wir.

Es lohnt sich, das Foto aus Jugoslawien noch einmal anzuschauen.

Es gibt mir zu denken, was ich hier außerdem noch erkennen kann. Ich stelle fest, daß die Männer auf dem Panzer gut gekleidet sind – zwei in modischen Lederjacken, einer im Anzug mit Krawatte – und daß sie wahrscheinlich Arbeit haben, vielleicht sogar eine gutbezahlte Stellung in einem Büro oder einem Geschäft. Ich stelle fest, daß es reife, erwachsene Männer sind, mit gutgeschnittenen, attraktiven Gesichtern, der eine mit modischem Haarschnitt. Ich stelle fest, daß ihr Vorgehen – nämlich hinter der Luke hinaufzusteigen und den Bewaffneten herauszuziehen – wohlüberlegt ist. Es ist verwegen, aber nicht unbedacht; die Risiken haben sie kalkuliert. Indem ich diese Szene auf dem Panzer analysiere, kann ich die Reihenfolge der Geschehnisse erschließen, die dazu geführt haben: daß die Menge, nachdem sie den Panzer umstellt hatte, außerstande gewesen war, den nächsten Schritt zu tun – einen unzweideutig kriminellen, antisozialen, gesetzeswidrigen Schritt –, und daß dann einer, der mit dem Schnurrbart, auf den Panzer geklettert war. Er war kein Anführer, jedenfalls nicht in dem Sinne, wie man es sich gemeinhin vorstellt, wenn man meint, daß Massen von Führern beherrscht werden. Er war nicht da, um der Masse etwas einzureden, sie zu überzeugen, zu ermahnen, zu befehligen, zu hypnotisieren oder sie aufzuwiegeln, und es ist unwahrscheinlich, daß die Masse ihm gefolgt wäre, wenn er dies versucht hätte. Obwohl er von den Strafverfolgungsbehörden als verantwortlich aufgefaßt werden wird – schließlich steht er im Blickpunkt –, hat er auf die Menge keinen Einfluß. Er ist nur derjenige, der den wichtigen ersten Schritt über eine Grenze hinweg getan hat, eine Grenze, die von allen Anwesenden stillschweigend anerkannt wird und die die eine Verhaltensweise von der anderen trennt. Er ist bereit zu diesem Schritt über die »Schwelle« – zu einer Handlung, die von der Menge hervorgebracht wurde und die ohne sie unmöglich gewesen wäre, obwohl die Menge selbst nicht – oder *noch* nicht – bereit ist, sich ihr anzuschließen.

Bei jeder Menschenmenge gibt es eine solche Schwelle; alle Menschenmengen agieren *zunächst* innerhalb irgendwelcher Grenzen. Es gelten Regeln, die besagen: bis hierher und nicht weiter. Eine Demonstration führt auf einem bestimmten Weg zu einem bestimmten Ziel hin. Eine Streikpostenlinie ist eben das, was sie sein soll: eine Verteilung von Personen an bestimmten Punkten, so daß sich eine Linie ergibt, die nicht überschritten werden kann. Bei einer politischen Versammlung stehen ein Politiker oder der Anlaß der Versammlung im Mittelpunkt. Bei einer Parade, einem Protestmarsch oder einem Trauerzug haben wir die Abschirmung durch die Polizei, die Trennung von Gehsteig und Fahrbahn, die erdrückende Gegenwart privater Besitztümer ringsum. Die Menge darf hier sein, aber nicht dort. Das Erlebnis hat zunächst eine Form, auch wenn es zu deren Auflösung hinstrebt. Ich habe schon von dem penetrant körperlichen Charakter der Vorgänge auf den Zuschauerrängen gesprochen und davon, wie sich das Erleben des Zuschauers dort konzentriert: wie es für den einzelnen, weil er so intensiv in der Gegenwart existiert, wenigstens für kurze Zeit möglich wird, kein einzelner mehr zu sein, sondern in der Masse der großen Zahl zu verschwinden – an ihrer Stärke teilzuhaben, in dem Gefühl, ihr anzugehören. Aber auch hier handelt es sich wieder um Formlosigkeit in einer geregelten Form. Zuschauer bei einem Fußballspiel zu sein ist ein durch und durch strukturiertes Erlebnis: man kauft eine Eintrittskarte, die einem Exklusivrechte gewährt; man durchschreitet Pforten, die abgrenzen, was hier drinnen möglich und was dort draußen nicht möglich ist. Die Demarkationen werden durch die Architektur noch verstärkt. Das Gesicht, das ein Stadion, ob einheitlich aus Beton oder aus Backstein, der Außenwelt darbietet, ist neutral und ausdruckslos: nichts wird ausgesagt, nichts zugestanden. Das Gesicht, das es sich selbst darbietet, ist ein ganz anderes: ein Gehege von Gesichtern, Gesichter so dicht an dicht, daß die Körper eben noch dazwischen Platz haben, eine Anordnung, wie sie ausdrucksvoller nicht sein könnte: alles ist hier möglich. Das eine Erlebnis hat man draußen, ein anderes hier drinnen. Sobald man wieder draußen ist, ist das Massenerlebnis beendet, ebenso wie das Match, von dem es beherrscht wird: es gibt einen Schlußpunkt, von dem ab gesagt werden kann, daß die Masse aufgehört habe zu existieren. In jeder Masse ist etwas vorhanden, was eine Form hat und was dazu dient, die der Masse selbst innewohnende Formlosigkeit in Schranken zu halten, das potentiell Unkontrollierbare zu kontrollieren.

Und wenn nun die Schwelle überschritten, auf die Form verzichtet wird?

Dort in den Straßen von Tottenham habe ich die Gesichter beobachtet, wie sie sich konzentrierten, wie jeder von Moment zu Moment die Zuversicht, die Erregung oder einfach die emotionale Stärke in sich aufzubauen versuchte, die es ihnen allen erlauben würde, über die hohe Schwelle hinwegzusetzen, die sie von dem trennte, wo sie sein wollten. Die Absicht war, im übertragenen, buchstäblichen, historischen Sinne, eine »Transgression«, eine Überschreitung von etwas, was zu überschreiten verboten war. Alles sprach gegen diese Überschreitung. Alles, was man Tag für Tag tat, alle Gesetze, die man gelernt, anerkannt und befolgt hatte, die einem wieder und wieder eingeschärft worden waren, alle eingeschliffenen Gepflogenheiten des Verhaltens hinderten sie daran, den Schritt über die Schwelle zu tun.

Noch einmal das Foto aus Split. Dem Mann mit dem Schnurrbart, der auf den Panzer gestiegen ist, sind fünf, sechs andere gefolgt. Diese Männer sind nicht die krankhaft nervösen, halb wahnsinnigen Geschöpfe Le Bons, auch nicht Gibbons großstädtischer Abschaum; es sind normale, gesetzestreue Bürger, bis auf diese eine, folgenreiche Abweichung: sie haben nun etwas getan, was man nicht tut, und können nicht mehr einfach in die harmlos herumstehende Menge, die ihnen zuschaut, zurücktreten. Nachdem sie diese Linie überschritten haben, befinden sie sich außerhalb der zivilisierten Gesellschaft. Im Gesicht des einen, desjenigen, der den Schnurrbärtigen an der Jacke zieht, weil er selbst an den Kommandeur herankommen möchte, steht eine furchtbare Erregung. Es ist nicht Entsetzen, Angst, Wut oder Rachsucht; es ist überschwengliche Freude.

Es kann nicht allzu viele Augenblicke im Leben eines Menschen geben, in denen das Element der Zivilisation aussetzt, in denen die auf Dauer angelegten Strukturen – Beruf, Unterkunft, Gewohnheiten, Verantwortung, Freiheit der Wahl, richtig und falsch, der Status des Mitbürgers – verschwinden. Das Englische, die große, weltvermessende Sprache des Imperialismus, kennt kein Verb, welches das Gegenteil von »to civilize« bezeichnen würde, kein Wort für die Aufhebung der Regeln, welche die Bürger sich gesetzt haben. Unser Leben läßt diese Möglichkeit gar nicht zu; es ist darauf angelegt, sie auszuschließen. Unser Alltag ist ausgefüllt von Verhaltensmustern, die uns Halt geben. Mein Platz in einer zivilisierten Gesellschaft, meine Mitbürgerschaft leitet sich aus einem Gefüge von Vereinbarungen und Gepflogenheiten ab. Mein Tagesablauf ist durch und durch geregelt: aufwachen, pinkeln, essen, scheißen, duschen, sich anziehen, zur Arbeit fahren, Briefe schreiben, Telefonate erledigen, Rechnungen bezahlen, Verabredungen einhalten, Kaffee trinken, pinkeln, reden, zu Mittag essen, Besorgungen machen, den Zug kriegen, heimkommen, zu Abend essen, trinken, pinkeln, sich unterhalten lassen, ficken, pinkeln, Zähne putzen, schlafen. Ich habe ein Haus, ein Obdach. Ich verlasse es morgens und kehre abends dorthin zurück: es ist da, eine mit Händen zu greifende Tatsache, durch ihre Vertrautheit nicht nur beruhigend, sondern bestärkend. Ich besitze es dank einer Vereinbarung zwischen mir, meinem Arbeitgeber, der Bank und den Gesetzen des Landes. Ich bin ein Sammler – nicht in einem erlesenen, sondern im fundamentalen Sinne: meine Fotos, meine Kleidungsstücke, meine Möbel (in dieser Ordnung), meine Bücher (in dieser Ordnung), meine Freunde und meine Lieben (in dieser Ordnung), meine im ständigen Gebrauch bequem und anschmiegsam gewordene Vorstellung vom Leben, meine Papiere, meine Arbeit, meine Vorstellung von mir selbst. Ich umgebe mich mit Dingen, stütze mich ab durch meinen Besitz, fülle meinen Raum mit Zeug aus: ich mache ihn *persönlich*, mache ihn mir *vertraut*, mache ihn zu dem *meinen*.

Ich habe so viele Bilder dafür – für diesen Status des Mitbürgers, des zivilisierten Menschen. Er erscheint mir als Netz, das mich festhält und mich nicht abstürzen läßt. Er erscheint mir als Gewebe – als Geflecht einzelner, miteinander verstrickter, festgezogener Fäden, das mich warm hält und mit dem ich mich und andere umhüllen kann. Er erscheint mir als ein Besitztum, ein Haus, ein Gebäude, als eine Konstruktion mit Wänden, die die Kälte fernhalten, einer Tür, die Unerwünschte aussperrt, und einem Dach, das mich vor der Nacht und ihrer furchtbaren, alle Unterschiede tilgenden Dunkelheit schützt.

Aber er erscheint mir auch als Last. Er erscheint mir als Schranke, als Hindernis zwischen mir und etwas anderem, das ich nicht kenne und nicht verstehe. Er erscheint mir als Mittler, als Filter, der nur bestimmte Arten von Erfahrungen durchläßt. Und mich reizen die Momente, so kurz sie sind, und besonders, wenn sie kurz sind, in denen er verschwindet: wenn das Netz reißt, das Gewebe sich auflöst, das Haus brennt – die Metaphern sind beliebig. Immer geht es um diese Linie, diese Grenze: ich bin gebannt, *beglückt* von dem, was ich auf ihrer anderen Seite finde. Sie erregt mich; ich kenne keine stärkere Erregung. Hier, am Rande eines Erlebens, das seiner Natur nach gesellschafts- und zivilisationsfeindlich, anti*zivilisatorisch* ist, findet man, was Susan Sontag unser »Flair«, unseren »Riecher« (das Wort ist so hübsch nonchalant) für visionäre Obsessionen mit hoher Temperatur genannt hat: gesteigertes Erleben, das durch Intensität, Risiko, die Gefahr, daß man ihm zum Opfer fällt, jede Möglichkeit eines anderen Gedankens, außer dem Erleben selbst, ausschließt, das Bewußtsein einäschert und unsere Empfindung des Persönlichen und Individuellen, das Gefühl, überhaupt ein Individuum zu sein, transzendiert (oder auslöscht?). Was sind dies für Erlebnisse? Es sind so wenige; sie sind so unerträglich. Die religiöse Ekstase. Der (unerbittliche, grausame) sexuelle Exzeß. Der (zugefügte oder erlittene) Schmerz – Schmerz, der so stark ist, daß es unmöglich ist, etwas anderes als Schmerz zu empfinden, Schmerz als absolute Form des Fühlens. Brandstiftung. Bestimmte Drogen. Gewaltverbrechen. Sich in einer Masse befinden. Und – noch stärker – sich in einer Masse befinden, die einen Gewaltakt begeht. Was wir dort finden, ist das Nichts. Das Nichts in seiner Schönheit, seiner Schlichtheit, in seiner leeren Reinheit.

Ein letztes Bild: ein Match im Dezember gegen Chelsea. Den ganzen Vormittag über haben sich die Fans im Lion and Lamb gesammelt, einem irischen Backstein-Pub in der Nähe der U-Bahn-Station Euston, wo sie wieder nach einem gestaffelten Zeitplan eintreffen, mit vorher angemieteten Bussen, Lastwagen und Minibussen, die sich abseits der Hauptstraßen gehalten haben, und mit Privatwagen. Beide Räume der Kneipe sind voll – dämpfig, erfüllt von unangenehmen Ausdünstungen –, und der Boden ist mit einem klebrigen Gemisch aus Bier und feuchtem Dreck bedeckt. Es ist unmöglich, sich ein Getränk zu verschaffen. Ich versuche es kurz, komme aber nicht durch zur Theke. Gegen halb zwei, als die wichtigsten Figuren alle da sind, bricht die Gruppe auf. Die Art, das Lokal zu verlassen, ist inzwischen ein sogar mir schon geläufiges Ritual. Im Handumdrehen ist das Lokal leer, Biergläser splittern, weil sie im Hinausgehen einfach fallen gelassen werden, und augenblicklich füllt ein Gewühl die kleine Straße draußen, eine unglaubliche Menge, die es unglaublich eilig hat – niemand will zurückbleiben –, biegt ab in die große Euston Road, breitet sich über die ganze Fahrbahn aus und blockiert den Verkehr in beiden Richtungen. Alle sind eingereiht und vereint und verspüren die geballte Energie und triumphierende Machtvollkommenheit derer, die plötzlich eine Masse sind.

Sie machen einen Bogen um die U-Bahn-Station Euston (zuviel Polizei) und gehen weiter zur nächsten U-Bahn-Station, Euston Square, die sie geschlossen betreten – Schilder, Plakate und Stühle werden unterwegs mitgenommen, keine Schranke und kein Kassenschalter ist ein Hindernis –, alle singen jetzt, die Gruppeneuphorie wächst, niemand kauft eine Fahrkarte, niemand wird angehalten oder zur Rede gestellt, man steigt in den Zug, der zufällig gerade am Fuß der Rolltreppe wartet, hält die Türen offen, um den Zug am Abfahren zu hindern, bis alle drin sind.

Aber der Zug fährt nicht ab.

Die Türen gehen schließlich zu, aber der Zug bleibt am Bahnsteig stehen. Er wartet, der Fahrer wartet – auf etwas, auf ein Signal, aller Wahrscheinlichkeit nach auf die Polizei. Jeder Wagen, von vorn bis hinten, ist voller Fans. Jeder Sitz, jeder Gang, jedes bißchen Platz, an der Tür oder wo immer man sitzen, stehen, hocken oder sich festhalten kann, ist besetzt – ein Gedränge wie zu den Stoßzeiten, unerträglich viele Menschen dicht zusammengequetscht. Jemand drückt auf das Notsignal, aber die Tür geht nicht auf. Die Fans beginnen zu brüllen. Sie hämmern gegen die Fensterscheiben. Sie versuchen den Wagen hin und her zu schaukeln.

Und dann fährt der Zug los und erreicht rasch seine volle Geschwindigkeit. Ohne zu halten durchfährt er die erste Station, Great Portland Street. Er durchfährt Baker Street, ebenso die nächste Station, Edgware Road. Es wird klar, daß er nicht halten wird, daß man offenbar allen anderen Verkehr umgeleitet hat und ihn direkt bis Chelsea durchfahren läßt (*wenn* er dort hinfährt). Ich beobachte die Gesichter zweier Fahrgäste: ein Paar Ende Fünfzig, einfach gekleidet, der Mann in einem Dufflecoat, beide mit Einkaufstaschen zu Füßen; ihr samstäglicher Ausflug war ihnen von dem Augenblick an verdorben, als sie den Fehler machten, ausgerechnet in diesen Zug zu steigen. Offenbar ist ihnen zu mulmig, als daß sie durch Proteste gegen das Fahrtziel auffallen möchten. Sie sitzen da und blicken besorgt von einer Seite zur anderen. Notting Hill Gate taucht auf und verschwimmt im Vorüberfahren.

Schließlich hält der Zug in Fulham Broadway, der Station in der Nähe des Stadions, und trotz aller Vorbereitungen – ausgeklügelte Anfahrtswege, teure Mietfahrzeuge, Ausweichstrategien – ist dort nichts zu sehen außer den Beamten der Londoner Polizei, eine Reihe nach der anderen. Sie sind die einzigen Menschen auf dem Bahnsteig; sie haben die ganze Station besetzt. Auch draußen, als wir die Treppe hinaufkommen, scheinen sie die einzigen zu sein, die auf uns warten, aber dann höre ich jemanden sagen, mitten zwischen den Polizisten und den Berittenen – ein Hubschrauber rattert über unseren Köpfen –, mitten in dem Gedränge und Geschiebe, da könne er »ihre Jungs« sehen.

In dem Durcheinander am Stadioneingang bricht die Reihe der Polizisten für einen Moment auseinander, und ich bemerke, wie ein kleiner, rothaariger Bursche aus Chelsea zwischen die Manchester-Fans geschlüpft ist. Er folgt einem, geht dicht hinter ihm, im Gleichschritt. Er tippt ihm auf die Schulter, und als der Mann sich umdreht, fällt er ihn mit einem entschlossenen Gewaltakt: ein schweres Objekt, eine Eisenstange oder ein Gewicht, das der Rothaarige in beiden Fäusten hält, wird so plötzlich erhoben und mit solcher Wucht gegen den Adamsapfel des Mannes gerammt, daß es ihn mehrere Zoll hochreißt; dann fällt er hintenüber und bricht zusammen. Als ich mich nach dem Rothaarigen umsehe, ist er fort, in der Menge untergetaucht.

Auch im Stadion wimmelt es von Polizei, aber sie hält auf Distanz: eine Reihe Polizisten steht unter den Rängen, auf der anderen Seite des Innenzauns; eine andere Reihe säumt den obersten Rand und blickt auf uns herunter; und Grüppchen von Polizisten stehen in den Blöcken links und rechts, die man als Pufferzone zwischen den Anhängern der Heim- und Gastmannschaft freigelassen hat. Den Polizisten scheint es zu genügen, daß sie den Bereich eingekreist haben; es widerstrebt ihnen, sich selbst hineinzubegeben. Chelsea-Fans haben die Jungs von Manchester United »infiltriert«, und wie der kleine Großstadt-Terrorist, der den United-Fan von hinten überraschte, führen sie einen verstohlenen Kleinkrieg mit sehr gezielten Aktionen, die der Polizei zumeist entgehen. Ich habe sogar den Verdacht, daß die Polizisten sich diese Gewaltakte nicht ungern entgehen lassen: man hat das Gefühl, daß alles, was innerhalb des Netzes passiert, das sie gebildet haben, toleriert wird, solange es nicht nach draußen dringt; und außerdem sind sie anscheinend der Ansicht, daß jeder, der verletzt wird, es wahrscheinlich nicht anders verdient hat – einfach weil er da ist.

Die Folgen sind unangenehm. Die ganze Atmosphäre ist unangenehm – bösartig, beunruhigend. Das Wetter ist kalt und windig; ich spüre Ruß in den Augen, in den Haaren und unter meiner Kleidung. Es herrscht ständig Unruhe: zu viele Leute sind eingelassen worden – der übliche Trick, um sie von der Straße wegzuholen –, und deshalb fällt es schwer, etwas anderes zu tun, als sich aufrecht zu halten und darum zu kämpfen, daß man freie Sicht auf das Spiel bekommt. Ab und zu gibt es eine Störung, weil einer dieser gnomenhaften Infiltratoren plötzlich zugeschlagen hat; dann recken alle die Hälse, um zu sehen, was passiert ist, aber richtig sehen kann man es nie. Augenblicke später ist schon wieder woanders etwas los, und schon verrenken alle sich die Hälse in diese Richtung. Und so geht es weiter. Jemand hat sich darauf verlegt, mit Zündkerzen zu werfen, und ein Zuschauer in meiner Nähe wird von einer am Kopf getroffen, die ihm die Stirn aufschrammt. Mir wird ungemütlich, ich bekomme Platzangst. Von einer Messerstecherei ist die Rede, aber ich sehe nichts, und es kann ebensogut sein, daß es eine gegeben hat wie daß es keine gegeben hat, daß man es einfach nur angebracht gefunden hätte, wenn inzwischen jemand Messerstiche abbekommen hätte.

Gegen Ende des Spiels sehe ich wieder den rothaarigen Chelsea-Fan. Ich hatte mir schon gedacht, daß er einer von denen sein könnte, die sich in die Gäste-Blöcke eingeschlichen haben. Ich beobachte ihn. Sein Gesicht, obwohl voll fideler Sommersprossen, ist hart und unversöhnlich. Auf der Wange hat er die bekannte Sichelnarbe von einem Messerstich. Er ist klein – mir reicht er etwa bis zur Mitte der Brust –, aber das ist kein Nachteil und keine Schwäche, es macht ihn nur stämmiger, drahtiger, unmittelbar bedrohlicher. Er ist ein unerfreulicher Anblick: eine kleine, unternehmungslustige Maschine zur Verübung gewalttätiger Bubenstreiche. Als er näher kommt – er arbeitet sich durch die Ränge hindurch und kommt dabei nur eine Armeslänge weit entfernt an mir vorbei –, spüre ich Lust, ihn von hinten beim Hals zu packen und zuzudrükken, bis sein Atem aussetzt. Ich bin überzeugt, es ist ein echtes Bedürfnis und nicht nur eine gewalttätige Phantasie. Als er außer Reichweite ist, bedaure ich, nichts unternommen zu haben.

Am Ende des Spiels sind alle Leute unruhig und frustriert. Die Atmosphäre ist irgendwie aufgeladen, wie mit Strom oder durch eine besondere Art von Luftdruck. Ärger hat sich in mir angesammelt. Ich will ins Warme. Ich will nach Hause. Ich habe es satt, hier zu stehen und mich von der Polizei beaufsichtigen zu lassen; ich bin durchgefroren, und die Aussicht behagt mir gar nicht, hier eingezwängt zwischen Leuten, die nach schlechtem Essen und Trinken und der daraus resultierenden schlechten Verdauung riechen, noch eine Weile warten zu müssen, bis die gegnerischen Fans von der Straßen sind. Ich beschließe, nach einem Durchschlupf durch die Polizeikette zu suchen.

Ein Polizist streckt die Arme nach mir aus und scheint mich festhalten zu wollen, läßt mich dann aber durch. Ich bin auf der andern Seite. Ich kann gehen. Ich bin sehr erleichtert.

Ich erkenne den Mann, der neben mir geht: auch ein Manchester-Fan. Ich nehme an, er muß es genauso gemacht haben wie ich; auch er ist auf eigene Faust durch die Polizeikette geschlüpft. Er wirkt sehr ernst und nachdenklich – der letzte, dem man eine Ordnungswidrigkeit zutrauen würde.

Ich gehe weiter. Ich sehe Robert. Wie hat es ausgerechnet Robert geschafft, an den Polizisten vorbeizukommen?

Hinter Robert ist noch einer von den Jungs. Auch er geht für sich, auch er ist furchtbar ernst, in Gedanken, zerstreut. Das ist verdächtig. Dann sehe ich noch einen, bis mir schließlich klar wird, daß sie alle auf die gleiche Weise aus dem Stadion kommen. Sie haben sich getrennt, damit sie sich einzeln durch die Polizeikette stehlen können. Einen Moment herrscht

Unschlüssigkeit, dann macht man sich auf den Weg über die Fulham Road, denn man will nicht herumstehen. Man geht nicht zu schnell, und jeder gibt sich weiter den Anschein, als gehe er allein so vor sich hin und führe nichts Böses im Schilde. Ich kann nicht sagen, wieweit dies vorher so geplant war; der Eindruck ist der einer überwältigenden Spontaneität. Eine Menge bildet sich, und es wirkt, wie wenn etwas lebendig würde. Ich sehe, wie immer mehr Leute zu uns stoßen, die der vertraute, mächtige Magnetismus der großen Zahl anzieht, aber sie wirken nicht wie Neuankömmlinge: sie scheinen nicht von draußen, sondern aus der Menge selbst zu kommen. Man spürt, wie die Menge, dieses Ding, diese Kreatur wächst, als wäre sie eine Art biologisches Wesen, das sich, von der Mitte her anschwellend, durch Zellteilung vermehrt.

Ich gehe mit; das will ich nicht versäumen. Ich weiß nicht, warum sie gerade in diese Richtung gehen, aber ich bin entschlossen, dabeizubleiben – egal, wo das hinführen könnte. Ich habe vergessen, daß ich eben noch heimgehen wollte. Ich bin nicht mehr müde, verdrossen oder durchgefroren, sondern denke nur noch, wie alle Leute ringsum, an die Möglichkeit, daß etwas passiert.

Ich sehe Gesichter, die ich noch nie gesehen habe – ältere Gesichter, Fans Mitte Dreißig und Anfang Vierzig, Veteranen der Gewalt, alte Hasen, die gekommen sind, weil es ein Spiel gegen Chelsea ist. Der Vorgang ist ihnen offenbar so geläufig, daß sie sich unheimlich gelassen und zielstrebig bewegen. Es sind abgebrühte Burschen, die wissen, daß man am besten kein Wort redet.

Immer noch ziemlich verstreut, ohne Eile und scheinbar absichtslos schlendert die Gruppe still um den Fulham Broadway herum, umgeht die U-Bahn-Station auf einer Seitenstraße. Die Polizei steht dort am Eingang versammelt, mit Hunden, Pferden und einem kleinen Geschwader Mannschaftswagen. Jeder weiß, daß er sich nicht entdecken lassen darf, nachdem er einmal so weit gekommen ist. Es macht einen komischen Eindruck: wie wenn tausend Mann gerade von der Rückseite her in ein Haus eingebrochen wären und nun auf Zehensitzen durchs Wohnzimmer wieder hinausgingen, während der Besitzer vor dem Fernseher schläft. Wenn nur ein einziger Polizist aufpaßte, könnte er merken, was gespielt wird. Aber es merkt keiner. Mit jedem Schritt wächst die Aussicht, ungestraft davonzukommen. Mein Blick fällt auf ein Straßenschild – Vanston Place. Ich kenne die Gegend nicht und merke, wie ich nach Orientierungspunkten suche. Alle wenden sich nach rechts, ich mit ihnen. Und dann schlagen sie einen schnellen, scharfen Haken nach links. Sie haben es geschafft; der Fulham Broadway liegt hinter uns.

Noch sehe nichts von den Chelsea-Fans. Aber soviel weiß ich inzwischen: worauf es ankommt, ist, daß auch von der Polizei nichts zu sehen ist. Die Polizisten sind hinter uns und bleiben mit jedem Schritt weiter zurück, denn sie haben auf allen U-Bahn-Steigen von hier bis Euston Station Stellung bezogen, in Erwartung der gewalttätigen Fans, die dort nie auftauchen werden. Die Vorstellung ist berauschend. Niemand sagt ein Wort – die Gruppe schweigt unerschütterlich –, aber man kann es allen von den Gesichtern ablesen.

Wir sind frei, steht in den Gesichtern.

Wir sind an den Polizisten vorbei.

Jetzt sind wir nicht mehr aufzuhalten.

Den ganzen Tag lang hat die Masse sich zu bilden versucht, und den ganzen Tag lang ist sie daran gehindert worden. Sie ist bewacht und frustriert und eingeschlossen worden. Den ganzen Tag lang war man eingesperrt: vormittags im Pub, in der U-Bahn am Euston Square, auf dem Bahnsteig am Fulham Broadway, wo alle gefilzt, gemustert und dann ins Stadion eskortiert wurden. Während des Spiels war man buchstäblich in einen Käfig gesperrt, innerhalb der massiven Stahlzäune der geschlossenen Blöcke. Die ganze Zeit über war man von allen Seiten eingekeilt. Zu jeder Zeit stieß man an Grenzen.

Und jetzt ist keine Grenze mehr da.

Das Tempo nimmt zu. Ich spüre den Zwang, schneller zu gehen, ein stummer Befehl, der von niemand Bestimmtem kommt, sondern von allen, bedingt wird von dem gemeinsamen Instinkt für die Hitze und Stärke des Gefühls, von dem Wissen, daß die Gruppe, je schneller sie geht, desto geschlossener wird, daß die Empfindungen desto mächtiger, desto heftiger werden. Aus dem Schlendern wird ein scharfes Marschtempo, dann ein Laufschritt. Alle laufen jetzt eingereiht, dicht geschlossen, stumm.

Ich genieße es. Mich erregt es. Es wird etwas passieren: die Menge hungert nach dem Ereignis, und der Hunger wird gestillt werden müssen; man sehnt sich danach, die angestaute Energie freizusetzen. Eine Masse, die einmal so in Fahrt ist, ist nicht leicht wieder zu zerstreuen. Sie hat Elan, einen unaufhaltsamen Elan.

Ich sehe wieder ein Straßenschild – Dawes Road. Ich laufe weiter, lege einen Schritt zu, möchte ganz nach vorn kommen, und dabei wiederhole ich mir den Straßennamen. Ich erkenne die üblichen Geschäfte an Hauptstraßen – Ladbrokes, eine Lloyds-Bankfiliale, eine Baufirma, ein Obst- und Gemüseladen –, aber das könnte überall sein. Ich könnte überall sein.

Die Straße verstopft sich. Ich laufe auf dem Gehsteig, der voller Fans ist, und es fällt schwer, näher an die Spitze heranzukommen. Auf der anderen Straßenseite, dem anderen Gehsteig, sind auch Fans, und manche laufen zwischen den Wagen auf der Fahrbahn.

Zum erstenmal höre ich Geschrei, obwohl es ein Stück weit weg ist. Es ist ein Fußball-Sprechchor, aber ich kann nicht verstehen, was er besagt. Er kommt für mich überraschend. Jemand sagt: »Ihre Jungs.« Ich bin ein wenig irritiert – *ihre Jungs* –, und die Worte gehen mir im Kopf herum. Das Geschrei, begreife ich dann, kommt von Chelsea-Fans. Was heißt das? Daß wir von Chelsea-Fans gejagt werden? Die Vorstellung finde ich aufregend. Die Menge hat jetzt ein Angriffsziel: die Chelsea-Fans bieten eines. Im übrigen finde ich das nicht nur aufregend. Es ist auch beängstigend: keine Polizei da, und das kann schlimm werden. Und verwirrend ist es auch. Wie kann es sein, daß die Chelsea-Fans jetzt *hinter* uns sind? Ich blicke zurück, kann aber nur wenig erkennen: nur Leute, die zum Haufen von Manchester gehören, der nun weiter angeschwollen zu sein scheint, eine aufgequollene Masse, die die ganze Breite der Dawes Road ausfüllt. Was dahinter ist, kann ich nicht sehen. Ich weiß nicht, ob jemand hinter uns her ist, aber ich höre etwas. Ja, die Sprechchöre kommen eindeutig von Chelsea.

Ja, sagt jemand, das sind ihre Jungs.

Ich beschleunige das Tempo. Wenn es zur Schlägerei kommt, will ich nicht von hinten erwischt werden; um aber weiter nach vorn zu kommen, muß ich Leute aus dem Weg schubsen. Aus Versehen bringe ich jemanden ins Stolpern, aber er fällt nicht hin. Er beschimpft mich, und ich murmele eine Entschuldigung. Als ich wieder aufblicke, sehe ich etwas ganz Erstaunliches: es ist Sammy. Sammy ist an der Spitze der Gruppe. Wo ist er nur hergekommen?

Ich erinnere mich, daß Sammy am Vormittag im Pub war, aber seitdem habe ich ihn nicht mehr gesehen. Es sieht ihm ähnlich, daß er aus dieser Menge, als sie Gestalt annahm, aufgetaucht ist, sozusagen aus ihr entstanden und von ihr nach vorn geschoben. Ich finde es beruhigend, daß er hier ist. Ich beobachte ihn. Er trabt gleichmäßig dahin, seine kleinen Adjutanten zur Seite. Er hat bemerkt, daß die Chelsea-Fans hinter uns sind – alle drei oder vier Schritte blickt er sich um –, aber das stört ihn nicht. Sammy schaut nicht unzufrieden drein. Gleich wird etwas passieren, besagt sein Gesichtsausdruck. Er weiß, gleich geht es los.

Trotzdem, ich versteh's nicht: Wo kommen die Chelsea-Fans her? Es ist, als wären sie aus unseren Fußstapfen hervorgewachsen. Da war zuerst die Polizeisperre, dann die Polizei am Fulham Broadway, dann der schnelle Marsch durch die Nebenstraßen. Aber nirgendwo waren Chelsea-Fans. Ein Zwischenglied fehlt. Ist es denn möglich, daß die United-Fans in diese Richtung gegangen sind, weil sie wußten, man würde ihnen folgen? Aber woher hätten sie das wissen können? Haben die Chelsea-Fans sich hier versteckt gehalten und gewartet, bis wir vorüberkamen? Habe ich sie übersehen?

Ich beobachte weiterhin Sammy – er hat das Kommando, schaut sich immer wieder um, um zu sehen, was hinten los ist, wie nah die Chelsea-Fans sind. Alles läuft nach Plan, scheint sein Verhalten zu besagen. Und dann kommt auch mir der Gedanke: ja, es läuft tatsächlich nach Plan. Es kommt mir unwahrscheinlich vor, erklärt aber alles. Das Ganze ist geplant. Massenkrawalle entstehen angeblich spontan und plötzlich: das Unvorhersehbare läßt sich nicht steuern. Massenausschreitungen sind nie geplant – oder doch? Ist es möglich, einen Krawall zu verabreden?

Ich möchte Fragen stellen, aber alles geht nun sehr schnell. Sammy, dem das Kommando übertragen worden ist, nimmt seine Aufgabe auch wahr. Das Tempo beschleunigt sich. Ich renne schnell, zu schnell, um viel mitzubekommen. Da sind Läden, aber ich weiß nicht, was für welche. Ich erkenne nicht mal die wieder, die man auf jeder Hauptstraße sieht. Es ist ein seltsames Gefühl: als würde ich durch einen Tunnel rennen. An den Rändern meines Gesichtsfelds ist ein verschwommenes Dunkel, sporadisch blinkt ein diffuses Licht auf – von einem Reklameschild, aus einem Fenster oder vom Scheinwerfer eines Wagens. Ich muß mich auf Sammys Hinterkopf konzentrieren; ich fixiere ihn ununterbrochen, damit ich davon mitgeschleppt werde, damit ich nicht stolpere oder falle. Der Sprechchor der Chelsea-Fans wird lauter, immer lauter. Sie kommen näher.

Sie sind uns auf den Fersen, sagt einer.

Sammy rennt weiter. Zusammenbleiben! ruft er laut, das erste Wort, das er an uns richtet. Dicht zusammenbleiben! wiederholt er.

Ich sehe die Chelsea-Fans immer noch nicht, aber ich glaube sie zu *spüren*. Sie sind dicht hinter den letzten des Manchester-Haufens, sie halten Schritt, aber auch Abstand, lassen eine Pufferzone frei.

Straßen tauchen in rascher Folge rechts von uns auf. Von einer sehe ich den Namen, vergesse ihn aber gleich wieder. Noch mehr Straßen. Aus irgendeinem Grund kommen sehr viele, alle fünfzehn bis zwanzig Yard eine. Ich merke, wie Sammy auf sie achtet. Er scheint nach einer bestimmten zu suchen. Er hat eine Strategie, aber ich verstehe sie nicht. Dann brüllt Sammy etwas – er hat die Straße entdeckt, die er sucht –, und die Menge, jetzt im schärfsten Tempo, rennt mit ihm. Er rennt voran um die erste Ecke. Dann scharf nach rechts: nach zehn Yard schon die nächste Ecke. Und, überraschend, noch mal scharf rechts. Drei kleine Straßen, und wir sind wieder da, wo wir hergekommen sind. Nur in einer entscheidenden Hinsicht ist es jetzt anders: bisher wurden wir verfolgt; nun aber, nach dieser Schleife, sind wir die Verfolger.

Später, als ich auf der Karte nachsehe, stelle ich fest, daß die Dawes Road schräg durch dieses Gebiet verläuft, die anderen Straßen diagonal kreuzt und sie in kleine, dreieckige Wohnblöcke aufteilt. Das hat es Sammy ermöglicht, einen davon so schnell zu umrunden, daß wir unmittelbar hinter den Chelsea-Fans wieder herauskommen.

Jetzt sehe ich sie zum erstenmal, aber ich glaube, ich sehe nur die Jüngeren, die zurückgefallen sind und die Nachhut ihres Haufens bilden; sie springen in mein Blickfeld und verschwinden wieder. Ich kann nicht viel mehr sehen als undeutliche Gestalten, hier und da ein Gesicht mit dem Ausdruck panischer Angst, wenn jemand sich umdreht und sieht, was da hinter ihm herjagt. Der Gehsteig ist zu Ende, wir sind auf der Fahrbahn, überqueren sie, wieder Gehsteig. Das sehe ich, weil ich auf meine Füße blicke; alle rennen so schnell und in so dichtem Haufen, daß ich achtgeben muß, daß ich nicht hinfalle. Aber ich weiß nicht, durch wie viele Straßen wir gekommen sind. Ich registriere sie nicht als Tatsachen, sondern als Symptome von Bewegung. Wo ist der Verkehr?

Es geht weiter. Ich war überzeugt, daß wir nach unserer Schleife vom eigenen Schwung direkt in die Schlägerei hineingetragen würden, aber soweit kommt es nicht. Es ist eine Verfolgungsjagd, und die Jagd geht weiter, drängt uns gegen diese

Schranke, diese Schwelle; nur noch Sekunden, so scheint es, und wir werden sie überschreiten – aber noch ist niemand bereit: weiter und weiter, und nichts passiert. Ich fühle mich zurückgehalten, gebremst, an der Leine geführt. Die Gebäude ringsum, obwohl kaum zu erkennen, haben etwas Lastendes: sie sind schattenhaft, dunkel und bedrückend. Ich merke, daß ich auf sie achte – mehr als auf die Fans. Ich wollte, daß keine Gebäude da wären. Es ist, als wären die Straßen mir nicht mehr groß oder breit genug. Die Gebäude sind zu feindlichen, ganz und gar konkreten Gegenständen geworden, versperren einem anmaßend den Weg. Etwas muß hier ausweichen, etwas muß zu Bruch gehen.

Es geht etwas zu Bruch, und zwar an den Gebäuden.

Glas splittert: eine Fensterscheibe. Ich höre es nur, ich seh es nicht, aber die Wirkung ist eine Sensation – ganz buchstäblich, denn sie erfüllt die Sinne, zittert in mir nach, als wäre mir ein Stromstoß durch die Glieder gefahren. Etwas ist geborsten, ausgebrochen. Dann noch ein Geräusch: das leise, dumpfe Krachen einer zerschmetterten Windschutzscheibe. Meine Empfindung, als ich dies höre, ist tiefe Befriedigung. Noch ein dumpfes Krachen, noch eine Windschutzscheibe. Und dann splittert überall Glas. Was zuerst zerstört wird, damit wir über diese Schwelle hinwegkommen, ist *Sacheigentum*: das Symbol des Behaustseins unter dem Schutzdach des Rechts.

Und dann sind sie weg, und die Schranke ist nicht mehr da. Es gibt ein Aufbrüllen, und dann stürzen sich alle in den Kampf, als ob die Schwerkraft aufgehoben sei. Jetzt sind sie gesetzlos. Nichts kann sie mehr aufhalten, es sei denn die physische Gewalt der Polizei. Oder eine Verletzung, die sie kampfunfähig macht.

Ich will nicht die Gewalttätigkeit beschreiben, denn es geht mir um die Schilderung ebendieses Moments in seiner vollen sinnlichen Intensität – noch bevor die Chronologie eine Auflösung des Moments in Hergänge und Folgen erlaubt. Was ist geschehen? Was ist passiert, wenn eine Masse über die

Stränge schlägt – oder über die Klippe geht: die Metaphern, obwohl beliebig, sind aufschlußreich.

Und so reden sie darüber:

Sie reden darüber, wie es sie beknackt und angeschwirrt und gefixt hat. Sie sagen, sie müßten's jetzt kriegen, sie würden's nie vergessen können, wenn sie's kriegten, und es nie vergessen wollen – niemals. Sie sagen, wie es sie aufrechterhält, wenn sie erzählen und immer wieder erzählen, was passiert ist und was es ihnen für einen Eindruck gemacht hat. Sie reden davon mit dem Stolz von Privilegierten, von Menschen, die etwas gehabt, gesehen, empfunden, durchgemacht haben, was andere nicht kennen. Sie reden davon auf die gleiche Weise, in der eine andere Generation von Drogen, Alkohol oder beidem geredet hat (wobei sie Drogen und Alkohol außerdem zu sich nehmen). Einer, ein Gastwirt, redet von dem Erlebnis, als ob es eine Chemikalie wäre, ein Hormonspray oder ein berauschendes Gas: wenn es einmal in der Luft ist, wenn ein Gewaltakt einmal geschehen ist, folgen andere Gewaltakte unvermeidlich – mit Notwendigkeit.

Und wie würde ich darüber reden?

Ich denke mir das Bewußtsein als etwas, das die Gegenwart auf einer Vielzahl von Ebenen erfassen muß. Es hat nie Ruhe in der Gegenwart; ständig schweift es ab, reproduziert und erinnert, selektiert, ergänzt und vergißt. Wenn ich schreibend in diesem Zimmer sitze, ist in meinem Bewußtsein für viele verschiedene Tätigkeiten zugleich Platz: es schließt diesen Satz ein, den ich eben schreibe, und es hat schon den nächsten formuliert; es hat das ganze Buch schon fertig und hat es zugleich auch noch nicht fertig, bekommt es nie fertig. Es schließt den Zustand der Küche ein, das Vogelgezwitscher draußen, die Lichtverhältnisse, die Dinge, um die ich mich später an diesem Tag noch werde kümmern müssen – heute abend, am Wochenende, nächsten Monat, wenn ich alt bin. Es hat sich in der Zeit, die ich gebraucht habe, um diesen Absatz zu schreiben, mit meinen Bankangelegenheiten beschäftigt, mit meiner Familie, es hat das Augen-Make-up registriert, das meine Schwester an Feiertagen auflegt, eines Todesfalls gedacht, einer traurigen Erinnerung nachgehangen. Das menschliche Bewußtsein existiert auf viel mehr Ebenen, als das Bewußtsein selbst darstellen könnte. Dies ist unsere Realität, unsere Menschlichkeit: die tausend Millionen Stimulanzien in jedem Moment, die ungegliederte Masse der Bewegungen, die der Geist ständig an sich heranläßt und wieder abstößt, aufgibt und wieder abruft.

Was mich anzieht, sind die Momente, wo das Bewußtsein aufhört: Momente, in denen es ums Überleben geht, Momente von animalischer Intensität, der Gewalttätigkeit, Momente, wenn keine Vielzahl, keine Möglichkeit verschiedener Denkebenen besteht, sondern nur eine einzige – die Gegenwart in ihrer absoluten Form.

Die Gewalt ist eines der stärksten Erlebnisse und bereitet denen, die fähig sind, sich ihr hinzugeben, eine der stärksten Lustempfindungen. Dort in den Straßen von Fulham, als die Gruppe die metaphorische Schwelle überschritt, fühlte ich mich, als sei ich buchstäblich schwerelos geworden. Ich hatte die Schwerkraft hinter mir gelassen, ich war stärker als sie. Es kam mir vor, als schwebte ich über mir selbst und könnte alles wie in Zeitlupe und in einer überwältigenden Detailschärfe wahrnehmen. Später wurde mir klar, daß ich mich in einer Art Rauschzustand, einer Adrenalin-Euphorie, befunden hatte. Und zum erstenmal kann ich die Worte verstehen, mit denen sie diesen Zustand beschreiben. Daß die Gewalttätigkeit in der Masse eine Droge für sie sei.

Und was war sie für mich? Die Erfahrung absoluten Erfülltseins.

Teil drei

DÜSSELDORF

Die Katastrophe vom 9. März 1946 ... ereignete sich in Burnden Park in Bolton, dem Stadion des berühmten Fußballvereins der Bolton Wanderers, bei einem Pokalspiel zwischen den Wanderers und Stoke City. Eine Katastrophe war es, denn sie brachte 33 Personen den Tod, und Hunderte aus der im Stadion versammelten Menge wurden verletzt. Eine solche Katastrophe war noch nie dagewesen. Nicht der Einsturz von Gebäudeteilen hatte dazu geführt: es war der erste Fall in der Geschichte des Fußballs, in dem eine Zuschauermenge sich selbst schwere Verluste zufügte ...

Mit der tiefste Eindruck, den die Untersuchung bei mir hinterließ, war der, wie leicht inmitten zusammengepferchter Menschenmengen eine gefährliche Situation entstehen kann. Dergleichen kommt immer wieder vor, ohne daß Todesfälle oder auch nur Verletzungen die Folge wären. Aber das Gefährliche daran ist, daß nur so wenige zusätzliche Einflüsse nötig sind – ein unwillkürliches Mitgerissenwerden, ein aufregender Moment, eine vergleichsweise geringfügige Vermehrung der Zuschauerzahl, das Versagen eines Teils der Absperrungen –, damit es zu Toten und Verletzten kommt. Fußballspiele zu besuchen wird ein zunehmend beliebterer Zeitvertreib, und die Wahrscheinlichkeit, daß sich in den Zuschauermengen gefährliche Situationen ergeben, ist im Steigen begriffen.

Moelwyn Hughes
Untersuchungsbericht über die Katastrophe im Fußballstadion der Bolton Wanderers (24. Mai 1946)

Im April 1988 traf ich mich mit DJ in einem italienischen Restaurant in Woodford Green, einem grünen Außenbezirk von London, unweit des Epping Forest. Es war ein Restaurant mit Kerzen und leinenen Tischdecken; in einer Ecke sang ein Klavierspieler mit südländischem Akzent frühe Bee-Gees-Stücke. DJ hatte das Restaurant ausgesucht; er war dort Stammkunde und hatte ein Gästekonto.

Von DJ hatte mir ein Freund erzählt, ein Fernsehjournalist, der eine Geschichte über die Inter-City-Firma von West Ham produziert, sich mit den Fans angefreundet und den Kontakt aufrechterhalten hatte. Er meinte, ich müßte DJ kennenlernen. Nach dem, was mein Freund sagte, war DJ einer der »Top Men« bei West Ham, aber zugleich auch jemand, der etwas Neues anfangen wollte. Er wollte Fotoreporter werden und sich mit Aufnahmen bei Massenausschreitungen einen Namen machen. Mein Freund dachte, wir könnten vielleicht zusammenarbeiten, und darum verabredete er ein Dinner, an dem außer uns dreien noch eine Freundin teilnehmen sollte, die Geschäftsführerin einer Fotoagentur.

DJs Bekanntenkreis unter den Fußballfans war außerordentlich, sogar nach den Maßstäben derer, die ich schon kannte. Mein Freund erwähnte Kelly, ein sehr kleines Männchen, das sich nur für sehr große Verbrechen interessierte. Ob ich mich an den Ausbruch aus dem Gefängnis von Leicester 1986 erinnerte? Damals war ein Hubschrauber während der Ausgangszeit ins Gelände geflogen und hatte zwei Insassen herausgeholt. Kelly war der Pilot des Hubschraubers gewesen.

Mein Freund beschrieb auch einen Sonntagsausflug ans Meer. Jemand hatte einen Bus gemietet – Geld war nie ein

Problem, wie später deutlich wurde –, und fünfzig bis sechzig Mitglieder der »Firma« waren von Ost-London zur Küste aufgebrochen. Sie waren in der Nähe von Clacton-on-Sea, als mein Freund fand, es reiche ihm jetzt. Er erklärte, sofort aus dem Bus aussteigen zu wollen, wenn die Fans mit dem, was sie gerade trieben, nicht aufhörten. Sie waren sauer. Sie nahmen's ihm übel. Sie sagten, er sei ein Spielverderber. Aber schließlich hielten sie doch an.

Es war gleich nach der Abfahrt losgegangen. Die meisten im Bus waren schon halbwegs hinüber – infolge Alkohol, Hasch und Kokain –, als sie kurz hinter einer psychiatrischen Anstalt am Straßenrand eine Tramperin sahen. Sie ließen den Fahrer halten.

Die Frau war etwa siebzehn, trug ein Nachthemd und war aus der Anstalt ausgerissen. Sie war geistig stark behindert – sie konnte weder geradeaus sehen noch richtig sprechen oder sich mit einer Spur von Anmut bewegen –, aber sie war ein sexuelles Wesen und reagierte auf die Aufmerksamkeiten, die man ihr erwies. Die Fans versammelten sich um sie, kitzelten sie, spielten mit ihren Brustwarzen, rieben ihr die Klitoris, zogen sie aus und legten sie im Gang zwischen den Sitzen nackt auf den Boden. Einige wackelten mit dem Penis vor ihrem Gesicht herum. Jemand urinierte über ihr. Man war im Begriff, sie zu vergewaltigen – einer hockte schon zwischen ihren Beinen, den erigierten Penis in der Hand –, als mein Freund den Bus halten ließ und aussteigen wollte.

Sie fuhren den ganzen Vormittag weiter und kamen am frühen Nachmittag nach Great Yarmouth, wo sie in den erstbesten Pub gingen. Sie waren in der Stimmung, Ärger zu machen. Jeder bestellte sich ein ausgiebiges Mittagessen, und dann bewarfen sie sich mit dessen Bestandteilen – eine Essenschlacht, bei der alles durcheinanderflog, was ein normales Mittagsmenü ausmacht: Pasteten, Lasagne, Kartoffelbrei. Sie mußten das Lokal verlassen. Sie gingen in einen anderen Pub, der voller »Squaddies« war – Soldaten von den benachbarten Stützpunkten der Royal Air Force, von denen es in Ostengland etliche gibt. Eine Schlägerei begann, an der fast siebzig Personen teilnahmen – mit Stühlen, Flaschen, Tischen und einer Bank. Die Fans verschwanden, bevor die Polizei eintraf.

Sie betraten einen dritten Pub.

Inzwischen wurden sie von der örtlichen Polizei gesucht. Nicht nur, daß sie Kneipenkrawalle veranstalteten: sie zahlten auch mit »trübem« Geld, das heißt mit gefälschten Banknoten. Ihre Spur war leicht zu verfolgen.

Während der ganzen Zeit war das Mädchen dabei: sie hatten es nicht vergewaltigt, schleppten es aber weiter mit als eine Art Maskottchen – ein Spielzeug.

Der Busfahrer hatte viele dieser Possen vom Parkplatz aus beobachtet und fand, es reiche ihm jetzt. Er ließ den Motor an und fuhr auf die Straße. Er merkte nicht, daß drei West-Ham-Fans hinten im Bus schliefen. Sie waren schon vor einiger Zeit der kombinierten Einwirkung aller möglichen Drogen erlegen, aber einer von ihnen war noch munter genug, um zu merken, daß der Bus fuhr, und er weckte die beiden anderen. Der Fahrer muß ziemlich erschrocken sein, als er ihre Stimmen hörte. Sie stellten ihn vor die Wahl: entweder kehrte er auf den Parkplatz zurück, oder sie würden ihm den Bus anzünden.

Der Zweck meiner ersten Begegnung mit DJ war jedoch nicht, etwas über die West-Ham-Fans zu erfahren; es ging darum, ob er es als Fotograf schaffen könnte. Schon als wir uns zu Tisch setzten – vorher hatten wir Cocktails getrunken –, war die Geschäftsführerin der Fotoagentur einverstanden, das Geld für DJs Film und dessen Produktion vorzuschießen, einfach um zu sehen, was für sie dabei heraussprang. Im Sommer dieses Jahres stand die Europameisterschaft in Deutschland bevor, das erste von mehreren »Hooli-Festen«. Seit es im Heysel-Stadion Tote gegeben hatte, wurde die englische Nationalmannschaft bei Spielen im Ausland immer von vielen Journalisten begleitet – manchmal ebenso viele Journalisten wie Schlachtenbummler –, die darauf brannten, über die nächsten Gewalttaten berichten zu können.

Inzwischen hatte man außerdem erkannt, daß Massenausschreitungen ein nicht nur englisches, sondern auch ein europäisches Problem waren, und bei der Europameisterschaft würden sich zum erstenmal die berüchtigten Fans aus so vielen verschiedenen Ländern – Deutsche, Holländer und Italiener ebenso wie Engländer – am gleichen Ort befinden. England mußte sein zweites Spiel in Düsseldorf gegen die Niederlande bestreiten, und weil die niederländische Grenze nur wenige Kilometer entfernt ist, war eine große Anzahl holländischer Fans zu erwarten. Gegen Deutschland brauchte England nicht zu spielen, sofern es die Vorrunde nicht überstand, aber die deutschen Fans würden überall sein. DJ wußte, daß einiges passieren würde, und wollte Bilder davon machen. Es sollte der Anfang seiner neuen Karriere sein.

Dabei schien auch seine alte Karriere zu florieren; allerdings war mir nicht klar, worin sie eigentlich bestand. Import/Export, sagte er während der Unterhaltung, und das schien irgendwas mit Handel zu tun zu haben. Am Morgen erst war er aus Bangkok zurückgekommen, wo er einen »Deal« mit Kinderkleidern gemacht und tausend Pfund, sagte er, »abgeräumt« hatte. Ich konnte mir nicht vorstellen, wie das zuging, hatte aber erst am Ende unseres Essens eine Gelegenheit, ihn zu fragen.

Unterhosen, erklärte er mir dann. Er war mit etlichen Koffern voll Kinderunterhosen zurückgekommen.

Sie handeln mit Kinderunterhosen? fragte ich. Es klang nicht ganz astrein.

Unter anderem.

Vielleicht, weil er sich ein bißchen angegriffen fühlte, zählte er mir auf, um was für Produkte es sich handelte. Dazu gehörten Armbanduhren, Modeartikel, Herrenanzüge, Damen- und Kinderkleidung, Schuhe, Autos. Eine Zeitlang hatte er Geschäfte mit Mercedes-Wagen gemacht. Solche Geschäfte erforderten es, daß er viel unterwegs war, und allein im letzten Jahr war er in Hongkong, Taiwan, Tel Aviv, Manila, Kairo, Luxemburg, Mexico City und Los Angeles gewesen. Er reiste gern, reisen war ihm wichtig. Er sagte, heute morgen, gleich nach der Ankunft aus Bangkok, habe er sein Reisebüro angerufen – nach soviel Arbeit wurde es Zeit für einen Urlaub –, um einen kleinen Trip, vielleicht schon für morgen, nach Sun City in Südafrika zu arrangieren. Die Vorstellung gefiel ihm, und er beschrieb die Attraktionen von Sun City. Ich weiß nicht, ob er dann wirklich dort hinflog. Ich vermute, von diesem Urlaubsvorhaben sprach er aus demselben Grund, aus dem er auch Lobreden auf die Wirtschaftspolitik der konservativen Partei und die Philosophie der Margaret Thatcher hielt: er kannte die liberale Einstellung seiner neuen Freunde von den Medien.

Er unterbrach sich, um das Etikett an meiner Jacke zu bewundern. Er zog eine gute Show ab. Bevor der Abend zu Ende war, erwähnte er noch ein Haus, das er gerade verkauft habe. Er redete auch über den »Jag«, den er sich kaufen wolle, die Kursveränderungen seiner Papiere an der Börse, die Rennen in Newmarket und seine Fahrt dorthin in einem Mercedes über die Six Mile Bottom Road, wo er den automatischen Tachometer auf 135 Meilen die Stunde eingestellt und die leeren Champagnerflaschen aus dem Fenster geschmissen hatte. DJ war dreiundzwanzig Jahre alt.

Die Geschäftsführerin der Agentur verabredete mit DJ ein paar Stunden Fotografie-Unterricht; er und ich machten aus, uns später mal gelegentlich zu einem Drink zu treffen. Die Rechnung für das Essen belief sich auf 120 Pfund. DJ bestand darauf, sie auf sein Konto setzen zu lassen.

Vor der Europameisterschaft traf ich mich mit DJ noch mehrere Mal. Er war Fußballfan seit dem zehnten Lebensjahr und hatte etliche Geschichten auf Lager. Bei manchen ging es auch um die Jungs von Manchester United. Ich hörte belustigt, wie weit Sammys Reputation reichte. Bei den West-Ham-Fans hieß er »Steamin' Sammy«, weil er immer der erste von Manchester United war, der sich »mit Volldampf« ins Getümmel stürzte. Einmal hatte man Sammys Brille erbeutet und als

Trophäe hinter der Theke des Builders' Arms, eines West-Ham-Pubs, zur Schau gestellt, und als Sammy im späteren Verlauf des Tages halbblind in die Kneipe hereinkam, knöpfte man ihn sich vor. DJ war auch in dem Zug aus Manchester gewesen, in dem Roy Downes zusammengeschlagen wurde und beinah umgebracht worden wäre. DJ zufolge hatte der Streit jedoch damit angefangen, daß Roy einen Becher heißen Tee nach Bill Gardiner schmiß, dem berühmten »Top Man« von West Ham.

Als wir zusammen durch London fuhren, erinnerte sich DJ gern an die Stellen, wo man sich mal große Freiheiten herausgenommen hatte. »Sich Freiheiten herausnehmen«, ein Ausdruck, den DJ öfters gebrauchte, bezeichnete die schwereren unter den möglichen Verstößen, bei denen die territorialen Ansprüche eines Rivalen mißachtet wurden. Einmal spielte er auf seine Narben an. Und obwohl ich später von seinen Freunden hörte, daß er sich wie ein wildes Tier aufführen konnte – »Lunar the Lunatic« war einer seiner Spitznamen –, redete er nicht ständig über Gewaltakte bei Fußballspielen. Was ihn beschäftigte, war komplizierter.

DJ war von den meisten anderen West-Ham-Fans sehr verschieden. Zunächst einmal war er Jude – er erwähnte, wie man ihn »an Jom Kippur bei einem West-Ham-Auswärtsspiel geschnappt« hatte –, und sein breiter Ostlondoner Akzent kam mir angelernt vor. Einmal erzählte er, er sei auf einer kleinen Public School gewesen, und als ich ihn dazu weiter ausfragte, erfuhr ich, daß er ein Abschlußzeugnis mit fünf Einsen hatte. Er konnte Französisch. Er las viel, hauptsächlich Bücher über soziale Themen: Polizei und Verbrechen, Entwicklungsprobleme in der Innenstadt. Ich erfuhr außerdem – was er nur widerstrebend zugab –, daß seine Familie zwar aus dem Arbeitermilieu stammte, aber doch betucht war, und daß sein Vater irgendwo im East End eine gutgehende Möbelfabrik hatte. Sein Bruder arbeitete für eine Investment-Firma in New York. Später sah ich, daß DJ mit Geld nur so um sich warf, und seine Freunde sagten, er sei ein Geldsack – wobei ich allerdings überzeugt bin, daß er das Geld selbst verdient und nicht von seinem Vater bekommen hatte. Ich vermute, er betrieb eine Art Privatrebellion gegen sein Elternhaus.

DJ war ein Exzentriker, und mein journalistischer Instinkt sagte mir, daß seine Lebensumstände es rechtfertigten, wenn ich mehr Zeit mit ihm verbrachte. Aber es gab noch andere Gründe.

Ich begann mit der Arbeit an diesem Buch, weil ich wissen wollte, warum junge Männer in England jeden Samstag Randale machen; und daß ich vom Fußballspiel sehr wenig und von den Menschen, die dabei zuschauen, nicht viel mehr wußte, fand ich gar nicht so übel. Ich glaubte, wenn ich mich auf eine solche Erfahrung unbefangen einließe – unbelastet durch Geschichte, Tradition oder auch nur Gepflogenheiten, wie man den Samstag nachmittag verbringt –, könnte ich die Dinge klarer sehen als jemand, dem sie kulturell geläufig wären. Was Recht oder Unrecht war, interessierte mich nicht, und ich fragte auch nicht danach. Ich wollte an die Gewalt nah herankommen – sehr nah, so nah wie irgend möglich –, denn ich dachte, auf diese Weise könnte ich herausfinden, wie sie funktionierte.

Was ich herausfand, überraschte mich; und weil ich ein Wissen davontrug, das ich vorher nicht besessen hatte, war ich außerdem dankbar – und auch das überraschte mich. Ich hatte nicht erwartet, daß Gewalt tatsächlich so lustvoll sein könnte. Hätte ich vorher überhaupt darüber nachgedacht, hätte ich wohl angenommen, daß Gewalttätigkeit erregend sei – etwa so, wie ein Verkehrsunfall einen erregt –, aber die reine, elementare Lust war von einer Intensität, die sich mit nichts, was ich vorher gesehen oder schon einmal erlebt hatte, vergleichen ließ. Aber es war nicht irgendeine beliebige Art von Gewalttätigkeit, wie etwa die Schlägereien Samstag abends in den Pubs; es war die Gewalttätigkeit von Massen, auf die es hier ankam: der ganz besondere Mechanismus der Gewalt großer Zahlen.

Wenn man so will, ist das die Antwort auf die Hundert-Dollar-Frage: Warum machen junge Männer jeden Samstag Randale? Sie machen das aus demselben Grund, aus dem frühere Generationen sich betranken, Hasch rauchten, Drogen nahmen, sich wüst oder rebellisch aufführten. Gewalttätigkeit bereitet ihnen einen antisozialen Kitzel, sie ist für sie ein bewußtseinsveränderndes Erlebnis, eine vom Adrenalin bewirkte Euphorie, die vielleicht um so stärker ist, weil der Körper selbst sie hervorbringt, mit vielen meiner Überzeugung nach suchtbildenden Eigenschaften, wie sie auch für synthetisch hergestellte Drogen chrakteristisch sind.

Soviel hatte ich begriffen und war davon überzeugt, aber nicht damit zufrieden. Warum dieses antisoziale Verhalten? Ich konnte den Zweck – dieses Hochgefühl – nicht von den Mitteln trennen, mit denen er erreicht wurde; ich konnte es nicht als eine Sache dieser Generation, als ihre Art Rock 'n' Roll behandeln. Zu extremen Verhaltensweisen – besonders zur Gewalttätigkeit – gibt es unzählige Vorformen, aber nicht zur organisierten Gewalttätigkeit, nicht zu einer Gewalttätigkeit, die darauf abzielt, diese Art von rasendem Hochgefühl, den Massenrausch, zu erreichen. Das war ungewöhnlich. Und unter all den verschiedenen Faktoren, die dazu beitragen, daß eine Ansammlung von Menschen zu einer Masse und schließlich zu einer gewalttätigen Masse wird, findet sich fast unvermeidlich immer irgendein politischer oder ökonomischer Grund, auch wenn er nur kosmetischer oder rhetorischer Art ist – ein Mißstand, eine Ungerechtigkeit oder zumindest ein verfestigtes Gefühl sozialer Unzufriedenheit –, und ich kam nicht los von der simplen Folgerung, die sich mir immer wieder aufdrängte: daß es für die Gewalttätigkeit keinen Grund gab. Allenfalls gab es eine Reihe von »Ungründen«: statt ökonomischer Not oder politischer Frustration bestanden hier ökonomische Fülle und ein ungetrübter, sogar selbstgefälliger Glaube an die freie Marktwirtschaft und eine nationalistische Politik, auf deren Annehmlichkeiten und Eigennutz man stolz war.

Ich konnte nicht glauben, daß das, was ich gesehen hatte, schon alles war.

Und hier nun kam es auf DJ an. In seiner Person hatte ich den Grundwiderspruch in seiner krassesten Form vor mir. So vieles kam ihm zugute: Bildung, Intelligenz, Weltkenntnis, Geld, Initiative, starker Rückhalt in der Familie. Selbst wenn er an Massenausschreitungen kein Interesse gehabt hätte, wäre er ein ziemlich ungewöhnliches Mitglied seiner Generation gewesen. Hier hatte ich einen, dem die gegenwärtige soziale Ordnung so viele Vorteile und Chancen zugespielt hatte, daß sein Erfolg in der Gesellschaft kaum zu vereiteln war. Meiner Auffassung lag der liberale Gemeinplatz zugrunde, daß denjenigen, die »sich gegen die Gesellschaft wenden« – ich meinte, daß man es so nennen könnte, wenn jemand das Eigentum der Gesellschaft zerstörte und ihren Mitgliedern Schaden zufügte –, der Zugang zur Gesellschaft verwehrt gewesen sein müßte. Dies nun traf auf DJ nicht zu. Durch DJ hoffte ich klüger zu werden.

Allmählich beunruhigte mich die Angst, immer noch nicht genug zu wissen, obwohl ich doch nun schon seit vier Jahren mit gewalttätigen Menschen verkehrte. Die Angst ging Hand in Hand mit dem Glauben, was ich gesehen hatte, könnte unmöglich schon alles gewesen sein, und ich kam zu der Überzeugung, ich müßte noch mehr Recherchen anstellen. Ich war sicher, wenn ich mich auf das beschränkte, was ich selbst mit angesehen hatte, würde ich mir kein vollständiges Bild machen können.

Ich abonnierte einen Pressedienst, der vom Old Bailey aus betrieben wurde. Wenn ich schon vieles versäumen mußte, so schien mir, dann wenigstens nicht die Fälle, über die in einem Strafverfahren verhandelt wurde, und der Pressedienst, den eine Gruppe junger Journalisten herausgab, wäre für mich so etwas wie eine Versicherungspolice. Er brachte Geschichten vom Tage – sie kamen über Fax –, die immer ein bißchen zu wortreich und mit zu vielen Details vollgestopft waren, damit die Journalisten sich herauspicken konnten, was ihre Blätter brauchten. Die erste Geschichte war ganz so wie viele andere auch. Es war ein Bericht über die Anklage gegen John Johnstone.

John Johnstone gehörte zu einer großen Gruppe von Millwall-Anhängern, die nach dem Besuch eines Nachmittagsspiels gegen Crystal Palace in den Zug nach Charing Cross in London gestiegen waren. Die Fahrt dauert nur zehn Minuten, aber während dieser Zeit wurde Johnstone gewalttätig. Nach der Anklageschrift trat Johnstone an einen der gewöhnlichen, zahlenden Fahrgäste heran und riß ihm die Zeitung, in der er las, aus den Händen. Dann schlug er ihn mehrmals ins Gesicht. Ein Fahrkartenkontrolleur griff ein, und Johnstone ging nun auf ihn los.

Der Fahrer, der von den Übergriffen gehört hatte, schickte eine Funkmeldung an die Bahnhofspolizei in Charing Cross voraus, und John Johnstone und seine Freunde – sechs insgesamt – wurden bei der Ankunft verhaftet. Sie wurden jedoch nicht lange festgehalten und konnten bald ihren weiteren Plänen für den Abend nachgehen.

Es waren keine sehr großartigen Pläne. Johnstone und seine Freunde entfernten sich nicht weiter als dreihundert Yard von dem Bahnhof, wo sie den Abend begonnen hatten. Den ersten Halt machten sie bei McDonald's am Strand. Schon nach wenigen Minuten zog Johnstone ein Messer und bedrohte einen Skinhead, der einen Hamburger aß. Als noch ein Skinhead hinzukam, ging einer von Johnstones Freunden zu ihm hin und stieß ihm einen Finger ins Auge.

Johnstone und seine Freunde machten sich auf den Weg zum Trafalgar Square, mit einem kurzen Abstecher zum Admiral Nelson Pub in der Northumberland Avenue, wo sie sich als Türsteher ausgaben, von Leuten, die in das Lokal wollten, Eintrittsgeld verlangten und sie bedrohten, wenn sie nicht zahlen wollten. Am Trafalgar Square gab es weiteren Ärger wegen eines Mannes mit einer mitten auf die Stirn tätowierten Spinne. Johnstone und seine Freunde fanden eine

Spinnen-Tätowierung unerträglich und schlugen den Mann zusammen.

Dann gingen sie zurück zum Bahnhof Charing Cross, wo Gary Greaves, einer von Johnstones Kumpels, einen jungen Mann – einen Fremden, der ganz allein war – mit einem Schlag ins Gesicht niederstreckte. Anschließend trat Greaves dem Mann gegen den Kopf, und die anderen machten mit. Ein Busfahrer und seine Frau, die in der Nähe parkten und auf die Passagiere eines Zuges warteten, der später am Abend ankommen sollte, sahen die Mißhandlungen mit an und fühlten sich verpflichtet, etwas zu tun, um sie zu beenden. Und in gewisser Hinsicht gelang es ihnen: die Jungs ließen ab von dem Mann und gingen dafür auf den Busfahrer und seine Frau los; beide wurden übel zugerichtet.

Ich weiß nicht, wie lange Johnstone und seine Freunde im Bahnhof Charing Cross blieben. Als nächstes wurden sie in der U-Bahn-Station gesichtet. Die U-Bahn-Station Charing Cross ist ein großes, weitverzweigtes Netz von Durchgängen zwischen den drei Haltestellen Trafalgar Square, Charing Cross und Embankment. In der Nähe der Treppe zum Embankment begegneten sie Terry Burns. Terry Burns war mit Freunden zusammen, und sie waren gehetzt und verängstigt, denn sie sie waren in die U-Bahn-Station gerannt, um einer Schlägerei zu entgehen, die in einem Pub am Covent Garden ausgebrochen war. Ich entnehme der Anklageschrift, daß das ganze West End an diesem Samstag abend eine gefährliche Gegend gewesen sein muß. Die viel größere Gruppe der Millwall-Fans, von der Johnstone und seine Freunde bei der Ankunft in London getrennt wurden, wird nicht erwähnt. Wahrscheinlich war die größere Gruppe entweder an der Schlägerei beteiligt, vor der Terry Burns und seine Freunde flüchteten, oder an einer anderen, unweit von ihr stattfindenden. Viele Banden von Fußballfans müssen an diesem Abend im West End aktiv gewesen sein.

Wie sich herausstellte, war Terry Burns ein Fan von West Ham. Johnstone und seine Freunde hatten schon den ganzen

Abend nach Fußballfans Ausschau gehalten, denn sie wußten, daß welche unterwegs waren, und sie werden frustriert gewesen sein, immer nur auf Skinheads, Männer mit nonkonformistischen Tätowierungen, Busfahrer, Fremde und vereinzelte Bahnreisende zu treffen. Es muß aufregend für sie gewesen sein, endlich ein paar echten Fußballfans zu begegnen! Ich bin mir auch sicher, daß Johnstone Terry Burns' panische Furcht bemerkt haben muß – sie muß ihm im Gesicht gestanden haben; sie muß in der Luft gehangen sein wie ein Geruch –, und auch das wird für Johnstone sehr aufregend gewesen sein. Das Ergebnis war Gewalt in einer ganz anderen Größenordnung.

Johnstone und seine Freunde gingen auf die Fremden los und versetzten einem von ihnen Messerstiche in Hals und Arm. Burns flüchtete und rannte aus der Station in die Villiers Street hinaus. Der Anklage zufolge setzte Johnstone ihm nach, mit dem Ruf: »Kill the bastard!« Seine Freunde, nicht weit dahinter, schlossen auf der Straße zu ihm auf, und zusammen sprintete die Gruppe der Verfolger durch Covent Garden. Immer wieder skandierten sie dabei »Millwall! Millwall!« Terry Burns konnte nicht schnell genug rennen – die Millwall-Fans waren ihm dicht auf den Fersen – und versuchte durch eine Nebenstraße zu entkommen, die sich als eine Sackgasse erwies. Das einzige Detail, das wir dann noch kennen, ist ein Fahrrad – Terry Burns hob es hoch, um sich damit zu verteidigen –, aber ich kann mir vorstellen, welcher Schrecken ihm in die Knochen gefahren sein muß, als er merkte, daß er in die Ecke getrieben war. Ich kann mir vorstellen, wie er hektisch nach einem Ausweg suchte – die Türklinken, die Mauer –, bevor er nach dem erstbesten Gegenstand griff, der sich anbot, diesem unhandlichen Schild aus Speichen und Schläuchen, um damit abzuwehren, was binnen Sekunden, wie er wußte, die Gasse entlang auf ihn zupreschen würde.

Terry Burns starb. Er bekam sechs Messerstiche. Jeder Stich traf das Herz.

Terry Burns wurde nicht von einer Masse, sondern von einer Bande getötet; aber die Unterscheidung zwischen Gewalttaten von Massen und Banden ist hier wohl nicht sinnvoll: es war ja nur Zufall, daß John Johnstone und seine Freunde von der Schar der Millwall-Fans getrennt wurden. Der Mord war zwar, für sich genommen, nicht von Interesse, wohl aber war es der Charakter dieses Abends, die planlose, episodische Natur der Gewalttätigkeit und das Gelangweiltsein, die sie kennzeichneten: dies war Gewalt der extremsten Art – Gewalttaten, einfach weil es nichts anderes zu tun gab.

Auch die beteiligten Individuen interessierten mich. Warum waren sie so gelangweilt?

John Johnstone kam aus Lewisham, einem Londoner Vorort, und arbeitete in der Hochkonjunktur des Wohnungsbaus als Tapezierer. Er wird die Taschen voller Zwanzig- und Fünfzigpfundnoten gehabt haben. Obwohl erst einundzwanzig Jahre alt, hatte er schon ein sehr markantes Vorstrafenregister. Mit sechzehn war er wegen Körperverletzung verurteilt worden, mit siebzehn, weil er jemanden bedroht hatte, mit achtzehn wieder aus dem gleichen Grund, mit zwanzig wegen Tragens eines Springmessers. Sein Kumpel Trevor Dunn hatte ebenfalls Vorstrafen; auch er kam aus einem Londoner Vorort und war ein erfolgreicher Tapezierer. Gary Greaves, siebenundzwanzig, hatte sein eigenes Geschäft.

Die Mordanklage gegen alle wurde am Ende fallengelassen. John Johnstone wurde wegen Landfriedensbruch, Tätlichkeit in zwei Fällen und Besitz einer Angriffswaffe verurteilt. Er bekam drei Jahre Gefängnis.

Das scheint nicht viel zu sein, denn schließlich war ja ein Mensch getötet worden, aber in den Augen des Gesetzes hatte man Terry Burns' Mörder nie gefaßt. Johnstones Strafe war sogar noch ziemlich streng angesichts der Delikte, deren er als überführt galt: in der Vergangenheit wäre es unwahrscheinlich gewesen, daß er dafür mehr als zwei Monate hätte absitzen müssen. Die längere Strafe entsprach schon der Einstellung, die sich erst in letzter Zeit bei den Richtern gegenüber

Fußball-»Hooligans« durchgesetzt hatte: man wollte dafür sorgen, daß sie die strengstmöglichen Strafen bekämen, um damit bei ihresgleichen ein Exempel zu statuieren. Etwas früher im selben Jahr waren bereits zwei sogenannte »Generäle« von Chelsea – Stephen Hickmott, einunddreißig Jahre, und Terry Last, vierundzwanzig – der Anstiftung zu Schlägereien und der Verursachung von Landfriedensbruch verurteilt worden. Hickmott, der einen eigenen Kurierdienst betrieb, kam wie die verurteilten Millwall-Fans aus einem Vorort (Tunbridge Wells); Last arbeitete als Büroangestellter bei einem Anwalt in der City. Mit ihnen zusammen verhaftet wurden unter anderen ein Tapezierer, ein Küchenchef, ein Baumeister und ein Falkland-Veteran – ein ehemaliger U-Boot-Matrose bei der Royal Navy.

Etwa um dieselbe Zeit hatte ich auch noch einen Zeitungsausschnittsdienst abonniert. Alle zwei Tage kam ein Päckchen an, und ich war erstaunt, wie viele Ausschnitte es enthielt. Gewöhnlich waren es fünfzig bis hundert, manchmal aber auch viel mehr.

Die meisten stammten aus ländlichen oder kleinstädtischen Blättern und berichteten von den Ausschreitungen beim örtlichen Fußballmatch vom letzten Samstag. Ungefähr einen Monat lang las ich jeden Artikel durch, aber es wurde mir zuviel. Ich wußte mit all den Informationen nichts anzufangen. Ich dachte daran, das Abonnement abzubestellen, aber das kam mir nicht richtig vor; es wäre darauf hinausgelaufen, daß ich mich um das, was da draußen passierte, nicht kümmerte, daß ich Fakten wissentlich ignorierte. Trotzdem, die Lust, das Zeug durchzusehen, war mir vergangen. Ich weiß nicht, wann ich den Dienst schließlich abbestellte; jedenfalls hatte ich bis dahin schon drei große Kartons mit Ausschnitten angesammelt – sie stehen immer noch übereinandergestapelt in meinem Arbeitszimmer. Die meisten Umschläge, voller detaillierter Berichte über die Gewalttaten der Woche, sind noch ungeöffnet.

Vor kurzem machte ich einen beliebig herausgegriffenen

Umschlag auf; er trug das Datum vom 19. März 1987, und die Ausschnitte berichteten von den Vorfällen der letzten Woche. In der Saison von 1987 war nicht besonders viel passiert. Die Toten im Heysel-Stadion, das Feuer in Bradford, die Krawalle in Luton zwischen Millwall-Anhängern und der Polizei: all das lag schon etwas zurück, es war schon Geschichte. Die Saison ging zu Ende. Es war ein normales Fußball-Wochenende. Zugleich war es zehn Tage nach dem strengen, »exemplarischen« Urteil gegen Stephen Hickmott und Terry Last.

Von den etwa siebzig Ausschnitten in dem Umschlag stammten nur zwei aus überregionalen Zeitungen: der *Guardian* berichtete von Raufereien am Strand von Brighton nach einem Match mit Crystal Palace; und die *Daily Mail* berichtete, daß ein Fan, neunzehn Jahre alt, mit zwanzig Stichen hatte genäht werden müssen, nachdem ihm »vor dem Match Everton–Manchester City von Rabauken die Kehle aufgeschlitzt worden war«. Alles andere stammte aus Lokalzeitungen.

Eine davon war der *Wrexham Evening Leader.* Dort hatte es Ausschreitungen bei einem Spiel der Sonntagsliga in Gresford in Nordwales gegeben. Die Sonntagsliga ist eine Amateurliga von Kneipenmannschaften, und hier handelte es sich um das Halbfinale des Wrexham Lager Cup zwischen den Cambrian Vaults und dem Saughall Institute in Chester. Es ist unklar, wie die Krawalle anfingen, aber als sie einmal im Gang waren, wurden sie sehr heftig: es gab 150 Verletzte, zumeist durch Fußtritte oder Kopfstöße. Ein Mann bekam einen Schlag auf den Kopf mit einer Stange; einem anderen wurde ein Bein gebrochen. Sogar der Trainer der Fußballer vom Saughall Institute war beteiligt: die Videoaufnahme eines Amateurs zeigte, wie er einen Backstein in die Menge warf und wie er jemandem auf den Kopf schlug. Von den elf Personen, die des Landfriedensbruchs für schuldig befunden wurden – mit Strafen zwischen drei Monaten und zwei Jahren –, hatten alle bis auf einen Vorstrafen wegen Gewaltdelikten.

In Huddersfield bei Leeds war es zu Ausschreitungen gekommen. Leeds-Fans hatten sich im Wharf Pub versammelt, um den Sieg ihrer Mannschaft in einem Spiel zu feiern, das ihr die Teilnahme an der Aufstiegsrunde sicherte. Später am Abend waren Rastafaris, Mitglieder einer Reggae-Band, vorübergekommen, die in die Innenstadt gingen, um dort Fish'n'chips zu kaufen. Bei ihrem Anblick strömten die Leeds-Fans auf die Straße, umringten die Band, fingen an, »Sieg Heil!« zu brüllen, und hoben die Hand zum Nazi-Gruß. Einem der Musiker wurde ein Bierglas im Gesicht zerschlagen, vier andere bekamen Messerstiche. Als ein Krankenwagen kam, versperrten ihm die Leeds-Fans die Durchfahrt, und beinah wäre einer der Musiker verblutet.

In Bournemouth besetzten Fans nach einem Zug durch die Kneipen das Royal Exeter Hotel, zertrümmerten die Fensterscheiben, zündeten Liegestühle an und bewarfen dann die herbeigerufenen Polizei- und Feuerwehrwagen mit Steinen (*Southampton Southern Evening Echo*). Mitglieder des Robstart Football Club, eines Amateurvereins aus Stokewell, waren an einer Schlägerei im Cabot Court Pub in Weston-super-Mare beteiligt; 56 Personen wurden verhaftet. In Southend randalierten die Anhänger der Wolverhampton Wanderers, und nach dem Match zwischen Leicester und Coventry gab es einen »Zusammenstoß« in der Filbert Street.

In Peterborough griffen 150 Derby-County-Fans bei einem kurzen Aufenthalt an einer Tankstelle im Stadtzentrum eine Gruppe von einheimischen Jugendlichen an, von denen einer mit solcher Wucht zu Boden geschlagen wurde, daß er beim Aufprall auf den Boden einen Schädelbruch erlitt. In Southport besetzten Fans von Bangor City das eine Ende der Tribüne und hüpften darauf so lange auf und nieder, bis es zusammenbrach; daraufhin griffen sie die Ordner im Innenraum an. In einem Match zwischen zwei keiner Liga angehörenden Mannschaften, Gillingham gegen Chelmsford City, wurde bei einem Massenkrawall der einundzwanzigjährige Anthony Robertson festgenommen, der einem Anhänger der gegnerischen Mannschaft Ammoniak in die Augen gesprüht und dann einen Ortspolizisten gegen eine Mauer geschleudert, getreten und an der Schulter verletzt hatte. Und in Bolton fielen Fans, die der Lokalberichterstatter als »johlende Halbidioten, die mit dem Mut von Elstern, die auf Spatzeneier aus sind, losgehen«, bezeichnete, über Anhänger von Middlesborough her, die in der Green Taverns einen tranken; anschließend griffen sie kein geringeres Ziel als die Polizeiwache Burnden Park an, wo einer einen Flutlichtmast erstieg und die elektrische Kabelverbindung mit der Polizeiwache zerschnitt.

Meine Liste ist schon zu lang, und dabei enthält sie nur eine kleine Auswahl. Die Sendungen, die etwa um die gleiche Zeit ankamen, mit den Poststempeln vom 8. Mai, 13. Mai, 15. Mai, 20. Mai und 27. Mai, wurden nicht berücksichtigt und sind noch ungeöffnet. Die Verhaftungen und Gerichtsverhandlungen in den großstädtischen Zentren werden durch die Nachrichtendienste der ohnehin dort ansässigen Medien gut repräsentiert. Die Geschichten hier sind ein Hinweis auf all das, was nicht in die Nachrichten gelangt. Sie geben ein Bild davon, wie es an einem Samstagnachmittag in England wirklich zugeht.

Noch eine Geschichte lohnt die Erwähnung. Sie stammt aus dem *Oldham Evening Chronicle*, und es geht darin um zwei irische Handelsvertreter, Neil Watson und Terry Moore, alte Freunde und Anhänger von Oldham Athletic, die immer mal wieder zu einem Match nach Manchester geflogen kamen. Für sie war es ein Wochenendtrip, mit Übernachtung im Hotel und Kneipenbesuch am Freitag abend. Bei diesem Match war Leeds United der Gegner. Die beiden hatten den Abend an der Bar des Hotels Royton, etwas außerhalb der Stadt, zugebracht. Kurz nach Kneipenschluß begegneten sie einer Anzahl Leeds-Fans und wurden angegriffen. Terry Moore bekam mehrere Schläge ins Gesicht und fiel bewußtlos zu Boden, wo man ihm dann noch fünf- oder sechsmal gegen den Kopf trat. Terry Moore hat eine seltene Blutgruppe, und das diente als Beweismittel: gerichtsmedizinische Untersuchungen ergaben, daß diese besondere Art Blut sich an den Schuhen, Strümpfen, an der Hose, am T-Shirt und in den Haaren eines der Leeds-Fans wiederfand. Es war viel Blut geflossen. Nach dem Zwischenfall gingen die Leeds-Fans weiter, kamen aber wenig später noch einmal zurück. Dies ist eines der Details, die die Geschichte so unheimlich machen: sie kehrten noch einmal zurück, um Terry Moore von neuem gegen den Kopf zu treten. Das machten sie noch sechs- oder siebenmal; Terry Moore hatte sich nicht gerührt, er war immer noch bewußtlos. Er hat sich auch seither nicht mehr gerührt. Zwölf Tage lang lag er im Koma. Als er daraus erwachte, war er gelähmt und hatte die Fähigkeit zu sprechen verloren.

Ich konnte 1988 nicht zusammen mit DJ zur Europameisterschaft nach Deutschland fahren – ich wollte später kommen –, aber er rief mich gleich am Freitag nach seiner Ankunft von dort aus an. Auch in den nächsten Tagen rief er regelmäßig an, um mich auf dem laufenden zu halten. Es schien einiges los zu sein – das meiste spielte sich zwischen den englischen und den deutschen Fans ab –, und von DJs West-Ham-Freunden waren mehrere schon verhaftet worden. Und dann, kurz nach dem ersten Spiel der Engländer, gegen Irland, bekam die Presse, worauf sie gewartet hatte – einen fürchterlichen Krawall mit Tränengasschwaden und spektakulären Ausschreitungen. DJ schickte die erste Ausbeute an Fotos mit einem Nachtflug nach London.

Das nächste Spiel – das gefürchtete gegen die Holländer – war in Düsseldorf, und ich flog mit einer Sondermaschine für die Presse hin. Der britische Sportminister – ein kleiner Mann, der sich ausgiebig darüber verbreitete, daß männliche Angehörige der Arbeiterschaft unter dreißig ins Gefängnis gehörten – saß in der vordersten Reihe. Der Flug war ausverkauft, alle Plätze waren besetzt mit Kameraleuten, Fotografen, Leitartiklern und freien Journalisten jeglicher Couleur. Drei Mitglieder eines australischen Filmteams, die gehört hatten, ich würde einen echten Hooligan kennen, fuhren auf dem Weg in die Stadt hinter meinem Taxi her.

In der Stadt sah es aus wie in Beirut. Überall waren grüne Polizeiwagen. Ich sah einen Wasserwerfer und einen Bus ohne Fenster, bereitgestellt für Massenverhaftungen. Polizisten, bewaffnet und behelmt, standen an allen Ecken. Aber Journalisten waren ebenso viele da. Ein Team von Central Television interviewte einen »Hooligan«. Später erkannte ich mehrere Fans von Manchester United, unter ihnen Doofie Donald, den Mann mit dem Tränengas, den Ketten und den vielen Stanley-Messern, der auf dem Weg zu dem Match in Turin nur bis Nizza gekommen war – und dieser Doofie Donald hatte dem Deutschland-Korrespondeten der BBC ein Exklusivinterview gewährt.

Wie es sich ergab, traf ich DJ bei dieser Gelegenheit überhaupt nicht. Robert, einer seiner Freunde von West Ham, wurde an diesem Abend verhaftet, und DJ verbrachte den größten Teil des Abends mit dem Versuch, ihn aus dem Knast zu holen. Ich freundete mich schließlich mit einem jungen Mann aus Grimsby an.

Grimsby, wie ich ihn bei mir nannte, lernte ich aus Gründen kennen, in denen Angst und Langeweile sich mischten: Angst, weil zum erstenmal die Journalisten sehr aggressiv behandelt wurden – ich sah, wie einem Fotografen von den Fans die Nase mit seiner eigenen Kamera eingeschlagen wurde – und ich mich in Gesellschaft sicherer fühlte; Langeweile, weil deutlich wurde, daß sich die englischen und die holländischen Fans, trotz aller Versprechungen, nicht in einem Jahrhundert-Krawall gegenseitig ausrotten würden. Das lag teilweise an der deutschen Polizei, die entschlossen war, sich kein zweites Mal überrumpeln zu lassen wie am ersten Abend, als es zu Gewalttätigkeiten zwischen den englischen und den einheimischen Fans gekommen war. In Düsseldorf gelang es der Polizei, die meisten der »schwierigen« englischen Fans im Bahnhof zusammenzutreiben. Dort war es, wo ich mich mit Grimsby anfreundete. Mit einem alten, zerknautschten Presseausweis, den ich in meiner Brieftasche fand, kamen wir durch die Polizeisperren und machten uns auf die Suche nach einer Kneipe.

Grimsby fand mich akzeptabel, weil ich ein Buch schrieb. Also war ich kein Journalist – nichts konnte in seinen Augen verächtlicher sein als ein Journalist. Ich war vielmehr ein »Autor« (Grimsbys Mutter war Lehrerin, und solche Unterscheidungen waren ihm wichtig). Und so stellte er mich immer wieder im Lauf des Abends anderen vor: ein Autor, *kein* Journalist! Die negative Ergänzung, auf die es ihm ankam, fügte er immer hinzu.

Ich kann nicht behaupten, daß an Grimsby etwas Besonderes war – kein Zug, kein Merkmal, das ich nicht schon unzählige Male bei unzähligen anderen gesehen hätte –, nur daß ich, egal wie viele Exemplare dieser Gattung mir schon begegnet waren, immer wieder gespannt war, was einer von ihnen als nächstes tun würde. Es war voraussehbar, ging aber in seiner ungenierten Hemmungslosigkeit über alles hinaus, woran ich mich je gewöhnen konnte. Ganz habe ich mich auf den Charakter der »Jungs« in seiner expressiven Verfassung nie einstellen können.

Grimsby geriet in diese Verfassung in dem Augenblick, als wir das Taxi bestiegen. Es wurde von einer Frau gefahren, die uns nur widerstrebend als Fahrgäste aufnahm. Bevor sie abfuhr, drehte sie sich zu Grimsby um und erklärte ihm auf englisch die Regeln, an die wir uns halten müßten, wenn wir unser Ziel erreichen wollten: Geraucht wird nicht, die Fenster bleiben zu, kein schlechtes Benehmen! Mein Begleiter steckte sich prompt eine Zigarette an, machte das Fenster auf und sonderte eine Kette von Schimpfworten ab – »Kuh«, »Fotze«, »Nazi-Hure« –, die erst abriß, als das Taxi schließlich anhielt und wir auf die Straße gesetzt wurden.

Dieser Wortwechsel diente als Modell für den Rest des Abends. In dem Lokal, das wir zuerst fanden – eine Arbeiterkneipe mit einer, wie mir vorkam, ziemlich rauhbeinigen Kundschaft –, blieben wir nicht lange, weil Grimsby damit angefangen hatte, immer wieder »Heil Hitler!« zu brüllen. Ich schob ihn nach draußen. Ähnliche Auftritte hatten wir noch mehrere, darunter einen in einem Restaurant mit einem holländischen Fan Mitte Fünfzig, der mit seinen drei Söhnen beim Abendessen saß. Weil er der einzige holländische Fan dort war, ließ Grimsby es sich angelegen sein, durch den Raum zu gehen, die Mahlzeit der Familie zu unterbrechen, sich über den Tisch zu lehnen und den Vater einen Wichser zu nennen, wobei er mit den Händen vor dem Gesicht des Mannes auf und ab fuchtelte, als wollte er ihm ins Gesicht hinein masturbieren, und ein prustendes Geräusch machte. Dann nannte er den Vater noch ein »fuckface«, einen »fucking fuckface wanker« und schließlich einen »Dutch shitbag cunt of a coward«.

Jedem Ausländer, den er traf, glaubte Grimsby seine kulturelle Überlegenheit beweisen zu müssen; ich hatte ganz vergessen, wie rabiat der rabiate Nationalismus der englischen Fußballfans werden konnte, und die Tatsache, daß wir uns in Deutschland befanden, hatte Grimsby zum entschiedenen Nationalisten gemacht. Der Krieg spielte auch eine Rolle, natürlich der, den »wir« gewonnen haben. Obwohl er erst zwanzig war – Grimsby arbeitete als Lastwagenfahrer für eine kleine Brauerei –, redete er fast ausschließlich vom Zweiten Weltkrieg: daher bezog er die Bilder und historischen Anhaltspunkte für seinen Nationalismus. Er hätte den Krieg gern noch einmal gekämpft. Die Gemeinheit der Deutschen, die Rückgratlosigkeit der Holländer und der Bulldoggenmut der Engländer – das waren für ihn Glaubenssätze, und Grimsby wäre unglücklich gewesen, hätte er sich nicht in irgendeinen Kampf stürzen können, um zu beweisen, daß sie außerdem auch unbestreitbare Wahrheiten über die Nationalcharaktere besagten.

Zuletzt kamen wir in eine Kneipe namens Orangenbaum, die sicherlich nicht von vornherein holländisch, jetzt aber von den Holländern besetzt war. Genau so eine hatte Grimsby gesucht, und er stürzte sich drängelnd in die Menge, bereit, dem ersten, der auch nur mit einer Spur von Aggressivität reagierte, in die Fresse zu hauen. Ich blieb draußen. Die Kneipe war voll, aber durch die offenen Türen konnte ich alles sehen. Hinter mir standen deutsche Polizisten. Sie folgten Grimsby schon seit einiger Zeit. Aber schon wieder schien gar nichts zu passieren. Die holländischen Fans waren große, starkknochige, behäbige Kerle, die fähig zu sein schienen, alles zu schlucken, was ihnen entgegengeschleudert wurde. Sie ließen sich sogar Grimsby gefallen, obwohl er mit Höchstgeschwindigkeit gegen sie loslegte. Er wurde einfach umarmt und bekam ein Bier angeboten. Aber Grimsby mochte das Bier des Feindes nicht trinken.

Endlich, nach einer nicht enden wollenden Reihe von freundlichen Gesten, reagierte doch einmal jemand aggressiv auf eine von Grimsbys Provokationen, und da nun einmal der gute Ruf eines ganzen Volkes auf dem Spiel stand, flogen für ein paar Sekunden die Fäuste. Ich war eigentlich, weil es spät war, schon so erschöpft, angeödet und desinteressiert, daß ich nicht mit Sicherheit sagen könnte, ob sich *wirklich* jemand gegen Grimsby gewehrt hat; sein Gegner hätte ebensogut ein Laternenpfahl sein können. Möglicherweise war Grimsby schon soweit, daß er anfangen konnte, auf einen harmlosen Bestandteil städtischer Architektur loszuschlagen. Dann wurde Grimsby festgenommen.

Aus Gründen, die mir bis heute ein Geheimnis sind, verhandelte ich mit den Polizisten, und gegen alle Interessen Deutschlands, Englands und der europäischen Harmonie brachte ich sie davon ab, Grimsby ins Gefängnis zu schaffen, und mußte dafür zusichern, ihn in Obhut zu nehmen und zu seiner Unterkunft zurückzubringen.

Seine Unterkunft war schlicht und einfach der Bahnhof. Dort verließ ich ihn gegen drei Uhr früh. Er fand eine leere Bank, doch bevor er sich darauf niederließ, fing er noch mal an, aus Leibeskräften »England!« zu brüllen. Damit weckte er einige Fans, die in der Nähe auf dem Boden schliefen. Sie verwünschten ihn, aber er ließ sich nicht beirren: ein ums andere Mal wiederholte er den Namen seines Vaterlands. Die Arme hingen ihm schlaff an den Seiten herab, und der Rumpf war leicht vornübergeneigt. Er befand sich in einem eigentümlichen nationalistischen Stupor, in dem er von mir und vermutlich auch von allem andern nicht viel mitbekam, und darum schlich ich mich davon und machte mich auf den Weg zu meinem Hotel. Grimsbys »England«-Rufe hallten von den Gebäuden wider. Ich konnte mir vorstellen, daß ich ihn am nächsten Vormittag immer noch hier fände, inzwischen mit heiserer Stimme tonlos krächzend. Je weiter ich ging, desto leiser wurde sein Gebrüll, bis es von den Rufen anderer England-Fans in anderen Teilen der Stadt übertönt wurde.

Zu meinem Hotel hatte ich ein gutes Stück zu laufen, und unterwegs beobachtete ich Trauben von englischen Fans, wie sie betrunken durch die Straßen schlingerten und ihre derben nationalistischen Kriegsrufe ausstießen, bis sie alle einer nach dem andern wegtauchten. Einmal hielt ich an und ging dann einer Gruppe nach, die einen Platz zu überqueren versuchte. Es war ein sehr großer Platz, und ich glaubte nicht, daß die Gruppe es schaffen würde. Jeder von ihnen klammerte sich krampfhaft an das letzte bißchen von klarem Bewußtsein. Sie sangen »Rule Britannia« und hatten sich die Arme um die Schultern gelegt, zunächst wahrscheinlich im Zeichen der Sangesbruderschaft, inzwischen aber hauptsächlich, um sich gegenseitig zu stützen. Und dann blieb einer von ihnen zurück. Er brach zusammen, bildete ein Häufchen und rührte sich nicht mehr. Zwei andere taten es ihm gleich. Schließlich blieben nur noch drei England-Fans übrig, und als sie sahen, daß sie allein waren, streckten sie sich auf dem Boden aus und schliefen ein.

Endlich kam die Innenstadt zur Ruhe. Überall lagen die englischen Fans. In dem schattigen seltsamen Licht der Straßenlampen sahen sie wie Müllsäcke aus, die man wahllos über das Pflaster verstreut, in überdachte Bushaltestellen, auf Parkbänke oder zwischen die Büsche auf den öffentlichen Plätzen geworfen hatte.

Grimsby hatte mir seine Telefonnummer und Adresse gegeben, aber bei ihm meldete ich mich nicht mehr. Ich war nicht überzeugt, daß ich verborgene Abgründe in seinem Charakter entdecken könnte, wenn ich mehr Zeit in seiner Gesellschaft verbrachte. Ich traute ihm keine Überraschungen zu. Bei Grimsby hatte ich alles gesehen, was es zu sehen gab.

Bei DJ, dachte ich, wäre das anders, und ich legte Wert darauf, mit ihm in Verbindung zu bleiben. Sein Debüt als Fotograf war gelungen: zwei seiner Aufnahmen erschienen in einem namhaften amerikanischen Wochenmagazin. Im Juli fragte er mich, ob ich mit ihm und seinen Freunden zur Regatta nach Henley-on-Thames fahren wollte. Er hatte einen Daimler mit Chauffeur gemietet und würde Eiskübel voller Champagnerflaschen mitbringen. Der Sinn der Veranstaltung war, daß DJ und Angehörige der Inter-City-Firma sich unter das Regatta-Publikum aus der Londoner Umgebung mischen sollten.

In letzter Minute kam jedoch etwas dazwischen: DJ mußte nach Griechenland fliegen. Es gab geschäftliche Probleme, und er durfte keine Zeit verlieren. Er mußte noch an diesem Abend einen Flug bekommen, und wir konnten uns an seinem Weg zum Flughafen gerade noch zu einem Drink treffen. DJ hatte nur eine halbe Stunde Zeit. Bei seinen Problemen schien es um Freunde von ihm zu gehen, ebenfalls Fans von West Ham, die Hilfe brauchten.

Das nächste, was ich von DJ hörte, erfuhr ich von seinem Vater. Es war das erste Mal, daß ich mit ihm sprach, und er wollte von mir erklärt haben, warum sein Sohn, der, wie der Vater glaubte, mit mir beruflich irgendwie zusammenarbeitete, soeben in Griechenland wegen Verbreitung von Falschgeld verhaftet worden war.

Ich konnte es nicht erklären. Ich wußte, daß viel Falschgeld in Umlauf war. Ich hatte von einem Betrieb in Manchester reden hören, der Dollars druckte. Die Scheine wurden an ein kleines Netz von »Freunden« (fast ausnahmslos Fußballfans) verkauft, die sich dann ins Ausland begaben – oft an entlegene, von Touristen wenig besuchte Orte –, um das Falschgeld gegen echtes Geld einzutauschen. Ich hatte sogar einmal eine Banknote dieser »trüben« Währung gesehen. Es war ein Fünfzigdollarschein, der für mich wie jeder andere Fünfzigdollarschein aussah. Ich hätte ihn bedenkenlos angenommen. Er wurde dann gegen einen echten amerikanischen Fünfzigdollarschein gehalten, der ihm in jeder Hinsicht glich, bis auf die Größe: der falsche Schein war eine Idee größer als der echte.

Ich war außerstande, in Erfahrung zu bringen, was in DJs Fall geschehen war; ich hörte nur, daß man ihm schwerwiegende Dinge zur Last legte. Zwei andere saßen mit ihm im Gefängnis: Martin Roche und Andrew Cross, beides West-Ham-Fans. Als erster war Andrew Cross verhaftet worden: am Abend vorher hatte er mit Martin Roche Streit gehabt und war zusammengeschlagen worden; am nächsten Tag wurde er beim Umwechseln falscher Fünfzigdollarscheine erwischt und führte die Polizei zu Martin Roches Hotelzimmer. Dort wohnte auch DJ. Draußen im Freien, unter dem Balkon ihres Zimmers, wurde eine Brieftasche voll trübem Geld gefunden. Im Hotelsafe lag noch eine Brieftasche; sie enthielt griechische Drachmen im Gegenwert von zehntausend Pfund. Außerdem befanden sich dort zwei Pässe, der eine von DJ.

Den ersten Brief bekam ich Ende Juli. Er war vielsagend und vorsichtig zugleich, außerdem erstaunlich gutgelaunt; überraschenderweise paßte das Gefängnisdasein gut zu DJ: eine geschlossene Gesellschaft mit einer Anzahl zweckgebundener Systeme, die ein gewitzter Mitspieler beherrschen lernen konnte. Er hatte sich zum Anstaltskoch aufgeschwungen, bereitete bestimmte Gericht zu im Tausch gegen spezielle Vergünstigungen und hatte eine funktionierende, wenngleich komplizierte Verbindung zum örtlichen Supermarkt aufgebaut. Sein Geschäft war immer noch Import-Export.

Ein paar Wochen später kam der zweite Brief. Der Verhandlungstermin stand noch nicht fest, aber DJ hoffte, daß er bis zum nächsten Match gegen Millwall im Oktober wieder draußen sein könnte. »Das wäre was für Dich«, schrieb er und erinnerte sich daran, wie beim letztenmal, als er dort hingegangen war, ein Trupp von zwanzig Mann in Jeans und Turnschuhen, die sich als Anhänger von Millwall ausgaben, eine Schlägerei provoziert und eine Anzahl West-Ham-Fans festgenommen hatte. Er erwähnte, daß er sein Französisch auffrische, Griechisch lerne und als Koch immer besser werde. Inzwischen standen die Gefängniswärter bei ihm im Sold und gingen für ihn einkaufen.

Aber seine Lage war bedenklich. Drei Ägypter, die mit ihm zusammen im Gefängnis saßen, wurden ebenfalls wegen Verbreitung falscher Zahlungsmittel – in ihrem Fall amerikanischer Reiseschecks – angeklagt. Für den Rädelsführer hatte die Staatsanwaltschaft lebenslänglich beantragt.

Ich hatte vor, zu DJs Gerichtsverhandlung zu fliegen, aber Monate vergingen, und noch immer war kein Termin anberaumt. In der Zwischenzeit nahm ich wieder Verbindung zu Tom Melody auf.

Tom hatte ich im Jahr zuvor in der Türkei kennengelernt, bei einem Qualifikationsspiel zur Europameisterschaft. Er war der Wirt des Bridge, eines Pubs in Croydon, und vier von seinen Stammgästen, Dave, Mark, Gary und Harry – alles Anhänger von Chelsea –, hatten das Geld aufgebracht, um Tom in die Türkei mitnehmen zu können. Einer von den Jungs, Gary, war damals festgenommen worden, nachdem er ein paar türkische Geldscheine zerrissen hatte, und Tom lernte ich kennen, als wir gemeinsam versuchten, ihn vor der vollen Strenge der türkischen Militärgesetze zu bewahren, wie sehr Gary auch eine Strafe verdient haben mochte.

Das nächstemal sah ich Tom im Leatherhead-Freizeitpark in Surrey. Toms Kneipe hatte eine Fußballmannschaft, die trotz des Alkoholpegels im Blut der Mitspieler das Finale in einem Londoner Wettbewerb erreicht hatte. Tom fragte mich, ob ich nicht kommen wollte.

Die Veranstaltung begann mit nur einem Polizisten. Er war auf die Beschwerde eines Busfahrers hin geholt worden, dem man seinen Bus gestohlen hatte. Die Anhänger der Kneipenmannschaft waren mit dem Bus gekommen, und einer der Jungs hatte sich des Fahrzeugs bemächtigt, um eine Spritztour zu machen. Der Polizist war höflich. Er trat an den Rand des Spielfelds vor den Tribünen, bat den unbekannten Bus-Entführer um Rückgabe der Schlüssel und ermahnte die anderen Fans, von ihrem Hooligan-Benehmen »abzulassen«. Er wurde mit Eiern beworfen.

Zwei Streifenwagen kamen; und noch mehr Polizisten wurden herbeigeholt, nachdem der Fanclub des Bridge seine Bananen-Attacke gestartet hatte. Die gegnerische Mannschaft kam aus Nord-London, und ihre Spieler waren Schwarze; ebenso auch ihre Anhänger, die keine »Jungs« waren wie der Haufen aus dem Bridge, sondern hauptsächlich Familienangehörige – Eltern, Brüder und Schwestern – und obendrein gut gekleidet, würdevoll und seriös. Ihnen waren die Bananen zugedacht, ebenso wie die *National Front News*, die Mark, ein dünner, hochnervöser faschistischer Fanatiker, im Gästeblock verkaufte. Bis zum Ende des Spiels war der einsame Bobby durch dreihundert abgebrühte Bereitschaftspolizisten ersetzt worden. Es war das erste Mal, daß im Leatherhead-Freizeitpark in Surrey Bereitschaftspolizei auftauchte.

Zur Sonntagnachmittagsfeier kehrten wir ins Bridge zurück. Tom Melody hatte Brötchen mit Hausmacherwurst, gegrillte Hamburger und Sardinen zubereitet. Freundinnen, Frauen und Familienangehörige – die von dem Match selbst, das Männersache war, ferngehalten wurden – waren hier nun willkommen, und bei der Gelegenheit lernte ich Harry und seine Familie kennen.

Es war unmöglich, Harry nicht zu mögen. Er sah aus wie der Löwe im *Zauberer von Oz*, mit einem Schnauzbart wie ein Fahrradlenker und einem dümmlichen, gutmütigen Blick. Er hatte ein sorgloses, ansteckendes Lachen und war nicht auf den Mund gefallen. Seine Frau, eine kleine, freundliche Person, war unbezähmbar fröhlich. Zugleich war sie sehr freimütig. Sie ließ sich gern dazu herbei, das »exzentrische« Verhalten ihres Mannes zu analysieren, obwohl sie es nicht ganz begreifen konnte. Angefangen, sagte sie, hatte es um seinen fünfundzwanzigsten Geburtstag herum. Bis dahin hatte er nie Schwierigkeiten gehabt. Er war niemals auch nur verhaftet worden – etwas, was sie sich jetzt gar nicht mehr vorstellen konnte. Er hatte einen guten Job – Harry war selbständiger Maurermeister – und sie erwarteten ihr zweites Kind, als sich in ihm etwas änderte und er, wie sie es nannte, zum »wilden Mann« wurde. Sie lachte lauthals. Sie konnte das alles nicht ganz ernst nehmen, und wahrscheinlich war das auch gut so: die regelmäßigen Besuche auf der Polizeiwache oder das Erscheinen vor Gericht betrachtete sie amüsiert und aus ironischer Distanz. Harry sah mich an und zuckte die Achseln, sagte aber nichts dazu. Eine seiner kleinen Töchter klammerte sich an sein Bein. Sie stand auf seinen Schuhen, die Arme um seinen Schenkel geschlungen.

Inzwischen hat Tom seine Kneipe zugemacht. Das stellte ich fest, als ich ihn kurz nach DJs Verhaftung anzurufen versuchte und feststellte, daß die Leitung tot war. Ich fuhr nach Croydon, um mich zu erkundigen. Der Zeitungsmann von gegenüber sagte mir, Tom sei eines Tages einfach abgehauen, aber er habe einen neuen Pub, den Axe am entfernten Ende von Hackney in Ost-London.

Der Axe erwies sich als eine große, düstere viktorianische Scheußlichkeit, mehrere Stockwerke hoch. Er hatte über eine Viertelmillion Pfund gekostet; Tom hatte ihn gekauft. Ein Rolls-Royce parkte davor, der einzige Wagen, der zu sehen war. Ob der auch Tom gehörte? Ich fragte nach Tom, und obwohl ich vorher angerufen hatte, mußte ich eine Dreiviertelstunde warten, bis er kam. Das letzte Mal, als ich ihn gesehen hatte, trug er den netten, fusseligen Pullover, den er immer angehabt hatte, wenn ich ihn sah. Jetzt trug er einen schwarzen Maßanzug, mit makellos gebügeltem weißem Hemd und dunkler Seidenkrawatte. Er hatte große, diamantbesetzte Manschettenknöpfe, und an den Fingern trug er goldene Ringe.

Wir redeten offen, aber nicht ganz ungezwungen, und Tom lächelte nicht ein einziges Mal. Seine Blicke huschten immerzu herum, hefteten sich an verschiedene Punkte hinter meiner Schulter und wanderten dann weiter. Hinter mir saß eine Mutter mit Baby. Tom schnalzte mit den Fingern und deutete mit dem Kopf in ihre Richtung. Viele Leute arbeiteten für ihn. Die Frau wurde zu ihm geschickt.

Keine Babys.

Sie bat um Nachsicht.

Keine Babys.

Aber ihr Mann mußte jede Minute kommen, und es regnete draußen.

Keine Babys, wiederholte er, aber er war abgelenkt und sah schon wieder an ihr vorbei. Sie war jetzt Luft für ihn.

Jemand anders kam und fragte, ob ein Typ, der nächsten Monat fünfundzwanzig werde, wohl bedient werden könnte. Anscheinend hatte Tom seine eigene Altersgrenze für den Alkoholausschank festgesetzt.

Nicht genehmigt.

Jemand wollte einen »Schlangenbiß« bestellen – eine berüchtigte alkoholische Mischung von Lagerbier mit Apfelwein.

Nicht genehmigt.

In einer Ecke schien irgendein Deal abgewickelt zu werden. Ein Schwarzer war beteiligt. Tom deutete zu der Ecke hin, und der Schwarze wurde hinausgewiesen. Wie ich später feststellte, hatte Tom etwas gegen Schwarze. Und gegen Asiaten auch.

Mir wurde das alles ein bißchen zuviel auf einmal, als Lorraine auftauchte. Ich wurde ihr vorgestellt. Lorraine nahm mich nicht zur Kenntnis. Ich interessierte sie nicht; ich sollte nur den Anstand beweisen, zu verschwinden. Lorraine war Norwegerin, sagte mir Tom. Sie hatte reizvolle hohe Backenknochen, langes blondes Haar, das im Nacken geflochten war, und trug schwarzes Leder. Alles an Lorraine sprach nur von einem: Sex. Und dies eine verlangte sie mit einigem Nachdruck. Sie wollte nach oben gehen, aber Tom war noch nicht soweit. Tom, der immer noch auf die Gäste aufpaßte, sagte: Noch nicht.

Lorraine wich jedoch nicht von der Stelle.

Später, sagte Tom, und seine Stimme verriet einen Anflug von Ärger. Er hatte doch zu tun. Konnte sie denn nicht sehen, daß er zu tun hatte? Er sagte ihr, sie sollte vorgehen und warten. Er komme dann nach.

Lorraine ging nach oben.

Endlich fand Tom die Zeit, mir zu erklären, daß er den Bridge in Croydon aufgegeben hatte, weil er das nicht länger aushielt: Er hatte zuviel Ärger mit »jungen Leuten« gehabt. Der Ausdruck »junge Leute« wiederholte sich. Jede Woche wurde das Lokal von »jungen Leuten« verwüstet. Kein Freitag oder Samstag verging ohne Schlägereien, und wenn es einmal gewaltlos zuging, dann wurde gestohlen: niemanden von den jungen Leuten konnte er anstellen, der ihm nicht am Ende die Ladenkasse plünderte.

Darum war er in einen anderen Bezirk umgezogen. Ost-London war in seinen Augen »im Kommen«, ein Gebiet, in das Menschen aus der City zuzogen. Hier lohnte es sich zu investieren, und hier wollte Tom sich niederlassen.

Und dann brach die erste Schlägerei aus. Zehn Streifen- und fünf Mannschaftswagen fuhren vor, aber die Polizisten kamen nicht bis über die Türschwelle. Tom erzählte, wie er einem Burschen in den Arm gefallen war, der gerade einem Beamten eine schwere Motorradkette über den Kopf hauen wollte. Dann wurden die Polizisten hinausgejagt, ihre Fahrzeuge umgekippt. Bis zum Abend kam auch noch der Feuer- und Rettungsdienst von Hackney hinzu – ein Mannschaftswagen war in Flammen aufgegangen, und viele Polizisten waren verletzt. Einer lag im Koma. Toms Lokal war zwei Tage zuvor eröffnet worden.

Ob er, fragte er sich laut, die Gegend vielleicht doch falsch eingeschätzt hatte? Dann erfuhr er – er hatte das Lokal nun schon seit sechs Tagen –, daß beim Gemeinderat eine Petition eingereicht worden war, unterschrieben von über zweitausend Bürgern aus der Nachbarschaft, mit der Forderung, den Pub für immer zu schließen.

»Mit den jungen Leuten stimmt etwas nicht«, sagte er. Wieder die jungen Leute. »Die sind irgendwie verrückt. Das alte Ostlondon gibt es nicht mehr – das sieht doch jeder. Jeder, bis auf die jungen Leute, die immer noch an die alten Ostlondoner Spielregeln glauben. Jeder möchte ein Ostlondoner Bandenführer sein, jeder möchte den Heldensagen von den Ostlondoner Schlägereien nachleben.«

Wie es mir vorkam, fand Tom in Ost-London nichts anderes als das, was er in Croydon hinter sich gelassen oder was ich in Manchester, Liverpool, Leeds, Bradford oder Cambridge gefunden hatte. Was immer es auch sein mochte, was Tom an den jungen Leuten nicht zu stimmen schien, es beschränkte sich nicht auf bestimmte Bezirke in seinem Adreßbuch. Eigentlich hatte er Schwierigkeiten nicht mit einer bestimmten Gruppe von »jungen Leuten«, sondern mit *allen* Jugendlichen. Darum wollte er auch niemanden unter fünfundzwanzig in seinen Pub lassen – die englischen Gesetze erlauben schon Achtzehnjährigen den Alkoholgenuß –, denn er hoffte, praktisch die ganze Generation auszusperren. Noch lieber hätte er die Altersgrenze auf dreißig, am liebsten auf fünfunddreißig heraufgesetzt.

Ich fragte nach den Jungs aus Croydon.

Eine Zeitlang, sagte Tom, seien die Jungs aus Croydon noch zu ihm gekommen. Aber es gab Probleme. Wenn er abends zumachte, waren sie so betrunken, daß sie nur noch per Taxi nach Hause kamen. Von Hackney nach Croydon ist es eine lange Fahrt, und der Preis betrug über zwanzig Pfund, aber die Jungs waren so ausfällig und bedrohlich, daß kein Fahrer überhaupt bereit war, sie mitzunehmen. In einem Fall hatten sie den Fahrer zusammengeschlagen, und dann, als sie sahen, daß er zu schwer verletzt war, um weiterfahren zu können, hatten sie ihn zur Tür hinausgestoßen und waren mit seinem Wagen allein weitergefahren.

Ich fragte nach Harry.

Tom schüttelte den Kopf. Harry saß im Gefängnis, wegen Landfriedensbruch in vier Fällen.

Das erste Delikt war die Folge eines freitagabendlichen Besuchs im Cartoon, einem Rock-Lokal in Croydon. Harry war nach der Arbeit mit seinem Freund Martin dorthin gegangen, einem kleinen, gedrungenen und sehr starken Mann, der wenig redete und Absichten hatte, Berufsboxer zu werden.

An diesem Abend wurden Martin und Henry nicht eingelassen. Das Lokal war voll, und die beiden gingen in ein anderes, gleich um die Ecke. Ich weiß nicht, wie lange sie dort blieben, aber als sie wiederkamen, war der Cartoon immer noch voll, und am Eingang wachten drei Mann – zwei Rausschmeißer und der Wirt. Harry kannte den Wirt und bat ihn, einen Moment dort zu warten, er habe etwas für ihn; dann ging er es holen. Er ging zu seinem Lieferwagen, der auf der andern Straßenseite geparkt war, und kam mit einem Spaten zurück. Er benutzte ihn, um damit auf den Wirt einzuschlagen – zweimal mit voller Wucht, knacks, seitlich gegen den Kopf. Dann schlug er auf die beiden Türsteher ein. Als nächstes nahm er eine Parkbank, hob sie bis über seine Schultern und warf sie durchs Fenster. Die Glassplitter flogen überall herum. Das Lokal war gestopft voll, und die Leute drinnen begannen zu schreien und rannten zur Tür. Im Gedränge gab es mehrere Verletzte. Harry wartete, bis das Lokal leer war, trat dann ein, nahm einen Barhocker und zerschlug damit die Schnaps- und Bierflaschen, die Glastüren der Kühlschränke und die Weinflaschen darin. Dann warf er den Hocker in den Spiegel hinter der Bar. Er drehte sich um, hob einen Stuhl hoch und zertrümmerte ihn an einem Tisch. Er hob noch einen Stuhl hoch und machte noch mal dasselbe. Und dann ging er nach Hause und legte sich schlafen.

Als er am nächsten Morgen aufwachte, fiel ihm ein, daß er den Lieferwagen bei dem Pub stehengelassen hatte. Als er hinkam, um ihn zu holen, wartete dort die Polizei.

Auch das zweite Delikt hatte etwas mit seinem Freund

Martin zu tun. Martin war in einem Pub als Rausschmeißer angestellt und wurde überraschend entlassen. Das erfüllte Harry mit einer solchen Empörung, daß er eine Vergeltung für angezeigt hielt. Er machte es nach demselben Schema: der Spaten, diesmal war es eine Mülltonne, die er durchs Fenster warf, die zertrümmerten Flaschen drinnen, der Spiegel, die Stühle. Als er das Lokal verließ, war keine Flasche mehr heil, und auf dem Teppich stand daumentief der Alkohol. Dann ging Harry nach Hause und legte sich schlafen.

Er wurde nicht verhaftet und ging der Polizei zwei Monate lang aus dem Weg. Und dann passierte etwas anderes.

Diesmal war Mark beteiligt, der dünne Verkäufer der *National Front News*. Mark war auf dem Heimweg, es war schon nach Kneipenschluß, und weil ihm die Zigaretten ausgegangen waren, klopfte er bei einem türkischen Restaurant an die Tür, in dem noch Betrieb war – irgendeine Privatparty –, um zu sehen, ob er ein Päckchen Benson & Hedges bekäme. Die Privatparty war eine Feier der örtlichen Kripo, und der Beamte, der ihm aufmachte, erkannte Mark. Er erfüllte seinen Wunsch und holte ihm die Zigaretten, konnte sich aber eine kleine Beschimpfung nicht verkneifen. »Da hast du deine Zigaretten«, soll er gesagt haben, »und jetzt aber dalli, du Fotze, verpiß dich hier!« Mark war beleidigt. Er schilderte Harry den Vorfall und die Kränkung, die er erlitten hatte. Harry war empört, gelobte Rache und ging mit Mark zu dem Restaurant zurück, wo er die Tür mit der Schulter aufbrach und die Leute drinnen beschimpfte, weil sie seinen Freund beleidigt hatten. Harry war nicht klar, daß dies ein Fest der Polizei war – eine Kleinigkeit, die Mark zu erwähnen versäumt hatte –, und inzwischen war es zu spät. Harry arbeitete schon wieder nach seinem Schema – machte von dem Spaten Gebrauch, warf Möbel durchs Fenster, zerschlug Flaschen und so weiter. Bei der Schlägerei, die daraufhin ausbrach, rang Harry einen der Polizisten zu Boden, zog ihn bei der Brust hoch und stieß seinen Kopf gegen die Wand, so daß der Stirnknochen einen Sprung bekam. Der Polizist muß bei diesem

Stoß das Bewußtsein verloren haben, jedenfalls schien er dem, was Harry als nächstes tat, keinen Widerstand mehr entgegenzusetzen: Harry faßte den Polizisten bei den Ohren, zog den Kopf hoch bis auf die Höhe seines eigenen Gesichts, sog an einem Auge, bis es aus der Höhle sprang und er es hinter seinen Zähnen spürte. Dann biß er es ab.

Harry ließ den Polizisten los, stand auf und ging nach Hause.

Ich bin zu der Überzeugung gekommen, daß Harry in zwei Gestalten existierte. Nicht, daß er schizophren gewesen wäre – nicht mehr als alle andern Jungs –, aber er hatte ein Verhalten dieser Art bis zu einem solchen Grad kultiviert, daß er sich mühelos in einen Geisteszustand versetzen konnte, in dem es möglich wurde, daß es fast keine Grenze mehr für die Gewalttätigkeit gab: ich sage, *fast* keine, denn einem Polizisten ein Auge auszubeißen, scheint mir zwar so gewalttätig zu sein, wie ein Mensch nur werden kann – es übertrifft sogar Shakespeare in seinen Exzessen; immerhin werden Gloucester die Augen ja mit der Hand herausgerissen –, aber Harry hat den Mann nicht getötet. Er kannte den Zustand, in den er sich versetzen wollte, und sobald er sich darin befand und alle seine Ziele erreicht hatte – nichts oder niemand mehr da, wogegen er vorgehen konnte, das Thema erschöpft, das Restaurant geleert, alles, was man zusammenschlagen konnte, zusammengeschlagen –, kam Harry wieder zur Ruhe und wurde wieder der freundliche, herzensgute Löwe aus dem *Zauberer von Oz.*

Harry hatte Hunger, und darum überredete er seine Frau, als er nach Hause kam, daß sie beide, weil die Kinder ja schliefen, noch etwas essen gehen könnten. Seine treue Anhängerin war einverstanden und achtete nicht weiter darauf, daß sein T-Shirt so mit Blut vollgesogen war, daß es ihm an der Brust festklebte. Also schlichen sie sich hinaus und gingen zum Kentucky Fried Chicken um die Ecke, um ein paar Hühnerkeulen zu verspeisen.

Und da setzten sie sich alle beide, Mann und Frau, denn sie hatten ja nichts zu verbergen, unter der hellen Deckenbeleuchtung an einen runden, auf einen Plastikfuß geschraubten Resopaltisch und aßen ihr Huhn mit den Fingern, gut zu sehen von der Hauptstraße. Bis sie fertig waren, hatte die Polizei das Lokal umzingelt, so als sei Harry ein Terrorist oder ein Bankräuber. Die Polizei sperrte die Straße in beiden Richtungen für jederlei Verkehr, auch für Fußgänger. Harry wurde verhaftet.

Tom erbot sich später, Harry ausfindig machen zu helfen, und tatsächlich sah ich ihn schließlich noch einmal wieder. Aber ich hatte genug gehört. Nach seinem vierten Delikt habe ich ihn nie gefragt. Es interessierte mich nicht. Mir war, als ob meine Ablage mit den Zeitungsausschnitten zum Leben erwachte – immer wieder die gleiche ziellose Gewalttägigkeit, aber nun in Fleisch und Blut –, und allmählich wurde mir dabei sehr unbehaglich. Ich war nicht mehr besorgt, daß ich noch nicht genug wüßte.

Der Prozeß gegen DJ wurde schließlich für den 13. April 1989 anberaumt. Er sollte in einem kleinen, offenen, nur aus einem Saal bestehenden Justizgebäude irgendwo am Strand von Rhodos stattfinden. DJs Gefolge von Angehörigen, Freunden und juristischen Beratern zählte zehn Personen und gliederte sich in zwei Mannschaften.

Die erste Mannschaft bestand aus Leuten mit Geld und sozialem Status, angeführt von DJs Mutter. Aus etlichen juristischen Gründen werde ich sie als Mrs. DJ bezeichnen. Mrs. DJ war eine üppige Frau von italienischer Abstammung mit einem Hang, sich hitzig zu ereifern und zuviel zu reden. Nach eigenem Eingeständnis war sie eine schlechte Zuhörerin. Ihren Sohn bewunderte sie bedingungslos, wobei sie noch durch die Überzeugung bestärkt wurde, daß er auch seines Vaters Liebling sei – es war das Rebellische an DJ, zu dem sich offenbar alle hingezogen fühlten. Allerdings war ihr die Gesellschaft, in der er sich bewegte, nie ganz geheuer. Das drückte Mrs. DJ so aus: Alle Menschen sind in meinem Haus willkommen, sagte sie, *alle*! Und mein Sohn weiß, welche Art

Menschen dort nicht willkommen ist. London, sagte sie, um diesen Gedanken weiter auszuführen, ist eine sehr große Stadt, und es gibt dort sehr viele Menschen. Es ist nicht nötig, sie alle zu kennen.

Martin Roche, DJs Mitangeklagter, war keiner von denen, die sie kannte. Martin Roche war auch keiner, fügte sie hinzu, den sie je kennenlernen würde.

Mrs. DJs Mannschaft war im Grandhotel Astir abgestiegen, einem großen Schuppen, wo, nach der Anzahl der *Daily-Mail*-Leser zu urteilen, die ich am ersten Morgen dort beim Frühstück sah, hauptsächlich britische Pauschal-Urlauber wohnten. Ich saß neben Mrs. DJ, die auf die Leute an den anderen Tischen zeigte: das war eine Familie aus Liverpool, das war eine aus Manchester – das merkte sie am Akzent, erfuhr ich. Überhaupt waren die meisten aus dem Norden, und da müsse sie mir ja nicht erst sagen, sagte sie mir, was das für Leute seien. Können Sie sich das vorstellen, fragte mich Mrs. DJ mit gedämpfter Stimme, daß hier in diesem Frühstücksraum Leute sitzen, bei denen die Toilette noch draußen im Garten ist und denen dieses Hotel luxuriös vorkommt, weil es Wasserspülung hat? Und darum, fügte sie hinzu, finde man diese Leute zu den Essenszeiten auch immer hier im Restaurant: sie würden das Essen hier sogar als gute Küche ansehen. Stimmt tatsächlich, sagte sie um des Nachdrucks willen und entschuldigte sich dann: diese Unterkunft habe ganz kurzfristig gefunden werden müssen. Sie versicherte mir, sie wisse, daß ich von einem anderen Schlage und, wie sie selbst, Auslandsreisen gewöhnt sei.

Zwei andere wichtige Personen in Mrs. DJs Mannschaft waren ihr älterer Sohn und seine amerikanische Frau, die ich aus denselben juristischen Gründen DJ den Älteren und die DJ-Schwägerin nennen will. DJ der Ältere und die DJ-Schwägerin trennten sich niemals; vielmehr sah man sie stets händchenhaltend beisammen. Dies war nicht im mindesten ein Zeichen der Zuneigung, sondern jeder hielt die Hand des anderen auf eine Weise fest, als wäre es keine Hand, sondern der

Griff einer Tragetasche. Zuneigung, dachte ich mir, war nicht das, worauf es hier ankam; das Händchenhalten hatte etwa die gleiche Bedeutung wie ein Abzeichen oder eine Uniform: es identifizierte sie als eine Einheit für sich, ein Gespann innerhalb der Mannschaft.

DJ der Ältere sah seinem jüngeren Bruder so wenig ähnlich, wie es unter Brüdern nur möglich ist. Während DJ groß und breitschultrig war, war DJ der Ältere klein und feingliedrig und sah aus wie eine Miniaturausgabe des jungen Paul Simon. Während DJ mit einem trockenen Ostlondoner Akzent sprach, hatte DJ der Ältere, der vor kurzem nach New York übergesiedelt war, es offenbar eilig gehabt, die Sprechweise, mit der er aufgewachsen war, durch ein rauhes Genäsel zu ersetzen, das irgendwo zwischen Brooklyn und Boston beheimatet sein mochte und so übertrieben war wie ein Super-Hotdog. Und während man DJs berufliche Tätigkeiten, wenn man großzügig sein wollte, als »unkonventionell« bezeichnen konnte, hatte der Ältere nie andere als die geradesten und schmalsten Wege beschritten und sich eine Position in einer kleinen, auf internationalen Warenhandel spezialisierten Firma gesichert. DJ der Ältere wollte mir begreiflich machen, daß er ein Erfolgsmensch war.

Die Mannschaft insgesamt wurde vervollständigt von Alexandros Lykourasous, dem prominentesten Anwalt in ganz Griechenland, der zur Zeit an der Verteidigung des Präsidenten gegen Anklagen im Zusammenhang mit einem jüngst bekanntgewordenen Bank- und Bestechungsskandal mitwirkt. Lykourasous war ein großer, schnurrbärtiger, charismatisch brillanter Mann, der perfekte Strafverteidiger, mit einer Schauspielerin verheiratet, in seinen Mußestunden ein Dichter, ein begeisterter Leser von Patrick Leigh Fermor, eine Figur aus der High-Society und von beträchtlichem Einfluß. Er kam in Begleitung eines Assistenten, mit dem er schon Anfang der Woche aus Athen eingeflogen war.

Die zweite Mannschaft wurde von Michelle angeführt. Michelle war DJs Verlobte – blond, attraktiv, schlagfertig und unfähig, sich durch irgend etwas, das irgendwem als nächstes einfallen mochte, überraschen zu lassen. Sie war mit Jim, ihrem Vater, gekommen. Jim hatte die Reise einfach deshalb mitgemacht, weil es für ihn ganz undenkbar war, zu Hause zu bleiben, wenn es um die Entscheidung in einer so wichtigen Sache ging. Die schlichte und bedingungslose Liebe zu seiner Tochter erstreckte sich ganz selbstverständlich und unkritisch auch auf den Mann, den sie heiraten wollte. Jim war starkknochig, stämmig und sehr verläßlich. Er hatte sehr große Hände und dicke Finger und verbrachte die meiste Zeit damit, sie wortlos und in sich zusammengekauert zu betrachten. In der Regel fand man Robert an seiner Seite.

Robert war der Freund von DJ, der während der Europameisterschaft in Deutschland verhaftet worden war – der Grund, warum DJ und ich uns damals nicht getroffen hatten. Tatsächlich hatte Robert Deutschland erst vor kurzem wieder verlassen, nachdem er neun Monate eine Gefängnisstrafe abgesessen hatte, bei Schwarzbrot und Gemüsesuppe, und sich einer Tageseinteilung unterworfen hatte, deren Höhepunkt darin bestand, daß man am Ende vierzehn Stunden lang schlafen konnte. Er war wegen Beschädigung eines Polizeiwagens verurteilt worden – er behauptete, das habe er nicht getan, und ich neige dazu, ihm zu glauben. Als er festgenommen wurde, kam er gerade wieder zu Bewußtsein, nachdem ihn mit Brechstangen, Golfschlägern, Messern und Leuchtraketen ausgerüstete deutsche Fans überfallen hatten. Er hatte einen solchen Schlag vor die Brust bekommen, daß er dachte, es wäre aus mit ihm. Dann war er ohnmächtig geworden. Wenn ich solche Geschichten von Robert hörte, verspürte ich den heftigen Wunsch, ihn zu beschützen: er war nicht so gebaut, daß er körperlich viel mehr als eine Backpfeife hätte aushalten können. Obwohl schon über zwanzig, hätte er für vierzehn gelten können. Er war zart, schmächtig und unerträglich schüchtern. Daß er sich in Griechenland befand, obendrein noch zusammen mit DJs Familie, hatte ihn ganz besonders verunsichert. Aus einem offensichtlichen Bedürfnis nach Beruhigung und Orientierung heraus pflegte er zu Michelles Vater hinüberzublicken und sich davon beeinflussen zu lassen, was der gerade tat. Wenn Jim seine Krawatte lockerte, lockerte Robert seine Krawatte auch; wenn Jim sich hinsetzte, setzte Robert sich auch hin; wenn Jim fand, daß er jetzt ein Bier vertragen könnte, bestellte Robert sich auch eines. Gegen Ende meines Aufenthalts konnte Robert Jims Sätze vervollständigen, bevor Jim selbst mit ihnen fertig war.

In Form dieser zwei Mannschaften hatte ich DJs zwei Leben vor mir.

Es gab noch eine dritte Mannschaft, die für Martin Roche auftrat. Dazu gehörten seine Frau, eine dünne, sommersprossige Person – einer magersüchtigen Sissy Spacek nicht unähnlich –, die eine Expertin im Scheckbetrug war (Stehlen von Scheckheften, Einkauf von Waren, Umtausch der Waren gegen Bargeld), ihr achtzehn Monate altes Baby und seine Großmutter. Martin Roche selbst hatte sandblondes Haar und das gute Aussehen eines Popstars, das jedoch beeinträchtigt wurde durch seinen harten, ausdruckslosen Blick, der einen frösteln machte, und eine rubinrote Sichelnarbe auf der Wange, die Spur einer tiefen Messerwunde, die er erhalten hatte, als einige Arsenal-Fans ihn zu Boden drückten und ihm das Gesicht »signierten«. Es war eine sehr auffällige Narbe, und der Richter machte eine Bemerkung darüber. Er äußerte sich auch über die fünf Vorstrafen, die das Gericht in Martin Roches Register gefunden hatte. Nicht herausgefunden hatte das Gericht jedoch, daß Martin Roche gar nicht Martin Roche war: der Paß, der auf diesen Namen lautete, war nur eines von vielen falschen Dokumenten, mit denen er mehrere Identitäten nachweisen konnte. Die Identität des Martin Roche hatte er in diesem Falle gewählt, weil sie nur mit so wenigen Vorstrafen belastet war. Der Name, der sich mir jedoch einprägte, war der Spitzname, unter dem er in London bekannt war: der Messerhändler.

Martin Roche hatte weder einen Athener Anwalt noch einen Hilfstrupp, dessen Mitglieder in eleganten Anzügen mit

Krawatte herumliefen; er hatte nicht mal selbst einen Anzug mit Krawatte. Aber er war immer noch besser dran als der dritte Angeklagte, Andrew Cross, derjenige, der die Polizei zu Martin und DJ ins Hotel geführt hatte. Andrew Cross wurde von niemandem unterstützt und mußte sich das einzige Hemd, das er besaß, jeden Abend selbst waschen. Seine Mutter, die nicht anwesend war, hatte ihm die Bitte, ihm hundert Pfund zu leihen, abgeschlagen und es sich verbeten, weiterhin an seine Existenz erinnert zu werden. Ihr wäre es am liebsten, soll sie gesagt haben, wenn Cross für sehr lange Zeit in den Bau käme und nie mehr nach England zurückkehrte.

Die Verhandlung dauerte zwei Tage. Am ersten Vormittag gab es beim Betreten des Zeugenstandes ein Gerangel zwischen DJ und Martin Roche. Martin hatte DJ eine Fotze genannt; DJ forderte Martin auf, sich zu verpissen. Schon da waren sie kurz vor einer Schlägerei, und um die Mittagszeit kam es dann wirklich dazu. DJs Lippe war aufgeplatzt, seine Nase gebrochen und sein schöner Valentino-Anzug übel verschmiert; vor dem Richter waren ihre beiden Gesichter jetzt gleich. Am Abend wurden sie in getrennten Zellen untergebracht. Am nächsten Tag bemerkte ich blaue Male am Hals von Andrew Cross, als er verhört wurde. Jemand hatte versucht, ihn zu würgen.

Es wurde eine Mittagspause eingelegt, und die zwei Mannschaften, die von Mrs. DJ und die von Michelle, gingen auf die Suche nach einem Eßlokal. Im allgemeinen versuchten die Gruppen für sich zu bleiben, aber unvermeidlich traten Situationen ein, wo sie ohne Rücksicht auf Peinlichkeiten alle zusammengeworfen wurden. In diesem Falle wurde es sehr peinlich. DJ dem Älteren paßten die Freunde seines jüngeren Bruders überhaupt nicht. Am Abend zuvor hatte er Robert, als er mit ihm bekannt gemacht wurde, den Händedruck verweigert, und als er jetzt als letzter zu Tisch kam, fand er nur noch zwischen Robert und Jim einen Platz. DJ der Ältere bat Robert, den kleineren von seinen beiden Nachbarn, ob er seinen Stuhl so weit wie möglich wegrücken könne. Es war keine höfliche Bitte, und sie wurde nicht auf höfliche Weise vorgebracht.

He, Sie, wie heißen Sie noch mal? fragte DJ der Ältere.

Robert.

Roger? sagte DJ der Ältere zerstreut. Entschuldigung, was sagten Sie gerade?

Robert.

Ach so, Robert! Entschuldigung. Ich bin schon so lange in Amerika, daß ich Ihren Akzent kaum noch versteh. Also Robert. Sagen Sie mal, wie lange, sagten Sie, kennen Sie meinen Bruder schon?

Nichts davon gesagt.

Ach! Also, wie lange denn?

Fünf Jahre.

Fünf Jahre! Tatsache? Sie kennen meinen Bruder schon seit fünf Jahren? Das ist ja interessant. Aber egal. Hören Sie mal – Entschuldigung. Wie war noch mal Ihr Name?

Robert.

Richtig! Also wirklich, tut mir sehr leid. Muß wohl der Jetlag sein. Ich flieg soviel herum, aber da werd ich mich nie dran gewöhnen. Hören Sie mal, Robert, würd es Ihnen was ausmachen, wenn Sie mit Ihrem Stuhl ein Stück von mir wegrücken? Wegen der Luft. Ich brauch Luft, und Sie sind mir im Weg.

Robert stand auf und suchte sich einen anderen Platz.

DJ der Ältere wandte sich mir zu und sagte: Wissen Sie, Bill, es ist ganz komisch, aber seit dem Umzug nach Amerika habe ich so ein buntes Gemisch von Engländern kennengelernt, wie ich's nie gesehen hätte, wäre ich in England geblieben. Wirklich sehr interessant. Ich hab Leute aus East Acton getroffen, aus Hackney und sogar aus Romford.

Später, beim Bestellen, wurden weder Robert noch Jim aus der Speisekarte klug, und DJ der Ältere mußte ihnen erklären, was Moussaka und Calamari seien. Es war peinlich mit anzuhören, und ich bin sicher, daß am Ende weder Jim noch Robert irgend etwas begriffen hatten. Jim und Robert fanden, sie hätten keinen Hunger (vielmehr, Jim fand, er habe keinen Hunger, und Robert wurde dann auch klar, daß er eigentlich keinen Hunger hatte), und beide bestellten nur Diät-Cola: das heißt, Jim bestellte Diät-Cola, und Robert fand dann, er könne auch eine trinken. Bevor der Nachmittag um war, richtete DJ der Ältere noch einmal das Wort an Robert. Er hatte immer noch Schwierigkeiten, Roberts Akzent zu verstehen, und ließ sich noch mal seinen Namen wiederholen.

Mrs. DJ litt unterdessen sehr darunter, daß Jim und daher auch Robert außer der Diät-Cola nichts zu sich nahmen. Sie redete den beiden lebhaft zu, aber es machte ihnen wenig Eindruck. Ihr Versprechen, für das Essen – und die Getränke – zu zahlen, nützte auch nichts.

Das beste Essen auf der Insel, sagte Mrs. DJ, wobei sie sich aus unerfindlichen Gründen an mich wandte, gebe es bei Alexis. Mrs. DJ hatte Alexis schon mehrmals erwähnt, und sie versicherte mir, wenn ich bis Freitag abend bliebe, würde sie auch noch für mich einen Platz reservieren.

Jim, sagte sie plötzlich, mögen Sie Hummer?

Hummer hab ich noch nie gegessen, sagte Jim.

Ach, macht nichts, sagte sie. Ich lass Alexis etwas Besonderes für Sie machen. Er soll Fisch panieren und braten. So wie Fish'n'chips. Fish'n'chips mögen Sie doch, nicht wahr, Jim?

Ja, mußte Jim zugeben, Fish'n'chips mochte er.

DJ wurde entlassen; er kam ebenso wie Martin Roche mit einer Geldstrafe von 2000 Pfund und einer Haft von achtzehn Monaten auf Bewährung davon, wovon neun Monate schon verbüßt waren: Sie wurden also für weder ganz schuldig noch ganz unschuldig befunden. Ihr Gefährte Andrew Cross hatte getan, was sich gehörte, und seine Aussage geändert. Er habe weder DJ noch Martin Roche vorher je gesehen, sagte er, obwohl er geneigt war, dem Richter zuzustimmen, daß es schon ein merkwürdiger Zufall gewesen sei, daß er hier auf Rhodos Martin Roche begegnet war, einem Fremden aus Romford. Andrew Cross stammte auch aus Romford. Und ja, auch darin war er geneigt, dem Richter zuzustimmen, daß es ein ebenso merkwürdiger Zufall sei, daß DJ, gleichfalls ein Fremder, aus einem nur ein, zwei Meilen von Romford entfernten Ort kam. Cross entschuldigte sich beim Gericht für die fälschliche Beschuldigung seiner neugewonnenen Gefährten, dieser beiden Fremden aus der Romforder Gegend; er habe irgendwie durchgedreht. Er sei der einzige, sagte er, der mit der Falschgeld-Geschichte etwas zu tun gehabt habe.

Und die Brieftasche, die man im Gelände vor dem Hotelzimmer von DJ und Martin Roche gefunden habe?

Cross hatte keine Ahnung, wo die hergekommen sein konnte.

Cross wurde für schuldig befunden und zu drei Jahren verurteilt. Alle waren sich einig, daß er ein sonderbarer, einsamer und böser Mensch sei.

Nach seiner Freilassung hielt es DJ für richtig, sich in Michelles Zimmer im Grandhotel Astir zurückzuziehen, zusammen mit ihrem Vater, Robert und mir. Das bewirkte jedoch, daß die andere Hilfstruppe ferngehalten wurde, und es gab mehrere Versuche, DJ in die Suite seiner Mutter hinüberzubitten. Einmal kam DJ der Ältere Hand in Hand mit der DJ-Schwägerin, um ihm einen Besuch abzustatten, aber das Mißvergnügen, das sein Gesicht verriet, sobald er das Zimmer betreten hatte, war unerträglich, und rasch trat er mit der DJ-Schwägerin wieder den Rückzug an. Später kam ein Hotelpage mit einer Nachricht von Mrs. DJ persönlich. Den Pagen hatte sie schicken müssen, weil das Telefon dauernd besetzt war: erst seit dreißig Minuten aus dem Gefängnis entlassen, telefonierte DJ schon wieder mit London. Er machte schon die nächsten Deals; er war wieder im Geschäft.

Mir gefiel es hier plötzlich gar nicht mehr. Die Abneigung befiel mich wie ein Ausschlag oder eine Allergie; etwas in mir sträubte sich heftig: das war nicht meine Welt, und es reichte mir allmählich. DJ vertraute mir Sachen an, die ich lieber nicht gehört hätte. Er erzählte mir Geschichten, von denen ich lieber nichts erfahren hätte. Für mich war DJ schon immer problematisch gewesen – ich hatte ihn zu gern, um über ihn zu schreiben –, und jetzt, während Jim draußen auf dem Balkon saß und auf seine Hände starrte und Robert, nicht weit davon, das gleiche tat, hörte ich wieder meine Zeitungsausschnitte zum Leben erwachen. Was sollte ich mit alldem anfangen, was er mir erzählte? Warum hörte er nicht auf damit? Ich wollte hier raus. Ich war an eine Art Grenze gelangt.

Ich entschuldigte mich, ich hätte ein paar Anrufe zu machen, und ging auf mein Zimmer.

Und da saß ich nun. Ich wäre gern abgereist, aber mein Flug war erst für den nächsten Tag gebucht. Heute abend war das Essen bei Alexis zur Feier des Tages.

Das willst du doch nicht versäumen? fragte ich mich.

Und ob ich das versäumen will! antwortete ich mir.

Ich rief den Flughafen an. Die letzte Maschine ging in einer Stunde, und ich kam noch mit.

DJ war kein schlimmer Fall. Er hatte niemandem ein Auge ausgebissen, hatte auch niemanden, soviel ich wußte, mit dem Messer bedroht. Töten interessierte ihn nicht. Diese Art Gewalt war nicht seine Sache. Es lag nicht an ihm, daß ich so dringend verschwinden wollte. Ich hatte einfach genug. Ich wußte, es war richtig, Rhodos so schnell wie möglich zu verlassen, und ich wollte keine Minute länger bleiben, auch wenn ich nicht genau wußte, warum.

Bei jeder Untersuchung über die Gewalttätigkeit besteht die Tendenz, sie entweder als Abweichung gegenüber der Vergangenheit oder als deren Fortsetzung zu betrachten. *Entweder* ist die Gewalt von »heute« symptomatisch für die Verderbnis unserer Zeit (Entwurzelung in der Großstadt, Verlust des Glaubens, Zerfall der Familien, Mangel an Disziplin in der Erziehung), *oder* sie ist von der Gewalt von gestern nicht grundsätzlich verschieden: Gewalt in der einen oder andern Form gibt es immer. Die erste und deutlicher sentimentale Sichtweise, mit ihrer unausgesprochenen Sehnsucht nach einem Goldenen Zeitalter, scheint besonders in Großbritannien vorzuherrschen, wenn auch nur deshalb, weil das Bild der Briten von sich selbst als zivilisierten, gesetzestreuen Bürgern noch immer so erstaunlich tief in ihrer Kultur verwurzelt ist. Es ist die moderne *und* modernistische Sichtweise, der die Gewalttätigkeit als etwas Fortdauerndes erscheint: als Äußerung unveränderlicher Grundmuster – soziologischer, biologischer oder psychologischer Art –, jedenfalls als etwas, was sich unserem Einfluß entzieht. Die moderne, modernistische Sichtweise beruft sich darauf, daß England und besonders seine Arbeiterschaft schon immer gewalttätig gewesen ist und daß es in Zusammenhang mit dem Fußballspiel seit dessen Anfängen schon immer Krawalle gegeben hat.

Die Wahrheit, meine ich, wird nicht in einer dieser kategorischen und so augenfällig einander ausschließenden Denkweisen zu finden sein. Es trifft nicht zu, daß Gewalt entweder Abweichung oder Fortsetzung ist, sondern sie ist beides. Sie ist nicht ein Entweder-Oder, sondern ein Sowohl-Als-auch ... und ... und ...

Ich glaube an die modernen verhaltenswissenschaftlichen Modelle, und vieles in diesem Buch soll ihre Gültigkeit erweisen: daß die Masse in uns allen steckt. Dies ist kein Trieb, Instinkt oder Bedürfnis – in einer Masse zu sein ist keine notwendige Bedingung dafür, daß wir vollständige Menschen wären –, doch den meisten von uns bietet die Masse bestimmte wesentliche Anreize. Sie ist etwas wie ein Gelüst, etwas, in dem eine obskure Befriedigung zu finden ist.

Aber es ist möglich, sowohl die Gültigkeit bestimmter universeller deterministischer Modelle als auch die Differenzen anzuerkennen: in wichtigen politischen und ökonomischen Belangen ist die Gesellschaft in Umbau und Umschichtung begriffen, ebenso wie sie in anderen Belangen von ihren konstanten Elementen beherrscht wird. Gewiß hat es in der Arbeiterschaft immer Gewalttätigkeit gegeben, besonders in Verbindung mit dem Fußballspiel, aber es ist auch richtig, daß die letzte Generation – oder möglicherweise die letzten zwei Generationen – junger Fußballfans aus der Arbeiterschaft sich die Gewalttätigkeit auf eine besondere und unverwechselbare Art zu eigen gemacht haben.

Diese Generation ist anders, und ich habe drei Jahre damit zugebracht – oder vergeudet? –, dies bestätigt zu finden. Nicht nur durch John Johnstone und seine Freunde von Millwall oder durch Tom Melody und die Jungs aus Croydon, sondern auch durch die in Leeds, im Norden und im Westen von London und in Reading: ihre Geschichten habe ich für mich behalten, einfach weil sie so vielen anderen gleichen. In meiner Straße, in der Universitätsstadt, wo ich wohne, führt ein Nachbar ein Album mit einer Sammlung von Berichten über Gewalttätigkeit: mein *Nachbar*. Ein anderer hat eine Sammlung von Videos. Zwei Straßen weiter wohnt der junge Mann, der einmal einen Wagen mit Chips umgekippt und mitten in einem Match gegen Leeds einen Brand verursacht hat. Ich hatte mit ihnen allen viel, zuviel Zeit verbracht, weil ich etwas Neues herausfinden wollte. Ich fand aber nichts Neues. Und schließlich sah ich ein, daß ich es bei DJ auch nicht finden würde. Ich war bereit, die Suche aufzugeben.

Am nächsten Morgen bekam ich einen Flug nach London, und um die Mittagszeit war ich da. Es war ein Samstag im April, sonnig und warm, Frühlingsanfang. Schon halbwegs wieder zu Hause, stellte ich im Wagen das Radio an und wurde gleich an die Halbfinalspiele des englischen Pokalwettbewerbs erinnert. Das erste trugen Liverpool und Nottingham Forest aus, und ein gutes Spiel war zu erwarten. Ich dachte, ich könnte rechtzeitig nach Hause kommen, um es im Fernsehen anzuschauen.

Ich schaffte es nicht. Als das Spiel anfing, war ich noch unterwegs, und nach zwei Minuten sagte der Rundfunkreporter, da stimme etwas nicht. Auf den Rängen hinter dem Tor von Liverpool gab es Tumulte. In der Stimme des Reporters war ein trauriger Doch-nicht-schon-wieder-Beiklang, ein Unterton von Enttäuschung, weil die Fans, und besonders die von Liverpool, im Begriff waren, ein Fußballmatch zu opfern, um sich auf ihre eigene, gewalttätige Art zu amüsieren: *schon wieder!* Das Match ging weiter, aber man merkte, daß der Reporter nicht mehr auf den Rasen schaute, sondern auszumachen versuchte, was da auf den Rängen passierte. Er konnte nicht mit Sicherheit sagen, ob es ein Massenkrawall war, aber es war etwas Ernstes, und in der Nähe der Stelle sammelten sich Polizisten. Und dann, in einem Augenblick, war alles vorbei: Das Spiel war aus. Der Schiedsrichter hatte auf Anweisung der Polizei das Spiel abgebrochen. Das war etwa zu dem Zeitpunkt, als ich zu Hause eintraf. Das Stadion sollte das berühmteste der Welt werden.

Vor kurzem trieb ich eine Kopie von einem Video auf, das die Polizei der West Midlands aufgenommen hatte, und es bietet eine gute Möglichkeit zu untersuchen, was an diesem Tag passierte. Die West-Midlands-Polizei war beauftragt worden zu ermitteln, ob Strafverfahren einzuleiten seien, und das Video gehörte zu ihrem Beweismaterial. Darin sind Aufnahmen von mindestens sieben Kameras zusammengestellt. Seit der Katastrophe im Heysel-Stadion haben die meisten Stadien Bildschirm-Überwachung, und die Video-Kameramänner sind im Aufnehmen von Massentumulten geschult.

Die erste Videosequenz, die kurz nach der Katastrophe aufgenommen wurde, dient zur Hintergrundinformation. Sie zeigt den Publikumseingang an der Westseite des Stadions und die Vorrichtungen für die Zuschauer drinnen. Eine Stimme weist auf den Sitzplatzabschnitt der oberen Tribüne und die Stehplätze darunter hin, wobei den »Ställen« drei und vier besondere Beachtung geschenkt wird. Der *pit* (Graben) ist der Bereich unter den *pens* (Ställen), unmittelbar vor dem Innenzaun. Der Zaun, aus Stahlgitter, ist über mannshoch und nach innen gebogen, damit das Hinüberklettern erschwert wird. Jeder »Stall« hat eine kleine, verschlossene Pforte. Ich habe an früherer Stelle schon erwähnt, daß man sich auf den Stehplatzrängen wie in einer eingepferchten Viehherde fühlt, aber bevor ich dieses Polizeivideo sah, hatte ich nicht gewußt, daß die geläufigen Ausdrücke zur Bezeichnung der Zuschauerräume – *pen, pit* – tatsächlich aus der Viehhaltung entlehnt sind. Ich hatte auch nicht gewußt, daß die Einzäunung üblicherweise als »Käfig« bezeichnet wird.

Die zweite Sequenz stammt von einer Kamera, die am Tag, als das Spiel stattfand, draußen vor dem Eingang postiert war. Der Eingang besteht aus sieben in vier kleinen Holzhütten untergebrachten Kassenschaltern. Um 14 Uhr 30 – die Zeit ist in der oberen rechten Ecke des Bildes abzulesen – herrscht ein furchtbares Gedränge: man sieht keine Warteschlangen, nur Menschen, mehrere tausend, so dicht wie möglich zusammengequetscht, die sich vorwärtsschieben. Um 14 Uhr 34 setzen die Wellenbewegungen ein: die Menge taumelt in die eine Richtung, dann, wie Wasser, das gegen eine Mauer brandet, zurück in die Gegenrichtung. Es ist unmöglich, dabei ruhig stehenzubleiben. Wie jeder andere Fußballfan habe auch ich ein solches Gedränge schon erlebt. Man weiß, selbst wenn Tausende vor einem sind, daß man irgendwie schließlich doch hineinkommt. Vielleicht versäumt man die ersten Minuten, aber nicht das ganze Spiel. Ausgeschlossen, daß man zu hören bekommt: Ausverkauft – gehen Sie nach Hause. Ich weiß, die Polizei will, daß ich noch hineinkomme, ob Platz ist oder nicht. Das ist gängige Praxis. Es ist auch gängige Praxis, die Zahlen zu frisieren. Wenn mehr Leute eingelassen worden sind, als von Amts wegen zulässig, müssen folglich die Zahlen entsprechend »abgestimmt« werden. Außerdem ist dies eine Nebeneinnahme; für Stehplätze bezahlt man bar, es gibt keine Karten oder Quittungen. Einnahmen, die nicht existieren, kann man schlecht versteuern.

Um 14 Uhr 39 ist die von Anfang an schon große Menge noch erheblich größer; in neun Minuten scheint sie sich verdoppelt zu haben. Sie reicht jetzt über die Wartezone hinaus, bis in die Leppings Lane dahinter. Es sind jetzt sechs- oder siebentausend Menschen, tausend für jedes Kassenhäuschen. Man sieht die Panik auf den Gesichtern der Polizisten. Sie können sich gegenseitig nicht mehr hören, und auch die

Menge kann sie nicht hören. In dem Video sieht man, wie einer vergeblich einem Kollegen etwas zuzurufen versucht. Einer der leitenden Beamten fängt vor Aufregung plötzlich an, Leute aus dem Weg zu schubsen, offenbar aus keinem anderen Grund, als dem, weil er selbst mehr Platz um sich herum braucht. Ein anderer Polizist, zu Pferde, fängt an, blindlings Leute zu beschimpfen; einem schlägt er mit der Faust ins Gesicht. In seinen Mundwinkeln sammelt sich Speichel, und sein Blick zuckt ständig von einer Seite zur andern. Später wird ein Berittener vom Pferd geworfen.

Bis zum Beginn des Spiels sind es noch zwanzig Minuten.

Auf der andern Seite, hinter den Kassenhäuschen, stehen zwei weitere Videokameras, auf die Zuschauer gerichtet, wenn sie aus dem Durchlaß hervorkommen. Um 14 Uhr 41 zeigen sie einen stetigen Zustrom von Leuten, die über die Dächer der Kassenhäuschen ins Stadion klettern. Ab und zu hält ein Polizist einen fest, der gerade vom Dach heruntergesprungen ist, aber es kommen zu viele, als daß sie aufzuhalten wären. Ich finde den Anblick außergewöhnlich – ich zähle etwa hundert Leute, dann höre ich auf zu zählen –, und die Häuschen wirken angesichts der über sie hinwegkrabbelnden Leute noch kleiner.

Ich beobachte auch die legitimen, die zahlenden Zuschauer. An jedem, der aus dem Durchlaß kommt, sieht man Spuren dessen, was er eben hinter sich hat. Wenn er ein Sweatshirt trägt, haben die Ärmel sich hochgeschoben. Die Hose ist verrutscht und muß zurechtgezupft werden. Das Hemd ist verdrückt und muß wieder in die Hose gestopft werden. Das Haar ist verstrubbelt, und er streicht mit den Fingern drüber. Mehrere Leute klopfen auf ihre Hosen- und Jackentaschen, um zu prüfen, ob ihnen nichts gestohlen worden ist. Einer kommt heraus, die Hände gegen die Rippen gepreßt. Die meisten gehen gleich weiter, aber viele – nicht ganz die Hälfte, scheint mir – bleiben eine Weile stehen. Sie sind nun drinnen, und weil das Spiel erst in ein paar Minuten anfängt, können sie sich noch eine kurze Pause gönnen. Sie stehen herum, verschnaufen nach dem Gedrängel, das sie hinter sich haben, in Erwartung des nächsten. Es ist, als zögerten sie, als wollten sie das Bevorstehende noch ein, zwei Minuten hinausschieben. Tatsächlich ist diese Zwischen- oder Wartezone, dieses Niemandsland, von 14 Uhr 30 bis etwa eine Stunde später, wenn das Stadion geräumt werden wird, der einzige Bereich, wo ein Zuschauer seinen Körper für sich beanspruchen kann, wo seine Bewegungen von ihm selbst gelenkt werden und nicht von der Menge.

Diese beiden Videokameras halten auch ausführlich die mutmaßliche »Ursache« des Unglücks fest – Minuten vor Beginn des Spiels: eine blaue Pforte, normalerweise als Ausgang benutzt, wird geöffnet, so daß Leute hereinstürmen können, die sich in die »Ställe« drei und vier auf den Rängen durchkämpfen, obwohl in beide eigentlich niemand mehr reinpaßt. Aber kann diese blaue Pforte die Ursache sein? Ich spule die Kassette zurück. Es stimmt, die Pforte *wird* geöffnet, und eine große Anzahl Leute kommt ohne Karten hinein. Aber das ist nicht alles. Ich lasse die Kassette Bild für Bild ablaufen, betrachte die Gesichter. Ich kenne diese Leute. Ich habe sie unzählige Male gesehen. Jeder, der durch diese Pforte hineingelangt, ist gefaßt auf das, was ihm nun bevorsteht. Er ist darauf vorbereitet. Er weiß, was er ist. Jeder von den Jungs weiß, was man von ihm erwartet, als was man ihn betrachtet, welches sein Wert ist. Die Geschichte der Samstagnachmittage, die ganze Samstagskultur hat ihn belehrt, daß er nur ein Taschengeld für die Organisatoren ist, die ihn nun gleich mit den andern Jungs so dicht wie menschenmöglich zusammenpferchen werden. Er ist ein kleiner Betrag im Geldumlauf. Er weiß, er wird in einen Käfig gesperrt, eingequetscht, hinter Stacheldraht eingezäunt werden. Er weiß auch, daß sein Gesicht der Polizei bekannt ist, daß es in unzähligen Kopien in einem riesigen Keller voller Polizeivideos aufbewahrt wird, einem stets zugänglichen Archiv, das in Sekundenschnelle beweisen könnte, wenn ein Beweis erforderlich sein sollte, daß er ein Krimineller ist. Wenn er durch diese blaue Pforte hereinkommt (*oder* durch den Kasseneingang *oder* über das Dach des Kassenhäuschens), schaut er nicht nach links und nicht nach rechts, sondern geradeaus. Vor sich sieht er den Tunnel A, den langen, finsteren Durchgang, der zuerst leicht ansteigt und dann in den »Graben« der unteren Ränge hinabführt, und schon ist er einer in der Menge. Er hat diese Verwandlung schon so oft durchgemacht, daß er nicht mehr darüber nachdenkt. Alles geschieht, ohne daß er sich dessen groß bewußt wäre, er hat kaum eine Wahl; es gibt keinen bestimmten Augenblick, in dem er auf den eigenen Willen, die Selbstbeherrschung oder seine Identität verzichten würde. Er läuft mit, leicht bergauf, wenn der Durchgang ansteigt, leicht bergab, wenn er sich zum Graben hin senkt, schneller, in zunehmendem Tempo, schiebt seinen Vordermann vor sich her und wird von seinem Hintermann geschoben, im Herdentempo, keine Zeit zum Denken. Da ist kein Platz mehr, aber nie gibt es Platz – das kostet ihn keine Sekunde Bedenkzeit –, und er schiebt weiter, drängt und wird gedrängt, tut, was ihm angetan wird.

Das Spiel hat soeben begonnen.

Es sind sehr viele Zuschauer da an diesem Tag – es ist ja auch ein Pokalhalbfinale –, aber in vieler Hinsicht sind die Szenen außerhalb wie innerhalb der Stadiontore nicht ungewöhnlich. Wie ich schon mehrfach zu zeigen versucht habe: so gehen Menschen nun mal zu Fußballspielen. Das ist normal. Anders ist nur das Ende, und zwar, weil 95 Menschen umkamen. Ich will dieses Ende nicht nacherleben; nur eine letzte Bildfolge möchte ich noch erwähnen, die Aufnahmen einer bestimmten Kamera. Dies wird meine letzte Abschweifung sein.

Die Aufnahmen beginnen um 15 Uhr 05 und dauern elf Minuten. Im Gegensatz zu den anderen ist diese Kamera – die siebente in der Dokumentation – handgetragen, und der Kameramann, der vor dem »Stall« hin und her läuft, setzt sie dazu ein, herauszufinden, was passiert ist, denn noch scheint es niemand zu wissen. Das Spiel ist eben erst abgebrochen worden, und die Pressefotografen strömen zusammen. Manche Polizisten scheinen immer noch zu glauben, daß sie herbeordert worden seien, um die Zuschauer am Sturm auf das Spielfeld zu hindern. Einem Jungen, der sich zu weit auf den Rasen hinausgewagt hat, ist der Arm auf den Rücken gedreht worden.

Im Hintergrund hört man einen Sprechchor: *Das ist ein Scheißplatz.* Er klingt dünn und außer Atem; es ist 15 Uhr 06. Danach wird es keine Sprechchöre mehr geben.

Ein Polizist – ein großer Mann mit gewölbten Schultern und einem breiten, flachen Gesicht – hat etwas bemerkt und tritt näher heran, um zu sehen, was es ist. Die Kamera folgt ihm. Anscheinend hat der besorgte Gesichtsausdruck des Polizisten den Kameramann aufmerksam gemacht. Er gebraucht seine Kamera in ungewöhnlicher Weise, wie ein Paar Augen, und seine Gedanken scheinen nachvollziehbar zu werden.

Der Polizist geht vor dem Kameramann her zur vorderen Ecke des Käfigs. Dies ist die Stelle, wo der eine »Stall« – Nummer drei – aufhört und der nächste »Stall« anfängt. Der nächste »Stall« ist nicht sehr voll, und die Menschen dort versuchen die in Stall drei Eingesperrten zu retten. Nun hört man jemanden rufen: »Macht doch die Pforte auf!«, und die Kamera schwenkt in die Richtung, aus der die Stimme kommt. Der Rufer ist ein junger Mann Anfang Zwanzig, in Jeans und einem Pullover mit schwarzweißem Schachbrettmuster. Er steht in dem nicht sehr vollen »Stall« und ist empört über das, was im benachbarten »Stall« vorgeht. Er ist wütend. »Das ist verdammt noch mal mein kleiner Bruder«, sagt er. »Macht doch verdammt noch mal eure Pforte auf...« Seine Stimme ist schrill und erregt. Die Kamera schwenkt nach rechts. Dort ist keine Pforte. Sie schwenkt zurück zu dem jungen Mann im Pullover. Er schreit nun den Polizisten an und zeigt mit dem Finger auf ihn. Die Kamera schwenkt wieder zu dem Polizisten: er ist hilflos; er versucht dem jungen Mann in dem schwarzweißen Schachbrett-Pullover zu sagen, daß er nichts machen kann, daß dies nicht seine Pforte ist, daß da gar keine Pforte ist, aber der junge Mann versteht ihn nicht. Die Kamera schwenkt rechts an dem Polizisten vorbei, zum »Stall« Nummer drei, und dort hängt ein Junge in die Ecke gepreßt, die Arme über dem Kopf. Jemand versucht hinüberzulangen, um den Jungen an den Händen hochzuziehen. Der Junge scheint zu reagieren, aber dann fallen seine Arme schlaff herunter, als ob er schliefe und nicht geweckt werden wollte. Seine Unterlippe sieht geschwollen aus, und sein Gesicht wirkt verschlafen.

Es ist 15 Uhr 07, und zum erstenmal sieht man genauer, was geschehen ist. Die Kamera schwenkt nun etwas sprunghaft hin und her. Sie schwenkt zurück zu dem jungen Mann im Pullover. Er nennt den Polizisten einen Drecksack, einen elenden Drecksack. Die Schimpfworte wirken harmlos und hilflos angesichts der Stärke des Gefühls, das sie ausdrücken sollen: »Das ist verdammt noch mal mein kleiner Bruder!« Die Kamera schwenkt wieder nach rechts, zu dem Jungen, aber er ist nicht mehr da. Die Kamera schaukelt hin und her. Sie schwenkt nach links – nichts – und dann noch mal zu dem Jungen. Er ist nicht da. Die Kamera wird abwärts gerichtet und zeigt eine kleine Hand, die sich an ein Stück Zaun klammert. Der Kameramann geht nun ein paar Schritte zurück, um einen anderen Blickwinkel zu bekommen, an einem Polizisten vorbei, bekommt aber nichts in Bild. Inzwischen nimmt das Gerät aus dem Hintergrund Gesprächsfetzen auf, doch merke ich das erst, als ich die Kassette zum drittenmal ablaufen lasse.

»Ich kann's nicht glauben«, sagt eine Stimme.

»Sieh dir das an!« sagt eine andere.

»Die sind alle hier drin zusammengebrochen.« Diese Stimme klingt schrill und gepreßt, verständnislos.

Ein Mann tritt vor die Kamera. Er ist Mitte Zwanzig, gutaussehend, dunkelhaarig, trägt ein grellrotes Hemd. Er möchte die Polizistin, die vor dem Zaun hockt, auf etwas aufmerksam machen, und als er sie an der Schulter berührt, folgt er mit den Augen ihrem Blick in die Menge. Dann faßt er mit den Fingerspitzen – sehr behutsam – an seinen Kopf, und auf seinem Gesicht malt sich Entsetzen. »O mein Gott!« sagt er. Er wendet sich zur Kamera hin und dann wieder zu der Menge. »O mein Gott!« sagt er noch einmal. Die Kamera folgt seiner Blickrichtung, dann gerät sie außer Rand und Band. Das Entsetzen ist spürbar. Die Kamera schwenkt nach links, noch mal nach links, dann rechts. Der Kameramann geht fort, bleibt stehen, schaut noch einmal hin – zur Bestätigung? aus Pflichtgefühl? – und vergrößert das Bild, aber es ist zuviel, und rasch wird die Kamera zu Boden gerichtet, vor die Füße des Kameramanns. Mit einem Ruck wird sie wieder hochgenommen, aber sie weicht den Szenen aus, die sich unmittelbar vor ihr abspielen, und richtet sich dafür auf jemanden, der über den Zaun hinweg entkommt. Der Blick ruht auf seinem Hintern. Dann schwenkt die Kamera zurück in Richtung des jungen Mannes mit dem schwarzweißen Schachbrett-Pullover – er ist immer noch da, mit soviel Verzweiflung, soviel Unglück in den Augen – und schwenkt schnell wieder zu der Ecke des Zauns hin: sein kleiner Bruder ist fort. Nach links, nach rechts, dann aufs Spielfeld hinaus, zum Himmel hinauf und wieder zurück, wo sie zufällig auf dem Gesicht eines anderen Jungen verweilt, der dem Kameramann vor die Füße fällt, aber in der Miene des Jungen drückt sich furchtbarer Schmerz aus, und man merkt, daß es dem Kameramann nicht recht ist, daß er Zeuge dieses Leids ist, daß es unpassend wäre, sich in dieses Leid einzumischen, und die Kamera schwenkt wieder weg – nach oben, dann nach links – und findet einen Polizisten. Es ist möglich, so schien mir, den Willen des Kameramanns zu erkennen, seine Entschlossenheit, die Kamera nicht mehr zu bewegen. Sie richtet sich auf den Polizisten; sie verweilt bei dem Polizisten, obwohl der sich einer vergeblichen, verzweifelten Maßnahme widmet: er versucht den Zaun niederzureißen. Niemand hilft ihm. Er hat kein Wort zu einem der anderen Polizisten gesagt, die bei ihm sind. Er hat keine Werkzeuge. Er will den Zaun mit bloßen Händen niederreißen – er krallt die Finger in das Stahlgeflecht –, aber der Zaun will nicht fallen. Auf der andern Seite des Zauns liegt jemand im Sterben; jemand ist tot; aber der Zaun will nicht fallen. Er zerrt, aber nichts passiert. Er zerrt und zerrt und zerrt und zerrt.

Hillsborough: das berühmteste Stadion der Welt. Was dort geschehen ist, bestätigte mir etwas. Daß fünfundneunzig Menschen umgekommen waren, hatte etwas Unvermeidliches, es war zwingend logisch, sogar überfällig gewesen. Ich fand es auf gespenstische Weise passend, daß ich gerade in diesem Moment das Radio angestellt hatte. Ich hatte DJ so überstürzt verlassen, weil ich die Leute um ihn herum, ihn selbst, sein Leben und seine Kultur satt hatte; ich meinte genug gesehen zu haben, und dann mußte ich feststellen, daß ich das Radio in dem Moment angestellt hatte, als die Jungs eben in den Tunnel A kamen. Ich spürte, ich war an einem toten Punkt angelangt. Mein Abenteuer hatte mich im Kreis herumgeführt.

Eine furchtbare Rohenergie steckt in der Masse. Faschisten und Revolutionäre kennen diese Energie. Die National Front weiß, wie stark diese Kräfte sind, wie selten sie genutzt werden und wie schwer sie zu steuern sind. Vor kurzem machte ich eine kleine Entdeckung: Mussolini und Gustave Le Bon, der Vater der Massenpsychologie, unterhielten einen lebhaften Briefwechsel und bewunderten sich gegenseitig: Mussolini las Le Bons Buch alle Jahre wieder, und Le Bon rühmte Mussolinis stählernen Willen, seine Qualitäten als Führer und Beherrscher der Massen. Mussolini kannte die Masse und wußte ihre Kraft zu respektieren. Im Fußball aber – bei den Verbandsfunktionären, den hemdsärmeligen Managern und Vereinspräsidenten und der Kultur der »Jungs«, die sich um den Fußball herum gebildet hat – kennt man weder die Massen, die man hervorbringt, noch die furchtbare, mörderische Energie, die in ihnen steckt.

DJ kehrte aus Griechenland am Tag darauf zurück, einem Sonntag. Wir verabredeten uns für das nächste Wochenende. West Ham spielte zu Hause gegen Millwall.

Wir trafen uns im Builders' Arms. Das Lokal war schon gerammelt voll. DJ machte mich mit den Leuten dort bekannt, obwohl es ihm sichtlich unangenehm war. Er hatte neun Monate auf einer Mittelmeerinsel im Gefängnis gesessen, er war abgemagert, er hatte nicht viele Menschen um sich gehabt. Es fiel ihm schwer, sich wieder an das Londoner Leben zu gewöhnen. Er gab sich Mühe, allem Ärger aus dem Weg zu gehen (unvermeidlich gab es auch an diesem Tag ein bißchen Krawall). Er wollte nicht gleich wieder ins Gefängnis.

DJ bestand darauf, daß wir uns das Match von einem Sitzplatz-Block aus ansahen – inzwischen war es nicht mehr selbstverständlich, sich auf die Ränge zu stellen. Erst sieben Tage zuvor waren auf den Rängen fünfundneunzig Menschen umgekommen; ich war froh über meinen Sitzplatz. Mir ist ein Sitzplatz lieber. Sich setzen zu können ist eine schöne Sache, sehr empfehlenswert bei einer Sportveranstaltung.

Vor Beginn des Spiels wurde eine Schweigeminute angesagt, zum Gedenken an die fünfundneunzig Toten. An diesem Tag wurde bei allen Spielen im ganzen Land eine Schweigeminute anberaumt, und soviel ich weiß, wurde das Schweigen nur in einem Stadion nicht eingehalten.

In Upton Park in Ost-London ist eine Minute, so scheint es, eine lange Zeit.

Die Störung begann leise. Eine Handvoll Fans stimmte den Millwall-Sprechchor an: »Nobody likes us and we don't care« – niemand mag uns, und das ist uns egal. Doch bei jeder Wiederholung stimmten mehr Leute ein: »Nobody likes us and we don't care.« Es sollte eine sehr lange Minute werden. Als sie etwa zur Hälfte um war, hatten alle auf der Seite von Millwall – wohl etwa fünftausend Zuschauer – den Sprechchor aufgenommen. Fünftausend Zuschauer sagten: Fünfundneunzig sind umgekommen, und das ist uns egal – wir sind Rabauken; verpißt euch! Der Sprechchor machte die

West-Ham-Fans wütend, und die Leute um mich standen auf und schrien gegen die Millwall-Fans an. Sie schüttelten die Fäuste oder stießen mit den Händen in die Luft und senkten sie wieder, nannten sie Wichser und Lumpen. Wahrscheinlich waren es noch zehn oder fünfzehn Sekunden bis zum Ende der Minute, als die Millwall-Fans von ihrem traditionellen »Nobody likes us and we don't care« zu dem bündigeren »Fuck off, cunts« überwechselten – Verpißt euch, ihr Fotzen! Das wiederholten sie, bis die Minute um war.

Der Ansager sprach der Menge seinen Dank aus.

An diesem Abend gab es eine Party für DJ – eine LSD-Hausparty, die um Mitternacht beginnen sollte. Irgendwo in den Niederungen von Ost-London hatte man ein Lagerhaus für diesen Zweck gefunden, und im Builders' Arms sprachen nach dem Match alle davon. Ich beschloß, nicht hinzugehen. Später im Lauf des Sommers wollten DJ und Michelle heiraten, aber ich beschloß, da auch nicht hinzugehen.

In George Orwells *Der Weg nach Wigan Pier* schildert eine Passage das Leben in Nordengland während der dreißiger Jahre. Sie ist erinnernswert als Beschreibung einer »typischen«, obgleich einigermaßen wohlhabenden Arbeiterfamilie. Orwell führt uns in Wohnzimmer, an einem Winterabend nach dem Fünfuhrtee,

> wenn das Feuer im offenen Herd glüht und sich im Kamingitter spiegelt, wenn der Vater in Hemdsärmeln auf der einen Seite am Feuer im Schaukelstuhl sitzt und die Rennresultate liest und die Mutter mit der Näharbeit auf der andern Seite sitzt und die Kinder sich an Pfefferminzbonbons für einen Penny gütlich tun und der Hund auf der Flikkenmatte liegt und sich rösten läßt – das ist ein schöner Ort, vorausgesetzt, daß man nicht nur dort ist, sondern auch ausreichend *von* dort, um dazuzugehören.

Wir kennen das Bild: die unbefangene Arbeiterfamilie (zu der man freilich »dazugehören« muß), zufrieden und gedankenlos inmitten ihrer soliden viktorianischen Einrichtungsgegenstände – der offene Herd mit dem Kamingitter davor, der Schaukelstuhl, die Flickenmatte –; die Behaglichkeit der deutlich strukturierten Familie. In Abwandlungen kennen wir dieses Bild aus Filmen, und in manchen abgelegenen Gemeinden Nordenglands kann man etwas dergleichen noch heute in einer Kneipe, einem Arbeiterclub oder einem Reihenhaus finden.

Das Bild ist anheimelnd und tröstlich; es war schon zu Orwells Zeit reichlich nostalgisch, was er stillschweigend zuzugeben scheint, wenn er später sagt, daß die englischen Familien, in denen man diese häusliche Szene nachgestellt finde, immer seltener würden und daß »das Bild einer Arbeiterfamilie, die nach einer Mahlzeit mit Räucherhering und starkem Tee um das Kohlenfeuer sitzt, nur in unsere eigene Gegenwart gehört und weder in die Vergangenheit noch in die Zukunft gehören könnte«. Dann sagt Orwell voraus, wie die Arbeiter in zweihundert Jahren, in einer »utopischen« sozialistischen Zukunft leben werden, und dieses Bild nun interessiert mich:

> Die Szene sieht völlig anders aus. Kaum etwas von dem, was ich mir vorgestellt habe, wird noch da sein. In einem Zeitalter, in dem es keine manuelle Arbeit mehr gibt und jedermann »gebildet« ist, ist es kaum wahrscheinlich, daß der Vater immer noch ein derber Mann mit groben Händen ist, der gern in Hemdsärmeln dasitzt und einen ausgeprägten Dialekt spricht, und es wird kein Kohlefeuer im Herd geben, nur eine Art unsichtbare Heizung. Das Mobiliar wird aus Gummi, Glas und Stahl bestehen. Wenn es so etwas wie die Abendzeitungen noch gibt, werden sie sicher keine Rennberichte enthalten, denn in einer Welt, in der es keine Armut gibt und die Pferde von der Erdoberfläche verschwunden sind, wird das Wetten sinnlos sein. Auch Hunde werden aus hygienischen Gründen abgeschafft sein. Und es wird nicht mehr so viele Kinder geben, wenn sich die Geburtenplanung einmal durchgesetzt haben wird.

Orwells Prophezeiungen waren immer ungewiß, und obwohl wir kein sozialistisches Utopia haben, brauchen wir nicht zweihundert Jahre weit vorauszuschauen, um ein Bild zu finden, das dem von ihm geschilderten entspricht. Wir haben es heute vor uns. Der Mann mit den derben Händen ist verschwunden, zusammen mit der Schwerindustrie, die für solche Hände Verwendung hatte. Die Bergarbeiter, Stahlarbeiter und Automobilarbeiter, die in Frührente gegangen, wegrationalisiert worden sind oder ihrer baldigen Wegrationalisierung entgegensehen, werden nicht von ihren Söhnen ersetzt: die Söhne wird man in keiner Fabrik finden. Wie die Mehrheit der erwerbstätigen Bevölkerung arbeiten sie im »Dienstleistungs«-Sektor, wie wir das inzwischen nennen. Sofern sie noch mit den Händen arbeiten, sind sie selbständig als Tapezierer, Maler, Installateure oder Elektriker. Vielleicht sind sie bei einem Kurierdienst oder fahren Lieferwagen. Aber die meisten findet man in Büros – in Unternehmen von Bankiers, Wirtschaftsprüfern, Börsenmaklern, Versicherungsagenten und Computerprogrammierern oder in den »privatwirtschaftlichen« Entsprechungen zu den staatlichen Behörden: riesigen Gesellschaften wie British Telecom oder British Gas.

Sie wohnen nicht mehr so, wie ihre Väter wohnten. Wie Orwell vorausgesagt hat, ist der Kohlenherd ebenso verschwunden wie die Art Häuser, in denen es so etwas gab. Das dunkle, enge Reihenhäuschen des Arbeiters von einst mit dem Laden an der Ecke, der Kneipe über die Straße und der Toilette im Hof ist durch ein freundliches, sonniges Vororthaus ersetzt worden, mit Auffahrt, Garage, »unsichtbarer« Zentralheizung und, nach hinten hinaus, einem Garten, wo man im Sommer grillen kann. Drinnen gibt es Stereoanlage, Farbfernseher, CD, Tonbandkassetten, Videogerät, Computerspiele, tragbares Telefon und elektronische Küche – schlichte Wohnkästen, wie Orwell auch schon vorausgesagt hat, voller Massenartikel aus Gummi, Stahl und Glas oder aus einem vergleichbaren, meist synthetischen Stoff, wie man sie in den neuen, modernen Supermärkten ein wenig außerhalb des

Viertels findet, wo man leicht hinkommt und immer einen Parkplatz findet. Die Rennzeitung, sollten wir anmerken, ist nicht völlig verschwunden – das hat Orwell auch nicht ganz richtig gesehen –, doch ist ein anderes Blatt erfolgreich an ihre Stelle getreten. Es ist keine sozialistische Aufklärungsschrift – auch hier irrt Orwell –, es ist die *Sun*.

Ich bin jetzt auf gefährlichem Boden. Ich lebe seit 1977 in England, und soviel habe ich begriffen: daß man über die Arbeiterklasse nicht redet, jedenfalls nicht im Detail, wenn man selbst kein Arbeiter ist. Man kritisiert die Arbeiterschaft nicht und riskiert keine Verallgemeinerungen darüber, was es bedeutet, ihr anzugehören. Man weist nicht auf ihre Merkmale hin, wenn man sie bei jemandem findet. Das gehört sich einfach nicht; sogar heute noch läßt man die Finger davon. Es versteht sich von selbst, daß, wer nicht zur Arbeiterschaft gehört, kein Recht hat, darüber zu reden.

Die Folge ist jedoch, daß erst wenige sich zu sagen getraut haben, daß die Arbeiterklasse nicht mehr existiert. An sich wäre dies nicht weiter erstaunlich – schließlich ist England ja nicht das erste technisch entwickelte Land, wo die Arbeiterklasse verschwunden ist; man könnte behaupten, es sei eines der letzten –, nur daß eben niemand zugeben will, daß es sie nicht mehr gibt. Das Gegenteil scheint der Fall zu sein, zumindest unter den Mitgliedern der ersten nicht mehr zur Arbeiterklasse gehörenden Arbeitergeneration, meinen »Kumpels«: Gewohnheiten der Arbeiterklasse, wie sie Tom Melodys Ostlondoner Jungs an den Tag legen, sind einfach übersteigerte, gekünstelte Versionen eines altertümlichen Stils, um so extremer, weil ihnen nun die Substanz fehlt. Dies ist nur noch ein Stil. Nichts Inhaltliches ist mehr da, nichts mehr, dem man zugehörig wäre, obgleich es vermutlich trotzdem möglich ist, sich einer Floskel – der Arbeiterklasse – verbunden zu fühlen, einem sprachlichen Versatzstück, das bestimmte soziale Bräuche und eine bestimmte Redeweise bekräftigen hilft und die Tatsache verdeckt, daß sich dahinter nur noch eine hochgezüchtete Vorstadtgesellschaft verbirgt, die sich ihrer Kultur entledigt hat und nur noch den eigenen Vorspiegelungen lebt: eine aufgeblasene Männlichkeitsmoral, einen bis zur Peinlichkeit übersteigerten Patriotismus, einen gewalttätigen Nationalismus und einen Katalog bankrotter antisozialer Gepflogenheiten. Diese gelangweilte, hohle, dekadente Generation ist nur noch, was sie zu sein scheint: eine männliche Jugendkultur ohne Geheimnis, so abgestumpft, daß sie Gewalt benutzt, um sich wachzurütteln. Sie sticht sich ins Fleisch, um etwas zu spüren; sie versengt sich die Haut, um etwas zu riechen.

SARDINIEN

Das Verlangen des Menschen nach Überschreitung des »Persönlichen« ist nicht weniger stark als sein Verlangen, Person, Individuum zu sein. Diesem Verlangen jedoch kommt unsere Gesellschaft nur wenig entgegen.

Susan Sontag,
»Die pornographische Phantasie« (dt. 1982)

Ich wußte, zur Weltmeisterschaft von 1990 würde ich nicht fahren. Meine Geschichte war fertig. Meine Figuren waren nicht mehr da.

Sammy war nicht mehr da. Er war wegen Brandstiftung verhaftet worden; er hatte eine schlimme Phase durchgemacht, hatte Gebäude in Brand gesteckt. Seine Strafe war umgewandelt worden, und man hatte ihn zur psychiatrischen Behandlung in eine Anstalt eingewiesen. Als ich ihn wiedertraf, war ihm anzusehen, daß er einiges durchgestanden hatte. Er war nun dick und aufgedunsen und litt anscheinend unter der Wirkung von Tranquilizer. Es dauerte lange, bis er mich erkannte, und er sprach langsam und undeutlich.

Roy war nicht mehr da. Roy war schon seit einiger Zeit nicht mehr da. Es hieß, er sei in Marokko. Jemand anders sagte, in Algerien. Dann sollte er in Ägypten sein, in der Türkei oder noch weiter im Osten. Seine Geschäftsinteressen hatten sich verlagert, und er mußte nun viel reisen – manchmal monatelang. Dann nahm die Entwicklung eine neue Richtung: ich hörte, er sei wegen Drogen verhaftet worden und habe drei Jahre bekommen.

Robert war nicht mehr da; er behauptete, einen richtigen Job gefunden zu haben – »sogar mit Visitenkarte« –, und dachte daran, seine Steuern zu zahlen, wußte aber nicht, wie. Er hatte ein Apartment in New York, wo er nun lebte, eine Arbeitserlaubnis für die USA (er schriftstellerte jetzt: ein Buch über die Tour eines Kumpels durch die Staaten sollte es werden) und eine Freundin: Robert hatte endlich doch die Liebe entdeckt. Immer hatte er darüber geklagt, daß keine Beziehung von Dauer sei, weil keine Frau sich damit abfinde, die Nummer zwei für ihn zu sein; und die Nummer eins bleibe immer Manchester United. Offenbar hatte sich einiges geändert. Die letzte Nachricht von ihm war eine Postkarte: das Bild, bei Sonnenuntergang aufgenommen, zeigte einen Mann mit Cowboyhut, der im Liegestuhl an einem Strand auf Barbados sitzt und eine Flasche Bier trinkt. »Sonnenbaden«, schrieb Robert, »gutes Essen und toller Sex ist so viel besser als ein Rabauke sein.« Die Unterschrift lautete »einer von den Jungs aus der alten Brigade«.

Ich traf die Jungs dann doch noch ein letztes Mal, im Mai 1990: Manchester United stand im Pokalfinale, und am Freitag vor dem Spiel waren so gut wie alle nach London gekommen: Steve, Ricky, Micky, Robert aus Amerika, Sammy von wer weiß woher. Auch Gurney war da: er hatte gebadet und – so hatten die Zeiten sich geändert – eine Anzahl höchst vorteilhafter und sicherlich auch sehr teurer Besuche bei einem Zahnarzt gemacht; sein Mund sah normal aus. Praktisch die einzigen, die nicht gekommen waren – fünf Pubs um den Leicester Square waren vollgepfropft mit den Angehörigen der »Firma« –, waren diejenigen, die im Gefängnis saßen. Es war ein Familientreffen, und niemand durfte es versäumen. Für viele war es seit einiger Zeit das erste Mal, daß sie wieder zu einem Match gingen. Natürlich waren auch sonst noch Leute zu den Spielen gegangen – im Grunde war die »Familie« intakt –, aber nicht mehr so zahlreich wie früher. Ich hatte den Eindruck, allmählich wollte man nun kein Rabauke mehr sein, sondern lieber etwas anderes. Man redete nicht über Krawalle. Man redete über Drogen, LSD-Hausparties oder die Musikszene von Manchester.

Und darum wußte ich im Innersten, daß ich nicht zur Weltmeisterschaft fahren würde. Es war nicht nötig. Die Wochenenden hatte ich jetzt wieder für mich. Sogar ich mit meinen nie zu beschwichtigenden Bedenken – du weißt noch nicht genug, hast nicht genug gesehen, nicht genug begriffen – sah ein, daß es nichts mehr zu tun gab.

Natürlich war ich weiterhin neugierig, und das war ganz normal. Ausschreitungen bei der Weltmeisterschaft waren vorauszusehen, und ich hatte eine Art intellektuelles Interesse daran, festzustellen, aus welcher Ecke sie kommen würden.

Den ersten Hinweis bekam ich bei der Eröffnungszeremonie der Italia 90, mehrere Monate vor dem ersten Match: es war eine überaus italienische Angelegenheit, im Stil einer telegen arrangierten Preisverleihungsfeier. Luciano Pavarotti sang »Nessun Dorma«, und Sophia Loren zog die Lose, von denen der Spielplan abhing. Spürbar verdorben wurde die festliche Stimmung, wenn auch nur für einen Moment – man sah es den Funktionären des internationalen Fußballverbandes an den Gesichtern an –, als das Pech wieder eine Begegnung zwischen England und den Niederlanden im zweiten Match herbeiführte: und *alle* kannten sie doch die Fans aus Holland!

Jedenfalls behaupteten alle, sie zu kennen. Ich war mir nicht sicher: wußte wirklich jemand, was diese Fans aus Holland für Leute waren? Ich jedenfalls wußte es nicht, obwohl ich schon einmal versucht hatte, es in Erfahrung zu bringen. An dem endlosen Abend mit Grimsby hatte ich versucht, einen gewalttätigen Holländer zu finden. Grimsby war überzeugt, er würde einen gewalttätigen Holländer finden, und wir suchten nach ihm in allen Kneipen von Düsseldorf. Wir fanden ihn nicht. Grimsby meinte, der gewalttätige Holländer halte sich irgendwo versteckt.

Auch im Jahr zuvor in London hatte man keine gewalttätigen Holländer gesehen. Bei der Gelegenheit hatte ich zum erstenmal von der Existenz des gewalttätigen Holländers erfahren. Der Anlaß war ein Freundschaftsspiel zwischen England und den Niederlanden in Wembley, und in den Tagen vor dem Spiel hatte man fürchterliche Straßenschlachten vorausgesagt. Journalisten wurden nach Amsterdam geschickt, damit sie die gewalttätigen Holländer schon bei der Überfahrt in Augenschein nehmen konnten. Sie wurden auch auf die wichtigsten Bahnhöfe beordert, um die gewalttätigen Holländer nach der Ankunft auf ihrem Weg zum Stadion zu begleiten.

Auch ich machte mich auf in die kalte, stürmische Nacht, streifte durch die einschlägigen Pubs und schüttete mich zu mit Lagerbier, in der Befürchtung, sonst könnte ich etwas versäumen, das mir Neues über Gewalttätigkeit, Nationalismus und den holländischen Nationalcharakter verriete. Am Ende gab es wirklich Zoff, aber zwischen den englischen Fans, die gekommen waren, weil sie in den Zeitungen gelesen hatten, hier könnten sie gewalttätigen Holländern begegnen. Als sie keine fanden, verprügelten sie sich gegenseitig.

Eigentlich hatte ich noch *nie* etwas gesehen, was dafür sprach, daß Holländer und Engländer, wenn man sie an einem Ort zusammenbrachte, das Bedürfnis haben müßten, aufeinander einzudreschen. Trotzdem, ob es nun einen Beweis dafür gab oder nicht, diesmal, so nahm man allgemein an, würde es anders kommen: diesmal gäbe es Zoff.

In den Fernsehnachrichten hieß es, daß es Krawall geben würde. Daß England gegen die Niederlande spielen mußte, war die wichtigste Nachricht an diesem Abend und stand am nächsten Tag auf den Titelseiten aller englischen Zeitungen. Am nächsten Abend – das Thema war immer noch eine Nachricht wert – war nicht mehr von dem Spiel England gegen die Niederlande die Rede, sondern nun hieß es schon das »gefürchtete« Match England gegen Holland.

Das Match würde in Cagliari auf Sardinien stattfinden – wie alle Spiele der Engländer in der zweiwöchigen Vorrunde. Das war ungewöhnlich, und ich hatte gehört, der Austragungsort für die Spiele der Engländer sei im voraus festgesetzt worden. Wenn die Behörden schon auf die Auslosung der Gruppengegner nicht viel Einfluß nehmen konnten, so konnten sie zumindest die englischen Zuschauer an einem Ort, und zwar auf einer *Insel*, festhalten, um die polizeiliche Überwachung zu erleichtern. Und um dabei behilflich zu sein, kam nun eine ganze Reihe britischer Ordnungshüter als Berater auf die Insel: leitende Beamte der Londoner Polizei, der Fußball-Abteilung bei Scotland Yard und der Bahnpolizei. Schließlich erschien auch noch der britische Sportminister persönlich, und mit einiger Mühe gelang es ihm, ein Volk, das pro Kopf mehr Wein trinkt als jedes andere auf der Welt, zum Verzicht auf den Verkauf alkoholischer Getränke an den Spieltagen zu überreden. Es war eine beachtliche Leistung, aber viele Sarden machte der Besuch des Ministers nervös – nicht so sehr wegen des Alkoholverbots, sondern wegen der Tatsache, daß der Minister überhaupt gekommen war. So etwas war noch nie dagewesen: ein Minister eines anderen Landes besucht ein Land, in dem eine Sportveranstaltung stattfinden soll, nicht mit einer solchen Ankündigung. Wenn wir einen Freund mit seiner Familie zum Essen einladen, der, nachdem er die Einladung angenommen hat, beiläufig erwähnt, daß seine Kinder wahrscheinlich erhebliche Verwüstungen bei uns anrichten würden (den Rasen zertrampeln, die Sträucher herausreißen, an die Toilettenwände pinkeln, auf den Teppich kotzen, die Mehrzahl der Fenster einschlagen und schließlich Fish'n'chips in das neue Sofa stampfen...), so werden wir doch geneigt sein, die Einladung zurückzuziehen oder zumindest vorzuschlagen, daß er die Kinder diesmal zu Hause lassen sollte. In einer ähnlichen Lage befanden sich die Sarden: Wenn sie wußten, daß ihre Stadt beim Aufenthalt der Engländer wahrscheinlich Schaden nehmen würde, und wenn dann noch ein Minister zu Besuch kam, um ihnen das zu bestätigen – warum erlaubte die britische Regierung diesen Fußballfans dann überhaupt die Ausreise? Und warum waren die Sarden so dumm, sie einreisen zu lassen?

Es gab noch einen wichtigen Umstand, der allerdings zunächst weder in den englischen noch in den italienischen Nachrichten erwähnt wurde: anläßlich der Weltmeisterschaft würden zum erstenmal englische Fans wieder italienischen Boden betreten, seitdem vor fünf Jahren neununddreißig Italiener im Brüsseler Heysel-Stadion umgekommen waren. Beim letztenmal, als englische Fans in Italien waren, war ich sogar dabeigewesen – mit der Roten Brigade von Manchester United.

Ich verfolgte die Ereignisse schließlich im *Guardian*. Zwar hatten alle Zeitungen Reporter nach Italien geschickt, aber die Berichterstattung im *Guardian* schien mir die beste zu sein. Ein Journalist hatte für die Zeitung in Rom Stellung bezogen, zwei weitere auf Sardinien, plus einem Fotografen – und alle nur, um über die Fans zu berichten. Zwei Wochen vor dem Match England–Holland brachte der *Guardian* zwei Artikel: einen über die »Operation Umpire«, mit der Scotland Yard und die Bahnpolizei die Anreise der englischen Fans nach Italien zu überwachen gedachten, und einen über das Alkoholverbot in allen britischen Zügen, das wiederum auf Betreiben des Sportministers erlassen worden war.

Am Montag gab es weitere Meldungen. Der Sportminister hatte, dem *Guardian* zufolge, auch die Charterfluggesellschaften bewogen, auf allen Italienflügen den Alkoholausschank zu unterlassen. Der Artikel erwähnte auch eine erste Verhaftung auf Sardinien: drei englische Fans waren festgenommen worden, weil sie im Hotel ihre Bettlaken gestohlen hatten. Mir schien dies eine belanglose Meldung zu sein, aber da irrte ich mich. Am Dienstag kam die Bettlakengeschichte noch einmal in großer Aufmachung: Lakendiebstahl war ein schlimmes Verbrechen, und die Übeltäter bekamen jeder dreihundert Pfund Geldstrafe und zwanzig Tage Gefängnis – eine Strafe, sagte der Sportminister, die »jedem, der nach Sardinien fährt, eine Warnung sein sollte«. Man kann sich nur fragen, was erst passiert wäre, hätten sie auch die Handtücher mitgenommen.

Der *Guardian* hatte an diesem Tag noch mehr zu berichten: wieder ein Sieg des Sportministers. Man bekam den Eindruck, daß er sich erfolgreich durch eine Liste durcharbeitete. Nachdem er den Alkohol schon an den Spieltagen, auf den Charterflügen und in den britischen Zügen hatte verbieten lassen, hatte er nun auch die zollfreien Läden auf den Flughäfen dazu bewogen, keine alkoholischen Getränke zu verkaufen. Dies war ein schwerer Schlag für den Tourismus und würde sicherlich viele Leute von der Reise abhalten; daß man zollfreie Spirituosen einkaufen kann, ist oft die Hauptattraktion von Auslandsflügen. Ich stellte mir Hunderte von bestürzten Fans vor, die vielleicht von dem Verbot nichts gehört hatten und nun enttäuscht und ratlos aus den Duty-Free-Shops wieder herauskamen, mit gewaltigen Mengen steuerfreien Parfüms, die sie impulsiv sozusagen als Ersatzbefriedigung gekauft hatten.

Ende der Woche fand ich einen kurzen Artikel über Paul Scarrot – einen Fan, der angeblich schon vierzig Vorstrafen wegen ordnungswidrigen Verhaltens hatte. Scarrot war in Rom erkannt worden, wohin er mit einem falschen Paß gelangt war, trotz der Sicherheitsvorkehrungen, die jeden Vorbestraften an der Einreise hindern sollten. Am nächsten Tag kam ein ausführlicher Bericht: Paul Scarrot war verhaftet worden. Er hatte kein Geld bei sich gehabt, keine Kleidung zum Wechseln und war volltrunken. Nachdem er mit einem gestohlenen Motorrad einen Lebensmittelladen durchquert hatte, durch den einen Gang rein und durch den andern raus, unter Mitnahme von Flaschen, raste er für den Rest des Nachmittags auf dem Hauptbahnhof von Rom die Bahnsteige auf und ab. Er hatte sich nicht gerade unauffällig verhalten; man konnte meinen, er *wollte* verhaftet werden, vielleicht weil er wußte, wieviel Beachtung ihm die Medien schenken würden, die nur darauf warteten, über Zwischenfälle mit den Engländern berichten zu können. Und so kam es. Zwei Tage lang war Paul Scarrot ein berühmter Mann: ihm galt die Hauptmeldung in allen Nachrichtensendungen an diesem Abend, und am nächsten Morgen sah man sein knochiges, verkniffenes kleines Gesicht auf den Titelseiten aller Massenblätter. Der *Guardian* brachte gleich vier Artikel, aber weil er ein seriöses Blatt war, kam Paul Scarrots Foto auf die Rückseite – allerdings machte er ihn dafür auch zum Mann der Woche in der Kolumne »Wednesday People«, die für gewöhnlich einen Politiker oder Geschäftsmann herausstellte.

Noch sieben Tage bis zu dem gefürchteten Match, und die Aufmerksamkeit, mit der die Medien das Treiben der englischen Fans verfolgten, nahm immer noch zu. Das schien fast unmöglich, aber immer mehr Journalisten hatten sich auf die Insel begeben, und immer mehr Artikel waren die Folge. Als die Weltmeisterschaftsspiele begannen – die Engländer spielten zuerst gegen Irland –, befanden sich nur zweitausend englische Fans auf Sardinien; gegen Ende der ersten Woche befanden sich dort *mehr* als zweitausend Journalisten – so viele, daß das britische Konsulat eigens eine Pressestelle eröffnet hatte, die zweimal täglich Konferenzen abhielt, um alle über die neuesten Entwicklungen bei den Fans zu unterrichten. In jedem Land, dessen Mannschaft teilnahm, gab es allabendlich im Fernsehen eine Sendung über die Spiele. Um die Ordnung zu wahren, hatte man eine vereinte Streitmacht von siebentausend Rechtshütern aufgeboten: Polizei, die Carabinieri, die Nationalgarde, das Heer und eine amphibische Anti-Terror-Spezialeinheit der italienischen Polizei, die ich in der Woche zuvor auf der Rückseite meines *Guardian* gesehen hatte: sie waren gerade aus einem Hubschrauber gesprungen und demonstrierten nun Einsatzbereitschaft in verschiedenen Posen; zwei von ihnen standen breitbeinig da und zielten mit ihren Maschinenpistolen auf den Fotografen. Alles in allem kamen auf jeden Fan mindestens drei Personen, die sich für ihn interessierten – um über seine Trinkgepflogenheiten, seine Kleidung und sein Verhalten zu schreiben, dies alles zu fotografieren, es in Momenten lebhafter Betätigung zu filmen und, was am schwierigsten war, die Exzesse einzudämmen.

Jetzt, wo es nur noch ein paar Tage bis zu dem Match England–Holland waren, widmete der *Guardian* seine Berichte – jeden Tag zwei Artikel plus Fotos – einem neuen, bisher vernachlässigten Thema: der Unterbringung der Fans auf Sardinien. Ich hätte gedacht, daß dieses Thema nur von geringem Nachrichtenwert sein könnte, aber wieder einmal wurde ich widerlegt. Es gab einen Artikel darüber, wo die Fans nach der Ankunft die Nacht verbrachten (bei all den Sicherheitsvorkehrungen hatte offenbar niemand an ihre Einquartierung gedacht), und einen weiteren über die Campingplätze, wo sie dann hingeschafft wurden: dreißig Meilen von Cagliari entfernt, zu weit, um nach Englands erstem Match dorthin zurückzugelangen, wobei sich auch noch herausstellte, daß ohnehin keine Busse bereitstanden. Dann kam ein Artikel über die Tatsache, daß es keine Busse gegeben hatte. Viele Fans hatten deshalb die Nacht auf dem Flughafen verbracht, und das ergab auch wieder einen Artikel, die »Airport-Story«. Schließlich hatte der Sportminister eingegriffen – offensichtlich auch ein Leser des *Guardian* – und die Behörden aufgefordert, nach Englands nächstem Match für die Fans Busse bereitzustellen. Und schon hatte man wieder einen Artikel, die Jetzt-sind-Busse-da-Story.

Diese Geschichte erschien am Mittwoch – das gefürchtete Match England–Holland war am folgenden Samstag –, und nun brachte der *Guardian* schon drei Artikel pro Tag. Über alles wurde berichtet: wie man etwas zu trinken bekam, wenn doch der Alkohol verboten war, über die Frau, die die Pressekonferenz leitete, über die Presseleute selbst und immer noch mehr über die Unterbringung. Bei all diesen Geschichten war allmählich ein Grundsachverhalt zu erkennen: es passierte nichts. Jeden Tag nahm ich die Morgenzeitung zur Hand und sah gleich nach, was der Korrespondent des *Guardian* auf Sardinien wieder zu berichten hatte, und jeden Tag hatte er wieder eine neue Möglichkeit entdeckt, über die Tatsache zu berichten, daß es nichts zu berichten gab. Zwei Tage vor dem Match England–Holland hatte ich den Eindruck, daß er anfing, müde zu werden. Er fing an, sich zu langweilen. Und konnte man's ihm verdenken? Jeden Tag war es das gleiche. Jeden Nachmittag kam er zurück in sein stickigheißes Hotelzimmer, rief den Redakteur in London an und mußte zugeben, daß er nichts Neues wußte; dann wurde er vom Redakteur daran erinnert, daß ihn die Zeitung ja losgeschickt hatte, damit er sich in Cagliari auf den Hosenboden setzte und über das schrieb, was er gesehen hatte: dafür war in der Zeitung Platz vorgesehen, und daß er überhaupt nichts zu sagen hatte, ging einfach nicht. In sieben Tagen brachte der

Guardian Spalten in einer Gesamtlänge von 471 Inches über Fußballfans – fast zwölf Meter Berichte, die im wesentlichen besagten, daß es nichts zu berichten gab. Aber die Kosten, die dem *Guardian* daraus entstanden – für einen Mann auf der Insel plus einem Fotografen plus einem zweiten Journalisten, der inzwischen das Festland abklapperte, in der Hoffnung, dort vielleicht etwas zu finden, plus einem weiteren Journalisten mit Sitz in Rom –, waren noch geringfügig im Vergleich zu den Summen, die die Fernsehgesellschaften ausgaben. Es war ein teurer Spaß, über nichts zu berichten, und man konnte leicht einsehen, warum die Journalisten und Fernsehmoderatoren es wenigstens so interessant wie irgend möglich präsentierten: sie mußten über nichts berichten, so als ob es irgendwie doch etwas wäre.

Und dann kam mir der Gedanke: Wenn soviel für das ausgegeben wurde, was in Sardinien passierte, dann war es möglich, daß entgegen allem Augenschein, daß nichts passierte, schließlich doch noch etwas passieren würde. Kraft der Investition mußte aus dem Nichts etwas entstehen. Zu diesem Ergebnis kam ich jedenfalls. Denn am Tag vor dem Match gegen Holland merkte ich, daß ich den *Guardian* nicht mehr sehen konnte. Ich saß auf einem Platz in einer Maschine nach Sardinien. Ich flog nun doch zur Weltmeisterschaft: Es war wichtig, hatte ich mir gesagt; etwas würde passieren, und das wollte ich nicht versäumen.

Gegen acht Uhr abends war ich in Cagliari, trank etwas in einer Bar, ging auf den Hauptplatz und sah zu, wie sich eine kleine Gruppe Chelsea-Fans vor einem großen Haufen Reporter und Fernsehkameramänner produzierte, bemerkte, daß sie alle von einem noch größeren Aufgebot von bewaffneten Polizisten und Soldaten umgeben waren – von denen etliche in Panzern um den Platz fuhren –, fand nach vier Minuten, daß ich schon mehr als genug gesehen hatte, trank etwas in einer Bar, schimpfte laut, daß ich nicht zu Hause bei meinem *Guardian* geblieben war, trank noch was in einer anderen Bar und bat einen Taxifahrer, mich zu meinem Hotel zu bringen. Der Taxifahrer konnte sein Glück kaum fassen: bis zu meinem Hotel waren es fünfzig Meilen.

Am nächsten Tag gab es nur eine Route in die Stadt – die Polizei hatte alle anderen gesperrt –, und dies war eine lange Umleitungsstrecke, die an drei Straßensperren vorbeiführte, die alle von Beamten einer Ordnungsmacht besetzt waren, die hübsche weiße baumwollene Safarianzüge und weiße Helme trugen, wie Kolonialtruppen in tropischer Hitze. Dazu paßten Gürtel, Pistolentasche und Pistole – allesamt weiß. Ich fuhr mit einem Wagen des Hotels in die Stadt, und wir mußten zweimal anhalten. Ich wurde gefilzt. Ich hatte drei Kugelschreiber, und alle drei wurden auseinandergenommen. Ich trage Kontaktlinsen, und beide Male mußte ich den Plastikbehälter öffnen, in dem sie aufbewahrt werden. Bekleidet mit Shorts, Turnschuhen und Baumwollhemd, sah ich aus, wie mir später klar wurde, wie jeder andere englische Fan.

Wir kamen ins Stadtzentrum, und ich wurde am Bahnhof abgesetzt.

Es war vier Uhr – fünf Stunden vor dem Match –, als ich zur Piazza Matteotti kam, dem Platz vor dem Bahnhof und in Hafennähe, und da waren sie alle. Ich hatte gehört, daß zweitausend Karten an die Engländer verkauft worden waren, aber etwa doppelt so viele mußten auf der Piazza sein – also noch zweitausend Leute ohne Karten. Allerdings merkte ich bald, daß der Platz von Zwischenhändlern wimmelte, die ihre Karten unter dem Einkaufspreis losschlagen mußten.

Es war ein denkwürdiger Anblick. So, dachte ich, und *darum* dreht sich die ganze Berichterstattung!

Die Fans waren schon seit mehreren Stunden auf dem Platz. Viele waren schon seit einer Woche auf Sardinien und hatten auf einem staubigen Campingplatz festgesessen, wo es kaum fließend Wasser gab. Sie hatten seit Tagen die Kleidung nicht gewechselt, sie waren sonnenverbrannt und müde, und sie stanken. Sie waren ganz still: kein Gesang, kein Gebrüll, keine Sprechchöre; man hörte nur den Verkehrslärm. Mehrere hundert Fans saßen dicht an dicht auf einer Betonplattform neben dem Taxistand, und dort hatten sie offenbar schon seit vielen Stunden dicht an dicht beisammengesessen. Sie waren angeödet. Sie redeten nicht miteinander; sie schliefen nicht. Sie saßen nur da, die Arme um die Knie geschlungen. Es war schwül.

Ich ging in den Bahnhof. Die Bar dort schenkte, wie alle andern, keinen Alkohol aus, und lange Schlangen standen nach Mineralwasser an. Hunderte von Fans saßen auf dem Betonfußboden der Bahnhofshalle und längs der Bahnsteige. Auch sie starrten träge vor sich hin, ohne etwas zu sagen. Ich glaube, ich habe noch nie so viele englische Männer zwischen achtzehn und dreißig so still dasitzen sehen. Und dann fiel mir ein, daß ich auch noch nie so viele Engländer männlichen Geschlechts nüchtern gesehen hatte. Es war die größte Ansammlung nüchterner Engländer, die mir je begegnet ist.

Soweit, dachte ich, ist es mit dem englischen Fußball gekommen.

In Großbritannien würden fünfzehn Millionen Menschen das Spiel im Fernsehen verfolgen – ein Viertel der Gesamtbevölkerung, eine überwältigende Demonstration der Populärkultur. Es war ein wichtiges Spiel, das Weiterkommen der Engländer im Turnier hing davon ab. Sardinien liegt nur neunzig Flugminuten von London entfernt. Zu jeder anderen Zeit in der Geschichte des englischen Fußballs wären an solch einem Tag viele Tausende gekommen, aber nicht heute. Jeder hatte gewußt, was man den Engländern hier zumuten würde.

Ich ging wieder auf den Platz hinaus und sah gerade noch eine Prozession von Krankenwagen. Sie fuhren langsam vorüber und dann die Via Roma hinunter in Richtung auf das Fußballstadion. Es waren neue Krankenwagen, blitzblank, ohne Dellen oder Kratzer im Lack, und man spürte etwas Stolz in der Art, wie sie hier vorgeführt wurden. Als nächste kamen zwei Reihen gepanzerte Personentransporter. Ebenso wie die Krankenwagen fuhren sie exakt paarweise nebeneinander. Erst jetzt begriff ich, daß dies eine Parade war. Es folgte eine Anzahl khakifarbener Busse voller Polizisten mit Helmen und heruntergelassenen Visieren: ein unangenehmes, abschreckendes Bild. Hinter den khakifarbenen Bussen kamen andere Busse, ohne Fenster: für den Fall, daß man die viertausend momentan von der Langeweile betäubten Engländer plötzlich massenhaft festnehmen müßte. Alles wirkte peinlich genau durchdacht – als nächste kamen Soldaten mit Maschinenpistolen –, aber ich fragte mich, wem diese Parade Eindruck machen sollte. Den Fans machte sie keinen. Sie hatten sich nicht gerührt und betrachteten ihre Füße. Sie waren angeödet – unsäglich angeödet.

Vor der Bushaltestelle stand eine Ansammlung von etwa fünfzig Polizisten, in einem enggeschlossenen Kreis dicht zusammengedrängt, jeder mit den Händen auf den Schultern seines Vordermanns. Sie hörten eine Ansprache, die sie anheizen sollte, so wie man es beim amerikanischen Football vor einem Spiel an den Seitenlinien erlebt. All diese Vorbereitungen, und die große Jagd konnte jeden Augenblick beginnen. Das echte Match fand nicht im Stadion statt, sondern hier auf den Straßen. Die Menge, die Presse, die Fernsehkameras und das Publikum waren hier.

Ich ging wieder in den Bahnhof. Ich hatte jemanden erkannt, den ich schon am Abend vorher gesehen hatte. Er hatte einen langen, flauschigen Backenbart in der charakteristischen Form von Lammkoteletts, mit einem winzigen Kinn, das wie ein Türknopf zwischen ihnen vorstand. Er war nicht mehr jung, mindestens fünfunddreißig, wie ich selbst, sah aber älter aus. Vielleicht war er vierzig. Er hatte ein zerknittertes Altmännergesicht mit Furchen über der Stirn und Falten um die Augenwinkel.

Ich stellte mich vor und sagte fürs erste nur, ich schriebe etwas über Fußballfans. Journalisten gehörten in Cagliari nicht zu den beliebtesten Zeitgenossen.

»Sechs Uhr«, sagte er. Es war keine Antwort, und es war kein Gruß; ich weiß nicht, was es war, vielleicht eine Ansage.

Er wiederholte es und sah mir dabei ins Gesicht. »Sechs Uhr.« Er sagte es langsam, als ob er dächte, ich verstünde kein Englisch.

»Sechs Uhr«, sagte ich.

»Sechs Uhr«, sagte er, ohne mit der Wimper zu zucken, und wartete, als ob er eine Antwort von mir hören wollte.

Ich überlegte, was ich wohl sagen könnte. »Sechs Uhr?« fragte ich schließlich.

»Richtig«, sagte er. »Sechs Uhr. Weitersagen!«

Eine Gruppe Fans kam vorüber; er hielt sie an. »Sechs Uhr, Kumpels. Klar?« Das sagte er eindringlich flüsternd. »Weitersagen!«

Sie nickten.

Andere kamen und wurden ebenfalls angehalten. Der Alte mit den Lammkoteletts stand mitten in der Bahnhofshalle, wo alle vorüberkamen. Die Ansage wurde wiederholt.

Eine Gruppe von acht oder neun Jungs wollte es noch einmal bestätigt haben.

»Also sechs Uhr?« fragte einer von ihnen.

»Richtig«, sagte er. »Sechs Uhr. Weitersagen!«

Die Vorfreude auf sechs Uhr munterte sie auf – das sah man ihnen an den Augen an. Sie waren noch nicht so cool wie Lammkotelett. Auch mich begann die Aussicht zu interessieren.

Eine Weile kam niemand mehr, und ich konnte Lammkotelett wieder auf mich aufmerksam machen. Ich erwähnte, daß wir gestern abend beide in derselben Bar gewesen seien. Ich wollte mich sozusagen zum zweitenmal vorstellen – der erste Versuch hatte so wenig genützt. Es war immer ein etwas heikler Moment, wenn man sich mit einem von den Jungs bekannt machte. In diesem Fall war sich Lammkotelett über meine Person aber schon völlig in klaren. Ich war Journalist – das war alles, was ihn interessierte. Lammkotelett nahm Public Relations sehr ernst, wie ich noch merken sollte.

Ich fragte ihn, was sechs Uhr zu bedeuten habe.

»Dann marschieren wir«, sagte er leichthin – immer noch

ganz cool –, und dann packte er jemanden theatralisch bei den Schultern und zwang ihm seine Botschaft auf: »Sechs Uhr.« Und dann zischelte er: »Weitersagen!«

Immer wieder kamen andere, manche zum wiederholten Mal, an der Stelle vorüber, wo Lammkotelett stand, und alle wurden über den Marsch ins Bild gesetzt. Mir schien, daß in der kurzen Zeit, die ich bei ihm gestanden hatte, Hunderte davon erfahren haben mußten: von dem Marsch. Das war das Wort, das alle gebrauchten: der Marsch.

Lammkotelett erklärte mir, was geschehen würde. Punkt sechs würden die Jungs, alle viertausend, sich in Bewegung setzen und die Via Roma entlanggehen, auf der Fahrbahn und in solcher Anzahl, daß der Verkehr in der Innenstadt zum Stillstand käme. Das wäre der Marsch. »Dann wissen die, daß wir da sind«, sagte er. Er wiederholte den Satz mit Nachdruck. »Dann wissen die erst *richtig*, daß wir da sind.«

Den Verkehr zu stoppen war eine geläufige Taktik bei den Fans: Man geht im geschlossenen Haufen über die Straße, so daß alle Fahrzeuge anhalten müssen. Was er über den Marsch sagte, hörte sich so an, als ob es das gleiche wäre, nur in größerem Maßstab. Die Fans wollten endlich als Masse in Erscheinung treten, und ein Marsch bot sich als eine Möglichkeit an, die Macht der großen Zahl zu demonstrieren. Trotzdem, daß jemand so etwas als einen »Marsch« bezeichnete, hatte ich noch nie gehört. Das war mir neu. »Marsch« klang so zielstrebig. Protestmarsch, Demonstrationsmarsch, das ja, oder der Marsch eines Heeres. Aber ein Marsch der Fußballfans?

Ich fragte Lammkotelett nach dem Marsch; mich interessierte dieser Sprachgebrauch.

»Das wird brillant, verdammt noch mal«, sagte er. »Wir werden die ganze verdammte Stadt erobern.« Wie zur Klarstellung fügte er hinzu: »Jetzt können sie uns nicht mehr stoppen, verdammt noch mal.«

Er wollte mir etwas beweisen. Ich sollte begreifen, daß dies mein Glückstag war. Ich war Journalist, und nun hatte ich ihn, Lammkotelett, kennengelernt – eine besondere Gunst. Ich muß zugeben, daß ich mir nicht sonderlich begünstigt vorkam. Aber er ließ sich nicht abschrecken.

Auf einmal begriff ich, was er wollte: ich sollte mein Notizbuch zücken. Er wollte sehen, daß ich mir Notizen machte – besonders, daß ich mir seinen Namen aufschrieb. Er wollte seinen Namen gedruckt sehen.

Er holte vorsichtig einen Zeitungsausschnitt aus seiner Gesäßtasche und sah dabei über die Schulter. Der Ausschnitt war aus dem *Daily Express* vom Tage, Samstag, dem 16. Juni, und zwischen der Schlagzeile (»GENERÄLE DES HASSES«) und einem Untertitel (»FUSSBALL-ROWDYS TRETEN ZUM KAMPF AN«) war ein Foto von Lammkotelett.

Ich war beeindruckt, nicht so sehr von dem Artikel, der sich kaum von all den anderen unterschied, die ich in den vergangenen zwei Wochen gelesen hatte, als vielmehr vom Vorhandensein des Fotos. Es war erst am Abend zuvor aufgenommen worden – und zwar bei dem Spektakel der von Reportern und Fernsehkameramännern umringten Fans, das ich nach meiner Ankunft mit angesehen hatte. Aber was leistet die moderne Presse nicht alles, wenn sie sich einmal entschlossen hat, über ein Ereignis von (so augenfälligem) Rang zu berichten: heute schon, am nächsten Tag, war das Foto in den Händen des Fotografierten.

Lammkotelett erklärte mir, warum der Artikel so wichtig war. Er handelte von den hundert britischen Hooligans, die von der Polizei am dringendsten gesucht und von der Fußball-Überwachung als gefährlich eingestuft wurden – und von der Unfähigkeit der Behörden, sie von Italien fernzuhalten. Den wichtigsten Absatz las er mir vor:

> Englands gefährlichste Fußball-Hooligans haben sich nach Sardinien eingeschlichen und bereiten einen Showdown mit ihren holländischen Rivalen vor. Der harte Kern der Hooligans, von denen viele auf der von der britischen Fußball-Überwachungsabteilung geführten Topliste der vorbe-

straften Fußballrowdys stehen, hat sich die größte Mühe gegeben, um die strengen Sicherheitsvorkehrungen zu umgehen ... Manche haben sich die Haare gefärbt, andere haben sogar durch rechtsverbindliche Erklärung den Namen gewechselt, um einen neuen Paß zu bekommen.

Lammkotelett war schockiert über soviel Inkompetenz, die sich nirgendwo deutlicher zeigte als gerade in diesem Foto. Er selbst, sagte er, stehe auf der Liste der hundert.

Dies wurde wie eine Enthüllung vorgebracht. Ein Geheimnis war mir anvertraut worden, etwas Persönliches und Gefährliches. Für Lammkotelett war es eine Prestigeangelegenheit ersten Ranges, daß er auf der Liste der hundert Spitzen-Hooligans stand – und noch mehr Prestige war damit verbunden, daß er sich trotzdem nach Italien eingeschmuggelt hatte. Die Vorkehrungen, um die gefürchtete Hundertschaft außer Landes zu halten, waren ungemein gründlich. Überall, so hieß es, seien verdeckte Ermittler und sogar Spitzel. Man konnte in keinem Hotel absteigen, denn nach der Abgabe des Passes würde man binnen Stunden entdeckt und des Landes verwiesen. Beim Telefonieren mußte man aufpassen, was man sagte; man wurde abgehört. Was Lammkotelett persönlich anging, so ließ er es sich angelegen sein, den ganzen Tag über eine dunkle Brille und, trotz der Hitze, einen großen wollenen Hut zu tragen. Man durfte nichts riskieren.

Mitten in diesem Bericht unterbrach er sich. »Willst du dir keine Notizen machen?«

Ich sagte nichts. Ich glotzte ihn an. Es war nicht zu fassen: da ließ ich mich schon wieder auf so etwas ein! Und das hatte mich einmal interessiert!

Aber er war nicht zu bremsen. Er zählte die Leute von der Topliste auf, die sich nach Italien eingeschleust hatten. Ich fragte mich, woher er das wissen konnte. War die Liste denn veröffentlicht worden? Er zählte weitere Personen auf – anscheinend hatten sich fast alle einschleusen können –, jeder Name sicherlich der eines berühmten Störenfrieds, weshalb ich jedesmal verständnisvoll nickte, obwohl mir keiner davon bekannt war. Und je mehr Namen er nannte, desto schwerer fiel es mir, mich einer tiefen und womöglich vernichtenden Hoffnungslosigkeit zu erwehren: Hatte ich vielleicht doch nicht genug recherchiert? Wie ein Brechreiz kamen meine unausrottbaren Bedenken in mir hoch. Mußte ich noch mehr Arbeit investieren? Sollte ich die restlichen Tage der Weltmeisterschaft zusammen mit diesem kleinen, wirrköpfigen alten Knaben verbringen, mit ihm warmes Lagerbier aus der Dose trinken, auf seinem dreckigen Campingplatz schlafen, auf all die kleinen Annehmlichkeiten verzichten – ein Bad, warme Mahlzeiten, Toiletten mit Wasserspülung –, an die ich mich inzwischen gewöhnt hatte, und dabei Interesse an Geschichten heucheln, wie ich sie während der letzten acht Jahre immer und immer wieder gehört hatte?

Schüchtern bemerkte ich, aus Manchester schienen aber nicht viele dazusein.

»Nein, bei den Länderspielen sind die nicht stark«, sagte er, was ja immerhin ein Trost war.

Und von West Ham, sagte ich, seien es wohl auch nicht viele.

»Nein, die haben im Moment eine Führungskrise«, sagte er, was ebenfalls tröstlich war, bis er schließlich, sehr zu meiner Genugtuung, zwei Leute erwähnte, von denen ich schon gehört hatte: Stephen Hickmott (»Hicky!« rief ich aus, als ob er ein verschollener Freund von mir wäre) und Terry Last (»Doch nicht *der* Terry Last!« rief ich, sprühend vor Begeisterung).

Ich hätte gar nicht gewußt, daß die wieder auf freiem Fuß seien, erklärte ich freudig.

Doch, doch, sagte Lammkotelett fast geringschätzig. Hickmott und Last seien beide frühzeitig wegen guter Führung entlassen worden. Er zeigte mir Stephen Hickmotts Visitenkarte – er arbeitete inzwischen in einem Dachdeckerbetrieb bei seinem Bruder in Tunbridge Wells – und sagte, Terry Last werde erst eine Viertelstunde vor dem Match auftauchen, wegen der verdeckten Ermittler.

Und dann fügte er sentenziös hinzu: »Aber die sind jetzt eigentlich nicht wichtig, wenn du verstehst, was ich meine.«

Ich sagte, ich verstünde nicht, aber bevor er mir's erklären konnte, wurde wir unterbrochen. Ein Kanadier stand vor ihm.

Lammkotelett hatte mir von dem Kanadier schon erzählt – er war ein Beweis für das wachsende internationale Renommee der englischen Massentumulte. Anscheinend waren viele Ausländer da: drei Kanadier, zwei Deutsche und ein Schwede.

Lammkotelett machte uns bekannt, aber der Kanadier interessierte sich nicht für mich. Er hatte andere Sorgen.

Erstens, wollte er wissen, sollte er seine Gitarre mitbringen?

Lammkotelett verstand nicht. »Deine Gitarre?«

Der Kanadier wollte wissen, ob gesungen werden würde, und wenn ja, dann wollte er seine Gitarre mitnehmen. »Besonders, wo doch so viele Fernsehleute da sind.«

Lammkotelett riet dem Kanadier, seine Gitarre lieber zurückzulassen, es sei denn, er wollte sie als Waffe gebrauchen. Er lachte wissend und blinzelte mir zu.

Was aus der Bemerkung hervorging, gefiel dem Kanadier gar nicht. Aber egal, er hatte noch weitere Fragen. Was das Abendessen anging zum Beispiel. Wann gäbe es Abendessen?

Wieder verstand Lammkotelett die Frage nicht. Ich auch nicht.

Abendessen?

Ja. Der Kanadier schaute besorgt drein. »Wenn der Marsch um sechs anfängt und das Spiel drei Stunden später, dann bleibt nicht viel Zeit für das Essen, oder?« Der Kanadier hatte angenommen, weil Lammkotelett den Marsch organisierte, würde er auch wissen, für wann das Abendessen vorgesehen war.

Lammkotelett knallte sich die flache Hand vor die Stirn und guckte den Kanadier auf eine Weise an, daß man hätte denken können, der Kanadier sei in Lebensgefahr. Ich hatte das deutliche Gefühl, Lammkotelett hätte dem jungen Mann am liebsten den Kopf abgebissen und ihn verschluckt. Ich weiß nicht, warum mir gerade diese Vorstellung kam, aber sie drängte sich geradezu auf.

Unterdessen äußerte der Kanadier weiter die Sorge um sein Abendessen: Es sei schlicht undenkbar, daß im Programm fürs Essen keine Zeit bleibe; das sei dann doch schlechte Planung.

»Es ist aber«, sagte Lammkotelett mit leiser, schneidender Stimme, »nicht *so* eine Art Marsch.« Er starrte ihn an. Dann sagte er: »Du blöde verdammte Fotze!«

Und dann schlaffte etwas in mir ab. Ich beobachtete den Kanadier. Er hatte immer noch nicht begriffen und holte nun seine Gitarre hervor, um Lammkotelett zu zeigen, was er alles konnte. Da gab ich dem alten Knaben einen Klaps auf den Rücken und sagte, ich müsse weiter; vielleicht würden wir uns später noch sehen. Mir reichte es. Wenn ich noch ein paar Sekunden länger blieb, würde Lammkotelett sicher gleich fragen, wie man ins Fernsehen komme.

Ich wanderte umher.

Ja, ich wäre wohl besser in England geblieben; allerdings hätte ich dann nicht gesehen, daß etwas Ungewöhnliches sich anbahnte. Als es allmählich auf sechs Uhr zuging, kam etwas auf, was die Fans eine »Atmosphäre« nannten. In mein Notizbuch schrieb ich: »17 Uhr 45, Atmosphäre gespannt und überraschend ominös. Es wird etwas passieren.«

Einer der Gründe, weshalb ich dieses Buch in Form einer Reihe von Berichten geschrieben habe, ist der, daß der erzählende Bericht das beste Mittel ist, dasjenige Merkmal einer Masse wiederzugeben, das ich als das wichtigste ansehe – ihre Existenz innerhalb der Zeit. Es ist zugleich das am wenigsten beachtete. Ich habe schon erwähnt, daß eine gewalttätige Masse nur selten von ihren Mitgliedern, sondern meistens von ihren Opfern beschrieben wird – von den Zeugen, die der Existenz der Masse erst dann vollauf gewärtig werden, wenn sie von ihr bedroht sind. Dies sind die Schnappschuß-Momente, und es sind unweigerlich auch die Momente, wenn die Menge in höchster Raserei ist, wenn ihre »Führer« am auffälligsten sind und beide in ihrem Tun die krasseste Unvernunft beweisen. Aber sehr vieles im Charakter und in den Verhaltensmechanismen einer Masse entscheidet sich, wie ich ebenfalls schon zu zeigen versuchte, schon vor diesen Schnappschuß-Momenten, bevor eine Masse gefährlich oder auffällig genug wird, um von Menschen, die ihr nicht angehören, beachtet zu werden.

Eine Masse kann niemals gegen ihren Willen gebildet werden, und es ist der große Trugschluß, daß dem doch so sei: die Theorie vom Pöbel, der nur darauf warte, daß ihn irgendwelche Anführer aufwiegeln. Eine Masse braucht Führung, und Führer werden von ihr benutzt, aber ihre Entstehung verdankt sie einer Reihe von wesentlichen Entscheidungen, die mit den Mitgliedern selbst getroffen werden. Lammkotelett mochte sich als Führer anbieten, aber die Entscheidung lag bei der Masse. Oder anders ausgedrückt: Eine Masse bringt die Führer hervor, die die Masse hervorbringen.

Ich war nicht außer mir vor Freude, in Cagliari zu sein. Es war eine kostspielige Reise, zu der ich mich in letzter Minute entschlossen hatte, und ich war in einer denkbar zynischen Laune: Es sollte schnell etwas passieren, damit ich es mir ansehen, Notizen machen und wieder nach Hause fliegen könnte. Ich war da, weil ich es nicht ertragen konnte, nicht dazusein. Das war alles. Ich ahnte nicht, daß ich sehen würde, wie diese buntscheckige Ansammlung von viertausend vagabundierenden Fußballfans rasch eine ganze Reihe wechselnder Identitäten annehmen würde: daß sie zu einer Masse werden würde, dann zu einer gewalttätigen Masse und dann zu einer sehr gewalttätigen Masse – und zwar in einem viel schnelleren Tempo, als ich es je miterlebt hatte.

Die erste Frage bei der Entstehung einer Masse, die unabdingbare A-priori-Entscheidung der potentiellen Mitglieder, ist die folgende: Wollen wir, als einzelne, uns entschließen, nicht mehr vereinzelt zu sein, sondern eine Masse zu werden? So ausgedrückt, klingt es gekünstelt, aber man ist sich dieser Entscheidung immer eindringlich bewußt.

So wurde dieser Augenblick in Cagliari empfunden.

Alle waren darauf gefaßt, daß etwas passierte, alle erwarteten etwas. Unter den viertausend war nicht einer, der über den Marsch um sechs Uhr nicht Bescheid wußte. Um 17 Uhr 45 hatten die meisten sich vor dem Bahnhof versammelt, wo der Platz nun voller Menschen und von einem leisen, gleichmäßigen Gemurmel erfüllt war, das dadurch zu entstehen schien, daß alle in der gleichen angespannten Weise flüsterten. Unter denen, die vorhin zusammengedrängt am Taxistand gesessen hatten, war nicht ein einziger, der jetzt nicht auf den Beinen war. Alle standen – und hielten sich bereit. Ich spazierte auf dem Platz herum, und die Leute, die ich traf, zischelten mir zu: »Du weißt Bescheid, ja?« Sie hatten nun aufgehört, das Wort »Marsch« zu gebrauchen oder den Zeitpunkt zu nennen, als ob sie lieber nicht davon reden wollten, was sie vorhatten, weil es verhindern könnte, daß etwas daraus wurde.

Und dann, als es sechs Uhr war: nichts.

In einiger Entfernung hörte ich Kirchenglocken die Stunde schlagen – so still war es –, und als die Glockenschläge aufhörten: nichts.

Ich sah mich nach Lammkotelett um, fand ihn aber nicht. Jeder beobachtete alle andern und wartete. Eine ganze Minute verstrich, ganz langsam. Noch eine Minute: nichts. Und dann trat jemand – einer, den ich nicht kannte und den auch die andern nicht zu kennen schienen – auf die Hauptstraße. Er betrat sie auf unübersehbare Weise, auf eine Art, die besagte: Der Marsch beginnt jetzt. Er stapfte mutig auf die Via Roma, und dann blieb er stehen. Es gab ein Problem: niemand war ihm gefolgt. Er zögerte, drehte sich rasch mehrmals um – nach rechts, links, rechts – und suchte die anderen: sie waren nicht da. Und dann fiel eine Entscheidung. Zwei andere schlossen sich ihm an, offenbar Freunde, die hinter ihm gewesen waren, aber gezögert hatten, den ersten Schritt zu tun. Dann blieben auch sie stehen und schauten sich besorgt um. Niemand war ihnen gefolgt. Ihre Mienen verkrampften sich in plötzlicher Angst; sie besagten: Was haben wir da eben getan? – als hätten sie etwas besonders Unbedachtes oder Mutiges getan, während sie in Wahrheit nur besonders viel Glück gehabt hatten: sie waren auf die Mitte einer belebten Straße getreten, ohne von einem Bus überfahren zu werden.

Ich dachte: Vielleicht wird der ganze Marsch um sechs Uhr nichts anderes bringen als drei Freunde, die nervös mitten auf der Via Roma stehen.

Alle schauten zu, alle bis auf die Polizisten, die – wie inzwischen deutlich war – nicht wußten, was vorging. Sie hatten gar nicht bemerkt, daß drei englische Fans mitten auf einer belebten Straße standen und offenbar nicht imstande waren, sie zu überqueren. Die Polizisten, die in Haufen beisammenstanden, plauderten unbekümmert. Es waren ja noch drei Stunden bis zu dem Spiel.

Dann traten zwei andere auf die Straße, ebenso entschlossen. Wie die drei Freunde vor ihnen sagten auch sie kein Wort, was ich plötzlich sonderbar fand. Niemand stimmte ein »Here we go« an. Es gab keine Sprechchöre für England. Niemand hatte »Come on, lads« gerufen, was doch wenigstens die anderen zum Mitgehen aufgefordert hätte. Es war still.

Drei weitere traten vor. Und dann noch zwei. Und dann fünf. Und dann plötzlich alle. Spontaner Konsens. Hunderte und Aberhunderte auf einmal. Leute drängten durch die Türen der Bahnhofshalle ins Freie, so viele, daß sie von den anderen, die hinter ihnen nachdrängten, hindurchgequetscht wurden, Leute kamen aus den Gäßchen, die den Hügel hinaufführten, und andere kamen von weiter hinten herangestürmt, aus dem Hafenbereich. Alle setzten sich gleichzeitig in Bewegung.

Die Schwelle war überschritten worden – nicht von einem Führer, sondern von allen Anwesenden in willentlichem Einverständnis.

Die nächste Phase war gekennzeichnet durch das überwältigende Gefühl, eine Leistung vollbracht zu haben. Eine Masse war geschaffen worden, von den Leuten, die auf die Straße getreten waren, und allen war bewußt, was sie getan hatten; es war ein Schöpfungsakt. Auch andere Metaphern wären möglich: Die Mitglieder der Masse waren die Masse und zugleich deren Schöpfer; sie waren der Ton und der Töpfer, der Stein und der Bildhauer, die Stimme und die Musik. Sie hatten aus sich selbst etwas gemacht.

Auch dies – dieses Massenempfinden – stellte sich mit erstaunlicher Geschwindigkeit ein, *Sekunden* nach dem Beginn des »Marsches«.

Die geschätzte Zahl der englischen Fans an diesem Tag war klein, aber jetzt, als viertausend eine einzige Straße einnahmen, schien die Zahl sehr groß zu sein. Vielleicht waren es auch mehr als viertausend. Ich wußte nur, daß ich, obwohl ich den größeren Teil der Menge im Rücken hatte, doch nicht bis zur Spitze sehen konnte; zu viele Leute waren vor mir.

Die Masse – diese neue Größe, von der man nun im Singular sprechen muß – füllte die Fahrbahn und die Gehsteige der Via Roma aus, zwang Autos, Busse und Lastwagen zum Anhalten, wie Lammkotelett vorausgesagt hatte. Die Masse, ihrer selbst sicher geworden, kam schnell voran. Sie ging am internationalen Zeitungskiosk vorüber, wo Lammkotelett vermutlich seinen *Daily Express* gekauft hatte, an den Arkaden und an einer der Bars, wo ich gestern abend gewesen war. Sie kam auf die Hauptkreuzung, wo sich vier oder fünf Polizisten, die einzigen, die zu sehen waren, zum Schutz hinter einem Wagen zusammendrängten, und teilte sich dann in mehrere Längsreihen auf, die jeweils durch einen der schmalen Korridore, die der Verkehr freiließ, hindurchgingen. Man mußte sich hindurchschlängeln, um nicht an die Außenspiegel der Wagen oder an Zigaretten zu stoßen, die aus dem Fenster gehalten wurden; Italiener auf Mopeds und Motorrädern standen dazwischen, und man mußte auf ihre Füße achten. Da waren sie nun zu Tausenden, diese *Hooligans inglesi*, am Tag des Holland-Matchs, und marschierten durch die Straßen, wie überall vorausgesagt, wie überall befürchtet worden war – aber die Leute auf den Straßen, so schutzlos und verwundbar sie doch waren, kurbelten nicht einmal ihre Wagenfenster hoch. Viele von ihnen lachten.

Wer war in meiner Umgebung? Vor mir ging ein junger Mann mit seiner Freundin. Er war untersetzt, ein bißchen wabblig unter seinen T-Shirt; sie, auch ein ziemlicher Brokken, trug eine weite, möglicherweise seidene rosafarbene Bluse und eine Brille mit rosa Gestell, die ihr bei den Rempeleien immer wieder auf die schweißnasse Nase hinabrutschte. Er hatte ihr beschützend den Arm über die Schultern gelegt. Für das Mädchen war es das erste Fußballmatch – das war unverkennbar –, und er war sichtlich froh, ihr zu einer so intensiven Erfahrung verhelfen zu können. Beide lächelten, närrisch und unnötigerweise; sie hatten ihre Freude.

Alle hatten auf irgendeine närrische Art ihre Freude. Direkt neben mir war ein Junge, der ganz mit Tätowierungen bedeckt war. Ich hatte vorher schon mit ihm geredet und hielt mich jetzt dicht in seiner Nähe; es sollte so aussehen, als ob wir zusammengehörten. Und dann fiel mir auf, daß niemand hier zu irgendwem gehörte. Fast niemand kannte einen andern. Die anderen in meiner Nähe waren von Gott weiß woher. Alle waren Fremde. Es war ein Marsch von Fremden. Wichtiger aber: es war wirklich ein Marsch. Er erinnerte nicht an Menschenmengen bei Fußballspielen, sondern an Demonstrationen oder Protestkundgebungen. Den Leuten in meiner Nähe stand die Überraschung in den Gesichtern. Sie hatten etwas Gewaltiges geschaffen, wußten aber selbst nicht recht, wie sie das angestellt hatten.

Der Zug erreichte das Ende des Platzes, und nun erst sah ich die Polizisten, die hinter drei gepanzerten Personentransportern hertrabten. Jedes dieser Fahrzeuge fuhr schnell, so daß Leute aus dem Weg springen mußten, um nicht überfahren zu werden. Die Fahrzeuge beschleunigten, hielten und rasten dann weiter. Ich dachte, die Polizei sei inzwischen auch vor uns – jemand mußte doch die Busladungen voll Polizisten, die ich vorher gesehen hatte, zurückgerufen haben –, aber bis jetzt war kein Versuch gemacht worden, den Marsch zu lenken oder aufzuhalten.

Diese Phase – diese ganz und gar glückselige Phase – dauerte etwa vier Minuten. Während dieser Minuten verspürten alle, auch ich, das Glück des Dazugehörens, nicht unähnlich dem Glück, sich geschätzt oder geliebt zu wissen. Außerdem war noch ein anderes Glücksgefühl mit im Spiel, das sich von der Macht herleitete, obgleich diese Macht bisher nicht ausgeübt worden, obgleich sie bisher nur ein Machtpotential war: die Macht einer Masse, die eine Stadt eingenommen hat.

Die nächste Phase – die der ersten Gesetzwidrigkeiten – trat ebenfalls schnell ein, verlief aber nicht so glatt. Sie wurde nach mehreren Anläufen und Stockungen erreicht. Wieder mußte eine Schwelle überwunden werden, aber dies war eine Schwelle von anderer Art.

Ein Tieflader tauchte auf, mit einem filmenden Fernsehtrupp hinten auf der Ladefläche. Als er vorüberfuhr, sprangen Fotografen auf. Überall waren Fotografen; die schweren, grellfarbigen Presseausweise baumelten ihnen um den Hals. Sechs oder sieben standen in einem Haufen auf den Stufen vor einem Hotel und knipsten, als die Menge herankam. Einer, dem es noch nicht nah genug war, stieg die Treppe herunter, aber die Menge zischte und brüllte – der erste Sprechchor des Tages, ein rauhes »Fuck off press« –, und ich dachte schon, sie würde sich den Fotografen vorknöpfen. Ihre Wut überraschte mich – sie war spontan und einmütig. Der Fotograf hastete zurück, zwei Fans hinterher bis auf halbe Höhe der Treppe. Ich war froh, daß ich selbst keinen Presseausweis trug. Es war das erste, was ich an bedrohlichem Verhalten heute gesehen hatte.

Straßensperren waren vor uns aufgestellt worden, aber sie wurden ohne viel Federlesens hochgehoben und zur Seite gekippt. Die Straße verbreiterte sich, und ich rannte den Gehsteig entlang, um mich näher zur Spitze vorzuarbeiten. Ich sah drei holländische Fans aus einem Wagen steigen, die ersten überhaupt, die ich zu Gesicht bekam. Sie beobachteten die Menge einen Augenblick, begriffen, was da auf sie zukam, und rannten. Niemand verfolgte sie.

Das Tempo, schon von Anfang an lebhaft, beschleunigte sich merklich, und die Beschleunigung trug eine Botschaft: es passierte etwas, etwas, was man nicht versäumen durfte. Eine Erregung machte sich breit, und ich paßte scharf auf, neugierig, wie diese Botschaft wohl aufgenommen würde. Das spätere Verhalten der Masse hing davon ab, wie sie jetzt reagierte; das wußte ich, das wußte jeder. Das Tempo wurde schneller, vorsätzlich, und dann noch schneller, und plötzlich war um mich her Platz, und alle rannten. Ich kannte diesen Spurt; dergleichen hatte ich unzählige Male gesehen, zuletzt erst einige Wochen zuvor, in der Nacht vor dem Pokalfinale, als mehrere hundert United-Fans – sie erwarteten keinen Krawall, wollten auch keinen, und Polizisten standen paarweise an allen Ecken – plötzlich *etwas* gesehen hatten. Was es war, war nicht von Bedeutung. Biergläser wurden fallen gelassen, ein furchtbares Getöse, und alle waren fort, obwohl keiner wußte, hinter was er herrannte.

Auch hier wußte niemand, hinter was er herrannte. Wäre ich von Zauberhand aus meiner eingezwängten Position entrückt und nah an der Spitze wieder abgesetzt worden, ich hätte dort nichts gefunden, was diesen Haufen englischer Jungs, egal, wie hitzköpfig sie sein mochten, dazu getrieben hatte, die Straße entlangzurennen, als ob sie etwas verfolgten – kein Holländer weit und breit, kein feindseliger italienischer Jüngling, kein kampflustiger Polizist. Sie waren zwar Verfolger, aber sie verfolgten nichts. Binnen Sekunden wurden viertausend Fremde von dem Drang überwältigt, einem Nichts nachzuhetzen – einem Nichts, abgesehen vielleicht von einer Absicht. Ein Alarmsignal war ausgegeben worden, ein Aufruf zur Eile, der unwiderstehliche Aufruf, eine andere Art Masse zu werden. Bei einem Marsch geht man, bei einem Marsch rennt man nicht. Sobald die Menge zu rennen begann, war der Marsch beendet.

Aber dann, ebenso abrupt, kam alles zum Stillstand. Ich prallte gegen meinen Vordermann, andere prallten gegen mich. Also stand *doch* die Polizei vor uns. Ich stemmte mich auf jemandes Schulter hoch, um etwas zu sehen. Es waren nicht viele Polizisten, zweihundert, vielleicht auch mehr. Sie hatten Helme und Gewehre und bildeten eine Reihe, um die Menge aufzuhalten, die sich vor ihnen staute, aber immer noch vorwärts drängte. Wenn die Polizei die Ordnung aufrechtzuerhalten gedachte, würde sie die Menge jetzt im Zaum halten müssen, damit das Signal unwirksam gemacht wurde, das durch das plötzliche Losrennen gegeben worden war.

Die Leute drängten weiter, zwar nicht die in der vordersten Reihe, die schon gegen die Gewehrläufe gedrückt wurden, die sich die Polizisten vor die Brust hielten, aber alle dahinter. Ich verlor den Boden unter den Füßen, eine Brandungswelle hob mich hoch und trug mich vorwärts, alle wurden mitgerissen, und die Reihe der Polizisten brach auseinander. Ich landete wieder auf dem Boden, fiel hin, die Leute ringsum fielen hin, die Polizisten fielen hin. Der Marsch hatte sich aufgelöst. Ich verstand, was passiert war, und in meiner zynischen Eigennützigkeit war ich dankbar.

Die nächste Phase war vielleicht nicht die wichtigste, aber sicherlich die gefährlichste. Die Masse stand im Begriff, gewalttätig zu werden, und das Ungewöhnliche daran war, daß die Gewalt sich gegen die Polizei richtete. Alle gewalttätigen Massen annullieren die Regeln gesitteten Verhaltens; aber, wie mir bei den United-Fans deutlich geworden war, als wir über die High Road nach Tottenham trabten, nur selten gehen sie so weit, die Institution anzugreifen, die für die Einhaltung dieser Regeln sorgt.

Die Polizisten und die Fans hatten sich schnell wieder aufgerappelt und standen sich nun gegenüber, getrennt durch eine kleine Kreuzung. Hinter den Polizisten war das Hotel Mediterraneo, voller Journalisten und Fotografen, von denen viele sich jetzt vor der Tür versammelt hatten, um einige von den Bildern aufzunehmen, die ich am nächsten Morgen im Flughafen auf den Titelseiten der Zeitungen sehen sollte. Hinter den Fans waren eine Baustelle und ein ungepflasterter Parkplatz. Und da drüben standen sie: trotz aller Vorbereitungen waren es nur zwei-, dreihundert Polizisten, und sie sahen unruhig und ratlos aus. Sie wirkten jung und unerfahren, ungeschickt in der Handhabung ihrer Gewehre, vor denen sie ebensoviel Angst zu haben schienen wie ich. Sie wollten sie offenbar als Keulen gebrauchen, denn sie hielten den Lauf in der einen Hand und den Kolben in der anderen. Die Fans waren nun weniger geworden – beim Rennen mußten wohl manche zurückgeblieben sein –, aber immer noch eine große Zahl, zwei- bis dreitausend. Es war, als hätte man eine Linie über den Boden gezogen und als forderten die Fans die Polizisten auf, sie zu überschreiten. Sie schrien zu ihnen hinüber: Kommt doch, los, kommt schon, dabei ließen sie die Arme an den Seiten herabsinken und verzichteten auf Deckung, eine bei Straßenschlägereien übliche Geste.

Im Angesicht der internationalen Medien, die auf nichts anderes warteten, wollten die Jungs es mit einer Insel-Miliz aufnehmen, die sich seit Monaten auf dieses Ereignis vorbereitet hatte. Sie wollten einen Kampf mit der Polizei. Für ein paar Sekunden gelang es mir, mich von dem, was ich da mit ansah, zu distanzieren, von der Gefahr, dem Adrenalin und der ganzen Aufregung, und zu überlegen: Ist es nicht ein Wunder, was man mit erwachsenen Menschen alles erleben kann?

Einer von den Jungs, der wie alle begriffen hatte, daß dies ein entscheidender Moment war, beschloß sich zu dem Führer aufzuwerfen, den die Menge offenbar brauchte. Was dabei herauskam, war interessant mit anzusehen.

Es war ein großer, breitschultriger und stiernackiger Typ, mit schiefem, kantigem Gesicht, wie von einem Klempner zusammengepfuscht. Sein Haar, brutal kurzgeschnitten, war kaum mehr als ein struppiger Schatten um die knorrigen Konturen seines Schädels. Ich persönlich wäre ihm gern aus dem Weg gegangen, was die italienischen Polizisten, sicher zu ihrem Leidwesen, jetzt nicht tun konnten.

Seine Absicht war, da man sich nun einmal gegenüberstand, an der Spitze der Fans die Polizeikette zu durchbrechen. Er senkte den Kopf und rannte mit dem Ruf »Come on, England« geradeaus. Er war viel größer als die Italiener und wuchtete sich zwischen ihnen durch. Einen Polizisten machte er mit einem Schlag des Unterarms ins Gesicht nieder, und mehrere andere rannte er um. Ein Polizist packte ihn von hinten, aber der Kerl drehte sich um und warf ihn zu Boden. Es war ein erstaunlicher Kraftakt – mit viel Ächzen und Grunzen verbunden –, und dann hatte er die Kette durchbrochen, stolperte ein wenig, fand das Gleichgewicht wieder und reckte die Arme hoch wie ein siegreicher Athlet. Er schaute sich um, als ob er Beifall erwartete. Es kam keiner. Und es kam auch niemand von den Fans nach. Er hatte geglaubt, sie würden ihm folgen. Er hatte sich geirrt. Seine Miene veränderte sich, drückte Verblüffung und Enttäuschung aus, und dann wurde er von den Polizisten zu Boden gerissen – von fünfzehn, vielleicht auch zwanzig Mann, die ihn sofort umringt hatten. Er wand sich zu ihren Füßen und verschwand unter den Schlägen.

Es war also noch nicht passiert. Aber der Augenblick war nicht mehr fern. Es gab noch einiges Hin und Her und viel Staub. Und dann sah ich etwas ganz Ungewöhnliches: eine Pistole, die einer der Polizeibeamten (mit flottem Käppi, die Jacke von elegantem Schnitt) hoch in die Luft hielt. Sie wurde abgefeuert – einmal, zweimal, dreimal, und Sekunden später bemerkte ich den süßlichen, scharfen Geruch von Schießpulver.

Es war 18 Uhr 23. Binnen dreiundzwanzig Minuten hatte ich einen friedlichen Marsch von mehreren tausend Menschen erlebt, gefolgt von einem Tumult, der beinahe zu einem Krawall ausgeartet wäre, es aber nicht ganz so weit brachte, und nun war eine Pistole abgefeuert worden.

Ich hatte mich noch nie in einer Menge befunden, auf die geschossen wurde. Die Sache gefiel mir gar nicht. Den Fans gefiel sie auch nicht. Der eine, der mir am nächsten stand, reagierte, indem er einen großen Stein hoch über den Kopf hob und auf die Windschutzscheibe eines Wagens niedersausen ließ, und das Geräusch des berstenden Glases war laut und überraschend. Ich fuhr zusammen, als ich es hörte, und konnte kaum glauben, daß eine Sachbeschädigung die Antwort auf einen Pistolenschuß sein sollte, sah aber, daß die anderen es ebenso machten. Weil sie alle auf den ungepflasterten Parkplatz zurückgedrängt wurden, bemächtigten sie sich der Materialien, die sie dort vorfanden – der Steine auf dem Boden und der Windschutzscheiben der dort geparkten Wagen –, bis ein junger Mann zu der Ansicht kam, daß es lohnender wäre, die Steine nach den Polizisten zu schmeißen: Warum Sachen beschädigen, wenn man statt dessen leibhaftige Personen verletzen kann? Es war eine Erleuchtung, und etwas später begann ein anderer, nicht minder erleuchteter junger Mann, außerdem auch noch mit Tränengaskanistern zu werfen.

Er hatte die Kanister nur vom Boden aufheben müssen. Auf die Pistolenschüsse war Tränengas gefolgt. Die Polizei war bereit gewesen, den Marsch zu dulden, wenn auch nur, weil sie nicht imstande war, ihn zu stoppen; aber was von dieser Menge jetzt zu erwarten war, darüber machte sich niemand mehr Illusionen, auch nicht die Polizei. Diese Menge war nun im Begriff, jedermanns Befürchtungen zu bestätigen. Und darum feuerten die Polizisten Tränengaskanister ab, um die Menge zu zerstreuen. Im großen und ganzen hatte dies den gewünschten Effekt: die meisten Fans flüchteten sofort gegen die Windrichtung.

Aber nicht alle.

Ein erleuchteter kleiner Schlaumeier hatte entdeckt, daß er bei dem starken Mittelmeerwind, der vom Hafen her blies, nur von der Windseite her an die braune Wolke heranzutreten brauchte, die dem auf dem Boden liegenden Kanister entströmte, und dann konnte er das Ding von hinten packen – wie man einen Hummer fängt – und es den Leuten, die es hergeschossen hatten, zurückwerfen. Es war wie eine verkehrte Offenbarung. In einem einzigen Augenblick büßte der Kanister sein Geheimnis und seine Macht ein. Er verlor jede Bedeutung, bis auf eine: er war ein neuer Gegenstand, den man nach den Polizisten werfen konnte. Dann hatte der erleuchtete Knabe es sich selbst zur Aufgabe gemacht, einen Kanister nach dem andern aufzuheben und in kühnem Schwung in die Reihen der Polizisten zurückzubefördern, im Vertrauen darauf, daß sie nicht wagen würden, dies in der, wie ich glaubte und befürchtete, nächstliegenden Weise zu erwidern: indem sie ihn erschossen. Erst nach dem vierten Kanister, als schon eine braune Wolke von seiner Faust aufstieg, hielt er inne, drehte sich zu den anderen um – sie hatten sich etwa hundert Yard weit hügelaufwärts in Sicherheit gebracht, dicht zusammengedrängt, ein nervöser Haufen – und forderte sie auf, ihm zu Hilfe zu kommen. Genaugenommen waren es nicht die anderen Fans, an die er sich wendete, es war die ganze Nation. Er rief nämlich: »Come on, England.« Zunächst gab es wieder das schon bekannte Zögern – zuerst kam einer, dann noch einer, dann mehrere, und dann kamen sie alle die Straße wieder heruntergerannt.

Ich hatte noch nie einen Krawall so schnell eskalieren sehen. Die Pistolenschüsse erschienen nun lächerlich; sie hatten den Streit nur entflammt. Die Menge, die jetzt zurückgerannt kam, war eine andere als die, die in Panik vor dem Tränengas geflüchtet war. Sie war anders geworden von dem Moment an, als sie mit den Sachbeschädigungen anfing – wie üblich die Überschreitung der Grenze. Sie war nun befreit, sie war gefährlich, und sie hatte sich in einen Rauschzustand hineingesteigert, in dem sie ohne weiteres bereit war, mit völliger Bedenkenlosigkeit und unter hemmungsloser Mißachtung der Gesetze Amok zu laufen. Die Leute rannten, so schnell sie konnten, waren wütend und außer sich. Sie schrien etwas. Ich konnte nicht verstehen, was es war – eine Art aggressives Gebrüll –, aber gegen wen es gerichtet war, daran war kein Zweifel: gegen die Polizei.

Ich beobachtete einen der Polizisten. Er war jung – neunzehn oder zwanzig –, mit schmalem Gesicht und dichtem, zerzaustem Haar: der Helm war ihm heruntergeschlagen worden und baumelte ihm am Riemen vom Hals. Er stand vor der Polizeikette, die sich hinter ihm zurückgezogen hatte – um zwanzig bis dreißig Meter. Warum war er nicht mit den anderen zurückgewichen? Es war kein unbekümmerter Mut, dazu war er zu zappelig; in seiner Haltung war nichts Verwegenes. Wahrscheinlich hatte er den Rückzug seiner Kollegen nicht bemerkt – es ging jetzt alles sehr schnell. Er drehte den Kopf nach rechts und nach links, sah zwei andere Polizisten am Boden liegen – die einzigen in seiner Nähe – und forderte sie auf, wieder aufzustehen. Er brüllte sie an und zog den einen am Arm hoch. Ich stand ein Stück weit abseits zwischen den Polizisten und den Fans, die nun schon ganz nahe in vollem Lauf den Hügel herunterkamen, mit Steinen in den Händen. Die Fans würden nicht haltmachen. Sie sahen sehr beängstigend aus.

Einer der drei Polizisten, die vor der Kette standen, fiel um, von einem Stein mitten ins Gesicht getroffen. Der junge Polizist wandte den Kopf ruckartig zur Seite und stellte fest, daß es seinen Partner erwischt hatte. Jetzt waren sie nur noch zu zweit. Der junge Polizist faszinierte mich. Er brüllte nach den anderen – er wußte noch immer nicht, wie weit hinter ihm sie waren –, daß sie ihm zu Hilfe kommen sollten. Aber es kam keine Hilfe. Es schien eine Ewigkeit zu dauern, bis die Fans ihn erreichten. Tränengaskanister wurden in die Menge geschossen, hatten aber keine Wirkung. Ich beobachtete die Augen des jungen Polizisten. Er hatte Angst. Sein Gesicht war weich und braun, und jeder Muskel an ihm – die Haltung, in der er dastand, wie er den Kopf hielt und sein Gewehr vor die Brust preßte – brachte zum Ausdruck, daß er Angst hatte, aber entschlossen war, nicht zurückzuweichen, nicht davonzulaufen, daß er stolz und kampfbereit war, und dann rannte der erste Fan in ihn hinein, und der Polizist versuchte ihm den Gewehrkolben über den Kopf zu schlagen, aber der Schlag ging fehl, und dann rannte noch ein Fan gegen ihn an, dann noch einer, und dann wurde der junge Polizist von irgend etwas getroffen und ging zu Boden, geriet unter die Füße der englischen Fans, vieler, vieler englischer Fans. Ich sah, wie er am Boden lag und wie auf ihn eingetreten wurde; ich sah für einen Moment, wie er seinen Kopf zu schützen versuchte – und dann sah ich ihn nicht mehr.

Steine kamen aus mehreren Richtungen geflogen, und überall war der braune Qualm des Tränengases. Ich hörte einen scharfen, trockenen Ton – hart und laut, wie wenn etwas aus ziemlicher Höhe auf Beton fällt –, drehte mich um und sah, daß eine Handbreit neben mir einer seitlich am Kopf getroffen worden war. Ich hatte nichts gesehen, nicht einmal aus den Augenwinkeln, aber ich hatte es gehört: es war nicht der dumpfe Ton eines Schlages, es war das harte Knacken des Schädels. Ich war überzeugt, daß der Mann einen Schädelbruch hatte. Er verstand nicht, was mit ihm geschehen war, wer ich war oder warum ich mich um ihn kümmerte. Ich führte ihn zur Straßenseite hin und lehnte ihn gegen die Mauer. Er sprach mit sich selbst, und aus seinem Gesicht war alle Farbe gewichen.

Die Masse war in ihrer letzten Phase, der Phase totaler Gesetzlosigkeit. Ich hatte mich schon öfter in einer solchen Masse befunden, aber diese hier hatte mehrere Merkmale, die sie einmalig machten. Das erste war das Ziel der Gewalttätigkeit – die italienische Polizei. Die italienische Polizei, das war etwas völlig anderes als italienische Fußballfans oder Fans aus irgendeinem anderen Land. Man konnte sie nicht einfach zusammenschlagen wie ein paar verängstigte Fans aus Reading oder Southampton und dann hoffen, sie würde nach Hause schleichen und dort ihre Wunden lecken. Die Polizei, wie der alte Spruch heißt, konnte zwar hin und wieder eine Schlacht verlieren, aber den Krieg würde sie in jedem Fall gewinnen:

nachdem die englischen Fans nun die Polizei angegriffen hatten, würden sie irgendwann dafür zu büßen haben.

Dies stand um so mehr fest wegen des Kontextes, der Vorgeschichte, die ein weiteres einmaliges Merkmal dieses Ereignisses war. In aller Öffentlichkeit war genau das, was nun eingetreten war, so oft vorausgesagt worden, und so viele Leute waren da, um über dieses Ereignis zu berichten, daß die italienische Polizei unter Druck stand. In gewisser Hinsicht war sie auf dem Prüfstand – oder würde zumindest glauben, es zu sein – und mußte beweisen, daß sie der Sache gewachsen war. Nein, daß die Polizei den Krieg gewinnen würde, war nicht zu bezweifeln.

Noch ein letztes Merkmal machte dieses Ereignis einzigartig: die Dauer der Gewalttätigkeiten. Sie schienen kein Ende zu nehmen. Man hätte denken sollen, daß die Polizei bei all dem Druck, dem sie ausgesetzt war, und bei den riesigen Verstärkungen, die sie binnen kurzem herbeiholen konnte, in der Lage sein müßte, diesen Krawall kurzerhand zu ersticken.

Ich stand für mich allein etwa hundert Meter von der Menge entfernt, auf halber Höhe eines Hügels. Die Fans hatten Steine in eine Tankstelle geschmissen – die große Schaufensterscheibe am Eingang war mit effektvollem Getöse zersplittert –, und ein Polizist hatte die Gewalt über sein Motorrad verloren und war in die Benzinpumpen hineingeschliddert. Ich befürchtete eine Explosion. Wieder hatte ein Polizist seine Pistole abgefeuert, und es schien, daß sich die Polizisten unterhalb von uns neu formierten.

Und dann: nichts. Man ließ uns in Ruhe. Keine Angriffe von seiten der Polizei, kein Tränengas.

Nach einer Weile wendeten mehrere Leute sich ab und begannen den Hügel hinaufzugehen, in Richtung des Stadions. Die anderen folgten. Was hätte man anders tun sollen? Trotzdem, nach den ganzen Ausschreitungen war es ein bißchen seltsam. Wir gingen den Hügel hinauf. Die Polizei mußte hinter uns sein, irgendwo auf der anderen Seite. Niemand rannte, es war nicht nötig. Die Polizei schien uns nicht zu verfolgen.

Wir gingen weiter. Ich sah die sardischen Ruinen, an hochgelegenen Stellen in den braunen Stein gehauene Höhlen. Ein Stück weiter sah ich die Kathedrale – D. H. Lawrence hatte sie erwähnt. Lawrence war genau an dieser Stelle gewesen und hatte die Aussicht beschrieben. Unten lag das Mittelmeer. Es war immer noch heiß, und ich schwitzte.

Dann mußte die Polizei wieder angegriffen haben; allerdings konnte ich nichts davon sehen. Ich war in der Mitte und merkte nur, daß alle um mich herum jetzt wieder rannten, nicht impulsiv wie vorhin, kein Ansturm der Massen, sondern sie rannten aus Angst. Vor uns auf der Straße sah ich zwei ältere Frauen in Schwarz, die sich rasch auf den Gehsteig flüchteten, entrüstet, aber verängstigt. Sonst bekam ich nicht viel mit. Eine Hochzeitsgesellschaft, Braut und Bräutigam samt Freunden, hastete in Deckung. Wir müssen über den Platz vor der Kathedrale gerannt sein.

Die Fans in meiner Nähe waren ein wenig hysterisch, schubsten Leute aus dem Weg und versuchten rücksichtslos, weiter nach vorn zu kommen. Ich konnte die Polizisten hinter uns nicht sehen, wußte aber, daß sie nicht weit sein konnten, und das gefiel mir gar nicht. Sie mußten beschlossen haben, anzugreifen, sobald alle außer Sicht waren, um die Gruppe zu überrumpeln. Ich dachte dauernd daran, daß die Polizisten Schußwaffen hatten, und wollte nicht ganz hinten in der Menge erwischt werden.

Ich rannte, so schnell ich konnte – jeder rannte, so schnell er konnte –, und sobald wir an der Kathedrale vorüber waren, bogen wir in eine Straße mit Wohnhäusern ein. Ich wußte nicht, wer an der Spitze lief, aber offenbar war es jemand, der den Weg kannte, und diese Straße führte in die Richtung des Stadions. Es roch nach Oleander und Salbei, und auf dem Gehsteig standen dichtbelaubte Bäume. Alles sah nach Behaglichkeit, Ruhe und Sicherheit aus. Ich sah eiserne Zäune, Gärten, Balkone und schnörkelige Laternenpfähle.

Die *Hooligans inglesi*, die am einen Ende dieser eleganten Straße erschienen und in vollem Lauf ihre ganze Breite ausfüllten, müssen ein merkwürdiger Anblick gewesen sein. Es war plötzlich ganz still; niemand sang, brüllte oder skandierte einen Sprechchor. Man hörte nur ein einziges, regelmäßig wiederkehrendes Geräusch: das Bersten und Zersplittern von Gegenständen. Die Autos, die hier parkten, waren neu und teuer – BMWs, Mercedes, Sportwagen –, aber jedes, an dem ich vorbeikam, war bereits beschädigt: die Windschutzscheibe gesprungen oder ganz herausgebrochen, die Außenspiegel fort, die Tür eingetreten. Eine ältere Frau, dick, würdevoll und selbstbewußt, schrie zornig gestikulierend etwas von ihrem Balkon herunter. Ein Stein wurde hinaufgeworfen und verfehlte sie, noch ein Stein, eine Flasche, und dann ging ein tönerner Blumentopf in ihrer Nähe in Scherben, und ihr Fenster zersplitterte, und immer mehr Steine, viele Steine kamen geflogen, einer nach dem andern, bis sämtliche Fenster – das Schiebefenster zum Balkon, das Küchenfenster und das kleine, das wohl zur Toilette gehörte – hin waren. Ich hörte, wie Alarmanlagen losgingen.

Dann stieß ich mit Leuten in meiner Umgebung zusammen. Jemand hatte die Menge zum Halt gebracht. Ich verstand nicht, warum: die Polizei war doch hinter uns; sie konnte jeden Moment auftauchen. Da brüllte jemand, wir seien doch alle Engländer. Warum rannten wir? Engländer rennen nicht davon.

Ich fand, etwas anderes als Rennen gab es gar nicht, aber dieses Gebrüll war alles, was nötig war, damit alle kehrtmachten und schnurstracks auf die Polizisten losgingen. Es war das erstenmal, daß ich wieder Polizisten sah, seit sie nach den Steinwürfen auf die Tankstelle hinter uns hergejagt waren. Jetzt waren es viel mehr Polizisten, in voller Kampfausrüstung mit Schilden, Helmen und schweren Jacken. Und alle hatten Pistolen. Die englischen Fans schienen sich um die italienischen Pistolen wenig Gedanken zu machen. Ich hatte kaum einen Gedanken für etwas anderes.

Damit wollte ich nichts zu tun haben. Ich trat beiseite, während alle mit Steinen und Flaschen in den Händen vorwärts stürmten. Allmählich bekam ich ein Gefühl für den Rhythmus dieser ganzen Veranstaltung und vermutete, daß nach einem erneuten Zusammenstoß mit großen Staubwolken, herumfliegenden Objekten, Tränengas und einem Pistolenschuß alle wieder in meine Richtung zurückgerannt kommen würden. Und, wie nicht anders zu erwarten, so war es. Wieder mußte ich rennen.

Und so ging es weiter. Nachdem man Hals über Kopf geflohen war, erinnerten sich jedesmal wieder einige daran, daß sie doch Engländer waren und das nicht vergessen durften, und diese erinnerten die anderen daran, daß sie auch Engländer waren und das auch nicht vergessen durften, und beflügelt von diesem neugestärkten Nationalgefühl machten sie jäh halt und kehrt und gingen auf die italienischen Polizisten los. Steine wurden geworfen und Leute gingen zu Boden, bis es den Polizisten gelang, sich wieder zu formieren und von neuem die Verfolgung aufzunehmen. So ging das über eine lange Zeit und nahm und nahm kein Ende, über die ganze Länge dieser langen Straße. Von den Kämpfen selbst bekam ich nicht viel mit, denn ich hatte keine Lust, so nahe zu kommen, daß ich viel mitbekam. Ich befand mich in der Mitte der Menge, einzig aus dem Grund, weil ich es bis ganz nach vorne nicht schaffte. Ich wollte ganz nach vorne – denn dort wäre ich noch am ehesten in Sicherheit –, hatte aber Mühe, auch nur Schritt zu halten. Diese Verfolgungsjagd spielte sich im Sprinttempo ab, und mir ging die Luft aus. Ich fühlte mich dick und schwer wie Blei. Der Schweiß lief mir von der Stirn und in die Augen. Beim Rennen zog ich die Schultern hoch, als könnte ich dadurch den Hals schützen, denn ich fürchtete, daß irgend etwas mich von hinten treffen könnte. Rings um mich sah ich plötzlich Verletzte, ohne daß ich wußte, warum. Es war ganz sonderbar: eben noch hatte ich den Typ vor mir angeschaut, auf dessen Füße ich achtete, weil ich ihn nicht zu Fall bringen und nicht selber zu Fall kommen wollte, und im nächsten Moment war sein Hinterkopf feucht und rot und glänzte in der Sonne. Das Blut lief ihm zu beiden Seiten den

Hals hinab und wurde von seinem Hemd aufgesogen. Immer wieder griff er mit der Hand hin und berührte die Flüssigkeit. Wann war das passiert?

Ich sah den wabbligen jungen Mann und seine Freundin mit der rosafarbenen Brille. Sie rannten sehr zielstrebig. Was machten die beiden hier? Ich erkannte noch ein paar andere wieder, sah aber nur kurz hin, denn ich mußte scharf auf meine Füße achten, weil ich nicht stürzen wollte, andererseits zuwenig Bewegungsfreiheit hatte für das Tempo, in dem wir rannten. Ich spürte, wie mich jemand am Rücken berührte, um das Gleichgewicht oder den Abstand zu halten, ebenso wie ich den Rücken meines Vordermanns berührte. Und dann war plötzlich ein Loch im Pflaster – eine Rohrleitung war aufgegraben –, und ich sah in eine tiefe Grube hinunter. Der Mann vor mir warf sich zur Seite, und ich wich ebenfalls aus und brachte es irgendwie fertig, über ihn wegzuspringen. Hinter mir hörte ich Geräusche – berstendes Glas, Steine, das Scharren von Füßen; was es war, weiß ich nicht, denn als ich hinschaute, sah ich alles nur flüchtig: Staub, die braune, verhangene Sonne und das Schimmern der Schilde, die die Polizisten trugen. Gleich würden sie mich erwischen, ich wußte es doch, gleich würde ich einen fürchterlichen brennenden Schmerz im Nacken oder am Kopf spüren – und dann endlich war diese ewig lange Straße, die kein Ende nehmen wollte, zu Ende und mündete auf einen Platz.

Hier war freier Raum und weiter Himmel, hier waren simple, ärmliche Läden und schmucklose Betonbauten. Ich rannte bis auf die andere Seite und lehnte mich an eine Mauer, vorgebeugt, die Hände auf die Knie gestützt, und keuchte vor Anstrengung beim Luftholen. Ich schaute zu, wie die Fans drüben wieder einmal kehrtmachten und den Polizisten eine Schlacht lieferten, als die ihnen auf den Platz hinaus nachjagten. Ich war naßgeschwitzt, und erhitzt, mein Kopf glühte, und ich bekam immer noch nicht genug Luft.

Ich weiß nicht, wie lange ich da stehenblieb – lange genug, um mich wieder zusammenzureißen und allmählich auch die

Leute um mich wieder wahrzunehmen. Der Platz füllte sich mit Fans. Ich beobachtete einen. Er schob ganz allein mit viel Mühe eine große Kipplore in die Mitte des Platzes. Die Lore war voller Müll, und eines ihrer Räder war zerbrochen. Er drückte dagegen, und die Lore schwang zur Seite aus; er zog sie zurück und drückte noch ein bißchen, und endlich hatte er sie in der gewünschten Stellung. Dann ging er um sie herum, zog sich am breiten Metallrand des Behälters hoch und riß sie um. Sie krachte auf das Pflaster, und der Inhalt – Glas, Ziegel, Speisereste, Blechdosen und Papier – kippte heraus. Er ergriff eine leere Weinflasche beim Hals, packte sie fest an und warf sie mit dem Bauch voraus gegen eines der niedrigen Betonhäuser. Er hob noch eine Flasche hoch und warf auch sie gegen das Haus. Er muß wohl fünf Flaschen geworfen haben, bevor endlich eine in ein Fenster traf; es zerbarst, und die Splitter fielen auf das Pflaster. Er hob einen anderen Gegenstand auf, etwas Festes und Schweres, wendete sich in eine neue Richtung und warf ihn nach einem anderen Haus. Er stand in der Mitte des Platzes und konnte in jede Richtung zielen, jemandem das Fenster zertrümmern, dann wieder eine Flasche aufheben, einen Stein, ein Stück Metallrohr oder irgend etwas von den Schätzen, die er auf das Pflaster gekippt hatte, sich umdrehen und wieder etwas anderes ins Visier nehmen. Sein Gebaren wurde zunehmend autistisch. Es war ihm anzusehen, daß er alles um sich her vergessen hatte; seine Kumpels, die auf der anderen Seite des Platzes der Polizei ein Gefecht lieferten, kümmerten ihn nicht mehr. Nichts konnte ihn stören.

Ich fühlte mich völlig ausgelaugt. Ich war erschöpft, aber nicht nur körperlich. Die Angst, die animalische Erregung waren verschwunden, und mir blieb jetzt nichts mehr zu tun, als diesen kleinen Scheißer hier zu beobachten. Warum sollte der mich interessieren? Was gab es über den zu sagen, außer: jetzt habe ich einen kleinen Scheißer beobachtet?

Ich stand in der Nähe eines Ladens, als der Inhaber plötzlich auftauchte. Er war hinausgestürzt, um seine Kinder hereinzuholen. Seine Töchter hatten in der Mitte des Platzes gespielt, als die Menge angerannt kam, und jetzt scheuchte er sie ins Haus. Seine Frau und zwei seiner Kinder waren schon drin, nur er war noch im Freien und schob einen Kinderwagen, den er vergeblich die Stufen hinaufzubugsieren versuchte. Das Kind in dem Wagen muß etwa zwei gewesen sein. Er hob den Wagen hoch – seine Frau hatte das Metallgitter vor dem Laden schon zur Hälfte heruntergelassen –, aber in seiner Hast bekam er ihn nicht über die letzte Stufe. Ringsum splitterte Glas; der autistische Irre in der Mitte des Platzes war immer noch am Werk. Der Ladeninhaber versuchte es dreimal. Seine Frau, die auf der andern Seite des Gitters hockte, brüllte ihn an.

Ich war schockiert von dem Anblick; ich war auch schokkiert über mich selbst, über meinen primitiven Voyeurismus. Die Szene verunsicherte mich. Aber ich war auch verunsichert, weil andere Szenen mich nicht verunsichert hatten. Aber das war es, weshalb ich hergekommen war: um wieder einmal die abscheuliche Arroganz dieser kleinen Scheißer mit anzusehen, die diesen Mann dazu trieben, sich hinter Metallgittern in Sicherheit zu bringen, bis der Krach und die Ausschreitungen ein Ende nahmen. Diese Bilder waren nicht modern. Der schlichte, ärmliche, reizlose Platz, an dem sich Touristen und Fremde selten blicken ließen, hatte nichts zu schaffen mit dem Gift, das ihn jetzt überflutet hatte. Ich versuchte mir die Angst dieses Mannes vorzustellen, als er aufblickte und seine Kinder von Männern umringt sah, die wie durch einen bösen Zauber plötzlich aufgetaucht waren – dreckige, blutende Männer, die Steine und Flaschen in die Fenster warfen und Bänke in die kleinen Läden seiner Nachbarn wuchteten. Eine Angst, wie dieser Mann sie gespürt haben muß, als er, nach Frau und Kindern schreiend, aus seinem Laden rannte, habe ich selbst noch nie erlebt. Welche soziale Mutation hat dazu geführt, daß diese widerlichen, angeödeten Union-Jack-Boys sich berechtigt glauben, jemandem so viel Angst und Schmerz zu bereiten?

Dann sah ich auf, und was ich sah, erstaunte mich: Die italienischen Polizisten auf der anderen Seite des Platzes zogen sich zurück. Sie hatten kehrtgemacht und rannten davon. Man sah sie in Reih und Glied eine Nebenstraße entlangtraben. Die Rückseiten ihrer Schilde hüpften auf und nieder und warfen das Licht der tiefstehenden Sonne zurück.

Undenkbar! Was hatte das zu bedeuten? Daß die Fans gesiegt hatten?

Niemand begriff zunächst, was geschehen war – so schnell waren die Polizisten abgerückt –, aber sobald es klargeworden war, begannen die Fans ihnen nachzurennen. Sie schmissen Steine und Flaschen hinter ihnen her. Aber sie trafen ins Leere. Die Polizei war fort, abgezogen, verschwunden.

Stille. Es war vorüber.

Ich schaute mich um und versuchte in den Gesichtern irgendeinen Ausdruck zu erkennen, der mir helfen würde zu begreifen, was ich eben gesehen hatte, aber alle waren ebenso verblüfft wie ich.

Ein Sprechchor brach los – der erste an diesem Nachmittag – und wurde lauter, als immer mehr Fans aus den verschiedenen Nebenstraßen kamen, die in den Platz einmündeten.

England.
England.
England.
England.

Es kamen noch mehr.

England.
England.
England.
England.

Jetzt, wo ich sie übersehen konnte, stellte ich fest, daß die Menge größer war, als ich erwartet hatte – es waren keine viertausend mehr, wie zu Anfang des Marsches, aber doch eine beträchtliche Zahl, über tausend. Sie kamen aus allen Richtungen, und alle hatten in diesen Sprechchor eingestimmt. Sie waren am Feiern: die nationale Seite hatte gesiegt.

Ich blieb an die Wand gelehnt stehen. Ich weiß noch, daß ich laut »oje, oje!« sagte.

Vieles ergab jetzt zusammen ein Bild. Dieser Sprechchor: der einzige, den ich an diesem Tag gehört hatte, der ansonsten durch ein erzwungenes trotziges Schweigen gekennzeichnet war. Und nun plötzlich diese Solidaritätserklärung mit England. Der Gedanke war simpel und doch ungeheuerlich: Diese Idioten, die zu Hause verachtet und in der Presse verhöhnt wurden, die sich durch keinen spontanen Akt der Gesetzgebung, den ihre Regierung sich ausgedacht hatte, in Schranken halten ließen – die wollten unbedingt England verteidigen. Mit Europa hatten sie nichts am Hut; Europa verstanden sie nicht und wollten sie nicht verstehen. Sie wollten einen Krieg. Sie wollten ein Volk, dem sie sich zugehörig fühlen und für das sie kämpfen konnten, auch wenn Kämpfen nichts weiter bedeutete als dieses absurde Straßentheater mit italienischen Ortspolizisten.

Ich war jedoch ein wenig besorgt. Ich fand diese nationalistische Siegesfeier zwar beobachtenswert, glaubte aber nicht, daß die italienische Polizei einfach verschwunden war. Sie gab wohl vor, zu verschwinden, würde aber bald wieder dasein, und zwar mit Verstärkung. Davon war ich überzeugt, und darum machte ich mir Sorgen. Wo die Polizisten wohl herkommen würden? Und wie? Ich schaute mich um, aber einen Polizisten sah ich nirgends.

Von den Fans machte keiner sich Sorgen. Sie fühlten sich als Sieger und kosteten es aus: sie hatten die italienische Polizei verdroschen; die Polizei war vor ihnen davongelaufen. Nachdem sie ihre Schlacht geschlagen hatten, machten sie sich nun auf zu dem Match. Also schlugen sie die Richtung zum Stadion ein und begannen den Hügel hinaufzugehen.

Glaubten sie wirklich, sie könnten jetzt in aller Ruhe zu

dem Spiel gehen? Sie waren gelöst, geschwätzig und, schien mir, unbegreiflich dumm.

Wir kamen über eine Kreuzung. Ich schaute in beide Richtungen: keine Polizisten. Ich schaute hoch: keine Hubschrauber. Nicht mal Reporter waren da. Warum? Hielt man sie hinter einer Polizeisperre zurück, außer Sichtweite? Sollte etwas geschehen, was die Reporter nicht sehen durften? Es war nicht geheuer. Warum war ich anscheinend der einzige, der sich Sorgen machte? Es waren weder Fahrzeuge noch Menschen auf den Straßen; allerdings sah ich Leute aus den Fenstern schauen. Ich wurde allmählich nervös. Wohin sollte ich gehen? Sollte ich türmen? Ich hatte nicht vor, in die Richtung zu flüchten, in die sich die Polizisten zurückgezogen hatten; die würden dort warten. Alle stiegen den Hügel hinauf, Hunderte und Aberhunderte von Fans, die jetzt wieder die ganze Breite einer Straße ausfüllten.

Diesmal paßte ich auf, daß ich an die Spitze kam. Es würde etwas passieren, und ich wollte nicht in der Mitte eingezwängt werden. Und von hinten getroffen werden wollte ich auch nicht.

Etwa auf halber Höhe des Hügels passierte es.

Mit Tränengas fing es an, und sonderbarerweise war ich erleichtert: wenigstens etwas, worauf man reagieren konnte. Das Tränengas wurde freilich in gewaltigen Mengen abgeschossen – in viel größeren als zuvor –, und ich konnte nicht sehen, wo es herkam. Die Kanister wurden hoch in die Luft geschossen, beschrieben langsam einen großen Bogen und gingen krachend mitten in der Menge nieder. Sie schienen aus dem Nichts zu kommen, einer nach dem andern. Es war, als würden sie von einer mächtigen Kanone abgefeuert oder von den Balkonen der benachbarten Wohnungen, wo man vielleicht schon vor Stunden Polizisten postiert hatte. Es waren so viele Kanister, daß ich die Arme über den Kopf hielt. Mehrere landeten ganz in meiner Nähe – nah genug, um auch als Geschosse schon gefährlich zu sein.

Das war die Vergeltung, die ich befürchtet hatte. Überall

war Qualm, und ich hatte Angst vor dem, was vielleicht gleich hinter den braunen Wolken zum Vorschein käme. Ich fing an zu rennen. Ich war ganz vorn an der Spitze und war darauf bedacht, dort auch zu bleiben. Ich rannte, so schnell ich konnte. So viel ich an diesem Nachmittag auch schon hatte rennen müssen, so schnell gerannt war ich noch nie. Ich wollte möglichst weit weg. Jetzt würden die Polizisten zum Vergeltungsschlag ausholen, und ich wollte nicht das Opfer sein.

Ich sprintete hügelaufwärts. Ich war als erster dort, etwa zwanzig Meter entfernt vom Gros der Fans, und als ich ganz oben ankam, sah ich sie: die Polizisten. Sie warteten unten am Fuß des Hügels, wie hinter einer Startlinie vor einem Rennen – alle in Alarmbereitschaft, leicht vorgebeugt auf das Signal wartend, den Schlagstock in der Hand. Hinter ihnen stand eine zweite Reihe: noch mehr Polizisten mit Schlagstöcken. Dahinter stand eine dritte Reihe: Polizisten mit Schlagstökken. In der vierten Reihe standen Polizisten mit Pistolen. Und dahinter stand eine Gruppe Fahrzeuge: Streifenwagen, Mannschaftswagen und gepanzerte Personentransporter. Später bemerkte ich, daß auch drei große Armeehubschrauber über uns kreisten. Seit meiner Ankunft auf Sardinien hatte ich schon viel Polizei gesehen, aber noch nie so viel wie jetzt.

Ich sagte: Scheiße, Scheiße, Scheiße!

Ich war in eine Falle gelaufen. Der vorgetäuschte Rückzug der Polizisten, das Tränengas, der Hügel, der verbarg, was auf der anderen Seite wartete: alles war eine Falle gewesen.

Ich sah mich um und bewunderte, wie exakt alles geplant war. Die Straße war sehr schmal, und die Häuser standen eins neben dem anderen, ohne Gäßchen oder Durchgänge dazwischen. Saubere Arbeit. Seitenstraßen gab es keine. Eine Straße, wie geschaffen zum Spießrutenlaufen. Wenn ich weiterliefe, liefe ich geradewegs in die unten wartenden Polizisten hinein, und die würden mich umbringen. Nicht mit Absicht – es wäre ein Unfall –, aber umbringen würden sie mich in jedem Fall. Wenn ich kehrtmachte und in die andere Richtung liefe, würde ich, sobald ich aus der Wolke von Tränengas auftauchte, in den anderen Trupp Polizisten hineinlaufen. Ich glaubte nicht, daß die mich umbringen würden – aus irgendeinem Grund war ich mir da ebenfalls sicher –, aber übel zurichten würden sie mich gewiß. Ich wollte nicht übel zugerichtet werden. Ich kam also zu dem Ergebnis, daß es keinen Ausweg gab. Ich war beeindruckt, saß aber trotzdem in der Falle.

Scheiße, Scheiße, Scheiße!

Ich schaute mich noch einmal nach den unten wartenden Polizisten um. Sie standen immer noch leicht vorgebeugt da. Einen erkannte ich wieder, einen schon etwas älteren Mann mit rundem Gesicht und buschigen Augenbrauen. Er war einer der uniformierten Einsatzleiter, und ich hatte ihn beobachtet, als er versuchte, die Menge zu bändigen, die sich durch die Via Roma wälzte. Sein Gesicht hatte sich mir eingeprägt – ein freundliches, wohlwollendes, ausdrucksvolles Gesicht. Jetzt hatte sich sein Gesicht verändert. Es war hart und haßerfüllt.

Die anderen Fans hatten nun den Kamm des Hügels erreicht und sahen, was vor ihnen lag. Als auch sie erkannten, daß sie in einer Falle saßen, taten sie, was in einer solchen Situation wohl jeder getan hätte: sie gerieten in Panik. Ein kleines Stück weiter hügelwärts war eine Selbstbedienungstankstelle von Esso, und dahinter war ein schmaler Durchgang. Es war der einzige Fluchtweg. Warum hatte ich ihn nicht gesehen? Aber sofort wurde klar, daß dieser Fluchtweg in die Sicherheit auch in den Tod führen konnte, denn alle Fans stürzten gleichzeitig darauf zu. Der Durchgang war kaum mehr als einen halben Meter breit und wurde von einer schulterhohen Pforte versperrt. Es sah gefährlich aus, und einer, der erdrückt zu werden befürchtete, brüllte: »Hillsborough!«

Als ich noch überlegte, ob es sich lohnte, das Risiko einzugehen, blickte ich noch einmal zu den Polizisten hinab und sah, daß sie nun den Hügel hinaufgestürmt kamen: jede der langen Reihen kam, eine nach der anderen, alle rannten, den

Kopf leicht gesenkt, während die Schlagstöcke vor- und zurückpendelten. Jedem einzelnen stand der gleiche unterbittliche Haß im Gesicht geschrieben. Es war die Intensität dieses Hasses, der mir Angst einflößte: wild, brutal und erregend. Wahrscheinlich hatten sie lange am Fuß des Hügels gewartet und Berichte aus den anderen Stadtteilen gehört, über die Zahl ihrer verletzten Kollegen, über die Sachschäden an ihren Häusern und Fahrzeugen. Sie waren beschimpft worden und sahen nun empört und, aller Wahrscheinlichkeit nach, furchterfüllt in angespannter Erwartung dem ersten Fan entgegen, der auf dem Gipfel des Hügels erschien. Und der, fiel mir ein, war ich. Ich überlegte, was ich anhatte: ein Baumwollhemd, Shorts, schmutzige Turnschuhe. Ich sah aus wie einer von *denen*. Die Polizei, begriff ich plötzlich, hatte mich als einen der Anführer identifiziert. Daß es ein Trugschluß war, anzunehmen, die Masse werde vom Anführer beherrscht, würde meine Strafe nicht mildern.

Ich bereute auf einmal viele Dinge zugleich.

Zum Beispiel meine hochnäsige Ablehnung dieser schweren Presseausweise aus gelbem Plastik. Jetzt hätte ich gern einen gehabt. Es wäre nützlich gewesen. Irgendwo in meiner Brieftasche hatte ich ein paar zerknautschte Presseausweise, aber dazu war es zu spät. Ich stellte mir vor, wie ich sie erst hervorkramen müßte und dann die schlaffen, schmuddligen Dinger – der eine Ausweis war in Türkisch – im Rückwärtslaufen einigen hundert knüppelschwingenden Polizisten vor die Nase hielte, ehe ich dann doch niedergeschlagen würde.

Ich schaute wieder den Hügel hinab. Die Zeit begann sich auf die bekannte, quälende Art zu verlangsamen. Mir war, als sähe ich jeden einzelnen Schritt jedes einzelnen Polizisten, und obwohl ich wußte, daß sie sehr zielstrebig rannten, sah es nicht so aus, als kämen sie schnell voran. Sie schienen durch Wasser zu rennen. Ich sah ihre Gesichter deutlich vor mir. Die meisten dieser Gesichter sahen zu mir her. Ich ging noch einmal meine Chancen durch: Läufst du vorwärts, wirst du umgebracht; läufst du zurück, wirst du verletzt. Wie wär's mit fliegen? Kann ich nicht. Verflucht, ich wollte, ich könnte fliegen.

Was hätten Sie getan?

Ich tat folgendes: ich ging auf die andere Straßenseite. Ich wollte so weit wie möglich fort von der Esso-Tankstelle und den etwa tausend Fans, die sich dort in einer Ecke drängten. Dort würde am Ende auch die Polizei sein, soviel war mir klar. Also ging ich über die Straße und stellte mich zwischen zwei geparkte Wagen. Ich warf einen letzten Blick auf die Polizisten – sie waren ganz nah – und ließ mich auf alle viere nieder (Kiesel schürften mir die Haut an den Knien auf), deckte den Kopf mit den Armen ab und rollte mich auf dem Boden zu einem Ball zusammen. Ich ergab mich.

Ich dachte: Du hast sie reingelegt.

Ich dachte: Du bringst sie um die Chance, dich zusammenzuschlagen. Man schlägt nicht jemanden zusammen, der sich ergeben hat und auf dem Boden liegt.

Und dann dachte ich: Vielleicht kriegst du eins mit dem Schlagstock ab, wenn sie auf dem Weg zu den andern Fans an dir vorbeirennen. Ich hatte schon mal Schläge mit dem Knüppel abbekommen: das brennt, aber das Brennen vergeht schnell.

Beim ersten Schlag, den ich abbekam, fiel mir dreierlei auf. Erstens die Mühe, die darauf verwendet wurde, daß der Schlag wuchtig ausfiel. Ich hatte den Kopf dicht am Boden, aber trotzdem merkte ich, daß der Polizist, statt mir im Vorbeilaufen eins überzuziehen, stehengeblieben war: ich sah seine Stiefel. Dann holte er mit dem Knüppel aus und hielt kurz inne, um zu zielen. Ich dachte: Das kann er doch nicht machen.

Und dann dachte ich: O.K., O.K., ich hab mich geirrt.

Zweitens das Ziel. Es war meine Niere. Für den Polizisten, nehme ich an, stellte sich die Situation so dar: dicker Mann am Boden, zu einem Ball zusammengerollt, Kopf mit den Händen geschützt, baumwollenes T-Shirt, am Rücken etwas hochgerutscht – und da war er zu dem Ergebnis gekommen, daß die derart entblößte Niere das günstigste Ziel bot, das, wo er am meisten Schaden anrichten konnte.

Drittens bemerkte ich, daß der Hieb nicht brannte. Er tat weh. Er schickte so etwas wie einen starken Stromstoß vom Auftreffpunkt bis in meinen Magen.

Noch etwas Viertes viel mir auf. Der Polizist ging nicht weiter. Er schlug noch einmal zu. Das überraschte mich, muß ich gestehen. Ich hatte gedacht, ich hätte sie hereingelegt. Dann schlug er noch einmal zu. Das überraschte mich zwangsläufig schon weniger. Dann schlug er noch einmal zu. Das überraschte mich gar nicht mehr. Als er fünfmal zugeschlagen hatte, wurde mir klar, daß er nicht so bald von mir ablassen würde. Er würde vor mir stehenbleiben und sich Zeit nehmen, den Knüppel heben, zielen und dann auf meine Niere einhauen. Jeder Schlag ging auf dieselbe Stelle, die Niere. Und jeder, fand ich, tat genauso weh wie der vorige.

Noch etwas Fünftes kam hinzu. Nicht genug damit, daß dieser Polizist mich nicht in Ruhe lassen wollte: es gesellte sich auch noch ein Kollege zu ihm. Das ergab keinen Sinn – warum sollte noch ein zweiter Polizist seine Kräfte an mir vergeuden, wo doch noch so viele andere zu verprügeln waren? –, aber die Versuchung muß zu groß gewesen sein: da lag noch ein völlig brauchbares, wenn auch ein wenig fettes Exemplar auf dem Boden und leistete kaum Widerstand. Das konnte er sich nicht entgehen lassen. Der zweite Polizist hatte es auf meinen Kopf abgesehen. Ich hielt mir schützend die Hände über den Kopf, und ich weiß noch, daß ich dachte: Es tut zwar weh, wenn dir die Hände zerschmettert werden, aber ich bin doch froh, daß ich daran gedacht habe, die Hände über den Kopf zu halten, denn ich hätte es nicht gern gesehen, wenn mir der Kopf eingeschlagen worden wäre. Der zweite Polizist hätte es aber gern gesehen, wenn er mir den Kopf hätte einschlagen können; ich merkte das an dem Schaden, den er meinen Händen zufügte: jeder Knöchel war braun und blau geschlagen, bis auf einen, der ebenso verfärbt, aber außerdem gebrochen war. Ich glaube, seine Absicht war, meine Finger so übel zuzurichten, daß ich endlich die Hände wegzog und ein Stück Schädel ungeschützt war, damit er mir dann den Kopf einschlagen könnte. Nach einer Weile gab er diese Taktik auf und machte sich daran, meine Finger wegzuziehen, wobei er sie mit der einen Hand packte, während er mit der anderen auf das vorübergehend ungeschützte Stück Schädel eindrosch.

Die beiden Polizisten wurden bald noch durch einen dritten verstärkt. Viel Platz hatte er nicht mehr, aber meine Schultern waren ja auch noch da. Um sie kümmerte sich der dritte. Aber in Wirklichkeit, merkte ich später, als ich mir die Quetschungen ansah, hatten ihn die Schultern als solche nicht interessiert; er hatte es auf das Schlüsselbein abgesehen. Auch er versuchte mich mit seiner freien Hand herumzudrehen, damit er sein Ziel besser in den Blick bekam. Der Effekt, auf den er ausging, war der knackende Ton, den das Schlüsselbein macht, wenn es entzweibricht.

Dies alles war, wie man sich denken kann, außerordentlich schmerzhaft, aber für mich war dieses Erlebnis anders als für die anderen, die auch zusammengeschlagen wurden. Was sie empfanden, war einfach Schmerz. Für mich war es komplizierter, weil ich wußte, daß ich darüber schreiben würde. Während sie mich verprügelten, dachte ich darüber nach, wie es war, verprügelt zu werden. Ich versuchte mir die Einzelheiten zu merken, weil ich wußte, ich würde sie später gebrauchen. Ich dachte zum Beispiel, dieses Erlebnis jetzt sei nicht so viel anders als jenes, das ich vor einigen Jahren in Turin mit angesehen hatte, als ein Juventus-Fan, der sich ebenfalls ergeben hatte, von einer Anzahl Manchester-United-Fans zusammengeschlagen worden war. Ich dachte über die Tatsache nach, daß ich in diesem Moment überhaupt an diese Koinzidenz denken konnte, und staunte über das Fassungsvermögen des menschlichen Geistes, der für so viele Dinge gleichzeitig Platz hat. Und dann dachte ich wieder darüber nach, über die Tatsache nämlich, daß ich, während ich verprügelt wurde, über das Fassungsvermögen des menschlichen Geistes nachdenken konnte. Ich dachte an das Geld, das diese Reise mich gekostet hatte, und war dankbar, daß nun doch etwas für mich dabei herauskam. Hauptsächlich aber dachte ich über den Schmerz nach. Er war anders als alles, was ich bisher erlebt hatte, und ich wollte ihn mir merken.

Die Schläge wurden so lange fortgesetzt, daß ich glaubte, die Polizisten würden schließlich vor Erschöpfung aufhören müssen. Aber sie ließen nicht nach, und nach einer Weile verschmolzen die einzelnen Schläge miteinander und wurden zu einem einzigen fürchterlichen krachenden Geräusch. Ich spürte Entladungen von Energie und, von Kopf bis Fuß, eine anhaltende Hitze. Es brannte in mir, wie Feuer brennt – es war heiß, heiß, heiß. Ich meine damit, es war eine weiße Glut, aber nur, weil mir weiß vor den Augen wurde. Mein Gesichtssinn fiel zeitweise aus, und ich sah weiße Blitze. Die Blitze schienen von den Stellen auszugehen, auf die ich geschlagen wurde, als ob ein Netz von Nerven überlastet wäre und zu viele Empfindungen aushalten müßte.

Als die Schläge nicht aufhörten, machte ich mir allmählich ein wenig Sorgen. Ich glaubte nicht, daß meine Niere das alles ertragen könnte, und machte mich darauf gefaßt, die Nacht in einem italienischen Krankenhaus zu verbringen. Ich merkte, daß mir das Atmen schwerfiel. Ich schnappte nach Luft, bekam aber keine. Warum brauchte ich mehr Sauerstoff – welche Körperfunktion, bei diesem doch im wesentlichen passiven Erlebnis, machte ihn erforderlich? Das Bedürfnis nach Luft nahm zu; es wurde gebieterisch; ich mußte unbedingt Luft kriegen. Plötzlich glaubte ich zu ersticken, und das machte mich wütend, und ich stand auf und wollte mich wehren, aber in dem Augenblick, als ich mich aufrichtete, bekam ich einen Schlag gegen die Stirn, und den einen Knüppel blockte ich mit dem Arm ab, bekam aber gleich noch einen Schlag gegen die Stirn und dann einen aufs Kinn. Ich wunderte mich über die Intensität des Gefühls, das von den Gesichtern der Polizisten abzulesen war. Es wäre für mich unmöglich gewesen, mich mit ihnen zu verständigen, ihnen irgend etwas mitzuteilen, das stark genug gewesen wäre, um gegen die Kraft ihres Hasses zu bestehen. Ich war kein menschliches Wesen. Ich war irgendein Objekt, ein Ding. Seltsamerweise hielt ich mich selbst für eine Tatsache, für ein Faktum, dem sie weh tun wollten, und ich ließ mich wieder zu Boden fallen, rollte mich zusammen und schützte den Kopf mit den Händen, und der eine Polizist zielte auf meine Niere, der andere auf meinen Kopf und der dritte auf meine Schultern. Ich hatte das Interesse verloren, dieses Erlebnis beschreiben zu wollen; allerdings erinnere ich mich, kurz registriert zu haben, daß ich das Interesse verloren hatte, es beschreiben zu wollen. Dann wollte ich nur noch, daß dieses Erlebnis aufhörte. Aber es hörte nicht auf. Ich weiß nicht, wie lange es noch so weiterging. Ich weiß nicht, was als nächstes passierte. Kein Gedanke mehr daran, daß ich darüber hatte schreiben wollen. Meine nächste Erinnerung ist, daß es endlich aufhörte. Es war vorüber.

Sie hatten aufgehört, weil niemand mehr übrig war, den sie verprügeln konnten.

Nachher bemerkte ich nicht viel außer meinen Schmerzen. Ich lief im Kreis herum und ging von einer Straßenseite zur andern. Ich konnte nicht stillstehen. Mein Körper war voller scharfer, elektrischer Stiche, und ich versuchte sie loszuwerden, aber sie wollten nicht weggehen. Langsam fing ich an zu registrieren, was passiert war.

Alle waren ganz still, außer denen, die sich vor Schmerzen am Boden wanden. Viele Leute lagen herum. Es war sehr ruhig. Die Redensart, daß Menschen die Seele aus dem Leib geprügelt werden kann, hatte man hier wörtlich genommen. In der Nähe sah ich mehrere Jungs, die aufrecht erwischt worden waren – zu stolz, sich zusammenzurollen und fallen zu lassen. Einer blutete heftig; rings um ihn waren große Klumpen von Blut, die zu leben und zu atmen schienen. Eine tiefe Wunde zog sich vom Fußknöchel über die eine Seite eines Beins bis übers Knie hinauf, und zwei Hautlappen hingen schlaff herab. Neben ihm saß einer an einen Wagen gelehnt.

Er holte pfeifend Luft, warf den Kopf hin und her, und sein Blick war glasig. Als ich mich näherte, begann er zu schreien und mit den Armen zu fuchteln, um seinen Kopf zu schützen; dann brach er zusammen und hielt sich das Bein. Er stand unter Schock, und das Bein war gebrochen. Man hatte ihn geschlagen, bis der Oberschenkelknochen in mehrere Stücke zerbrach. Ich dachte, es müßte schwer sein, auf jemanden mit solcher Kraft einzuschlagen, daß der Oberschenkelknochen in mehrere Stücke zerbrach.

Die meisten hatten Schläge auf den Kopf bekommen, und ihre Hemden waren blutverschmiert. Einer hockte da und erbrach sich vor Schmerz, und ein Polizist, der ihn kotzen sah, trat ihm in die Rippen. Ich erinnere mich an das Gesicht dieses Polizisten. Ich sah ihn zwei Tage später im Fernsehen bei einer Pressekonferenz wieder.

Überhaupt erbrachen sich etliche. Es kam nicht vom Alkohol. Sie erbrachen sich vor Schmerz.

Zu zweit oder zu dritt kamen Fans von der anderen Seite des Hügels – manche waren auch dort erwischt worden –, und viele hielten sich den Kopf, der mit T-Shirts oder anderen Kleidungsstücken umwickelt war. Die Zahl der am Kopf Verletzten überraschte mich; unter ihnen war auch das Mädchen mit der rosafarbenen Seidenbluse. Sie hatte ihre Brille verloren und Schläge gegen die Stirn abbekommen. Sie blutete heftig – anscheinend aus einer Schnittwunde dicht unter dem Haaransatz –, und das Blut lief ihr über Gesicht, Hals und Bluse herunter. Ihr Freund war unverletzt geblieben, und obwohl er sie am Arm hielt und sie tröstete, war er selber sehr aufgeregt. Beide waren sie aufgeregt. Sie versuchten die Polizisten zu überreden, daß man einen Arzt oder einen Krankenwagen holen müßte, aber der leitende Beamte kümmerte sich nicht um sie.

Langsam füllte sich die ganze Gegend mit Presseleuten.

Als die Krankenwagen endlich kamen, war keines von den schicken modernen Modellen darunter, die ich bei der Parade gesehen hatte. Die waren für das Stadion reserviert, ebenso wie die meisten Männer und Waffen, die Maschinenpistolen und die High-Tech-Bazookas, die ich später noch zu sehen bekam. Ich war mir nicht sicher, ob man dort weitere Ausschreitungen erwartete – bis jetzt hatten wir praktisch kaum einen holländischen Fan zu Gesicht bekommen –, oder ob der Grund vielleicht der war, daß dort die Fernsehteams warteten. Die Krankenwagen, die nun kamen, waren überhaupt keine Krankenwagen, abgesehen davon, daß die Leute darin weiße Kittel trugen. Sie sahen eher wie Familienwohnwagen oder Fahrzeuge der Altenpflege aus, und in jeden wurden drei oder vier verletzte Fans hineingestopft; in einem Falle waren es fünf.

Als ich, an einen Wagen gelehnt, dabei zuschaute, immer noch nach Luft schnappend, kam ein finnischer Journalist auf mich zu. Er war sehr wütend. *Das* sei unglaublich blöd, sagte er mir voll Entrüstung.

Ich hätte gern gewußt, was ihn so empörte, obwohl ich nicht verstand, warum er sich gerade bei mir darüber ausließ. Ich dachte, er habe vielleicht gesehen, wie ich verprügelt wurde. Nein, er hatte es nicht gesehen.

Aber ich mußte ihm zustimmen. Es war alles sehr blöd gewesen.

Doch dabei ließ er's nicht bewenden. Es reichte ihm nicht, daß ich ihn verstanden hatte. Die *ganze* Geschichte, sagte er wie zur Klarstellung, die *ganze* Geschichte war unglaublich blöd. Er griff mit dem Arm weit aus, wie um alles zu umfassen: *Alles* war sehr blöd.

Sie meinen, nicht nur die englischen Fans? fragte ich.

Nein, alles, sagte er, immer noch sehr wütend und mit wachsender Ungeduld. *Alles, alles, alles!*

Und dann wurde mir klar, daß er womöglich doch alles gesehen hatte. Vielleicht war er einer von den wenigen Journalisten, die sich nicht hatten fernhalten lassen. Sie meinen, alles? fragte ich.

Alles, sagte er.

Sie meinen, *alles*? wiederholte ich, um dem Wort mehr

Nachdruck zu geben. Sie meinen, die Polizei und die Fans und dieser dußlige Marsch am Anfang?

Alles, sagte er. Es widert mich an.

Und die Presse, zählte ich weiter auf, denn nun war mir klar, daß er wirklich alles mitbekommen hatte. Sie meinen, die Verschwendung, die Verletzungen und die Schmerzen? Ich war ganz aufgeregt, weil ich einen Verbündeten gefunden hatte. Den Nationalismus, den Machismo? Sie meinen, wirklich alles: daß diese ganze blöde Geschichte nie hätte passieren dürfen?

In meinem ganzen Leben, sagte er, hab ich noch nie so was Blödes gesehen.

Ich schaute ihn an. Der Mann gefiel mir. Nein, sagte ich. Ich auch nicht.

Am nächsten Morgen um fünf war ich am Flughafen, entschlossen, mich in jeder Schlange anzustellen, um einen Flug zu bekommen, obwohl man mir gesagt hatte, in Cagliari seien so viele Journalisten, daß alle Flüge für die nächsten drei Tage ausgebucht seien. Fotografen, die Ausrüstung an den Leib geschnallt, schliefen auf dem Fußboden. Mehrere Journalisten saßen auf dem Förderband für das Gepäck. Nirgendwo war Platz zum Hinsetzen. Aber irgendwie bekam ich einen Flug und kam nach Hause. Die weiteren Spiele der englischen Mannschaft verfolgte ich im Fernsehen.

Trotz enttäuschendem Start spielte die Mannschaft gut und schien mit jedem Match besser zu werden. Es gab noch mehr Krawalle: 247 Fans wurden in Rimini vor einer Bar zusammengetrieben – aber viele Fans behaupteten, daß die Polizei das Ganze provoziert habe. Auch später kam es noch zu Schlägereien, von denen manche sehr brutal ausgetragen wurden. Ein englischer Fan kam ums Leben, nachdem er auf der Flucht vor zwei Italienern von einem Auto angefahren worden war. Es gab eine Messerstecherei. Und dann rückte das Unvorstellbare in den Bereich der Möglichkeiten: die englische Mannschaft erreichte das Viertelfinale, in dem sie gegen Kamerun spielen mußte. Wenn die Engländer gewannen, kamen sie ins Halbfinale, aller Wahrscheinlichkeit nach gegen Deutschland, das Land, wo die Fans genauso gewalttätig waren wie in England. Und schlimmer noch: das Spiel würde in Turin ausgetragen.

Noch mehr Aufmerksamkeit wurde den *Hooligans inglesi* erwiesen. Noch mehr Reporter wurden nach Italien geschickt, noch mehr Fernsehteams, noch mehr Fotografen. War es überhaupt möglich, noch mehr hinzuschicken? Ich sprach mit einem Freund, einem Journalisten, der sich schon in Turin befand. Es sei unmöglich, ein Zimmer zu bekommen, sagte er. Es sei wie bei einem Präsidentschaftswahlkampf, einem Krieg oder einer internationalen Katastrophe: einfach jeder sei da.

Am Morgen kaufte ich mir jede Menge Zeitungen – zehn, fünfzehn oder mehr, in mehreren europäischen Sprachen. Ich würde das noch mal machen; ich sah voraus, daß ich das noch mal machen würde. Ich las, daß die Bürgermeisterin von Turin an die Turnierleitung appelliert hatte, dieses Halbfinale anderswo austragen zu lassen – überall, nur nicht in Turin. »Bitte ersparen Sie uns diese Fans!« sollte sie gesagt haben. Die Geschäftsleute von Turin, berichtete ein anderer Artikel, hatten das Ersuchen der Bürgermeisterin unterstützt: »Bitte ersparen Sie uns diese Fans!« In einem dritten Artikel hieß es, die Fahnen von Kamerun seien in Turin herausgehängt worden. Niemand wollte, daß die Engländer gewannen.

England gewann. Die englischen Fans würden wieder nach Turin kommen.

Ich buchte einen Flug. Aber dann, am Tag, bevor ich abreisen wollte, überkam es mich – eine schwere, schwere Depression. Es war die Aussicht auf die Saufereien, die Grobheiten, die Wänste und die Tätowierungen. Es war die Vorstellung, mit all diesen kleinen Scheißern Konversation machen zu müssen. Es war der Ausdruck, den ich in den Augen der Turiner Ladenbesitzer, Familienväter und der schwarzgekleideten alten Frauen zu sehen erwartete. Es war der Gedanke, daß sich vermutlich jeder Bürger dieser Stadt mehrfach jenes Video vom Europapokal-Endspiel zwischen Juventus und Liverpool und den neununddreißig toten Italienern angesehen hatte – gestorben wegen eines Landes voller kleiner Scheißer.

Meine Maschine ging um sechs am nächsten Morgen. Ich betrachtete mich im Spiegel. Ich schwitzte. Meine Haut war grau und fühlte sich an wie Pappe, auf der Stirn standen Schweißperlen. Ich sah mich an – es war Mittsommer, und im Badezimmer war es schon hell. Zehn oder fünfzehn Minuten lang glotzte ich mich an. Der Schweiß sammelte sich an den Brauen und floß dann in die Augen hinab. Mein Hemd war durchgeschwitzt. Mir war schlecht.

Ich verpaßte den Flug.

Es gab noch eine Maschine in zwei Stunden. Ich rief meinen Freund in Turin an. Ich weckte ihn aus dem Schlaf – in der Nacht zuvor hatte es Ausschreitungen gegeben, die bis drei Uhr früh dauerten.

Ja, sagte er, es habe Zoff gegeben. Die Stimmung sei sehr gespannt.

Nein, sagte er, es seien nicht die Deutschen. Sondern die Italiener.

Ja, sagte er, heute abend gäbe es Zoff. Warum ich nicht käme?

Nein, beschloß ich endlich. Nein, ich würde nicht kommen. Ich konnte nicht. Es war nicht möglich.

An dem Abend gab es nicht viel Zoff. Ein paar Schlägereien am Bahnhof, später noch ein paar auf der Piazza. Echte Gewalttätigkeiten gab es in England: im ganzen Land strömten die Jungs nach der Niederlage der Nationalmannschaft aus den Pubs auf die Straßen, wütend und erfüllt von ihrem primitiven erbärmlichen Nationalgefühl. Sie waren betrunken. Elf Uhr abends, und England hatte verloren: die Kultur der Jungs hatte verloren. Es gab Krawalle in Harlow Town, Stevenage und Norwich. Es gab Krawalle in den Midlands. Es gab Krawalle in den Londoner Vororten, in Croydon, Finchley und Acton. Es gab Krawalle drei Querstraßen von meiner

Wohnung in Cambridge entfernt. Die alte Leier: Schaufenster eingeworfen, Sachbeschädigungen, Brandstiftung. Deutsche Autos wurden demoliert – Windschutzscheiben, Spiegel, Türen. Ein deutscher Junge wurde erstochen.

Danksagung

Zwei Zitate, das eine über die Ausschreitungen im Hampden Park im Jahr 1909 und das andere über das Stretford End im Jahr 1974, stammen aus *The Roots of Football Hooliganism: An Historical and Sociological Study* (1988) von Eric Dunning, Patrick Murphy und John Williams. Die Ausführungen über das Verhältnis zwischen Le Bon und Mussolini finden sich bei R. A. Nye, *The Origins of Crowd Psychology* (1975). Abgesehen von den im Text genannten Werken haben sich noch zwei Bücher als besonders nützlich erwiesen, und ich bin ihren Autoren dankbar: Geoffrey Pearson, *Hooligan: A History of Respectable Fears* (1983), und George Rudé, *The Crowd in History, 1730–1848* (revidierte Ausgabe 1981). Ich möchte auch allen danken, die das Manuskript ganz oder in Teilen gelesen haben: Tim Adams, David Hooper, Eric Jacobs, Derek Johns, Brian MacArthur von der *Sunday Times*, Richard Rayner, Salman Rushdie, Bob Tashman und John Williams. Gute Lektoren – eine seltene, unterbewertete und wunderbare Gattung – sind so schwer zu finden, daß ich mich besonders glücklich schätze, ihrer gleich drei gehabt zu haben: Edwin Barber bei W. W. Norton in New York, Ursula Doyle bei *Granta* und den geduldigen, anregenden und beharrlich ermutigenden Dan Franklin bei Secker & Warburg.

EIN SIEDLER BUCH BEI GOLDMANN

Eines der erfolgreichsten und wichtigsten politischen Bücher unserer Tage.
Das große politische Buch eines Mannes, dem es nicht um die Schnörkel der Anekdoten, sondern um den Sinn der Geschichte geht.
Einer der erfolgreichsten Sachbuchbestseller der letzten Jahre.
ISBN 3-442-12800-5

Vier der bedeutendsten deutschen Historiker bieten eine einmalige Gesamtschau der deutschen Geschichte.
ISBN 3-442-12807-2

Glanz, Versagen, Schuld und Tragik der deutschen Geschichte des 20. Jahrhunderts.
ISBN 3-442-12808-0